KB148581

알면 다르게 보이는 일본 문화 3

알면 다르게 보이는 일본 문화 3

초판 1쇄 펴낸날 | 2023년 5월 10일
초판 3쇄 펴낸날 | 2024년 6월 10일

지은이 | 이경수 · 강상규 · 동아시아 사랑방 포럼
펴낸이 | 고성환
펴낸곳 | (사)한국방송통신대학교출판문화원
주소 서울특별시 종로구 이화장길 54 (03088)
전화 1644-1232
팩스 (02)741-4570
홈페이지 http://press.knou.ac.kr
출판등록 1982년 6월 7일 제1-491호

출판위원장 | 박지호
편집 | 신경진
편집 디자인 | 티디디자인
표지 디자인 | 플러스

ISBN 978-89-20-04673-5 03730

값 22,000원

■ 표지의 이미지는 조선 후기 제4차 통신사 일행이 일본 에도(江戶)로 들어가는 모습을 그린 행렬도입니다. 국립중앙박물관 소장품(소장품 번호: 신수 1195)으로 공공누리 제1유형으로 개방한 '조선 통신사 행렬도'이며, 국립중앙박물관 홈페이지에서 무료로 다운받을 수 있습니다.
(https://www.museum.go.kr/site/main/relic/search/view?relicId=1965)

들어가기

《알면 다르게 보이는 일본 문화 3》을 펴내며

지리적으로 가까운 한국과 일본은 서로 경쟁도 하고 협력도 하면서 어려운 고비 속에서도 미래지향적인 긴밀한 관계를 유지해 왔다. 21세기판 조선통신사를 표방하며 한국인과 일본인 집필진 45명이 참여한 《알면 다르게 보이는 일본 문화》 제1권이 2021년에 출간된 것을 시작으로, 2022년에는 56명이 참여한 제2권, 2023년에는 53명이 참여하는 제3권이 출간되는 것도 이와 무관하지 않다. 《알면 다르게 보이는 일본 문화》는 일본의 언어, 사회, 문화, 문학, 역사, 정치, 경제 등을 각각 체험한 '덕후'들의 다채로운 이야기를 모은 일본 문화론 시리즈이다. 우리의 노력이 통해서인지 1권과 2권은 한국과 일본의 다양한 매스컴에 소개되었다. 덕분에 일본 전문가 저자 선생님들이 각 단체에 초청되어 강연도 하고 심포지엄도 열고 대학의 교재로도 사용하는 모양이다. 한국어를 배우는 일본인 독자들도 흥미롭게 읽는다고 들었다. 이 책이 일으킨 작은 변화라면, 한국과 일본은 대체로 비슷할 것이라는 생각, 일본은 도무지 이해할 수 없는 나라라고 단정하는 편견, 일본을 제대로 알지 못한 채 막연하게 무시하던 태도가 조금씩 바뀌는 점일 것이다. 앞으로 몇 권을 더 출간할지는 알 수 없으나, 《알면 다르게 보이는 일본 문화》 시리즈가 한일 양국의 거리를 조금이라도 좁히는 작은 디딤돌이 되기를 기대한다.

청일전쟁과 러일전쟁에서는 승리했으나 태평양전쟁에서 패배한 후 일본은 '미국을 따라잡고 추월하자アメリカに追いつけ追い越せ'는 슬로건대로 경제 대국이 되었다. 1970년대에는 눈부신 경제부흥을 이루고 선진국 대열에 들어섰다. 그러나 언제부터인가 '잃어버린 ○○년'이라는 말이 유행처럼 가볍게 나돌고, 《싸구려 일본》, 《일본이 선진국에서 탈락하는 날》 류의 책이 출판되면서 일본을 얕보는 경향이 나타나기 시작했다. 현재 우리의 눈에 보이는 일본이 이전처럼 '압도적으로 대단한 나라'로 느껴지지 않을 수는 있으나, 냉정하게 보면 에도시대를 포함해 한국이 일본을 앞선 시기는 길지 않다. 일본은 여전히 여러 분야에서 저력을 가진 무시할 수 없는 나라다.

일제강점기와 한국전쟁을 거치면서 '한국'이라는 이미지에는 늘 '가난'이 따라다녔다. 가난한 재일교포들은 일본인들이 버리는 돼지 내장으로 요리를 해서 단백질과 지방을 보충하기도 했다. '버리는 것호루모노, ホルモノ'이라는 말에서 유래한 '호루몽ホルモン' 요리가 이제는 일본인들도 즐겨 찾는 요리가 되었다. 남이 버리는 것을 얻어와서 만들어 먹던 음식을 일본인들에게 인기 있는 보양식으로 키워 낸 한국인의 DNA와 지혜는 탁월하다. 나이가 지긋한 일본인 중에는 아직도 한국을 가난한 나라인 줄 오해하는 일도 있지만, 신세대 젊은 일본인들은 한국을 높이 평가하는 경향이 증가하고 있다. 빠른 경제발전과 국민의식의 변화로 한국이 일본을 앞지른 분야도 적지 않기 때문일 것이다. 하지만 눈에 보이는 일본이 전부가 아니라는 점을 인식하고 항상 자문해 봐야 한다. 일본은 한국에게 어떤 나라인가, 일본은 우리의 진정한 이웃인가, 일본은 한국을 이전보다 더 많이 의식하고 있는가.

지정학적, 역사적, 문화적으로 우리는 일본과 떼려야 뗄 수 없는 관계를 맺고 있다. 역사적으로 얽혀 있는 문제뿐만 아니라 그 외에도 함께 풀어야 할 공통 이슈가 많다. 한일관계는 서두른다고 해결될 일이 아니다. 시간이 걸리고 반발이 있을지라도 두 나라가 마음을 열고 함께 고민하고 서로 존중하면서 실타래를 하나하나 풀어 나가야 한다. 그런 의미에서《알면 다르게 보이는 일본 문화 3》은 일본을 좀 더 섬세하게 이해하는 데 도움이 될 만한 내용을 풍부하게 실었다. 이 책의 구성이 이를 잘 보여 준다.

1장은 교육과 일상에서 만나는 일본 사회를 다루었다. 20대 대학생부터 정년 퇴임한 70대 노교수에 이르기까지 다양한 분야에서 일하는 필자들이 만난 일본 사회의 모습이 담겨 있다. 한국의 일본어 학습자들이 어려워하는 가타카나와 친숙해지는 요령, 일본의 국립대학과 도서관, 아동의 영어교육, 생활체육, 언어로 인한 오해와 갈등 등에 관한 경험이 실감 나게 그려져 있다.

2장은 일본의 역사와 정치를 다루었다. 발효된 지 70년이 넘은 샌프란시스코 강화조약, 나가사키, 이름도 낯선 노몬한 전쟁, 개항과 에도막부 멸망, 피란 생활 등을 통해 전쟁으로 얼룩진 역사와 그 역사가 주는 교훈을 새삼 돌아보게 한다.

3장은 일본을 일본답게 만드는 문화와 정서를 다루었다. 전철 문화, 다도, 꽃꽂이, 기모노, 종교, 대중문화 등을 통해 일본만의 고유하고 독특한 문화를 만나 볼 수 있다. 단순 소박한 삶이 주는 자유, 비울수록 도리어 채워지는 미니멀리즘에 대해 생각해 보는 시간을 갖는다.

4장은 우리가 배웠으면 하는 일본의 강점을 다루었다. 부동산 불패 신화의 붕괴, 인구의 초고령화, 개호복지서비스, 첨단 로봇 산업, 지역 포괄 케어 시스템 등, 여러 분야에서 일본은 우리에게 훌륭한 실험 모델이다. 일본과 닮은 점이 많은 우리로서는, 일본의 사례를 비교하고 분석해서 새로운 지혜와 해답을 얻을 수 있을 것이다. 초고령사회에서도 인간은 행복하게 살아야 하니까.

5장은 일본 관광의 매력 포인트에 대해 다루었다. 일본은 오랜 역사를 가진 도시, 예술, 건축, 음식, 문학, 축제가 많은 나라이다. 크고 번쩍거리기만 해서는 그다지 매력적으로 다가오지 않는다. 일본만의 독특한 정서와 문화와 전통은 세계인을 일본으로 끌어들이고, 일본 문화를 세계로 넓혀나가는 데 큰 역할을 한다. 진심으로 상대방을 환대하는 오모테나시는 오래 기억에 남는 감동을 선물한다. 단순하고 장식 없는 노출 콘크리트와 물, 빛, 그림자, 녹지 등의 자연 요소를 디자인에 끌어들인 안도 다다오의 건축이 사랑받는 것도 같은 이치일 것이다.

마지막 6장은 일본 속에 공존하는 한국의 모습을 다루었다. 서로 다른 문화가 융합되고 공존하는 것은 인류 역사 전반에 걸쳐 일어나는 자연스러운 현상이다. 일본 속에 한국의 흔적이, 한국 속에 일본의 흔적이 남아 있는 것도 같은 맥락이다. 때로는 도전과 갈등을 빚기도 하지만 갈등은 머리로 이해하려 하지 말고 마음으로 이해해야 쉽게 풀 수 있다.

한일 양국은 역사와 정치적으로는 갈등과 아픔이 있으나 개인끼리는 친밀하고 가깝게 지내는 사람이 많은 편이다. 다행스럽게도 젊은 세대들은 정치와 역사를 떠나 서로를 긍정적으로 바라보는 열린 마음을 갖고 있다.

한 나라의 문화는 고유한 정체성을 형성하는 다양한 요소로 구성된다. 언어는 물론 관습과 전통, 자연, 예술, 교육, 문학, 종교, 요리, 건축, 패션, 정치, 사회 규범 같은 다양한 요소가 함께 작용하여 끊임없이 진화하면서 국가 고유의 문화적 정체성을 형성해 나간다. 《알면 다르게 보이는 일본 문화 3》은 일본 문화의 기초가 되는 다양한 현장에서 53명의 필자와 역자들이 보고 듣고 느끼고 부딪힌 생생한 경험을 씨실과 날실로 해서 아로새긴 무늬다. 알면 다르게 보이고, 알아야 다르게 볼 수 있다. 다르게 보면 보이지 않던 것들이 보이기 시작한다. 이 무늬가 일본을 다르게 볼 수 있는 작은 창 역할을 할 수 있다면 기쁘겠다.

이 책은 그동안 밖으로 드러나지 않은 겸손한 전문가를 발굴해 내는데 성공한 책이다. 계속 또 다른 새로운 겸손한 전문가들과 함께할 것이다. 특히 '열린 대학과 집단지성'을 상징하는 한국방송통신대학교 일본학과 학부와 일본언어문화학과 대학원에는 숨은 일본 전문가가 정말 많다. 지면의 한계로 이들의 주옥같은 원고를 다 싣지 못해 늘 아쉬움이 남는다. 4권에서는 또 다른 새로운 전문가를 찾아갈 것이며 더욱더 다채로운 일본 이야기를 강상규 선생님이 중심이 되어 또 다른 관점에서 풀어낼 것이다. 끝으로 원고 모집부터 정리까지 도와주신 고성욱, 한의정, 신재관, 박경애, 이주영, 김민철, 홍유선, 황성자 님께 감사드린다.

53인의 저자를 대표하여
동아시아 사랑방 포럼 공동대표 이경수

《알면 다르게 보이는 일본 문화 1, 2, 3》에 나오는 일본의 주요 지명

1

교육과 일상에서 만나는 일본 사회

일본어 학습에서 가타카나는 난공불락의 요새일까 / 20대 대학생이 보고 경험한 일본
'간(間)'의 문화 / 일본 국립대학 산책/ 언어표현을 통한 예의와 배려 속의 오해와 갈등
일본의 아동 영어 교육 / 일본의 도서관 탐방, 마음의 여유와 편안함을 찾아서
일상에서 달리는 것을 즐기는 일본 사람들 / 생활체육으로 보는 일본 문화
일본인들의 필수품

일본어 학습에서 가타카나는 난공불락의 요새일까

이경수(한국방송통신대학교 일본학과 교수)

몇 년 전의 일이다. 아주 젊은 신입생에게서 전화가 왔다. 잠시 찾아뵙고 상의하고 싶다고 했다. 어디냐고 물었더니 '스벅'이라는 대답이 돌아왔다. '스벅'이 '스타벅스'라는 걸 그때 알았다. 마찬가지로 '맥도날드'는 '맥날', '파리바케트'는 '파바'라고 하는 모양이다. 듣고 보니 이 정도는 그래도 양반이다. '낄끼빠빠', '안물안궁', '복세편살'이 되면 그야말로 외계어나 다름없다. 각각 '낄 데 끼고 빠질 데 빠져라', '안 물어봤고 안 궁금하다', '복잡한 세상 편하게 살자'라는 뜻이라고 한다. 이마저도 길다 싶었는지 'ㅇㄱㄹㅇ', 'ㅂㅂㅂㄱ'까지 등장했다. '이거 리얼?', '반박 불가'라는 말이라니, 나는 나도 모르는 새 문맹자가 되어 있었다. 왜 이런 현상이 일어날까? 말 몇 마디 더 하는 데 드는 몇 초의 시간이 아깝고, 아낀 만큼의 시간을 가치 있게 사용한다면 반론의 여지가 없다. 그게 아니라 단지 길게 말하는 게 귀찮거나 아니면 재미 삼아 줄여서 쓴다면 아름다운 우리 국어를 해치는 일이다.

'스타벅스Starbucks'의 한국식 이름은 '별ビョル·星'과 '다방タバン·喫茶'을 합성한 '별다방ビョルダバン'이다. '커피 빈The coffee bean'은 'bean'이 '콩まめ'이므로 '콩다방'이라 부른다. 이렇게 탄생한 '별다방', '콩다방'은 정겹고 재치도 있지만, 앞에서 예로 든 다른 줄임말은 삭막

하기만 하다. 시대에 따라 신조어가 생기는 것은 어쩔 수 없다 하더라도 이왕이면 사랑스럽고 귀여운 이름을 붙이는 여유와 멋을 지녔으면 한다. 또한 한국에서 자주 사용되는 호텔과 바캉스의 합성어인 호캉스 ホカンス, 한동안 유행했던 자동 카메라인 自撮り을 뜻하는 셀카 セルカ인, 백세인을 뜻하는 센테나리안 センテナリアン, 최근 일본에서도 인기가 있는 웃기는 한본어 '빨리 갈게 パリイクネ, 빠리이쿠네', 귀여워 キヨイ, 기요이, 안 됩니다 ダメイムニダ, 다메이무니다, 알았습니다 アラッソデス, 아랏서데스, 아주 어렵습니다 けむずかしいイムニダ, 개무스카시입니다 등과 같이 말도 안 되는 일본어가 사용되기도 하는 세대에 살고 있다. 또한 줄임말이 많기로는 일본어도 둘째가라면 서러운 언어이다. 일본어를 처음 배우는 외국인 학습자들은 일본어 중에서도 특히 가타카나로 표기한 외래어가 나오면 미리 겁을 먹는다. 읽고 쓰는 것은 물론 의미조차 짐작할 수 없기 때문이다. 원어의 의미와는 다르게 쓰이거나, 단축형으로 만들거나, 아예 일본식으로 새롭게 탄생시켜버리면 그야말로 난공불락의 요새처럼 느껴져 무조건 두 손을 들어버린다는 이들도 있다. 「アポ appointment」, 「アルミ aluminum」, 「イメチェン makeover」, 「ウインカー blinker」, 「オープンサンド open sandwich」, 「バスケ basketball」, 「スケボー skateboard」, 「パトカー patrol car」 등등은 일본인이라면 예사로 사용하지만, 처음 일본어를 배우는 외국인 학습자들에게는 외계어나 별 차이가 없을 것이다. 다른 나라에 비해 일본어에 접근하기 쉽다고 하는 한국인 일본어 학습자들도 어려워하기는 매한가지이니, 이참에 일본어의 가타카나를 공략해 보자.

가타카나 カタカナ

일본어를 표기하는 문자를 '가나 仮名'라고 한다. 일본은 원래 고유 문자가 없어서 한자만을 사용했다. 그러다가 한자의 소리와 뜻을 빌려서 일본어를 표기하면서, 한자는 '정식 문자'라는 의미에서 마나 真名, 일본어 문자는 '임시 문자'라는 의미에서 가나 仮名 라고 부르게 되었다. 이후 한자에서 따온 일본어 표기법은 두 갈래로 나뉘는데, 하나는 한자의 일부를 가져와 만든 가타카나이며, 또 하나는 한자의 초서체를 더 간략화해서 만든 히라가나다. 헤이안시대의 승려들이 불경을 훈독하기 위하여 한자의 일부분에서 딴 기호를 한자 옆에 붙여 적어

가타가나로 쓰여 있는 메뉴판

일종의 발음기호로 활용했는데, 이것이 가타카나로 발전했다는 것이 통설이다. 가타카나는 메이지유신 이후부터 2차 세계대전 패전 전 1868~1945년까지는 공문서 등에서 한자와 함께 쓰였으나 2차 세계대전 이후에 가나 표기법이 바뀌면서 히라가나를 주로 쓰게 되었다. 가타카나는 특수한 경우에 많이 쓴다. 외래어, 외국인의 이름, 외국 지명 등을 표기하거나 특정한 단어를 강조하고 싶을 때, 또는 의성어·의태어에 주로 사용한다. 일본어를 배울 때는 보통 히라가나를 먼저 배운 다음 어느 정도 익숙해지면 가타카나를 배운다. 히라가나에 훨씬 많이 노출되다 보니 더 친숙하게 여기기 때문일 것이다. 한자 없이 가타카나만으로 문장을 써 놓으면 일본인도 읽기가 쉽지 않다고 한다.

가타카나의 한반도 유래 가능성

가타카나는 헤이안시대의 승려들이 경전을 읽기 위해 한자의 일부를 따서 경전의 행간에 적어 놓은 데서 비롯되었다는 것이 통설이지만, 2002년경 다른 설이 나와 주목을 받았다. 일본 히로시마대학의 고바야시 요시노리小林芳規 명예교수와 한국 연구진이, 신라 시대 한반도에서 일본으로 건너간 대방광불화엄경大方廣佛華嚴經이라는 불경의 일부에서 가타카나의 기원으로 보이는 문자를 다수 발견했다고 밝혔다. 연구팀이 불경의 일부를 조사한 결과, 먹으로 쓴 한자 옆에 각필로 적은 문자가 360여 곳 발견되었다고 한다. 고바야시 교수는 그 각필 문자들은 한자를 쉽게 읽을 수 있도록 하기 위해 쓰였으며 신라에서 유래되었을 가능성을 제기한 학자이다. 불경에 적힌 각필 문자는 대체로 가타카나의 조성 원리와 똑같이 한자를 축약한 형태였다. 한자의 일부분을 본떠 만든 가타카나와 유사하다는 점을 들어 '가타카나의 한반도 유래 가능성'을 주장한 바 있다. 일본 유학 당시 고바야시 교수, 누모토 교수, 오쿠다 교수, 이마다 교수, 기사카 교수 등의 석학에게 배운 점은 한 가지 연구에 몰두하면 다른 세상도 보인다는 것이었다.

가타카나를 어려워하는 이유

일본어에서 가타카나의 사용 빈도는 점점 증가하고 있다. 가정에서는 물론 직장에서도 예외는 아니다. 스케줄을 변경한다는 뜻의 「リスケ 리스케」, 오늘의 의제에 해당하는 「本日のアジェンダ 혼지쓰노 어젠다」 등을 아무런 거부감 없이 말하고 또 받아들인다. 형태만 놓고 볼 때는 가타카나가 히라가나보다 직선적이고 단순해서 익히기 쉬워 보인다. 그런데 외국인 일본어 학습자들은 히라가나보다 가타카나를 훨씬 어려워한다. 가장 큰 원인은 노출 빈도가 낮기 때문일 것이다. 신문, 책, 인터넷 사이트 등이 대부분 히라가나로 표기되어 있으므로 가타카나의 노출 빈도는 자연히 낮아진다. 또한 아ア/마マ, 우ウ/와ワ, 코コ/유ユ, 시シ/쓰ツ, 소ソ/ㄴン, 노ノ/메メ, 라ラ/후フ처럼 비슷하게 생긴 글자가 많다 보니 더 헷갈린다. 또 다른 원인은 일본어와 영어의 의미와 발음이 다르기 때문이다. 예를 들어 「スマート smart」는 일본에서는 '날씬하다'이지만 영어에서는 '영리하다'가 가장 먼저 떠오른다. 일본에서 만든 가타카나 영어는 진짜 영어와 의미도 다르고 발음도 전혀 다르다. 그러나 일본식 영어가 한국인 일본어 학습자에게는 유리하게 작용하기도 한다. 한국과 일본 양쪽에서 같은 뜻으로 쓰이는 외래어가 꽤 있기 때문이다. '스킨십スキンシップ'이 그렇다. 언뜻 보기에는 'skin'

과 'ship'의 합성어처럼 보이지만 영어권에서는 사용하지 않는다. 영어를 사용하는 원어민은 못 알아듣는데 일본인과 한국인끼리는 '신체 접촉'이라는 뜻으로 서로 통하는 것이다.

그렇다면 가타카나와 친숙해지려면 어떻게 해야 할까. 가장 중요한 것은 가타카나에 많이 노출되는 것이다. 히라가나만큼 많이 보고 읽고 쓰다 보면, 어느 날 '가타카나가 이렇게 쉬웠나?' 하고 놀라는 날이 찾아온다. 특히 직접 써 보는 것이 중요하다. 시험문제를 출제할 때 가타카나에 비중을 두는 것도 노출 빈도를 높이기 위해서이며 실제로 상당한 효과를 거두고 있다. 노출 빈도를 높이려면 책을 보면서 히라가나 문장을 모두 가타카나 문장으로 바꾸어 적어 보는 것도 좋은 방법이다. 또한 좋아하는 시나 노래 가사를 가타카나로 바꿔 적어서 낭송하고 불러보는 것도 효과가 있다. 알면 보이고, 보이면 호기심이 생기고, 호기심이 생기면 재미있고, 재미있으면 더 많이 알고 싶어진다. 가타카나도 마찬가지이다. 어렵다는 선입견을 버리고 오히려 쉽다고 생각하자. 실제로 형태상으로는 가타카나가 훨씬 단순하고 쓰기 쉽다.

'일본식 영어'와 '가타카나 영어'

'콩글리시'라고 부르는 '한국식 영어'가 있듯이 일본에도 '재플리시' 또는 '쟁글리시'라고 부르는 '일본식 영어和製英語'가 있다. 일본식 영어는 일본에서 독자적으로 만들어 낸 말인데 가타카나로 표기한다. 일본인들은 영어라 생각하고 사용하지만 올바른 영어가 아닌 탓에 영어권에서는 전혀 통하지 않는다. 일본식 영어는 읽기도 어렵거니와 의미는 더더욱 어려워서 일본어를 좀 안다는 외국인들까지 '가타카나 문맹자'로 만들어버린다. 이러한 일본식 영어는 수없이 많고 지금도 마구 마구 생겨난다.

일본인의 영어 울렁증의 가장 큰 원인은 발음에 있다고 한다. 영어와 일본어는 발음이 크게 다르므로 영어 발음을 그대로 일본어로 표기하기는 거의 불가능하다. 그렇지만 어떻게든 표기하려고 하다 보니 비슷한 발음을 찾아 적을 수밖에 없다. 그렇게 적은 가타카나 단어를 그대로 발음하기 때문에 원어민 발음과는 전혀 다른 '가타카나 영어'가 탄생하게 된다. 'bath[bǽθ]'와 'bus[bʌs]'는 표기와 발음이 전혀 다른데도 똑같이 「バス바수」라고 표기하고 발음한다. 따라서 영어 사용자와는 의사소통이 되지 않는다. '가타카나 영어'는 영어가 아니라 일본인끼리만 통하는 일본어인 셈이다. 즉, 일본식 영어는 영어인 것 같으나 영어가 아니고, 가타카나 영어는 영어이지만 일본식 발음 때문에 영어처럼 들리지 않는 것이다.

방문 교수로 캐나다에서 지내던 친구가 어느 날 슈퍼에 갔는데, 일본인이 직원에게 손짓 발짓을 해가며 열심히 말을 걸고 있었다. "Please give me a binirubukuro." 그러나 캐나다인 직원은 전혀 알아듣지 못하는 눈치였다. 일본어를 알고 있던 내가 다가가서 "Please give me a plastic bag."이라고 대신 말해 주자 그제야 직원이 알아듣더니 비닐봉지를 하나 더 가져다 주었다. 이처럼 일본식 영어나 가타카나 영어는 영어권에서는 전혀 통하지 않는 '국내용 영어'인 것이다.

지리적으로 가까워서 오가는 사람이 많기 때문인지 한국어 중에는 잘못된 일본식 영어가 그대로 뿌리 내린 사례가 적지 않다. 이러한 표현이 일본식 영어인지 모를 뿐 아니라 올바른 영어인 줄 착각하는 사람이 많다는 것이 문제다.

표준 영어	일본식 영어(和製英語)	한국어 표현
cheating	カンニング(cunning)	컨닝
wake-up call	モーニングコール(morning call)	모닝콜
prime time	ゴールデンタイム(golden time)	골든 타임
to-go	テイクアウト(take out)	테이크 아웃
physical contact	スキンシップ(skin ship)	스킨십
coke	コーラ(cola)	콜라
blender	ミキサー(mixer)	믹서

'이토인イートイン' 해프닝

나는 일본에서 오랫동안 공부했고 지금까지 40여 년을 일본어와 함께 살아왔기 때문에 나름대로 일본어를 잘 안다고 할 수 있다. 그런데 어려운(?) 가타카나 단어 때문에 그 자부심이 무너진 일이 종종 있다. 학생들과 일본으로 문화 답사를 떠났을 때의 일이다. 커피를 마시러 함께 편의점에 들어갔는데 어느 학생이 물었다. "교수님, '이토인'이 뭐예요?" 금방 생각이 나지 않았다. 할 수 없이 "이토인? 뭐지? 새로 나온 상품 이름인가?" 하며 얼버무렸다. 버스로 돌아와서 검색해 봤더니 '이토인イートイン'이란 'eat - in'의 가타카나 표기로, 가게에서 구매한 음식물을 그 자리에서 먹을 수 있는 공간을 가리키는 일본식 영어였다. 편의점이나 패스트푸드점, 백화점 지하 식당가 등에서 자주 쓰이는 말로 테이크 아웃テイクアウト과 상반되는 개념이었다. 「これ買ってどうする? せっかくだからイートインで食べていく?」처럼 말할 수 있다. '집에서 먹는다'는 뜻의 'eat in'이 일본에서는 '가게 안에

서 먹는다'라는 뜻으로 변형된 것이다. 일본에서는 2000년 이후 일반화된 표현이라고 한다. 그러나 나는 처음 듣는 말인지라 '이토인'을 '새로 나온 상품' 이름으로 짐작했다. 40년 가까이 일본어를 공부하고 가르쳐온 나의 체면은 가타카나 단어 하나로 무참히 구겨지고 말았다. 학생들에게 가타카나가 어렵지 않다고 강조할 때마다 생각나는 부끄러우면서도 재미있는 추억이다.

일본에서는 이 '이토인'과 관련하여 재미난 단어가 등장했다. 바로 '이토인 탈세イートイン脱税', '정의 맨正義マン'이다. 일본에서는 2019년에 소비세를 8%에서 10%로 인상했으나, 먹거리에 한해서는 기존의 8%를 당분간 그대로 유지하기로 했는데 다만 '외식'은 제외되었다. 문제는 편의점에서 구입한 음식을 가게 안에서 먹으면 외식으로 분류되어 10% 세율을 적용하는 것이다. 소비자가 편의점에서 식품을 사는 경우, 직원은 안에서 먹을지 밖으로 나갈지를 물어 세율을 다르게 적용한다. 그러자 밖에 가지고 나간다면서 소비세를 8%만 지불하고는 매장 안에서 먹는 사람들이 나타났다. 이를 '이토인 탈세'라고 한다. 소비세 2%를 탈세했다는 뜻이다. 그런데 이번에는 2% 탈세한 사람을 직원에게 일러바치는 이른바 '정의 맨'이 등장했다. '이토인 탈세 맨'과 '정의 맨' 사이에서 편의점 직원만 난처하게 되었다.

화가로 배우는 가타카나

일본어 관용구나 속담을 좋아한다. 특히 좋아하는 속담은 「好きこそものの上手なれ」라는 속담이다. 무슨 일이든 좋아하게 되면 열심히 노력하기 때문에 빨리 숙달된다는 의미이다. 미술도 예외는 아닌

모양인지 미술에 완전 문외한이던 나도 유학 시절부터 다섯 차례 이상 오하라 미술관을 찾다 보니 조금씩 눈이 뜨이게 되었다. '자세히 보아야 예쁘다 / 오래 보아야 사랑스럽다 / 너도 그렇다' 나태주 시인은 풀꽃을 보고 이렇게 노래했지만, 이는 풀꽃만이 아니라 모든 사물에 해당한다. 자세히 보고 오래 보면 모두가 예쁘고 사랑스럽다. 나한테는 그림이 그러했다.

오카야마현 구라시키 미관지구에 있는 오하라 미술관은 일본 최초의 서양 미술관으로 구라시키 방적의 창업자인 오하라와 화가 고지마의 합작품이다. 사업가의 재력과 화가의 안목과 두 사람의 신뢰를 바탕으로 하여 1930년에 문을 열었다. 그리스 신전 모습을 본떠 지은 본관의 현관 양쪽에는 로댕ロダン의 〈칼레カレー의 시민〉과 〈세례 요한ヨハネ〉이 관람객을 맞이한다. 진본은 아니지만 로댕미술관과 협상하여 주조했다고 한다. 안으로 들어가면 오하라 미술관의 대표작 중 하나인 엘 그레코エル·グレコ의 〈수태고지受胎告知〉가 눈에 들어온다. 하느님의 사자인 가브리엘ガブリエル 대천사가 마리아マリア에게 '성령으로 그리스도를 잉태할 것'이라는 소식을 전하는 장면을 그린 작품이다. 그냥 대충 볼 때는 몰랐는데 자세히, 오래, 여러 번 보니까 보였다. '수태'가 하늘의 뜻임을 알려주는 듯 오른팔을 하늘로 향한 채 마리아를 내려다보는 자비와 연민이 담긴 천사의 그윽한 눈빛, 처녀의 몸으로 잉태를 하게 된다는 말에 두렵고 당혹스럽지만 믿음으로 기쁘게 받아들이는 복잡 미묘한 심정이 드러나 있는 마리아의 깊은 눈빛이 화살처럼 내게로 날아와 꽂혔다. 산드로 보티첼리サンドロ·ボッティチェリ, 레오나르도 다 빈치レオナルド·ダ·ヴィンチ를 비롯한 여러 화가가 '수태고지'를 그렸지만 엘 그레코의 작품만큼 강렬하게 나를 사로잡는 작품은 없었다. 모네クロード·モネ의 〈수련〉 앞에 서면 '꽃을 그릴 때마다 마치 생전 처음 보는 것처럼 그려야 한다'라는 모네의 말이 떠오르면서 책에서는 느끼지 못했던 감동이 밀려왔다. 모네는 수련을 그리기 위해 집에 연못을 만들어 수련을 키웠다고 한다. 연못, 수련, 물속에서 하늘거리는 구름과 나무의 그림자, 빛에 따라 달라지는 색채가 그대로 모네의 그림 속으로 자리를 옮겼다. '색은 하루 종일 나를 집착하게 하고, 즐겁게 하고, 그리고 고통스럽게 한다.'라는 모네의 고백이 수련 속에 그대로 살아 있었다. 오하라 미술관 덕분에 밋밋하던 나의 일상에 그림이 하나둘씩 자리 잡기 시작했다. 그림들은 때로는 몽환적인, 때로는 황홀한, 때로는 쓸쓸하고 아픈 세계로 나를 데려갔다.

오하라 미술관에서는 그 밖에도 여러 화가를 만날 수 있다. 고흐ゴッホ, 고갱ゴーギャン, 세잔セザンヌ, 마티스マティス, 루오ルオー, 피카소ピカソ, 브라크ブラック, 뭉크ムンク, 샤갈シャガール, 르누아르ルノワール, 밀레ミレー, 라파엘로ラファエリ, 세간티니セガンティーニ, 피사로ピサロ, 모로モロー, 마네マネ….

오하라 미술관에 가면 마네와 모네를 만날 수 있다. 마네가 모네를 모방해서 화가 났을까, 모네가 마네의 작품을 모방해서 화가 났을까マネがモネにまねして怒ったのか､モネがマネにまねして怒ったのか。 이 문장을 이해하려면 정확한 가타카나 실력과 그림을 보는 눈을 겸비했을 때 가능하다. 가타카나 정복에는 왕도가 없다. 사람의 이름이든 신문의 칼럼이든 짤막한 수필이든 뭐든 상관없이 가타카나로 읽고 쓰면서 친숙해지는 게 제일이다. 입으로 말하면서 쓰고 사전을 찾아보면 효과가 배로 나타날 것이다. 난공불락처럼 굳건해 보이던 가타카나라는 요새가 힘없이 무너지는 기쁨을 만끽하는 날이 하루빨리 오기를 기대한다.

20대 대학생이 보고 경험한 일본

최지혜(릿쿄대학 문학부 영미문학과 재학 중), 정미정(세계테마 여행가)

일본으로 떠난 스물두 살의 유학

한국에서 고등학교를 졸업한 나는 남들과 같이 평범한 대학 생활을 하고 있었다. 그리고 스물둘, 일본 대학에 합격하여 유학길에 오르게 되었다. 그것도 영문학 전공으로 말이다. 대부분의 사람들은 이를 의아하게 생각할 것이다. 미국도 아닌 일본에서 영어 전공이라니. 굳이? 왜?

잘 다니던 대학을 그만두고 갑자기 일본어를 공부하게 된 계기는 무엇이었을까. 2019년, 가족과 함께 3박 4일 도쿄 여행을 가게 되었다. 친구와 미국으로 여행을 갔을 때 모든 의사소통을 도맡아 했기에 일본 역시 영어로 의사소통이 가능할 것이라 생각하며 설레는 마음으로 일본에 도착했다. 하지만 예상과는 달리 호텔 체크인부터 수월하지 않았다. 호텔 직원들은 영어를 잘하지 못했고, 내 영어 실력과 당당함은 무용지물이었다. 그때, 엄마가 나서서 일본어로 직원들과 이야기하기 시작하셨다. 물론 나는 하나도 알아들을 수 없었다. 엄마는 수월하게 체크인을 한 후, 직원들과 농담도 주고받으며 화기애애한 분위기로 대화하고 있었다. 엄마가 멋지고, 부럽고, 자랑스러웠다. 그리고 내 마음은 답답했다. 영어권 나라에서 유창하고 당당하게 의사소통을 했던 나는 일본에서 단 한마디도 알아들을 수도, 말할 수도 없었다. 반대로 일본 여행에서의 엄마는 너무나 멋지고 대단해 보였다. 가족 모두가 엄마를 자랑스러워했다.

고등학교 시절, 수능 공부로도 벅찼던 내게 엄마는 갑자기 일본 유학을 권하셨다. 하지만 당시 일본어를 할 줄도 모르고 일본이라는 나라에 관심도 없던 내게 엄마의 권유가 귀에 들어왔을 리 없다. 그렇게 수능을 보고 한국 대학을 다니던 와중에 가족여행으로 일본을 간 것이 내 유학 결심의 첫 계기가 된 것이다.

유학이라는 것이 절대 쉬운 결심은 아니다. 나 역시 단순히 엄마가 멋져 보였기 때문에, 말이 통하지 않아 답답했기 때문에 일본어를 배우고 유학을 결심한 것은 아니었다. 유학 결심의 두 번째 계기가 있었다.

도쿄 여행에 다녀온 후, 가족들과 오사카로 두 번째 일본 여행을 떠나게 되었다. 오사카는 도쿄와는 또 다른 매력이 있는 도시였다. 도쿄보다 한국인이 자주 눈에 띄었고, 곳곳에서 한국말이 들려와 왠지 모르게 친숙하고 편한 기분이 들었다. 내가 경험한 도쿄와 오사카는 모두 저마다의 매력을 지닌 아름다운 도시였다. 다양한 먹거리와 관광지 외에 내가 일본의 또 다른 매력을 느낀 부분은 바로 사람들이었다. 일본 사람. 우리와 외양이 비슷하면서도 다른 일본인들은 언제나 여유가 있는 것처럼 느껴졌다. 그들은 서두르지 않고, 조급해하지 않으면서도 자신이 맡은 일에 최선을 다했고, 언제나 친절했다. 나도 모르게 일본이라는 나라에 조금씩 빠져들고 있었던 것 같다. 매력적인 도시 오사카에서 여행을 즐기던 중, 하루 시간을 내어 한국에서 친하게 지냈던 동생을 만나러 갔다. 나보다 한 살 아래인 그 친구는 어렸을 적부터 우리 가족과 가깝게 지낸, 나와는 친동생처럼 가까운 사이였다. 한국에서 고등학교를 졸업한 후 일본 대학에 진학한 이 친구는 나의 일본 유학 결심에 가장 큰 영향을 준 사람이다. 유학의 첫 번째 계기가 '엄마'라면, 두 번째이자 결정적 계기는 이 '친구'이다. 엄마를 통해 이 친구의 일본 유학 준비 과정부터 리쓰메이칸대학 합격까지 스토리는 이미 들어 알고 있었다. 그저 다른 나라에서 나와 똑같은 대학 생활을 하고 있을 것이라 생각했다. 직접 만나본 후, 내 예상이 모두 틀렸다는 것을 알 수 있었다. 오랜만에 만난 동생은 정말 성숙해져 있었고, 그저 동생 같기만 했던 옛날과는 달리 본받을 점이 많은 선배 같았다. 우물 안 개구리 같은 생활을 하고 있던 나와 달리 이 친구는 일본 대학에 진학하여 유창한 일본어를 구사하고 여러 나라의 친구들을 사귀며 내가 해보지 못한 경험을 하고 있었다. 그야말로 '글로벌'했다. 동생을 만나 시간을 보내고 가족들과 호텔로 돌아가면서 많은 생각이 들었다. 나도 엄마처럼 제대로 일본어를 공부하고, 이 친구처럼 글로벌한 경험과 대학 생활을 하고 싶었다. 그렇게 나는 한국에 돌아와 바로 대학교 휴학 신청을 한 뒤, 일본어 학원을 등록했다. 3월부터 공부를 시작하여 11월 초 시험까지 후회 없이 공부했다. 처음으로 해야 하는 공부가 아닌, 하고 싶은 공부를 했다. 하고 싶은 공부는 재미있었고, 일본어 실력이 느는 것을 느끼며 짜릿한 기분도 들었다. 원하는 공부를 열심히 하여 도쿄의 사립명문대 중 하나인 릿쿄대학에 합격했다. 학과는 영미문학.

한국인이 일본 대학에서 영문학을 전공한다?

왜 하필 일본에서 영어 공부야? 정말 셀 수 없이 많이 들은 질문이다. 일본 유학을 준비하면서 전공 선택 문제로 아빠와 자주 상의했고, 정말 많이 고민했다. 영어가 능통한 사람이 많지 않은 일본에서 영어를 전공하는 것은 경쟁력이 있을 것이라고 판단했다. 또, 전공의 전망도 물론 중요하지만 내가 즐겁게 공부하고 잘할 수 있는 전공을 택하라고 조언해 주신 아빠의 말씀도 고려하여, 영어 공부에 흥미가 있던 나는 한국에서와 마찬가지로 또다시 영문학 전공을 선택했다. 그렇게 나는 릿쿄대학 영미문학과에 입학했다. 입학 후 첫 1년은 코로나19로 인해 일본 입국이 어려워 한국에서 온라인으로 수업을 들었다. 입시 일본어만 했던 나는 일본어로 강의하는 교수님들의 수업을 알아듣기 힘들었고, 혹시나 수업 중 내 이름이 호명될까 수업 내내 긴장상태였다. 첫 수업을 들은 후, 졸업은 할 수 있을까 생각이 들 정도로 막막하고 불안했다. 수업이 끝나면 적어 놓았던 발음을 유추하여 어떤 단어였는지 검색해 보며 새로운 단어들을 익히고 열심히 복습했다. 그러던 어느 날 교수님의 말씀을 아무 생각 없이 끄덕거리며 듣고 있었는데, 문득 강의 내용이 잘 들리고 내가 수업을 제대로 이해하고 있다는 것을 깨달았다. 이렇게 되기까지 첫 수업부터 한 달이 걸렸다. 이렇게 1년을 한국에서 보낸 뒤, 2학년이 되어 마침내 일본에 입국해 오프라인으로 수업을 들을 수 있게 되었다.

캠퍼스 라이프

1년의 기다림 끝에 일본에 입국할 수 있게 된다고 하니 설레는 마음도 잠시, 집 계약, 비자 신청 등 복잡하고 어려운 일이 태산이었다. 심지어 집 계약을 하려면 일본에 거주하고 있는 일본인의 보증도 필요했다. 일본인 중 아는 사람, 친척 등 부탁할 사람이 아무도 없었던 나는 당연히 거절당할 것이라 생각하며 같은 학교 친구에게 부탁했는데, 예상외로 흔쾌히 허락해 주며 친절하게 도와주었다. 너무나 고마웠다.

어렵게 일본에 도착한 첫날, 나는 큰 충격을 받았다. 지난 1년간 일본어를 열심히 공부했기 때문에 일본 생활도 무리 없을 것이라고 생각했지만 저녁을 사러 간 편의점에서 나의 처참한 일본어 실력을 깨달았다. "젓가락 드릴까요?"라는 직원의 간단한 말도 이해하지 못한 나는 어리둥절한 표정을 지을 수밖에 없었고, 직원이 손가락으로 젓가락을 가리키고 나서야 그 의미를 이해했다. 수업을 알아듣고 교수님의 질문에 대답할 수 있다고 해서 일상생활에서 쓰는 말을 알아들을 수 있는 것은 아니었다. 편의점 일을 계기로 일본에서 생활하려면 일상생활에 쓰이는 말과 단어, 회화를 따로 공부해야 된다는 것을 깨달았다.

일본어 실력을 늘리기 위해 일본인 친구들과 1:1로 만나 함께 과제도 하고 놀러도 다니며 자연스레 일상생활에 필요한 일본어를 익혔다. 친구의 말이 이해되지 않으면 무슨 뜻이냐며 적극적으로 물어보고, 또 이렇게 배운 일본어를 다른 친구들에게도 직접 사용해 보며 일본어 실력을 키웠다. 덕분에 빠른 기간에 일본 생활에 잘 적응할 수 있었다. 일본어 실력을 늘리기 위해 내가 택한 또 다른 방법은 아르바이트였다. 물론 용돈 벌이를 위해 아르바이트를 하려고 한 것도 있지만, 직접 경험하고 부딪혀보며 일본어 실력을 늘리고 싶었다. 그렇게 일본에서 세 번째로 손님이 많은 이케부쿠로 지점의 맥도날드에서 아르바이트를 시작했다. 언어 실력도 늘리고, 무엇보다 경어를 익히고 싶었던 나는 레지 계산대를 맡고 싶다고 했다. 처음에는 일본인 손님들 앞에서 일본어를 구사하는 것이 쑥스럽고 부담스러웠다. 첫 두 시간은 입에서 말이 잘 나오지 않았으나 시간이 지나니 금세 입에 붙어 외우지 않아도 자연스레 말이 나왔고 능숙하게 주문을 받을 수 있게 되었다. 레지를 맡겠다고 했지만, 한 시간마다 직무가 바뀌는 맥도날드의 특성상 나도 다른 일도 하게 되었다. 음료를 만들고 감자튀김도 만드는 등 다양한 일을 배웠다. 나름대로 열심히 한다고 했지만 일본어가 능통하지 않아 다른 직원과 문제가 생기기도 했다. 모국어가 아니기에 한 가지 일에 집중하면 일본어가 귀에 잘 들어오지 않아 생긴 작은 트러블이었다. 감자를 튀기는 일에 너무 몰두한 나머지 다른 직원이 내게 하는 말을 여러 번 듣지 못했고, 의도치 않게 그 직원을 무시한 상황이 되어버린 것이었다. 오해가 쌓여가던 중 다행히도 이러한 문제를 알게 되어 사과와 함께 상황을 설명했고 오해는 풀렸다. 이런 일이 있었지만 포기하지 않고 적응하기 위해 열심히 일한 결과 일본인 직원들에게 칭찬을 듣기도 하며 더욱 열심히 노력하게 되었다.

한번은 아르바이트를 하다가 이런 일도 있었다. 햄버거에서 피클을 빼달라고 했는데 피클이 들어가 있다며 어느 외국인 손님이 클레임을 걸었다. 일본인 점장님은 영어로 응대를 하는 대신 핸드폰 번역기를 꺼내 들어 손님에게 건넸다. 손님이 핸드폰에 대고 말을 해야 하는 상황에 결국 내가 나서서 영어로 응대하며 문제를 해결했다. 일본이 영어 교육에 그다지 힘쓰지 않는다는 것은 알고 있었지만 선진국이라고 생각한 일본에서, 게다가 평범한 직원도 아닌 점장이라는 직위에 있는 분마저 영어 응대가 불가능한 것을 보고 적잖이 놀랐다. 이 일을 계기로 일본에서 영어를 배우고 나를 필요로 하는 곳이 있고 내가 도울 것이 있다는 점이 기뻤고 뿌듯했다.

고조된 한류 열풍으로 재조명된 한국문화

나는 현재 한국문화교류회라는 동아리에 가입해 활동하고 있다. 한국문화 교류라는 이름에서 알 수 있듯, 한국어와 한국문화에 관심이 있는 일본인 학생들이 많은 동아리이다. 한국 그 자체뿐만 아니라 한국 음악, 음식 등 한국의 다양한 요소에 관심을 보이는 친구들이 많았다. K-POP의 영향은 대단했다. 한국에 대한 그들의 인식은 예상했던 것보다 훨씬 더 우호적이었으며, 한국인이라고 소개하면 친하게 지내자며 먼저 다가와 주는 친구들이 많았다. K-POP의 인기가 대단하다는 것을 실감할 수 있었다. K-POP의 영향으로 한국어 강좌를 들으려는 일본인 수강생들의 수도 굉장히 많다는 사실에 또 놀라게 되었다.

K-POP에서 더 나아가 〈도깨비〉, 〈이태원 클라스〉와 같은 한국 드라마, 삼성과 같은 한국 제품에도 관심을 가진 일본 사람들이 적지 않다. 이렇듯 일본의 젊은 세대가 한국을 잘사는 나라로 인식하며 한국문화에 관심이 많고 한국인에게 매우 우호적이라는 이야기를 한국에 계시는 할머니와 할아버지에게 들려드렸더니 매우 놀라셨다.

일본에서 생활하며 마주하는 모습

일본인 여자 대학생 친구가 있다. 어느 날 이 친구가 같은 수업을 듣는 남학생과 함께 만나자고 했다. 과제로 시간이 없었던 나는 일본인 친구에게 "나 시간 안 될 것 같은데 둘이 만나면 안 돼?"라고 말했다. 그러자 친구가 일본에서는 남녀가 사귀는 사이가 아니면 단둘이 만나는 경우가 거의 없다고 했다. 남녀 둘이 만나면 사귀는 사이로 인식하기 때문에 둘이 만나는 것에 조금 민감하다고 덧붙였다. 한국에서는 남자건 여자건 친구 사이이면 둘이 만나서 이야기도 하는 것이 전혀 이상한 일이 아닌데 이와 다른 일본의 문화가 신기했다.

문화 차이를 느낀 또 다른 부분이 있었다. 한국에서는 수업에 늦을 것 같으면 모자를 쓰고 가거나 화장을 하지 않은 채로 가는 학생들을 자주 볼 수 있다. 하지만 일본 학생들을 보면 수업에 늦어도 꼭 화장을 하고 오는 경우가 대부분이며, 웬만하면 모자는 쓰지 않는다. 또 일본 여자 대학생들은 앞머리를 자른 비슷한 헤어스타일이 많으며, 미니스커트를 입은 학생은 거의 찾아볼 수 없다. 전체적으로 롱치마를 선호하는 듯하다.

일본에서 생활하기 시작하며 놀란 점 중 하나는 일본인들의 패션이었다. 일본인들은 대부분 남의 시선을 의식하기보다는 자신의 개성을 드러내는 옷차림을 하는 편이다. 실제로 애니메이션 주인공을 코스프레한 옷을 입고 지하철에 타거나 학교에 오는 사람도 흔히 볼 수 있다. 하지만 누구도 빤히 쳐다보거나 신경 쓰지 않는다.

현재 일본에서는 한국의 화장품과 마스크팩이 엄청난 인기를 끌고 있다. 일본의 유명한 가게 중 하나인 돈키호테에 가면 한국 음식, 화장품 등 한국의 다양한 제품들이 즐비하다. 특히 돈키호테에서 인상 깊었던 것은 한국의 술이 진열된 코너가 꽤 크며 소비가 많다는 점이었다. 한국에서도 보지 못했던 다양한 종류의 한국 소주를 일본에서 볼 수 있었다. 잠시 술 얘기와 관련해 여담을 하자면, 일본에서도 한국에서와 마찬가지로 술에 취한 사람들의 모습이 종종 보인다. 술에 취한 사람들은 벤치나 길거리에서 자는 경우도 어렵지 않게 볼 수 있다. 타인에게 민폐를 끼치지 않는 것을 중요시하는 일본 문화를 익히 들어왔던 나에게 이런 모습은 꽤나 충격적이었다. 이럴 때 드는 생각이 있다. '사람 사는 곳은 비슷하다.'

일본인은 친절해서 좋다. 그런데 너무 친절해서 싫다.

얼마 전에 일본인 친구가 나에게 물어봤다. 한국은 실제로 편의점 직원이 핸드폰 보거나 앉아서 일하는 경우가 많냐고 말이다. 나는 그렇다고 대답하면서도 질문의 의도가 무엇인지 잘 알지 못했다. 친구는 한국 드라마에서 이러한 장면을 봤는데 매우 충격적이었다고 이야기하며, 일본에서는 용납되지 않는 행동이라고 했다. 일본은 줄곧 서서 일해야 하는 것은 물론, 핸드폰을 보는 것은 말도 안 되는 행동이라는 것이다. 친구의 말처럼, 내가 실제로 경험한 일본의 편의점도 그러했다. 일본에서는 정말 손님이 왕이라는 생각이 든다. 손님을 존중하려는 의도는 좋다고 생각하지만, 가끔은 손님이 왕이라는 인식으로 직원에게 무례한 언행을 하는 손님도 종종 보인다. 한국도 여전히 손님이 왕이라는 분위기가 있기는 하지만 일본은 그 인식이 더욱 센 듯 보였다.

이러한 일본의 매뉴얼과 친절함에는 장단점이 있다고 생각한다. 손님 한 명 한 명을 꼼꼼하고 친절하게 응대하는 것은 일본의 큰 장점이며, 한국도 보고 배울 점이 많다고 생각한다. 하지만 가끔은 지나친 친절로 손님을 부담스럽게 하거나 식사 자리를 불편하게 하는 경우도 있다고 느꼈다. 주문을 하기 전에 시킬 메뉴를 미리 생각해 놓는 한국과는 달리 자기 차례가 되었을 때 카운터에서 느긋하게 주문을 하고, 또 이에 꾸준한 미소로 응대하는 직원들을 보며 한국과 문화가 정말 다르다고 생각했다. 이렇게 친절함의 장단점이 있지만, 일본인들의 섬세함과 배려에 놀란 적도 많다. 바로 대중교통을 이용할 때다. 일본은 한국과 달리 모든 승객이 착석하기 전까지 출발하지 않으며, 정차하기 전엔 누구도 일어서지 않는다. 승객들의 안전을 최우선으로 하기 때문이다. 반면 한국은 버스에 타자마자 출발하여 넘어질 뻔하거나 정차하기도 전에 모두 내릴 준비를 하며 서 있는 등 안전을 생각하지 않고 서두르기 바쁘다. 또한 장애인을 대할 때도 다르다. 일본의 경우 역무원이 장애인의 휠체어를 밀어 주고 버스나 지하철에 타는 것을 도와주며, 이를 당연히 해야 할 일이라고 생각한다. 이에 반해 한국은 아직도 장애인을 위한 시설, 서비스 등이 미비하다.

한편, 이렇게 승객의 안전을 중시하는 일본에서 전차 사고가 매일같이 일어나는 것은 굉장히 의아하다. 플랫폼과 철로 사이에 안전문이 없는 경우가 대부분인 일본은 철로로 뛰어드는 인신사고가 빈번히 발생한다. 출근 혹은 등교 시간대에 이런 사고가 발생하면 개찰구에서 '지각허가증'이라는 것을 즉시 발급해 줄 정도로 사고 발생률이 높다. 안전을 중시하는 일본이 왜 안전문을 설치하지 않을까라는 생각이 들기 마련이다. 그 이유 중 하나는 전차가 모두 민영화되어 개인의 소유이기 때문이 아닐까 조심스레 추측해 본다.

대중교통과 관련된 또 다른 이야기를 하나 하자면, 일본의 대중교통에서는 모두 가방을 앞으로 메고, 비가 오면 우산은 자신의 다리 사이에 끼워 둔다. 이는 남을 배려하기 위한 행동이다. 또, 아직까지는 대중교통에서 통화하는 사람을 본 적이 없을 정도로 남에게 민폐를 끼치지 않기 위해 노력한다. 이런 사소한 배려 하나하나가 일본의 매력이 아닐까.

일본의 잠재력은 동아리 활동에서

일본 대학에서 건강도 챙기고 친구도 사귀기 위해 테니스 동아리에 들어가려고 했다. 하지만 동아리 설명회에 참가한 뒤 바로 생각을 접었다. 동아리에 들어오면 정기적으로 합숙을 해야 하고 주 2회 이상 필수로 연습을 참여해야 한다고 했기 때문이다. 수업도 아닌 동아리에 너무 많은 시간을 들이는 것이 아닌가 싶어 선배에게 물어보니 일본은 어릴 적부터 한 가지의 동아리 활동을 꾸준히 하는 경우가 많으며, 그것이 입사에도 많은 영향을 끼친다고 했다. 동아리 활동이 입사에 영향을 끼친다는 생소한 사실이 놀라웠다. 한국의 경우 좋은 회사에 들어가기 위해 높은 학교 성적과 각종 자격증을 따기 위해 노력하는 것이 일반적이기 때문이다. 일본기업에서는 성적의 비중보다 끈기와 성실함, 그리고 잠재력을 보고 사람을 뽑는다는 사실이 신기했다. 실제로 성적이 그다지 좋지 않아도 학교에서 한 활동을 바탕으로 자신만의 스토리를 멋지게 풀어내어 대기업에 취직한 선배들이 많다. 리더십보다는 협력성, 성적보다는 끈기와 잠재력을 보는 것이 일본의 장점이

캠퍼스에서 동아리 홍보하는 모습

아닌가 싶다. 다만, 성적을 중요시하지 않기 때문에 수업에 오지 않고 아르바이트를 하거나, 동아리 활동 때문에 수업에 늦는 등 주객이 전도된 생활을 하는 학생들도 종종 볼 수 있어 이 역시 장단점이 있다고 생각한다.

오래된 기업과 가업을 이어가는 나라, 장인정신이 인정받는 나라. 일본의 이러한 꾸준함은 어릴 때부터 꾸준히 해온 동아리 활동의 영향이 크지 않을까 생각한다.

10년 후 일본은 어떤 모습일까

일본의 문구류, 전자제품 등 일본 제품이 한국에서 인기였던 옛날, 그리고 K-POP에 일본 사람들이 열광하는 현재. 한국과 일본은 떼려야 뗄 수 없는 사이인 것 같다. 서로 긍정적인 영향을 주고받으며 우호적인 관계가 계속되었으면 하는 바람이다. 10년 후의 일본은 많은 변화가 있겠지만 가업과 장인정신을 중시하는 문화와 사람들의 친절함은 변치 않았으면 한다. 알면 알수록 신기한 나라인 일본, 그 매력의 끝은 어디일까. 10년 후 일본의 모습을 상상해 본다.

‘간間’의 문화

하마다 요시아키(일본방송대학 명예교수)

번역: 노미애(한국방송통신대학교 일본어 번역연구회 5기)

‘공空’과 ‘간間’

“자연은 진공 상태를 싫어한다.” 아리스토텔레스가 한 유명한 말이다. 자연이라는 세계는 물질로 가득 차 있어서, 물질과 물질을 떼어 놓으려고 하면 거기에 또 다른 물질이 비집고 들어와서 빈틈을 메워 버린다. 펌프로 물을 퍼 올릴 수 있는 것이 그 증거다. 아리스토텔레스는 원래 ‘없는’ 것을 ‘있다’고 하는 것은 논리 모순이라고 했다. 그로부터 2,000년 후 그가 부정했던 ‘진공’을 갈릴레오의 제자인 토리첼리가 수은주를 이용한 실험을 통해 그 존재를 밝혀냈다. 이후 발명된 진공관이 현대 전자공학의 토대가 된 것은 과학사에서 반드시 언급되는 사실이지만 일단 과학 이야기는 뒤로 미루기로 한다.

동아시아 사랑방 포럼에서 출간한 책《알면 다르게 보이는 일본 문화》에서 이경수 교수는 일본 세토나이카이해瀬戸内海에 있는 나오시마直島섬을 소개하고 있다. 이 섬은 과거 산업폐기물에 뒤덮이면서 쓰레기 섬으로 불리자 많은 사람이 떠났다. 그러나 주민들과 구사마 야요이, 안도 다다오, 이우환 등 예술가들이 협동해 지금은 예술촌으로 되살아났다. 안도 다다오는 자기가 즐겨 쓰는 노출 콘크리트로 마무리한 건축물 속 공간으로 빛과 바람이 스며들도록 설계하고, 이우환은 소재의 성질을 그대로 살린 작은 점이나 기둥을 커다란 공간이 포섭하게 해서 공간을 매개로 사물들의 관계성을 읽어 낼 수 있도록 했다. 이들의 예술을 이러한 의미로 이해한 이경수 교수는 거기서 '공비움'의 사상을 간파했다.

'공'이라고 하면 《반야심경》 중 한 구절인 '색즉시공 공즉시색'이 떠오른다. '이 세상에 있는 물질이나 현상색은 영구불변하지 않고 실체가 없는 것공으로 바뀐다. 이는 그 실체가 없는 것공에서, 이 세상의 모든 물질이나 현상색이 나타난다.'라는 뜻이다. 이 불교 철학은 동양 사상의 토대를 이루고 있다. 안도 다다오나 이우환의 '공' 사상을 이 교수의 감성으로 훌륭하게 파악하고 있다.

비움을 의미하는 '공'은 동양화에도 잘 나타나 있다. 한국 5만 원권 지폐 초상 인물은 조선 중기 화가 신사임당이다. 신사임당의 작품 〈초충도〉를 보면 묘하다. 벌레와 풀을 매우 사실적으로 묘사했으나 벌레를 풀에서 떨어뜨려 배경이 되는 공간에 그려 놓았다. 꽃이나 잎에 달라붙어 있지 않다. 언뜻 풀도 벌레도 순간 멈춰 있는 듯하다. 정적이다. 그렇다고 풀과 벌레가 무관하게 나열되어 있는 것도 아니다. 벌레가 풀을 향해 어떻게 갈지는 보는 이에게 맡기는 듯하다. 공간의 의미를 능란하게 연출했다는 생각이 든다.

신사임당보다도 반세기 이전의 인물 레오나르도 다 빈치의 명작 〈모나리자〉를 살펴보자. 인물 배경에는 산, 호수, 강, 무언가를 이야기하는 듯한 광경들이 빽빽하게 채워져 있다. 마치 캔버스에 여백이 있으면 아깝다는 듯이, 연관이 있는 자연물이 꽉 들어차 있다. 그것들의 의미를 일일이 생각하고 있자면 머리가 혼란해져 피곤하다.

다시 신사임당과 동시대인인 일본 화가 셋슈雪舟 그림으로 시선을 돌려본다. 〈추동산수도〉 등 그의 작품은 화면 반 가까이가 '공백空白' 이다. 일종의 원근법 효과도 있어 공백이 산수를 돋보이게 하고 감상자는 거기에서 바람이나 빛, 때로는 소리를 느끼며 다양한 상상의 나래를 펼친다. 신사임당과 상통하는 감성이다. 한 가지 예만으로 전체를 일괄적으로 단정하는 것은 위험하지만 구체적인 대상물의 배경, 즉 공백을 다루는 태도에서 서양과 동양의 회화에 결정적인 차이가 있다. 서양인은 가능한 한 정보를 많이 그려 넣으려고 한다. 동양인은 그리지 않은 것을 공백으로 표현하고, 공백에서 무언가를 읽어 내기를 바란다.

회화에서 공백은 공간적 '공空'이지만, 시간적인 '공'은 '간間'으로 표현한다. 일본의 전통 대중연극 가부키에서는 배우가 극 절정기에 펼치는 최고의 연기를 보고 관객 말석이나 입석에서 그날 공연 극단 이름인 "나리타야!", "오토와야!" 등을 외치며 응원을 한다. 이 타이밍이 중요하다. 빨라도 늦어도 안 된다. 한편, 전통 가면극 '노能'는 앞과 좌우 양옆이 터진 5~6m가량의 정사각형 공간에서 이루어진다. 거기서 표현되는 세계는 무한대로 시간도 과거와 현재를 자유로이 넘나든다. 관객도 감성을 최대한 동원해 환상의 세계로 들어가야 한다. 그러기 위해서 시각과 청각을 연마할 필요가 있다. 노래, 반주 음악의 리듬, 연기자의 몸짓이 혼연하여 조화를 이룬다. 보는 이는 음발성과 음 사이의 간격, 연기자의 호흡에 자신을 이입해야 한다. 연기자와 관객이 서로 그 '간'을 공유하는 것이다. 한편 이 음과 동작이 끊어지는 시간의 길고 짧음, 즉 '간'을 제대로 못 다루어 리듬이 무너지는 상황을 일본에서는 '간間'을 써서 간이 모자란다는 뜻으로 「間が抜ける 얼이 빠지다」, 그런 사람을 「間抜け 얼간이」라고 한다. 「間抜け」는 '어리석은 사람'을 뜻한다. 그 외 화제가 막혀서 어떻게 해야 할지 모를 때間が持てない, 분위기가 어색해 멋쩍을 때間が悪い, 상대와의 관계를 망치고 싶지 않아서 시간 간격을 두려고 할 때間を置く, 間を取る 등에 '간'을 써서 표현하는 관용구들이 일본어에 많다. 이는 일본인이 '간'의 개념을 중요시한다는 증거다.

검도나 유도에서도 '간' 혹은 '적기'는 승패를 결정하는 중요한 열쇠다. 상대가 어느 타이밍에서 공격을 걸어올지, 공격을 걸어오는 타이밍, '간'을 눈으로 직시하면서 동시에 숨결로도 감지해야만 한다. 무도의 고수는 상대의 호흡도 제어할 수 있는 능력이 있다. 진검으로 승부를 가를 때는 '간'을 읽을 수 있는지 없는지로 목숨을 잃느냐 건지느냐가 결정된다.

지금까지 물질이나 사람 즉 '물체' 사이의 공간인 '공', 또 시간의 간격인 '간'이 예술과 무도에서 어떻게 자리하는지 살펴보았다. 그것은 본래 텅 빈 곳, 현상이 일어나지 않는 시간을 말한다. 동양 사상에서는 그것이 굉장히 중요하다. 상황에 따라서는 아무것도 없는 '공'이나 '간'이 물질이나 현상의 존재, 운동의 방향을 결정한다고 생각한다.

이즈음에서 자연현상을 바라보는 과학적 사고방식으로 돌아가 보자. 예로 전기를 살펴본다. 플러스와 마이너스 전기정확하게는 전하電荷를 가진 물체는 서로 끌어당기고, 같은 전하인 플러스와 플러스, 마이너스와 마이너스를 지닌 물체는 서로 밀어낸다. 물체와 물체 사이에는 아무것도 없는데 왜 그와 같은 현상이 일어나는 걸까. 그것은 전하를 가진 물체 주변에 전기장이 생기고 그 전기장을 통해 떨어진 물체들 사이에 작용이 일어나기 때문이다. 자석 주변에는 자기장이 형성된다. 38만 km 이상이나 떨어진 지구와 달이 끌어당기는 것은 그 사이

공간에 중력의 장이 있어서다. 이상의 전기장, 자기장, 중력장의 공간은 '진공'일 수 있다. 아니, '진공'에는 '장場'의 에너지로 가득 차 있다. 그리고 '장'에는 두 물체 사이에 '상호작용'하는 힘을 발생시키는 성질이 잠재한다. '상호작용'은 물체와 물체 사이의 공간에서 그들 물체가 서로 영향을 끼치는 근원이다. 이 사고방식은 앞에서 서술한 예술과 무도에도 응용된다. '공'과 '간'은 실은 '상호작용'의 힘이 일어나는 '장'이었다.

이제 다시 아리스토텔레스로 옮겨가자. 그는 '자연은 진공을 싫어한다.'라고 했다. 그가 말하는 '진공'이 아무것도 없는 진공, 즉 '무의 공간'이라면 그런 것은 존재하지 않는다. 진공은 '장'이고 에너지로 가득하다. 그리고 에너지가 '물질'로도 변환 가능하다는 것은 현대물리학이 증명도 했다. 아리스토텔레스의 주장이 되살아난 것이다. 더 나아가 불교 용어 '색즉시공, 공즉시색'을 확대 해석하면 자연과학의 논설과도 일치한다. 그리고 이 '실체, 공간, 상호작용'은 거의 모든 존재물이나 현상에도 응용된다.

인간이 창조하는 예술, 문학을 포함한 문화라는 실체는, 공간과 시간을 뛰어넘어 연관된 사람들에게 영향을 주는 요컨대 상호작용을 일으키는 것이다. 이 상호작용을 일으키는 공간과 시간을 우리는 '공'이라 하고 '간'이라고 했다. 이 상호작용이 일어나는 '장'을 이해하는 것은 일상생활에서도 중요해, 그것을 일본에서는 '현장 분위기를 읽는다場=空気を読む'라고 표현한다. 일본인은 전통적으로 그것을 중시해 왔다. 일일이 설명하지 않아도 모인 사람들의 의사를 이해하고 느끼는 것은 일을 추진하는 데 사람이 지녀야 할 중요한 자질이다. 원래 그것은 일본이 같은 사회·문화를 공유하는 '섬의 나라'이기에 가능한 것이

며, 배경이 다양한 대륙에서는 통용되지 않을 수도 있다. 현대 일본에서는 '현장 분위기를 읽는다'는 부화뇌동하고 자기만의 의견이나 주장이 없는 사람을 모멸하는 의미로 바뀌고 있다. 그런데 구세대인 나로서는 주변 사람의 감정은 아랑곳없이 자기 주장만을 고집하는 최근의 풍조가 종종 안타까울 때가 있다.

문화가 다른 열린 집단이 타문화의 가치를 인정하고 수용하여 자기 문화를 한층 높은 차원으로 변모시키려면 자기 문화 시스템의 경계가 얼마나 유연한지를 포착하는 것이 중요하다. 보통 어느 문화 집단이든 자기네 전통문화가 최고라고 생각해 다른 문화를 알려고도 하지 않거나 비하하는 일이 있다. 이것은 자기 집단의 문화가 구축한 역사를 존중하고 선조의 노력에 경의를 표하는 일이기도 해서 일률적으로 부정할 수는 없다. 다만 배타적으로 되면 고립 또는 폐쇄 집단이 되면 문화의 창조와 발전은 정지되고 미래를 기대하기 어렵다. 요약하자면 마음의 창을 활짝 열고 판단 기준을 만들면서 물질, 에너지, 정보를 자유롭게 주고받는 것이 중요하다.

자신을 모르는 자신

당신은 자신이 어떤 사람인지 아는가. 자신은 자신이 제일 잘 안다거나 남이 자기를 잘 알 리 없다고 생각하지는 않는가. 이것은 반은 맞고 반은 틀렸다. 예를 들면 자기 얼굴이나 동작은 거울을 통해 아는 것일 수 있다. 어느 것이 진짜 나일까? 엄밀히 말하면 거울에 비친 얼굴은 좌우가 바뀌어서 타인이 보는 내 얼굴이 아니다. 가족이나 친우와 기쁨과 슬픔을 나누는 사이에 시시각각 변화하는 표정이나 모습을 자기는 알 수 없다. 주변 사람이 자기를 어떻게 생각하는지는 더욱 그렇다. 주변 사람과의 관계에서 중요한 점은 자기가 타인에게 어떻게 투영되는가이다. 주변 사람이 지적했을 때 비로소 자신이 모르는 자신을 발견한 적이 있지는 않은가.

나는 문화도 마찬가지라고 생각한다. 타국인이 지적하지 않아도 자국 문화는 자기네가 제일 잘 안다고 생각한다면 큰 오산이다. 극히 단순한 예를 들어보자. 나는 오래전부터 일본어 기본 발음을 모음 5개 a, i, u, e, o를 가로로, 자음 k, s, t …을 세로로 배치한 50 음표로 전부 바르게 낼 수 있다고 생각해 왔다. 예를 들면 히라가나로 쓴 일본어를 다음과 같이 쓰고 발음할 수 있다.

あいうえお、かきくけこ、さしすせそ、たちつてと、…

그러나 가나문자일본 문자 총칭는 실제의 '발음'을 나타내지 못한다. 그것을 한글로 표기하면 다음과 같다.

아 이 우 에 오, 가 기 구 게 고, 사 시 **스** 세 소, 다 **지 쓰** 데 도, …

왜 「す」를 '수'가 아니고 '스'로 표기하는지 「ち」는 '디'가 아니라 '지'인지 「つ」는 '두'가 아니라 '쓰'로 하는지 이해할 수 없었다. 한국어를 처음 배울 때 내게는 그것이 큰 충격이었다. 한국인에게 물으니 일본인이 그처럼 발음하기 때문이라고 했다. 가나문자에서는 깨닫지 못한 것을 한글이 명확하게 알려 주었다. 처음에는 일본어의 불완전함을 지적받은 듯해 솔직히 별로 기분이 유쾌하지 않았다. 물론 지금은 이 세

상에 완벽한 언어 체계는 없다고 생각하지만, 일본어 발음의 특징을 확실히 깨달은 순간이었다. 이것은 문자에 발음 장치를 넣은 한글이 명확하게 해명해 주었다. 자신이 모르는 자신의 얼굴을 확인한 것과 진배없다. 문화를 한 걸음 밖에서 봄으로써 자기 문화를 더 깊이 이해할 수 있다.

알면 다르게 보이는 일본 문화 번역을 통해 본 단상

일본방송대학 가나가와 학습 센터에 있는 '한국어 동호회'에서는 무라타 가즈코 씨를 중심으로 《알면 다르게 보이는 일본 문화》를 한국어 공부 삼아 번역하고 있다. 이들의 꿈은 알면 다르게 보이는 한국문화에 대한 꿈을 꾸기 위한 전 단계로 《알면 다르게 보이는 일본 문화》 시리즈를 일본어로 번역하며 토론하고 있다. 모두 열심히 번역하고 있지만 의외로 시간이 많이 걸린다. 회원의 다양한 목소리를 실어 본다.

무라오카 스미에 씨는 한국인이 어떤 시선으로 일본 문화를 바라보는지 매우 흥미롭고 일본인도 한국인을 이해하는 데 크게 참고가 되었다고 한다.

시로에다 지에코 씨는 아직 한국어 어휘량이 적다 보니 사전을 찾아가며 번역하고 있는데 동사나 형용사 단어만으로는 부족하고 글 전후 맥락을 살피며 번역해야 한다는 것을 깨달았다고 한다. 문어 특유의 표현 등을 많이 배우고 있고 일본을 다시 보는 계기가 되고 있으며 일본을 새로운 시각으로 이해하는 데 도움이 되고 있다고 전했다.

사와키 기요카즈 씨는 한국어로 표현된 건축이나 미술 전문가의 언어와 그 안에 숨겨진 감정의 내용을 일본어로 풀어내기가 상당히 어려웠는데 이번 기회에 내 지식이 얼마나 얕은지 새삼 깨달았다고 한다. 또 필자들이 일본에 대한 편견을 배제하고 해석하려는 태도와 노력이 느껴져 무척 감동했고 '한국인이 일본을 바르게 알고 이해하기의 중요함'은 역으로 일본인에게도 해당되며 한국 그리고 한국인과 실제로 많은 교류를 하면 더 가까워질 것 같다고 했다.

사이토 소지 씨는 한국인 교수 전문가들이 일본의 문화, 언어, 역사 등을 이해하는 깊은 지식에 감동받았고, 일본 문화를 이해하기 위하여 직접 일본 국내 많은 곳을 방문하고 사람을 만나고 또 현지 음식 체험하며 쓴 생동감 있는 글들에 깊은 감명을 받았다고 한다. 이 책을 통해 안도 다다오, 구사마 야요이, 이우환을 알게 되었고 그들의 정신을 배울 수 있었는데, 일본 문화를 알기 위해 조금씩이나마 이 책을 읽어나갈 생각이고 일본어 번역본이 출판될 수 있기를 소망한다고 전했다. 그렇게 된다면 더 많은 일본인이 자기 문화를 알고, 또 한국인이 일본 문화를 얼마나 이해하고 있는지 알 수 있을 것이라고 덧붙였다.

이와 같이 몇몇 번역자들의 공통된 의견은 상호문화이해다. 번역이란 시간과 공간을 초월해서, 혹은 '간'과 '공'을 통해서 한국과 일본 두 나라 문화를 상호작용시키는 작업이라고 할 수 있다. 그 점은《알면 다르게 보이는 일본 문화 1, 2》책을 통하여 시공간을 넘나들며 이해할 수 있었다.《알면 다르게 보이는 일본 문화》시리즈 기획은 일본을 바르게 보는 시각을 통하여 한국을 정확하게 보는 계기가 될 것이다. 한국방송통신대학교와 일본방송대학은 오랜 자매대학이다. 교수들의 학문적 교류도 있지만 학생끼리의 교류는 매우 소중하다. 이와 같은 교류가 계속 이어져 한일관계에 작은 역할을 했으면 좋겠다. 한국인이 편견 없이 일본 문화를 바라보는 이 책이 앞으로도 한일관계에 작은 역할을 할 것으로 기대된다. 서로 믿고 신뢰하면 서로 존중받고 존중할 수 있기 때문이다. 이 책이 일본어로 번역되어 출판되고, 일본에서도 각 분야의 전문가들이 다양한 관점에서 한국 문화를 다룬 책이 출판되기를 바란다. 그 기초가 이 일본 문화 시리즈라 할 수 있다. 기존의 책들과 내용이 좀 달라 어려울 수도 있겠으나 일본 문화에 관심이 있거나 더 깊이 이해하고 싶은 분들에게 적극 추천한다.

일본 국립대학 산책

조선영(인천대학교 일어교육과 교수)

도쿄대학東京大学[1], 와세다대학早稲田大学, 게이오대학慶應大学 외에 생각나는 일본 대학 이름은 어떤 것이 있을까? 만약 대학생이라면 현재 재학 중인 대학교와 교류하고 있는 일본 대학 이름이 떠오를 수도 있다. 반면에 시인 윤동주에 대한 영화를 본 사람이라면 도시샤대학同志社大学이 가장 먼저 생각날 것이다.

앞에서 열거한 네 개 대학교 중에서 세 개는 사립이지만 도쿄대학은 국립이다. 일본 부모들이 대학 입학을 앞둔 자녀들에게 국립대학으로 가라고 말한다. 그 이유 중 하나는 '상대적으로 저렴한 등록금'인 경우가 많다. 그럼 국립대학이 사립대학과는 얼마나 다른지 알아보고, 등록금 이외에도 국립대학을 선택하는 이유를 소개해 본다.

또한 일본 국립대학에 입학하고 싶어 하는 학생들에게 도움이 될 만한 객관적인 정보도 함께 알아본다. 인터넷에서 쉽게 검색되는 많은 글들은 개인 경험담이 많고 각자의 상황에 따라 지엽적이거나 편향적인 경우도 있다. 그래서 가능하면 객관적인 정보를 토대로 폭넓게 이

---

1 한국과 일본은 한자문화권이지만, 조금 다른 단어를 사용하는 경우도 있다. '4년제 대학교'를 지칭할 때 한국에서는 '대학교(大學校)'이고, 일본에서는 '대학(大学)'이 된다. 일본 대학명을 한자로 표기하는 경우는 고유명칭이므로 '○○大学'으로 표기한다.

야기해 보고 또한 각자 필요에 따라 참고할 수 있는 웹사이트를 최대한 소개한다[2]. 또한 일본 대학생의 생활도 살짝 엿보기로 한다.

일본 대학은 모두 몇 개?

일본 대학은 크게 국립대학, 공립대학, 사립대학으로 나뉜다. 그렇다면 일본 대학은 모두 몇 개 정도일까? 국립대학의 숫자는 2022년 자료로 86개교이다[3]. 공립대학과 사립대학까지 모두 합치면 803개 대학이 있다. 그중 공립대학은 98개교, 사립대학은 619개가 있다. 참고로 한국 대학교 수는 대학알리미에 공시된 대학을 기준으로 살펴보면, 2022년 기준 4년제 대학교는 223개교이고 그중 국공립대학교는 47개교이다.

일본 국립대학의 높은 위상

이렇게 사립대학이 많은데 굳이 일본 국립대학에 대해서 알아보는 이유는 등록금이 저렴하다는 장점과 함께 일본 국립대학이 국내외에서 차지하는 위상이 높기 때문이다. 국립대학의 전체적인 위상을 살펴보는 객관적인 자료로 순위 자료를 참고할 수 있다. 먼저 연구역량을 중심으로 한 지표 중 '세계대학평가The Times Higher Education World

2 이후 소개하는 웹사이트 주소는 2023년 1월 8일 확인한 것이다. 이후 동일하다.

3 국립대학협회, "국대협홍보지 「국립대학」 별책 20호(2002)" (国立大学協会、国大協広報誌「国立大学」別冊20号(2022)), 2022/06/28update. (https://www.janu.jp/univ/gaiyou/)

University Rankings' 2023에서 일본 대학교의 순위를 살펴보면[4], 100위 이내에 드는 것은 39위인 도쿄대학, 68위인 교토대학이고, 이후는 201위 이후지만 순서대로 살펴보면 도호쿠대학, 오사카대학, 나고야대학, 도쿄공업대학, 홋카이도대학, 규슈대학, 도쿄의과치과대학, 쓰쿠바대학이다. 열 개 대학은 모두 국립대학이다[5]. 이 지표는 특히 연구역량을 중점적으로 살펴본 지표이다. 또한 대학의 역할은 크게 연구와 교육이라고 할 수 있으므로 교육역량을 중점적으로 살펴본 '세계대학평가 일본판'을 참고로 2021년과 2022년의 순위를 살펴보면 다음의 표와 같다[6]. 연도에 따른 순위 변동은 있지만, 10위 이내의 대학교는 모두 동일하며, 모두 국립대학이다.

이상과 같은 연구와 교육 분야 순위에서 알 수 있듯이 일본의 국립대학이라면 지역을 불문하고 어느 정도의 위상을 가지고 있다는 것을 알 수 있다.

---

4 https:/www.timeshighereducation.com/world-university-rankings/2023/world-ranking#!/page/0/length/25/locations/JPN/sort_by/rank/sort_order/asc/cols/stats

5 참고로 이 순위표에 있는 한국의 대학교를 살펴보면, 100위 이내에 서울대학교와 연세대학교(서울캠퍼스), KAIST의 3개 대학교가 있고, 이후 순위는 포항공과대학교, 성균관대학교, UNIST, 고려대학교, 경희대학교, 세종대학교, 한양대학교이다. 즉 10개 대학 중에 사립대학교 7개교가 포함되어 있는 것을 알 수 있다.
(https://www.timeshighereducation.com/world-university-rankings/2023/world-ranking#!/page/0/length/25/locations/KOR/sort_by/rank/sort_order/asc/cols/stats)

6 원자료(https://japanuniversityrankings.jp/rankings/total-ranking/)를 참조하여 필자 작성. 2022년 3위는 공동 순위임.

일본 대학 순위(교육 역량 기반)

순위		대학교명	비고
2022	2021		
1	1	도호쿠대학(東北大学)	국립
2	3	도쿄대학(東京大学)	국립
공동 3	5	오사카대학(大阪大学)	국립
공동 3	2	도쿄공업대학(東京工業大学)	국립
5	4	교토대학(京都大学)	국립
6	6	홋카이도대학(北海道大学)	국립
7	8	규슈대학(九州大学)	국립
8	7	나고야대학(名古屋大学)	국립
9	9	쓰쿠바대학(筑波大学)	국립
10	10	히로시마대학(広島大学)	국립

일본 국립대학의 저렴한 등록금

국립대학의 등록금은 대부분 동일하고, 대학 내의 학부별 등록금 차이가 없는 것이 일반적이다. 한국과 마찬가지로 일본도 사립대학의 경우는 인문사회계열에 비해서 이공계열과 의학계열의 등록금이 높은데, 국립대학은 그렇지 않다.

대부분의 경우 대학 홈페이지에 등록금이 공개되어 있으므로 쉽게 찾아볼 수 있다. 예를 들어 다음의 표에서 2022년 1위인 도호쿠대학의 등록금을 살펴보면 다음과 같이 연간 53만 5,800엔이고, 1, 2학기로 나누어서 납부한다.

도호쿠대학 등록금(2022년)

학년	수업료(연간)	수업료(학기당)	입학금	입학전형료
1학년	535,800엔	267,900엔	282,000엔	17,000엔
2학년이상	535,800엔	267,900엔	-	-

출처: 도호쿠대학 홈페이지 자료를 기초로 저자 작성.

납입방법은 일반적으로 특정 일자에 자동이체 되므로 등록금 고지서나 영수증은 없고, 신청하면 납입증명서가 발급된다. 한편 국립대학은 수업료 감액 제도가 있어 유학생은 반액 감면이 되는 경우도 있다. 만약 반액 감면을 받는다면 4년 동안의 등록금은 입학금을 포함해도 총 137만 엔, 한화로 환산하여 1,370만 원 정도이다. 참고로 사립대학 중 세계대학평가 순위에서 일본 대학 중 15위인 후지타 의과대학의 등록금을 확인해 보면 다음과 같다.

후지타 의과대학 등록금(2023년)

학년	수업료	실험실습교재비	교육충실비	입학금	합계
1학년	2,500,000엔	500,000엔	1,800,000엔	1,500,000엔	6,300,000
2학년 이상	2,500,000엔	1,000,000엔	1,200,000엔	-	4,700,000

출처: 후지타 의과대학 홈페이지를 참조로 저자 작성.

1학년 총 등록금 입학금 포함 은 630만 엔이고, 입학금을 제외한 등록금은 모두 1학기와 2학기로 나누어서 납부한다. 이외에도 동창회비 등이 있으므로, 입학할 때 약 400만 엔, 한화로 4,000만 원이 소요된다. 한편 2학년 이상을 비교해 보면 국립대학의 약 9배라는 것을 알 수 있다. 이는 의학계열 중에서도 높은 측에 속하고, 일반적인 사립대학의 인문사회계열은 학비가 가장 저렴해도 110만 엔 정도이므로, 국립대학보다 최소 2배는 비싸다.

일본 국립대학 입학

일본 대학 입학과 관련하여 인터넷상에서 검색되는 글은 개인적인 경험을 토대로 작성된 경우가 많기 때문에 좀더 객관적인 정보를 원한다면 제일 먼저 일본 JASSO 학생지원기구 사이트[7]를 꼭 확인하기 바란다. 한국어판 파일이 있으므로 일본 대학교 입학과 관련해서 궁금했던 점은 대부분 풀릴 것이다. 일본 대학교에 대한 전반적인 안내, 입시 자료, 유학 생활까지 다양한 사항에 대해 상세하게 알 수 있다.

또한 일본 국립대학을 포함한 대부분의 대학은 여름방학 중에 '오픈 캠퍼스'라는 행사를 개최하여 입학을 희망하는 고등학생들에게 학교 또는 학과를 소개한다. 행사내용은 학과에 따라 다양한데, 학과 소개와 질의응답에 이어 학교 시설을 탐방하기도 하고, 학과 특성에 따라 다양한 체험 활동을 할 수도 있다. 기회가 된다면 희망 학과에 대해서 알아보는 좋은 기회가 될 것이다.

일본 국립대학에 입학하는 방법은 대부분 '사비 외국인 입학전형'을 통하며 이때 가장 중요한 것은 EJU라는 일본유학시험 성적이고, 이는 한국에서도 연 2회 실시되고 있다[8]. EJU의 상세과목으로는 일본어, 이

---

7 https://www.jasso.go.jp/ko/study_j/sgtj.html

8 한국에서 실시되는 EJU의 공식사이트이다. http://www.ejutest.com/ 한편, 일본의 공식 EJU 안내 사이트는 다음과 같다. https://www.jasso.go.jp/ryugaku/study_j/eju/

과, 종합과목, 수학(1.2)이 있지만, 입시에서의 과목 반영은 대학별로 학부별로 상이하므로 확인할 필요가 있다[9].

그리고 일본 대학은 앞에서 살펴본 것처럼 총 803개교이므로 유사한 대학명에 주의할 필요가 있다. '도쿄東京'로 시작하는 대학 중에서도 도쿄대학, 도쿄공업工業대학, 도쿄농공農工대학은 국립대학이지만, 도쿄농업農業대학, 도쿄공과工科대학, 도쿄이과理科대학 등은 사립대학이다. 홈페이지에 '국립대학'이라고 명시되어 있는 경우도 있지만, 가장 쉽게 확인할 수 있는 방법은 앞에서 살펴본 등록금이 아닐까 한다.

한국과 조금 다른 일본 대학생의 생활

일본 대학생들의 생활을 대체적으로 4월에 있는 입학식부터 잠깐 살펴보면, 대부분의 학생들이 입학식에는 검정이나 남색 계열의 단색 정장을 입는다. 색상뿐 아니라 디자인도 단촐하고 튀지 않는 것이다. 이는 고등학교까지 교복을 착용하기 때문에 교복에 준하는 단정한 차림을 한다는 느낌이라고 한다. 일본 대학에 입학하게 된다면 미리 검정 정장을 준비하는 것이 좋을 것이다. 입학식뿐 아니라 격식을 차려야 하는 자리가 있다면 검정 정장이 가장 무난하다. 이에 비해 대체로

---

index.html

9 국공립대학에서 EJU 이용현황은 다음 사이트에서 전체적으로 확인할 수 있으나, 매년 변경될 수 있으므로 해당 학교 홈페이지의 입학안내 사이트에서 반드시 확인해야 한다.
(https://www.jasso.go.jp/ryugaku/study_j/eju/examinee/use/uni_national.html)

2019년도 입학식

2019년도 졸업식

출처: (좌) https://www.youtube.com/watch?v=n_wYBmFiZw0
(우) https://www.youtube.com/watch?v=ybQ5MQwnIOY

3월에 있는 졸업식에는 색상이 화려한 일본 전통의상을 입는 경우도 많다.

위의 사진은 가고시마대학의 2019년도 입학식과 졸업식 영상 중에서 화면을 캡처한 것으로, 입학식에서는 대부분 검정 혹은 남색 계열인데 반해 졸업식에서는 화려한 색감을 가진 전통의상을 확인할 수 있다.

일본 대학교의 강의 수강 풍경은 한국 대학교와 크게 다르지 않지만 점심시간 풍경은 조금 다르다. 일본 대학생들은 주로 도시락을 먹는데, 직접 도시락을 싸오기도 하고 편의점 등에서 도시락을 사오기도 한다. 물론 한국처럼 교내식당에서 먹기도 한다. 국립대학의 경우 교내식당, 서점, 문구점 등은 대부분 '세이쿄生協'라고 불리는 '생활협동조합'에서 운영한다. 세이쿄는 여행사, 부동산 업무 등도 대행한다. 다만 학교 안에 외부 매장, 예를 들어 커피전문점, 편의점 등이 있는 경우는 많지 않다.

필자가 이용했던 교내식당에는 단품으로 우동, 라면, 카레 등이 있었고, 반찬 몇 개와 밥을 선택할 수도 있었다. 밥을 선택한다는 것은 백미

밥, 현미밥 등을 선택하는 것이 아니고 밥의 양에 따라 미니, 소, 보통, 많음 등을 선택하는 것이다. 양에 따라 가격이 다르므로, 밥을 접시에 담아 매번 저울에 놓아 보고 주는 모습은 처음에는 낯설었지만 밥의 양을 스스로 정할 수 있어서 좋았다. 하지만 접시에 담아 주는 밥은 좀처럼 익숙해지지 않았다. 반찬 중에는 삶은 시금치가 있었는데 가지런하게 놓여 있는 것을 보고 무슨 맛일까 궁금해서 집어 들었다. 하지만 시금치는 아무 맛이 없었다. 둘러보니 간장, 마요네즈, 샐러드 드레싱 등이 식당 한쪽에 비치되어 있었고 그중 한 가지를 골라서 뿌려 먹어야 하는 것이었다. 이때만큼 참기름이 간절했던 적은 없었던 것 같다.

일본의 학교생활에서 중시되는 동아리 활동도 한국과 비교해 조금 다르다. 동아리 활동은 크게 부활동과 서클로 크게 나눌 수 있다. 서클은 동호회와 비슷한 성격으로 취미활동과 가깝다고 한다면, 부활동은 규율도 엄격하고 선후배간 결속력이 단단한 편이다. 예를 들어 오케스트라 같은 부활동은 학교 입학식에서 연주를 하기도 하고 외부 홀을 대여하여 연주회를 하기도 하며 졸업한 선배도 참여한다. 연주회를 위해 필요한 경비는 부원들만으로 조달하기는 어렵다. 티켓을 판매하고 또 졸업한 선배가 후원해 주기도 하고 학교 근처 식당이나 부동산 등의 후원을 받기도 한다. 신입회원의 임무는 학교 근처에서 후원을 받아오는 것이었고, 이때도 검은 정장으로 방문하면 단정하고 좋은 인상을 줄 수 있다. 육상부나 럭비부와 같은 스포츠계의 부활동도 많다. 그래서 부활동의 경우 단체 티셔츠나 점퍼를 반드시 만들지만, 한국의 대학교처럼 학과의 과잠대학교 학과 점퍼이 필수가 아니다. 학과 공식 모임에서는 고학년이 회비를 더 많이 내기도 하지만, 우연히 만난 선배가 밥을 사주는 일은 거의 없다. 학과 특성에 따라 다를 수 있지만 선후배간 결속력은 학과보다는 부활동이 더 강한 듯하다. 그런데 대학생이라고 해서 모두 부활동을 하는 것은 아니다.

마지막으로 일본 대학생들은 아르바이트를 많이 하는 편이다. 학교 근처의 식당은 물론 편의점이나 슈퍼의 계산대에서도 종종 친구들을 만난다. 시급이 높은 야간 택배회사 아르바이트를 하는 친구가 있었는데 학업에 지장을 주어 학기 중에는 못하고 방학 중에 집중적으로 하곤 했다. 자신의 생활비 월세 포함는 대부분 스스로 조달하는 경우가 많아서 한국과 비교해 보면 상대적으로 부모에게 손을 벌리기보다는 경제적으로 독립적인 편이다. 유학생도 일주일에 정해진 시간까지라면 아르바이트를 할 수 있는 비자를 추가로 받을 수 있으므로 한번 도전해 보는 것도 좋을 것이다. 새벽에 일어나는 것에 자신이 있다면 빵집이나 호텔의 조식 아르바이트도 괜찮을 것이다.

일본 국립대학을 중심으로 이모저모 살펴보았지만 한국과는 다른 점도 적지 않은 듯하다. 일본 국립대학 중 히로시마대학, 미야자키대학 등은 시내에 있던 캠퍼스는 축소하고 대중교통으로 약 1시간 거리의 학원도시로 큰 캠퍼스를 확보하여 이전했으나, 여전히 도심에 있는 대학도 있다. 홋카이도 여행을 간다면 삿포로 시내에 있는 홋카이도대학, 도쿄여행에서는 도쿄대학, 가고시마 여행에서는 가고시마대학 등을 쉽게 찾아볼 수 있다. 이렇게 도심에 있는 국립대학에는 역사적인 건물도 있고, 식물원 혹은 작은 숲이 조성되어 있다. 만약 일본 여행 기회가 있다면 일본 국립대학을 '산책'하면서 한국과 다른 점을 좀 더 찾아보는 것도 좋을 것이다. 그리고 꼭 교내식당을 이용해 보자. 다음 사진은 일본 교내식당 메뉴로 나온 된장찌개 味噌チゲ와 돼지고기 김치볶음 豚キムチ炒め이다. 이와 같은 한국 반찬 메뉴도 있고, 좀 낮

된장찌개(味噌チゲ)

돼지고기 김치볶음(豚キムチ炒め)

출처: https://gakushoku.coop/search

설어 보이는 반찬도 있을 것이다. 기회가 된다면 한국 반찬도 일본 반찬도 꼭 한번 맛보기 바란다.

언어표현을 통한 예의와 배려 속의 오해와 갈등

오쓰카 가오루(일본 국립대학법인 고치대학 교수)

번역: 김재현(일본 우지덴 화학공업주개발과)

한국 사회의 언어습관 그대로 일본에서는?

한국과 일본이 '가깝고도 먼 나라'라는 생각을 가진 사람들이 많다. 물리적인 거리는 가까운데, 국민성이나 언어를 포함한 문화와 생활 습관 등이 비슷한 듯하면서도 꽤 다르기 때문이다. 그래서 한국 사회에서는 일반적인 행동, 언어습관이라도 막상 일본 사회에서 그대로 적용하면 자신도 모르는 사이에 서로 이해하기 힘든 오해와 갈등을 유발하는 등 생각하지 못한 소통의 엇갈림すれ違い이 일어날 수 있다. 이 문제가 해결되지 않으면 심리적 스트레스와 마음속 울화가 되어 대인관계에 영향을 미치게 될지도 모른다.

이런 상황을 피하려면 어떻게 소통을 하면 원활하게 대화를 할 수 있을까? 일상생활에서 자주 마주치는 일본인과 만남에서 발생할 수 있는 장면을 예로 들어 생각해 보자.

첫 만남에서 친근함 표현이 배려 부족?

보통 사람들은 처음 만나 인사를 할 때 첫인사 후 자기 소속이나 출신 등의 자기소개를 포함하여 인사를 주고받는 것이 일반적이다. 그런

데 한국에서는 첫인사를 한 후 「おいくつですか?몇 살이세요?」 또는 「結婚していますか?결혼하셨어요?」 등 나이나 결혼 여부 등 개인적인 것을 묻는 경우가 많다. 또한, 한국에서는 나이를 확인한 다음에 친근함을 담아 상대가 자기보다 나이가 많으면 '형님', '누님'으로 부르기도 하고 상대의 모습이나 용모를 직접적으로 칭찬하기도 한다. 그러나 일본에서는 처음 만났을 때, 「日本は初めてですか?일본에 처음 오셨습니까?」 혹은 「日本の料理はお口に合いますか?일본 요리가 입에 맞으세요?」 등 상대에게 부담을 주지 않을 만한 화제로 이야기한다. 그리고 처음 만났을 때는 자신보다 나이가 많거나 적거나 상관없이 성姓 뒤에 「~さん~씨」을 붙여 부르는 것이 보통이다. 일본 사회에서는 가족이 아닌 사람에게는「お兄さん형, 오빠」, 「お姉さん언니, 누나」라고 부르지 않는다. 친한 친척이라도 이름 + 「ちゃん/くん」라는 호칭으로 부르는 일이 많다. 그뿐만 아니라 일본에서는 처음 만났을 때 상대방의 신체적 특징이나 용모에 관해 이야기하는 일은 거의 없다. 이에 대해 직접 칭찬을 하면 되려 당혹스러워한다. 상대방의 모습이나 자태를 칭찬하거나 이야기하면 자칫 상대의 개인 영역을 침해하는 행위로 받아들일 수 있어서 서로 언급하지 않는 편이다.

이처럼 일본에서는 처음 만났을 때 상대와 일정한 거리를 두고 개인적인 화제는 피하는 것이 예의이자 상대에 대한 배려라고 생각하기 때문에 한국에서처럼 초면에 마음을 열고 자신과 자신의 주변에 관해 이야기하고 급격하게 친해지는 일은 드물다. 그러나 시간을 두고 몇 번이고 만나다가 서로를 이해하고 마음을 열면 평생 친구가 되는 것이 일본이다.

마음속의 감사와 예의 속의 감사

일본에서는 가족끼리 식사를 할 때도 「そこのおしょうゆ取って。거기 간장 좀 집어 줄래?」라고 부탁하고 「はい、どうぞ。예, 여기요.」 하고 간장병을 넘겨받으면 반드시 「ありがとう。고마워요.」, 「どうも。감사해요.」 같은 감사의 표현을 한다. 아무리 친한 사람이라고 해도 무엇인가를 부탁할 때는 「ごめん/悪いけど/すみませんが 미안/미안한데/죄송합니다만」 같은 말을 먼저 하는 것이 보통이다. 그리고 부탁을 들어준 상대에게 반드시 감사하다고 말한다. 한국에서는 가족이나 친한 사람에게 깍듯이 감사의 말을 하는 것을 어색하다고 느끼지만, 일본에서는 어릴 때부터 「親しき仲にも礼儀あり。친한 사이라도 예의는 지켜야 한다.」라는 생각이 기본적으로 깔린 상태에서 인간관계를 맺고 소통하는 것이 몸에 배어 있다. 그러므로 한국에서는 상대방이 부탁을 들어주어도 마음속으로 감사하면서도 감사하다는 말을 잘 하지 않지만, 이런 경우 일본인은 소통이 완전히 끝나지 않은 소통 소화불량 같은 감정을 느끼게 된다.

마찬가지로 일본인은 「この前はどうも。지난번에 고마웠습니다.」, 「先日は結構なものをいただきまして、ありがとうございます。일전에 좋은 것을 주셔서 감사합니다.」, 「いつもお世話になっております。늘 신세 지고 있습니다.」처럼 다시 만났을 때 지난번에 신세를 진 일에 대해 반드시 감사의 말을 전하는 습관이 있다. 한국에서 감사의 말은 그때 그 장소에서 바로 하고 끝내는 것이 보통이지만, 일본에서는 과거의 일에 대해서도 몇 번이고 반복해서 감사의 말을 하는 습관이 있다. 그래서 일본인은 오랜만에 만난 한국인 친구가 지난번 일에 대해 감사의 말을

하지 않으면 무언가 서운함을 느끼는 것이다. 일본에서 감사의 말을 여러 번 하는 것은 서로 좋은 인간관계를 쌓고 유지하는 데 필요한 언어 행동이라고 할 수 있다.

선물 받으면서 '고마워요', 선물 받고 나서 '고마웠습니다'

이러한 감사의 표현을 사용할 때도 주의해야 할 점이 있는데, 감사한 마음을 나타내는 정중한 표현으로 현재형 「ありがとうございます。감사합니다.」와 과거형 「ありがとうございました。감사했습니다.」인데, 선물을 받을 때는 현재형인 「ありがとうございます。」라고 하지만 과거형인 「ありがとうございました。」라고는 하지 않는다. 선물 포장을 뜯어 선물 내용을 보았을 때는 감사하다는 인사는 현재형과 과거형 모두 쓸 수 있다. 상대방의 구체적 행위가 끝나지 않았거나 상대의 호의나 배려 같은 추상적인 것에 대해 감사를 표현할 때는 「ありがとうございます。」, 행위가 끝났다면 「ありがとうございました。」를 사용한다. 친구나 친한 사람에게 사용하는 「ありがとう」는 현재형과 과거형 어느 것에나 쓸 수 있다.

감사의 표현이 상대를 평가하는 행위?

수업이 끝난 후, 선생님에게 수고에 대한 감사의 마음을 담아 「先生、今日の授業はとても良かったです。선생님 오늘 수업은 아주 좋았습니다. ご苦労様です。고생 많으셨습니다.」라고 말할 때가 있다. 그러나 칭찬하는 것은 '상대를 평가하는 행위'도 되기 때문에 손아랫사람이 손윗사람을 칭찬한다는 것은 자칫 기분을 상하게 할 수도 있다. 특히 그 일을 전문으로 하는 사람에게 전문적 기술이나 지식에 대해 칭찬하면 당연한 것을 칭찬받았다고 생각해 반대로 기분 나쁘게 할 수도 있다. 또한「ご苦労様」는 윗사람이 아랫사람에 대해 그 노력을「ねぎらう 헤아린다」일 때 쓰는 말이기 때문에 자기보다 손위의 선생님에게 쓰는 것은 실례가 된다.「お疲れ様でした。」도 손윗사람에게도 일반적으로 사용하지만 건방지다고 생각하는 사람도 있으므로 학생이 선생님께 쓰지 않는 편이 좋다. 그래서 학생이 선생님에게 감사하다는 인사를 드리고 싶다면「先生、本日の授業大変勉強になりました。どうもありがとうございました。선생님 오늘 수업 아주 좋은 공부가 되었습니다. 대단히 감사합니다.」라고 말하는 것이 좋다.

이유가 먼저? 사과가 먼저?

일본인은 친구와 만나기로 약속했는데 약속 시각에 늦게 오면「遅れてごめん。늦어서 미안.」이라고 하며 자신의 잘못을 인정하고 사과부터 한다. 그러나 한국에서는「親しき仲に迷惑あり。친한 사이에는 약간의 폐를 끼칠 수도 있다.」라는 생각에 상대와 친할수록 자신을 이해해 줄 것이라고 생각해서 사과하지 않는 경우도 많이 보인다. 또한 한국에서는 사과할 때 이유를 대는 경우가 있는데, 일본 사람들에게는 처음부터 이유를 말하면 변명을 하고 있다는 생각이 들기도 한다. 그래서「ごめん、電車が遅れていて遅くなっちゃった。本当にごめん。미안, 전철이 늦게 와서 늦어 버렸네. 정말 미안해.」,「すみません。うっかりコーヒーをこぼしてしまって……。本当に申し訳ありません。죄송합니다. 실수로 커피를 쏟아버려서… 정말로 죄송합니다.」처럼「사과의 말」+「이유, 사정」+「사과의 말」의 순서로 말하면 미안하다는 진심이 전달된다. 또한「ごめん、手がすべっちゃって。修理代払います。미안, 손이 미끄러져서, 수리비 지불할게요.」라든지「すみません、うっかり傘を電車の中に忘れてきてしまって……。代わりに新しいのを買ってきます。죄송합니다. 깜빡 실수로 우산을 전철 안에 놓고 내려버려서… 대신 새 우산 사 올게요.」처럼「사과의 말」+「이유, 사정」+「대응책」을 말하면 되는 것이다. 일본인은 자신과 타인의 영역을 확실히 구분하고 가능한 서로의 영역을 침범하지 않는 경향이 있으며 상대에게 피해를 줬을 때 그 자리에서 서로 주고받을 것은 확실히 하며 마무리하려는 습관이 있다. 그렇기에 빌린 물건이 아무리 작고 사소한 것이라도 잊지 않고 반드시 되돌려줘야만 한다.

만능의 표현「すみません」: 사과할 때도 말걸 때도 부탁할 때도 거절할 때도

일본어의 사과 말로는「すみません 스미마셍」,「ごめん(なさい) 고멘나사이」,「失礼しました 시츠레이시마시타」,「申し訳ありません 모우시와케아리마셍」,「悪いね 와루이네」등이 있는데,「すみません」과「悪いね」는 답례와 사과에 모두 쓸 수 있는 말이다. 특히「すみません」은 답례와 사과의 의미 외에도 새로운 행동을 시작하려고 할 때 습관적으로 사용하는 경우가 많다. 예를 들면, 레스토랑에서 종업원을 부를 때나, 모르는 사람에게 말을 걸 때도「あの、すみません 저, 여기요」,「ちょっと、すみません 저, 잠시만요」같은 말이 많이 사용된다. 더구나 누군가에게 무엇인가를 부탁할 때 「すみませんが」, 「申し訳ありませんが」처럼 '먼저 하는 말'로도 자주 사용된다. 사과나 거절의 의미로 사용되는 「すみません」은 편리한 말이지만, 그 외에도 「お手数ですが 번거로우시겠지만」, 「恐縮ですが 송구스럽습니다만」, 「お手数をおかけしました 폐를 끼쳤습니다」 등의 그 장소와 상황에 어울리는 표현을 선택해서 사용하면 보다 적절한 자신의 마음을 전달하는 데 도움이 될 것이다.

겉마음과 속마음을 어떻게 알지?

일본에서는 이사를 할 때 「お近くへおいでの折はぜひお立ち寄りください。가까운 곳에 오셨을 때 꼭 들려주십시오.」, 아는 사람을 만났을 때 「どちらへ?어디 가세요?」라는 말을 들으면 「ちょっとそこまで。잠깐 저기에 볼일이 있어서.」와 같이 정해진 인사 표현을 쓸 경우도 있다. 이런 인사표현은 예의상 하는 표현인데, 여기에 대해 「いつ遊びに行けばいいですか?언제 놀러 가면 좋겠습니까?」 혹은 「そこってどこですか?거기가 어디인가요?」 처럼 구체적으로 물으면 상대방은 당황하게 된다. 이러한 예의로 하는 인사 표현을 들으면 상대방의 겉마음과 속마음을 구분하고 그 장소의 분위기에 맞춰 적절하게 대응해야 한다.

또한 선물이나 특산품을 건넬 때는 「これ、差し上げます。이거 드릴게요.」라고 직접적으로 말하면 밀어붙이는 인상을 주므로 「ちょっとしたものですが 별거 아닙니다만/つまらないものですが、どうぞ。변변치 못하지만, 이거.」, 「お口に合うかどうか分かりませんが、お召し上がりください。입에 맞으실지 모르겠지만 드셔 보세요.」, 「これ、ほんの気持ちですので。이거 그저 제 마음입니다만.」처럼 정해진 문구가 사용된다. 선물을

줄 때 일본인은 상대에게 부담을 주지 않는 선물을 선택하고, 특히 여행선물로는 그 지역 특유의 특산물 먹거리, 열쇠고리 기념품 등을 주는 습관이 있다.

또한 일본에서는 선물을 받으면 답례하는 습관이 있어서 무엇인가를 받으면 반드시 답례하는 것이 일상이다. 그래서 일방적으로 받기만 하거나, 주기만 할 때는 부담을 느낀다. 관혼상제에서는 「半返し 한가에시」라는 말이 있는데, 받은 물건의 절반 정도 금액의 상품을 돌려주는 것을 말한다. 신세를 졌을 때 상대에게 그 빚을 돌려주려 하는 마음에서 비롯되는 것이다.

일본의 문화와 언어습관을 이해함으로써

여기서는 일본의 언어습관을 이야기해 보았다. 이를 위해 일상생활에서 흔히 접하는 대화에 사용되는 '처음 만날 때의 인사', '감사의 표현', '사과의 표현', '인사의 표현'을 예로 들며 한국과 일본의 문화를 비교해서 소개했다. 모두 일본의 언어 습관을 나타내는 기본적인 사항이지만, 그 바탕에는 일본인의 국민성을 반영한다고 할 수 있다. 일본인은 타인을 배려하고 폐를 끼치지 않으려 신경 쓰고 예의 바른 표현을 사용하기 위해 노력하는 편이다. 그러나 이러한 일본의 언어 습관을 접하면서 한국인은 거리감을 느끼기도 하고 일본인은 쉽게 마음을 열지 않는 사람이라고 생각할 수도 있다. 이러한 일본인의 언어문화를 이해하면 일본인과 건설적이고 원활한 인간관계를 쌓을 때 도움이 될 것이다.

일본의 아동 영어 교육

세키노 노리코(영어교육전문가)

번역: 심재관(전 무역회사 대표)

아동 영어 서클

요코하마시 쓰루미구에서 아동 영어회화 서클 '영어로 놀기'를 열고, 유치원부터 초등학교 6학년까지 아이들에게 영어와 영어회화를 가르친 지 20년 이상 되었다. 서클에서는 일주일에 한 번, 50분 수업을 하고 있다. 아동 영어 교실을 시작한 것은 자녀에게 영어를 가르치고 싶었기 때문이다.

아동 영어 강사로서의 첫 출발은 30년 전에 떠난 미국 유학이었다. 사회인으로 10년 정도의 시간을 보내고 나니 아이들에게 영어 학습의 즐거움을 가르치고 싶었다. 미국 캘리포니아주 새크라멘토 교외의 단기 대학에서 유학, 유아 교육을 전공해 졸업했고, 귀국 후 유아교육과 아동교육 서비스를 하는 기업에서 아동 영어강사로 근무하다가 출산을 계기로 퇴직했다.

아들 둘이 태어나면서 육아에 전념하다가 큰 아들이 유치원에 들어갈 나이가 될 무렵, 큰 아들이 영어를 배우기에 좋은 나이가 되었다고 느꼈다. 큰 아들의 유치원 친구 어머니와 잘 알고 지냈는데 그 어머니에게 이야기해 영어 서클을 시작했다. 처음에는 우리 아이를 포함하여 5~6명으로 시작한 서클이지만 순식간에 10명으로 늘어났다. 수업 수가 늘어나 월요일부터 금요일까지 매일 수업이 이루어졌다. 아이들이 초등학교 6학년이 되면 아동 영어 서클을 졸업하기 때문에 수업 수는 서서히 줄어들었고, 현재는 금요일에 두 번 하는 수업만 남았으나 아동 영어 서클은 지금까지 23년간 유지되어 왔다.

아동 영어 서클에서 중점을 두는 교육은 이렇다. ①귀에 익숙해진다. ②눈으로 기억한다. ③일상회화를 습관화하고 영어를 실제로 입으로 말해본다. ④동사를 몸의 움직임으로 기억한다. 이런 식으로 아이들이 영어에 익숙해져 자연스럽게 익히는 것을 목표로 하고 있다.

초등학교 3학년 아이들의 수업에서는 노래나 게임으로 영어 단어에 익숙해져 인사나 날씨를 매회 표현하는 것으로 일상 회화가 자연스럽게 몸에 익히도록 하고 있다. 구체적으로는 단어를 야채, 과일, 탈 것 등의 24개 영역으로 나누어 한 달에 한 영역씩 가르치고 있다. 단어 정착을 위해 다음 달도 복습으로 같은 카테고리를 학습하고 한층 더 새로운 카테고리를 하나 학습하기 때문에 아이들은 한 달에 2개 영역을 학습하게 된다. 플래시 카드를 사용한 단어 학습 후에는 반드시 단어 카드를 사용한 게임폭탄 게임, 쇼핑 게임, 악마 놀이 등을 실시하여 아이들이 즐겁게 학습할 수 있도록 고안하고 있다. 수업에 사용할 노래는 테마나 계절에 맞추기도 한다. 예를 들어, 신체 부위를 배우는 달은 〈Head and Shoulders〉를 안무로 노래한다. 10월에는 할로윈이 있기 때문에 〈Eency Weendy Spider〉를 안무로 노래한다. 수업의 마지막은 간단한 영어 그림책을 읽고 마무리하지만 이것도 테마나 계절에 맞춘 그림책을 선택하고 있다. 사용하는 단어가 간단하고 놀이 장치도 있는 〈Spot 코로 짱〉 시리즈는 아이들에게 인기가 있다.

4학년부터 6학년까지 수업에서는 외국인용 영어 학습 텍스트를 사용하여 중학교에서 영어 학습에 연결하는 것을 목표로 하고 있다. 레벨이 올라가면 Super Kids ② 라는 텍스트로 배우게 된다. 중학교 1학년에서 배우는 영어 문법 내용이 포함되어 있는 교재다. 복습도 포함해 1년간 학습할 수 있도록 9과로 나누어져 있으며, 각각 카테고리화된 단어와 문법을 자연스러운 대화와 함께 학습할 수 있게 되어 있다. 단어 익히기는 초등학교 3학년까지 수업에서 배운 단어를 복습하는 것이 대부분이지만 여기 레벨에서 처음으로 영어로 쓰여진 문장을 읽는 훈련을 하게 된다. 대화도 간단한 것부터 시작되므로 이미 눈에 익은 글이 많지만 아직 처음이기에 영문을 읽는 것은 어렵다고 느낄 수 있다. 1년 후 텍스트를 끝낼 무렵이 되면 조금씩 영문을 읽는 것에 익숙해진다.

Super Kids ②를 학습하고 끝나면 2년째, Super Kids ③의 텍스트를 사용하여 학습한다. 이곳에는 중학교 2학년 정도의 문법이 포함되어 있다. 마지막 과정에서는 불규칙 변화의 과거 형태까지 학습하기 때문에 초등학생에게는 조금 어렵지만 문법을 단순 암기하는 것이 아니라 그대로 기억하도록 너무 어렵지 않게 가르치고 있다.

4학년에서 Super Kids ②를 학습하고 5학년에서 Super Kids ③을 학습한 경우 6학년에서 다시 같은 Super Kids ③을 사용하여 학습한다. 이렇게 하면 보다 문법의 이해가 진행되어 중학 영어로 연결된다고 믿고 있기 때문이다.

3학년까지 수업에서는 문자의 읽고 쓰기는 특별히 가르치지 않지만, 파닉스 Phonics, 음성학을 이용한 영어 학습를 활용해 문자와 소리가 자연스럽게 연결되는 방식으로 배울 수 있게 지도한다. 이러한 학습법에 힘입어 플래시 카드 문자 단어의 철자를 자연스럽게 읽을 수 있는 어린이가 많다. 아이가 4학년 이후가 되어 텍스트를 사용하는 학습을 할 때 도움이 되는 과정이다.

또한 3학년까지 수업에서는 매일 대화를 귀와 몸으로 기억할 수 있도록 매주 같은 대화를 반복해 학습하도록 한다. 예를 들어 "How are you? I'm fine, thank you, and you?" 등의 인사나 "How's the weather today?", "It's sunny today." 같은 문장을 반복하도록 한다. 여기에 중간중간 간단한 일상 대화를 매월 하나 학습하고 있다. 구체적으로는 "Here you are." "Thank you." "You're welcome."와 같은 기본적인 대화다. 1년 후에 이러한 문장을 다시 반복 학습해서 대화가 입에 붙도록 한다. 이러한 학습이 4학년 이후의 텍스트 학습 때 자연스럽게 도움을 준다고 생각한다.

20년 전의 아동 영어 교육

20여 년 전에 내가 서클을 시작했을 무렵의 아동 영어 지도의 환경에 대해 되돌아보고 싶다.

20여 년 전에도 아동 영어 전문 영어 교실은 몇 개 있었지만, 체인 형태로 이루어지는 영어 교실이 대부분이며, 일본인 강사 1명, 혹은 네이티브 강사와 일본인 강사 1명이라는 형태의 배치로 이루어지는 그룹 수업이 대부분이었다. 기존 학원에서 하는 영어 교육과의 차별화를 강조하기 위한 것이었는지는 몰라도 게임이나 노래로 영어에 익숙해지도록 하는 수업이 중심이었다. 지역마다 주요 아동 영어 교실은 몇 곳 있었으나 교실에 다니는 아동은 많지 않았다. 영어 교실의 레슨비는 매월 7,000~8,000엔 정도로 피아노나 수영 등의 레슨비와 거의 같은 금액이었다. 그 때문에 아이를 영어 교실에 꼭 보내야 한다고 생각하는 가정은 그리 많지 않아서 아동 영어 교육은 아직 일반적이지 않았다고 본다. 다만, 당시에도 아이가 영어를 잘 할 수 있으면 좋겠다고 생각하는 가정도 적지 않았기에 서클이라는 형태로 이루어졌던 아동 영어 교실은 수요가 있어서 당시에도 5~6개의 클래스는 언제나 정원이 꽉 찼다.

우리 아이들이 초등학교에 다닐 때 받은 영어 교육은 단순히 영어 과목이라는 교과 과정을 위한 교육이 아니었다. 이보다는 세계를 이해한다는 교과 과정으로 국제도시 요코하마가 추구하는 교육에 맞춰 이루어졌다. 이에 따라 1년간 요코하마시에서 파견된 외국인 강사가 그 나라의 문화와 언어를 소개하는 프로그램 '국제이해교실'에서 사용하는 언어는 영어였다. 담임 교사는 영어 수업에서 아이들이 수업을 잘 따라가도록 도왔다. 프로그램의 교재는 각 국에서 온 외국인 강사가 자국의 문화를 소개하기 위해 독자적으로 준비했다. 전통 의상을 직접 가져와 아이들이 입을 수 있게 해주는 강사도 있었고 더 재미있는 수업을 위해 일본의 학교 생활과 자국의 학교 생활이 어떻게 다른지 퀴즈 형식으로 소개하는 강사도 있었다. 문화뿐만 아니라 인사 등 간단한 말을 알기 쉽게 소개하는 수업이었다. '일본어→영어→자국어'라고 하는 흐름으로 소개하고 있었으므로, 영어를 가르치는 교과는 아니었으나 아이들이 영어를 접할 수 있는 기회가 되었다. 우리 아이들이 다니던 초등학교는 외국과 연이 있는 아이들이 매우 많았기 때문에 '국제이해교실'이라는 교과 과정은 흥미롭고 즐거운 수업이었다. 아이들은 '올해는 어느 나라의 선생님으로부터 어떤 것을 배울까'를 궁금해하며 수업에 재미를 느꼈다.

현재의 아동 영어 교육

20여 년 전과 비슷하게 대기업이 런칭한 체인 형태의 아동 영어 교실도 여전히 많지만 중소 규모의 영어 교실도 늘고 있기 때문에 지역에 아동 영어 교실이 많이 있다. 체인 형태의 영어 교실에서는 코스도 다양하고 비용도 코스에 따라 1개월 기준 8,000엔에서 1만 엔 정도로 차이가 있다. 소규모의 교실에서는 네이티브 강사 없이 일본어 강사가 지도하는 교실이 많아 그만큼 레슨비도 5,000엔 정도로 저렴한 편이다. 대체로 영어 학원은 중학교에서 배우는 영어 과정과는 다른 아동 영어 교과를 가르치기에 코스를 다양하게 선택할 수 있다. 또한 유아교실이 아동영어교실을 운영하기도 하면서 저연령의 아이들이 영어를 배울 수 있는 기회가 늘어났다. 이처럼 선택의 폭이 넓어지면서 초등학교 저학년 아이들은 어떠한 형태든 영어 교실에 다니고 있다. 아동 영어 교실은 보통 일주일에 한 번 이루어지는 커리큘럼으로 내가 운영하는 아동 영어 서클과 똑같다. 저연령 아동을 대상으로 한 영어 교실은 이제 일반적이어서 내가 운영하는 아동 영어 서클의 역할은 거의 끝났다고 생각한다. 원래는 4~5세 아이가 자연스럽게 영어를 접해 주었으면 하는 마음가짐으로 아동 영어 서클을 시작하게 된 것이다. 그러나 저연령의 아이들이 즐겁게 외국어를 배울 수 있는 기회가 늘어났기 때문에 이제는 내가 운영하는 아동 영어 서클이 없어도 괜찮다는 생각에 안심이다.

요코하마시 초등학교의 영어 교육

2008년 요코하마시는 초중학교 9년간 일관적인 영어 교육을 실시한다는 것을 목표로 한 교육 비전을 발표했다. 이에 기초한 지도 방식 중 하나가 앞서 말한 '국제이해교실'이라는 수업이다. 요코하마시의 교육 비전이 발표된 지 10년 이상이 지난 2020년부터 초등학교 영어 교과 과정이 실시되었다. 1~4학년에서는 국제이해교실이 포함된 YICA Yokohama International Communication Activities 활동이 연간 20시간 이루어진다. 5, 6학년은 정식 교과로 배우기 때문에 연간 35 시간 할당되어 외국어 활동으로 성적도 매겨진다.

이에 앞서 요코하마 시립의 몇몇 초등학교가 모델교가 되어 몇 년 전부터 초등학교 영어교육을 실시하고 있었다. 내가 자원봉사 활동을 하는 초등학교도 모델교였기 때문에 몇 번이나 영어 수업을 참관할 기회가 있었다. 주로 저학년 수업이었기에 아이들이 영어에 흥미를 느끼도록 하는 부분에 중점이 맞추어져 있었다. 카테고리별로 영어 단어를 학습하고 그것을 게임이나 노래로 정착시키는 방법으로 원어민 강사와 보조 교사가 한 팀이 되어 수업을 진행하고 있었다. 수업 내용은 내가 아동 영어 서클에서 했던 것과 거의 비슷하다. 전형적인 아동 영어 수업을 생각하면 된다. 안타깝게도 고학년 영어 수업은 실제로 참관할 기회가 없었지만, 영어가 정식 교과가 되고 나서는 텍스트에 따라 수업이 진행되고, 테스트도 있다고 서클에 다니는 아동으로부터 들었다. 전해 들은 이야기에 따르면 중학교 영어로 자연스럽게 이어질 수 있는 내용 위주로 교육이 이루어지는 것 같았다.

아동 영어의 지도 목적

초등학교 아동 영어 학습이 추구하는 목표는 초중학교 9년간 일관적으로 이루어지는 영어 교육이다. 2008년에 영어 교육 비전이 발표되고 나서 12년이 지나 마침내 영어 정식 교과과정이 실현된 것은 너무 늦다고 생각하지만, 어쨌든 초등학교와 중학교의 영어 교육이 연결되어 다행이라고 생각한다. 아동 영어 서클을 하게 된 것도 아이들이 어릴 때부터 영어를 자연스럽게 접해 영어, 나아가 외국어를 즐겁게 배울 수 있도록 돕고 싶어서였다.

서클이라고 해도 영어 교실이기에 보호자의 손을 잡고 오는 아이들은 처음에는 학원처럼 느껴 긴장은 하지 않는 것 같다. 아이들은 수업을 하면서 영어를 즐겁게 배울 수 있다는 것을 알고 밝게 미소를 짓는다. 다만 놀이처럼 영어를 배우는 것으로 그치고 영어 단어가 입에 잘 붙지 않는 아이들이 적지 않아 고민이기는 하지만, 그래도 아이들이 외국어를 배우는 것은 즐겁다는 생각이 싹트는 것이 중요하다고 생각한다. 실제로 유치원에서 초등학교 6년까지 서클에 다녔던 아이들이 대부분 이후에도 영어를 수월하게 배운다고 들었다.

외국어를 배우면 자연스럽게 그 나라의 문화에도 흥미가 생기므로, 서클에서는 영어권 문화의 소개도 지도 목적 중 하나다. 사용하는 교재에도 다양한 문화를 소개하는 내용이 있고 계절 행사의 소개도 할겸 할로윈 파티나 크리스마스 파티를 매년 실시하고 있다.

약 23년간 몸담은 아동 영어 교육 단상

현재까지 23년간 서클에서 아동 영어를 가르치면서 100명 이상의 아이들과 만나 왔다. 아이들이 반짝반짝 빛나는 눈으로 나를 보면서 새로운 것을 배우는 것에 기쁨을 찾는 모습을 보면 나 자신도 뭐라고 표현할 수 없는 기쁨을 느낀다. 부모님의 손을 잡고 서클을 견학하러 오는 아이들도 노래나 게임으로 영어를 배우는 커리큘럼을 접하면서 '즐겁다, 해보고 싶다, 계속 하고 싶다'라는 생각을 하는 것 같다. 학년이 올라가면서 중학교 수험이나 스포츠 부활동 연습과 병행하기 힘들어 영어 서클을 그만두는 아이들이 생기기도 하지만, 초등학교 6학년이 되어 졸업할 때까지 영어 서클을 계속 다니는 아이들도 많다. 6년간 계속 영어 서클을 다닌 아이들은 이후에 다른 것에 집중하면 영어 단어나 문법은 잊을 수 있어도 영어를 배우는 자세, 영어를 배우는 즐거움은 제대로 익혔다고 생각한다. 영어 서클을 졸업한 아이를 거리에서 만나면 "선생님 덕분에 영어가 잘 돼요."라는 말을 들을 때가 있다. 대학 진학과 직장 선택 때도 영어가 영향을 미친다고 말해 주는 제자들도 있다. 개인 혼자의 힘은 크지 않지만 서클을 통해 영어를 좋아하게 되고 하고 싶은 외국어를 배우는 즐거움을 알도록 도와주고 싶다는 마음이 다른 사람들에게 통한다고 느낀다. 나 자신도 영어를 가르치면서 또 다른 외국어인 한국어를 어느 정도 수월하게 학습하게 되고 현재 어느 정도 한국어를 할 수 있게 되었다고 아이들에게 이야기하고 있다. 어른도 계속 즐겁게 배우고 외국어를 익히고 있다는 것을 알려 주고 싶어서다.

초등학교에서 영어가 정식 교과가 되어 학교 이외에서 하는 아동 영어 교실도 많아졌고, 25년 전에 비하면 아동 영어 학습 환경도 많이 달라졌다. 내 자신의 역할은 어느 정도 끝났다고 느끼고 있기 때문에 몇 년 후에 서클은 문을 닫으려고 한다. 그래도 아동 영어 서클은 여전히 필요하다고 생각한다. 2022년에 서클을 졸업한 아동이 "학교에서 하는 영어 수업과 서클에서 하는 영어 수업과 연결되는 것이 많아 영어가 더 쉽게 이해가 돼요."라고 말해 준 것처럼 초등학교 영어 수업과 영어 서클의 수업이 서로 시너지 효과를 올리고 있다고 생각한다. 아동 영어 서클에서는 6학년을 대상으로 졸업 전에 영어 검정 테스트 5급의 모의 시험을 치르며 실력 측정을 하고 있다. 이전에는 영어 듣기 부분은 거의 만점에 가깝지만 영어 필기 부분은 상대적으로 잘 되지 않는다고 한 아이들이 많았으나 요즘은 필기 부분도 꽤 할 수 있는 아이들이 늘어났다. 교실에서 가르치고 있는 내용은 달라지지 않았다. 이는 초등학교 영어 수업 덕분이라고 생각한다. 초중학교의 영어수업에서는 영어 청취를 점점 등한시할 수 있는데 이러한 부분을 아동 영어 서클에서 보완할 수 있다고 믿는다. 다른 나라에 비해 일본은 아동 영어 교육 환경이 뒤늦은 감이 있어서 영어를 자연스럽게 습득한 아이들은 많지 않은 것이 현실이다. 공공 교육 현장의 움직임이 느리게나마 이루어지고 있으나 가까운 미래에 일본도 한국과 마찬가지로 어린 시절부터 영어를 접하는 아이들이 늘어날 것으로 보인다. 아직은 희망적 관측에 불과하지만 그렇게 믿어 보고 싶다.

일본의 도서관 탐방, 마음의 여유와 편안함을 찾아서

야마기시 아키코(포항대학교 교양일본어 교수)

일본도서관협회 '일본도서관 통계'에 따르면 2020년 공공도서관은 3,316개이며 도서관법에 따른 도서관이 설치되지 않은 곳은 2020년 기준 전국 815개 시구 중 8개 시에 불과하다. 지역 도서관은 지난 15년간 20% 이상 늘었다.

2017년도에 일본에 있는 지역의 도서관으로부터 책을 빌린 사람의 수이용자 수는 총계 1억 7789만 명이다. 등록자 수는 3379만 명, 대출 권수는 6억 5378만 권이었다. 그렇게 도서관은 지역사회 곳곳에 뿌리내렸다고 할 수 있다. 1965년에 출간된 《어린이 도서관子どもの図書館》에서 저자 이시이 모모코石井桃子는 '포스트 수만큼 도서관을'이라고 말했다. 미국·캐나다·영국의 큰 도시에서는 어린이가 걸어서 갈 수 있는 곳에 도서관이 있는 것을 이상적으로 생각한다고 언급하면서 그것이 바로 공공도서관이 존재하는 이유라는 것이다. 일본의 도서관은 해당 지역이나 환경에 맞게 만들어지기에 나름의 특징을 지니고 있다. 그렇다면 일본의 지역사회에서 도서관은 어떤 장소일까?

한번쯤 가보고 싶은 아름다운 도서관

일본에 있는 많은 도서관 중에 시간을 내서 가볼 만한 도서관들을 소개하려고 한다.

● 히비야 도서관 日比谷図書文化館

도쿄 도심 히비야 공원 내에 있는 도서관이다. 소장된 도서 수는 약 202만 권에 달해 국내 공립 도서관으로는 최대의 규모를 자랑한다. 아름다운 삼각형의 외관이 인상적이다. 도서층에는 수많은 열람석이 마련되어 있고, 창가의 열람 공간에서 히비야 공원을 바라보며 독서를 할 수 있다.

관내에는 도서관이라고 생각되지 않을 정도로 세련된 카페와 레스토랑이 함께 마련되어 있다. 일부 도서를 제외하고 도서관에 있는 책 대부분을 가지고 들어갈 수 있다. 편하게 음료와 식사를 즐기며 책을 읽을 수 있다. 무선 인터넷도 사용할 수 있기에 작업 공간으로도 추천한다. 읽기·조사하기·배우기·즐기기·교류하기·창조하기 등 모든 것을 종합적으로 할 수 있는 '지식으로의 입구'다.

밤에 보는 히비야 도서관의 모습도 아름답다. 도시의 빌딩군에 둘러싸여 빛나는 히비야 도서관은 마치 세련된 상업 시설처럼 보인다. 오후 10시까지 개관하고 1층 카페나 지하 1층 다이닝 공간에 도서를 가지고 가서 커피나 맥주를 마시면서 독서를 즐길 수 있다는 점에서 새로운 스타일의 도서관이다.

● 교토 국제 만화 박물관 京都国際マンガミュージアム

만화의 수집, 보존, 전시, 연구를 위한 도서관으로 2006년에 문을 열었다. 소장된 도서 수는 약 30만 점이고 만화책을 선호하는 사람에게 추천할 만한 도서관이다.

만화와 관련 자료를 소장하고 있는 일본 최대의 만화 박물관이다. 약 5만 권이 관내 벽을 가득 메우는 200m 규모의 서가 '만화의 벽'을 보면 어느 책을 읽을지 고민이 될 정도다. 만화공방이나 카페 등도 있다. 교토 시내에 위치하는 도서관으로 교토 관광의 하나로 넣어도 좋을 것이다.

● 오카야마 현립 도서관 岡山県立図書館

2005년부터 2018년까지 14년 연속 전국의 도도부현립 도서관 입장자 수 1위의 기록을 가진 도서관이다. 특히 2006년부터 2009년까지 전국 도도부현립 도서관에서 유일하게 100만 명이 넘는 관람객 수를 기록하고 있다.

도쿄돔 운동장과 비슷한 넓이에 140만 권의 책이 소장되어 있는데 그중 약 1/3은 자동화 서고로 되어 있어 읽고 싶은 책을 검색하면 카운터에 전달해 준다고 한다. 특히 아동도서에 주력하고 있으며 신간 대부분을 갖추고 있다는 것이 특징이다. 어린이 도서실에는 종이 연극과 대형 그림책을 비롯해 2만 5,000권의 책이 비치되어 있다. 수유실은 물론 관내 이용 가능한 유모차와 북 카트가 준비되어 있으며 어린이 도서관에는 '누워서 뒹굴기 ねころんぼ' 코너가 있어 바닥 위에서 아이들과 어울리며 책을 읽어줄 수 있는 등 부모와 아이를 위한 세심한 배려가 담겨 있다.

● 국제교양대학 나카시마 기념 도서관 国際教養大学 中嶋記念図書館

아키타현 아키타시에 있는 국제교양대학의 나카시마 기념 도서관이다. 모든 수업을 영어로 진행해 글로벌 사회에 공헌할 수 있는 인재로 키우는 것을 목표로 하는 국제교양대학 통칭 AIU 캠퍼스 내에 있는 '나카시마 기념 도서관'은 '책의 콜로세움'을 표방하는 디자인을 선보인다. 아키타 삼나무 秋田杉 와 전통기술을 살린 우산형 지붕이 펼쳐지고 있고 13m의 큰 삼나무로 만든 6개의 기둥이 천장을 지탱하고 있는 일본에서 가장 아름다운 도서관 중 하나로, '굿 디자인상'을 수상하는 등 세계적으로 인정받은 도서관이다.

국제교양대학 학생들의 학습 의욕을 높이고자 일본에서 유일하게 365일, 24시간 이용할 수 있기 때문에 '잠들지 않는 도서관'이라고 불리고 있다. 일반인도 자유롭게 드나들 수 있어 아키타 시민들의 휴식

나카시마 기념 도서관

처로 사랑받고 있다. 일반 이용자는 출입할 수 있는 시간이 요일에 따라 정해져 있으므로 미리 시간을 확인하고 이용하면 된다.

● 가나자와 바다의 미래 도서관 金沢海みらい図書館

가나자와시는 산과 바다가 있는 아름다운 도시다. 동그란 점도트 모양의 외벽과 흰색을 바탕으로 한 개방적이고 미래지향적인 공간이 특징인 도서관이다. 외벽 물방울의 정체는 6,000개의 둥근 창문으로 되어있다. 밖에서 보는 창문은 마치 바다에 떠 있는 거품 같다. 설계 콘셉트는 기쁨을 가져다주는 '케이크 상자'이고 케이크 상자를 표현한 네모난 외관도 예쁘다. 관내는 나뭇잎 사이로 부드러운 햇살이 들어오는 개방감을 준다. 건물 북쪽의 약 60%는 바람이 불어오는 공간으로 아늑함도 겸비한 원룸형 도서관이 되었다. 국내외에서 다수의 건축상 수상 경력을 보유한 도서관이다.

가나자와 바다의 미래 도서관

● 모두의 숲 기후 미디어 코스모스みんなの森 ぎふメディアコスモス

기후 시립 중앙도서관은 '모두의 숲 기후 미디어 코스모스'라는 복합시설 안에 있는 도서관이다. 기후산 히가시노편백나무를 사용한 격자 지붕과 관내 곳곳에 있는 돔 형태의 글러브 등 디자인이 독특하다. 2층 편백나무 판으로 된 천장에는 지름이 8~14m까지 네 가지 크기의 천으로 만든 천개天蓋가 매달려 있다. 글러브로 불리는 이 반투명 우산 모양의 천 뚜껑은 중앙부에 설치된 가동식 환풍구에서 자연 환기를 한다. 글러브에는 모두 다른 비침무늬를 넣어 다양한 세대의 요구에 맞춘 편안한 공간으로 연출하고 있다. 아늑한 열람석은 총 910석으로 제법 넓어 지역민들의 사랑을 받는 그야말로 '모두의 숲'이다.

모두의 숲 기후 미디어 코스모스

● 도카마치 정보관十日町情報館

약 8만 권의 책으로 둘러싸인 계단과 슬로프가 압권의 스케일로 펼쳐져 있다. 그 공간은 지역의 특징적인 지형인 시나노강信濃川의 하안단구河岸段丘를 대담하게 재현한 것으로 관내에는 개방적인 원 플로어가 입체적으로 펼쳐져 있다. 구조는 폭설 지대의 적설을 견디는 견고함이 특징이며 외관은 눈을 싣는 플랫루프를 지탱하는 리브가 남북으로 큼지막하게 튀어나온 인상적인 형태다. 2013년에 일본에서 개봉했으며 2014년 제17회 부천국제판타스틱영화제pifan 상영작이기도 한 〈도서관 전쟁図書館戦争〉의 촬영지 중 하나다.

도카마치 정보관

향후 도서관에 거는 기대

앞에서 소개한 도서관 외에도 이용자의 관심 분야에 따라 전문 자료를 찾을 수 있는 도서관들도 있다. 여행 가이드북을 모은 여행도서관, 영화전문도서관, 식문화도서관, 야구도서관 등이 대표적이다.

도서관은 조용히 독서나 공부를 하는 곳이라는 이미지가 있지만, 도서관의 새로운 가능성을 추구하는 사람들도 늘고 있다. 카페, 간단한 식사를 할 수 있는 공간, 이야기를 나누는 공간 등 친구들과 수다를 떨거나 휴식을 취할 수 있는 공간을 갖고 싶은 것 같다.

서가에 꽂혀 있기만 한 책은 아무런 가치가 없다. 책은 사람들에게 읽혀야 비로소 가치가 생긴다. 사람들에게 선택된 책은 사회에서 돈으로 환산할 수 없는 가치를 낳는다. 공공도서관은 지역 주민들에게 책과의 만남을 주선해 무한한 가치를 만들어 낸다고 할 수 있다.

현대사회에서 지역 정보를 주고받는 거점이기도 한 도서관은 누구나 자유롭게 지식에 접근하고 획득할 수 있다는 의미에서 지혜를 창출하는 원천이다. 그러나 현대의 도서관들은 여기서 만족하지 않고 새로운 부가가치를 창출하려는 움직임을 보인다.

여기서 소개한 도서관은 일본에 있는 3,000개 이상의 도서관 중에서도 극히 일부에 지나지 않는다. 도서관마다 공간의 분위기도 그렇고 나름의 특징이 있다. 조사, 연구, 학습을 위해서만 아니라 잠시라도 마음의 여유를 느끼고 싶어서 도서관을 찾는 사람들도 있을 것이다. 도서관이 일부 지식층만을 위한 곳이 아니라 누구나 부담 없이 새로운 책과 만날 수 있는 마음을 풍요롭게 하는 곳이 되기를 바란다. 일본에 갈 때 머무는 곳 근처에 도서관이 있다면 한번 찾아가 보는 것은 어떨까?

일상에서 달리기를 즐기는 일본 사람들

이정(아이치가쿠인대학 겸임교수)

2001년 처음 나고야에 정착해 일본에서 20년 이상 살다 보니 처음에 마냥 신기하고 어색하게 느껴졌던 일본 문화가 이제는 오히려 자연스럽게 다가오고, 대학교에서 학생들에게 한국 문화를 가르치는 입장에 서다 보니 반대로 예전에 내가 경험했던 한국 문화가 가물가물해지고 심지어 책을 보고 전달해야 하는 입장에까지 왔다.

그러고 보니 일본에 와서 일본 사람들은 일상 속에서 참 많이 달린다는 생각을 했다. 굳이 정해진 장소가 아니더라도 일상 속 도로 옆을 달리는 사람들이나 점심시간이 되면 점심 먹는 시간을 반납하고 30여 분을 달리고 간단히 오니기리나 빵으로 점심을 해결하는 샐러리맨들도 주위에서 많이 보았다. 내가 사는 나고야의 여름은 특히나 습도가 높아 기온보다도 더위를 더 많이 체감하고 가만히 있어도 숨이 턱턱 막힌다. 이렇게 더운 날씨에 거리를 달리는 사람들을 보며 어떻게 이런 날씨에 달리는 게 가능할까 생각한 적도 있다. 나고야는 지난 여름 40도를 넘는 폭염을 기록하고 뉴스에서도 연이어 열사병을 조심하라며 가능한 바깥출입을 자제하고 밤에도 에어컨을 꼭 켜라는 아나운서의 당부가 이어졌다. 일본에 20년을 넘게 살다 보니 그러한 날씨에도 불구하고 어느덧 나도 달리는 사람들 대열에 참여하고 있었다.

2년에 한 번씩 하는 사사카와 스포츠재단笹川スポーツ財団의 조깅 러닝에 관한 조사[1]에 따르면 2020년에 일본의 20세 이상 조깅 러닝 추정 인구는 1055만 명이며 또한 20~64세가 대다수인 것으로 밝혀졌다. 일본 후생노동성의 인구통계 조사 결과를 살펴보면 사사카와 스포츠재단의 조사 연도와 같은 2020년도의 20~64세까지 일본 인구가 6800만 명임을 알 수 있다. 이 결과를 보면 일반 성인 6명 중 1명이 달린다는 계산이 나온다. 단순 계산을 해도 일본 성인의 17%가 일상생활을 하며 달린다는 의미인데, 비록 짧은 기간이지만 러너 대열에 참여하게 된 나의 경험담과 함께 내가 속한 동아리를 통해 일본 사람들이 일상생활에서 어떻게 달리기를 이어가고 있는지 이야기를 풀어보고자 한다.

달리게 된 계기

필자는 2001년 일본으로 건너와 줄곧 나고야가 속해 있는 아이치현에 살고 있다. 50대가 되면서 살이 찌고 고혈압, 콜레스테롤, 중성지방 등 각종 성인병이 생겼고 의사 선생님은 살을 빼고 운동을 하지 않으면 위험하다고 말했다. 하지만 매일 아침부터 밤까지 업무에 시달리고 있기에 핑계 같지만 나에게 운동은 사치라는 생각이 들었다. 3년 전부터 동네에 있는 피트니스센터에 등록했지만 겨우 일주일에 한 번 토요일에 가거나 그마저도 쉬는 날은 푹 쉬고 싶다는 유혹에 못 이겨 잠자기에 바빴다. 그나마 대학교에서 근무하는 관계로 여름방학과 겨울방

1 笹川スポーツ財団 홈페이지

학에는 매일매일 운동을 할 수 있으니 돈이 아깝다는 생각을 하면서도 몇 년째 돈만 내면서도 유지하고 있는 이유다.

일본의 내가 근무하고 있는 대학의 2학기 수업은 1월 20일경에 마무리된다. 그 뒤 성적 처리와 다음 해의 수업 계획 작성 등의 업무가 남아 있기는 하지만 그래도 1월 말부터 다음학기 시작의 4월 초까지는 시간적인 여유가 있다. 시험을 마치고 오랜만에 피트니스센터에 갔는데 안면이 있는 한 아주머니께서 화색을 띠며 다가오셨다. 다짜고짜 축하한다고 했다. 영문을 몰라 어리둥절하는 나에게 다시 한 번 내 배를 가리키며 "임신을 축하해요."라고 말했다. 얼굴이 빨개진 나는 순간 어쩔 줄 몰라 하다가 "감사해요, 그렇게 젊게 봐 주셔서." 하고 웃었다. "하지만 이제 그럴 나이는 지났어요."라고 대답했다. 내 대답을 듣고 그 분도 어쩔 줄 몰라 하며 미안하다고 연신 사과를 했지만 나쁜 의도가 아닌 줄 알기에 아무렇지 않은 듯 지나갔다. 하지만 생각과는 달리 쇼크였나 보다. 연신 그 장면이 떠올랐고 뭔가 하지 않으면 안 되겠다고 생각했다. 그때 마침 지인이 나고야 우먼스 마라톤이 추가 모집을 한다고 알려줬다. 원래 인기가 많아 추첨에서 떨어지는 일도 많은데 코로나19로 인해 해외에서 참가가 적었던 점, 검사를 통해 코로나19 음성 확인 인증이 있어야 참가가 가능한 점, 온라인 참가자가 많아진 점 등등의 이유로 추가 모집이 있었던 것이다. 나는 한 치의 망설임도 없이 신청했다. 미리 결론을 이야기하자면 달리기를 함으로 인해 내 몸에 많은 변화가 일어났다. 그 이야기는 뒷부분에서 다시 언급하기로 하고 내가 참여한 나고야 우먼스 마라톤에 대해 짧게나마 소개해 보고자 한다.

나고야 우먼스 마라톤

내가 사는 지역엔 해마다 3월이 되면 국제대회인 나고야 여자 마라톤이 열린다. 공식적인 명칭이 나고야 우먼스 마라톤인 이 대회는 매년 엄청난 인기와 더불어 모집부터 경쟁이 치열하다. 1980년 20km 로드레이스 대회를 시작으로 1984년부터 풀코스 대회로 등급이 상향 조정되어 명칭이 '국제 초대 나고야 여자 마라톤'으로 변경되었고 지금까지 그 명칭이 사용되고 있다.

특히 대회의 위상은 해를 거듭할수록 높아져 2019년에는 세계국제경기연맹WA이 등급을 상향 조정해 플래티넘 레벨로 인정받았다. 예를 들어 플래티넘 레벨의 대표주자로는 보스턴마라톤미국, 런던 마라톤영국, 베를린 마라톤독일, 도쿄 마라톤일본 등이 꼽힌다. 이로 인해 마라톤에 참가 한 세계의 유명한 선수들을 가까이에서 볼 수 있다는 점 외에도 강력한 인기의 이유가 또 있다. 여자 마라톤이라는 점을 염두해 여자들의 로망인 티파니사가 자체 특별 제작한 목걸이를 제한시간 7시간 안에 완주한 사람들에게 모두 수여한다는 것이다. 그것도 슈트를 입고 넥타이를 맨 멋진 꽃미남한테서 말이다. 여기서 주의할 점은 첫 번째 주자가 스타트를 한 시간부

나고야 우먼스 마라톤 2022 포스터

부상으로 받은 티파니 목걸이

터 제한 시간 7시간이기 때문에 개인이 출발한 기록과는 차이가 있다는 점이다. 엔트리 할 때 본인의 예상타임을 30분 단위로 잘라 기입하고 그 시간에 따라 스타트 지점이 정해진다. 첫 스타트라인과 가장 마지막 스타트 라인은 보통 30분 정도 차이가 있기 때문에 마지막에 출발한 사람은 6시간 30분 안에 골인을 해야 티파니 목걸이를 받을 수 있다. 나의 경우는 첫 마라톤이었기에 기록을 몰랐고 예상타임을 6시간 30분으로 적어 냈다. 2022년도는 코로나19로 인해 참가자가 적어서인지 마지막 출발임에도 불구하고 첫 주자와 10분 정도 차이가 있었다. 출발타임 6시간 52분이었고 개인 기록타임은 6시간 42분으로 기록되어 나 또한 선망의 티파니 목걸이를 목에 걸 수 있었다. 나고야 우먼스 마라톤에 참여한다고 이야기했을 때 주위에서 가장 많이 들은 이야기가 완주를 하고 꽃미남에게 티파니 목걸이를 받으면 얼마나 설렐까 하는 것이었다. 하지만 실제로 마지막 젖 먹던 힘까지 다해 42.195km를 완주하고 꽃미남을 대면했을 때는 그저 빨리 목걸이를 받고 어딘가에 기대앉아 쉬고 싶다는 생각뿐 꽃미남은 눈에 들어오지 않았다. 그 외에도 인기의 이유는 나고야의 명소 곳곳이 코스가 되어 있다는 점과 오르막길과 내리막길이 적다는 점이다. 하지만 출발 후 6km 지점에 첫 번째 관문이 있다. 9시 10분 일제히 출발한 후 10시 30분까지 지점

을 통과하지 못하면 대기하고 있던 버스로 안내되어 자동 탈락이 된다. 마라톤 코스에는 그런 관문이 10개가 있다. 마지막 출발 팀이었기에 매번 관문을 아슬아슬하게 통과했고 개인적으로는 30km를 지나 정말 포기하고 싶을 때 근무하는 학교 앞을 통과하며 마지막 힘을 쥐어 짜기도 했다. 나보다 먼저 도전한 사람들에게 얼마나 힘든 일인지 경험담을 들었고 실제로 포기하고 싶었던 순간들이 많았지만 전체 기록 6시간 52분으로 제한 시간인 7시간을 가까스로 통과해 티파니 목걸이를 손에 넣었다. 힘든 과정을 이겨내고 완주를 했을 때의 달성감과 성취감은 말로 표현할 수 없었으며 다른 일을 할 때의 자신감으로도 이어졌다. 하지만 혼자서 했다면 역시나 완주는 불가능했으리라 생각된다. 불과 접수에서 3개월도 지나지 않은 2022년 3월 13일에 있었던 우먼스 마라톤에서 완주할 수 있었던 것은 동아리 멤버들의 조언과 격려가 있었기에 가능했다고 본다. 일본에는 그리고 내가 사는 아이치현에도 많은 마라톤 동아리가 있지만 그중에 내가 속한 동아리의 이름은 라쿠런楽ラン이다. 지금도 활동하고 있는 라쿠런은 다음과 같은 활동을 하는 동아리다.

라쿠런楽ラン

나고야 우먼스 마라톤에 엔트리 한 것이 1월 중순이었다. 달리기 위해서 무엇을 어떻게 해야 하는지 아무것도 알지 못했기에 먼저 인터넷 검색을 시작했다. 마라톤 써클을 검색하자 헤아릴 수 없을 만큼 많은 동아리가 있었다. 각자 자기 동아리를 어필하는 글을 올려 놓았는데 그중에 라쿠런에 들어가게 된 이유는 동아리 구성 멤버가 11명으로 적었던 점, 평균연령이 50대였던 점과 기록보다는 완주를 목표로 삼는다는 소개글이 처음 참가하는 나에게 안심을 주었다. 2022년은 만으로도 50세가 되는 해였기에 젊은 사람들이 활동하는 동아리는 왜 그런지 따라가지 못할 것 같은 생각도 들었다. 어쨌던 홈페이지에 있는 동아리 리더에게 문자를 남기자 바로 연락이 왔다. 주말과 공휴일에 주로 연습하는데 돌아오는 일요일에 참가할 수 있는지 여부를 물어왔다. 그리하여 부랴부랴 온라인으로 러닝화를 주문하고 1월 23일 일요일에 첫 연습에 참가했다.

주말과 공휴일에 나고야성이 있는 메이조공원名城公園에서 아침 9시부터 연습이 진행된다고 했다. 내가 사는 곳에서는 여유 있게 한 시간 전에는 나가야 하는 거리이지만 근무하고 있는 학교 바로 앞이기도 해서 낯익은 곳이었다. 멤버 수가 적었지만 모두 다 직장인이어서 여건이 되는 사람들이 삼삼오오 모여서 주로 트레이닝을 했다. 내가 참석한 첫날은 6명이 참석했으며 아무것도 모르는 나는 그들을 따라 무작정 따라 달렸다. 보통 연습은 한번에 공원 안쪽과 바깥쪽을 10km 정도를 달리는데 아는 만큼 보인다고 했던가. 메이조공원에 그렇게 많은 사람들이 달리고 있다는 사실이 무척 놀라웠다. 나중에 안 사실이지만 내 속도에 맞춰 모두들 천천히 뛰어 주었기에 첫날부터 10km를 무사히 뛸 수 있었다. 만약 첫날 같이 뛰지 못했다면 아마도 포기를 했으리라 생각되지만 멤버들의 배려로 무사히 연습을 마치고 간단히 브런치를 먹으러 갔다.

브런치를 먹으며 풀코스마라톤을 완주하려면 계획과 연습이 중요하다는 조언을 듣고, 멤버 중 한 명이 나와 같이 우먼스 마라톤에 참가하고 하프코스에 참여하는 남자 멤버들이 있었기에 같이 3월 13일에

라쿠런 동아리의 멤버들

있을 대회에 대비해 여러 가지 작전을 짜기도 했다.

그렇게 3개월이 안 되는 시간 동안 일주일에 한 번씩 10km를 연습하고 대회가 열리기 2주 전쯤에는 나고야 시내의 우먼스 마라톤의 실제 코스를 20km 정도 뛰었다. 처음에는 무리일 것 같았지만 같이 뛰며 서로를 격려하며 이야기하다 보면 목표점에 도달하고는 했다. 회원이 많으면 관리하기가 힘들다는 리더의 신념에 따라 지금도 13명의 회원이 열심히 활동하고 있다. 여름인 요즘은 정기적으로 주말 달리기와 함께 가까운 곳에 있는 험하지 않은 산을 달리는 트레일러닝을 하기도 한다. 또한 지역의 불꽃축제나 코스프레 등의 행사가 있으면 같이 참석해 친목을 나누며 유대관계를 이어 가고 있다. 나는 특별한 일이 없는 한 일주일에 한 번 일요일 오전에는 참가해 달리기를 하고 있으며 6개월이 지난 지금 이 시점에 체중에는 그다지 변화가 없으나 임신으로 오해받았던 불룩한 배는 들어갔고 작년부터 먹기 시작한 혈압약도 성분을 반으로 줄일 수 있었다. 지금껏 50여 년을 살아오면서 지금이 내 인생에서 가장 건강하며 체력이 정말 많이 좋아진 것을 느낀다. 혼자서 달리기를 한다면 오늘은 비가 와서 더워서 혹은 재미있는 텔레비전 프로그램을 봐야 해서 등 여러 가지 핑계거리를 대며 건너뛸 수도 있지만 이러한 동호회를 통해 같이 하기에 계속 이어나갈 수 있는 원동력이 될 수 있었다고 본다.

마무리

라쿠런 모임에서 내가 러닝을 계속 할 수 있도록 멘토 역할을 해 준 회원 중에는 마이코 씨가 있다. 백화점에 근무하고 있는 마이코 씨는 울트라 마라톤에 나갈 정도의 체력을 가지고 있으며 무슨 일이든 정열적으로 도전한다. 두 아이의 엄마인 마이코 씨는 아이들이 어릴 땐 아이들과 같이 뛰면서 뛰는 즐거움을 알았고 그 아이들이 대학생이 되어 나고야 지역을 벗어났지만 아이들은 지금도 여전히 러닝을 즐기고 있다고 했다. 매번 달리면서 생각하는 것 중 하나가 언제쯤이면 힘들이지 않고 마이코 씨처럼 달릴 수 있을까 하는 것이었다. 그래서 그에게 물었다. 마이코 씨는 시간이 지나도 힘든 것은 마찬가지라고 했다. 하지만 달리는 순간 다른 일은 잊어버릴 수 있으며 무엇보다 건강과 체력을 같이 얻을 수 있고 나날이 줄어가는 몸무게를 보며 하다 보니 어느 순간 달리기가 즐거운 일이 되었고 달리지 않으면 몸이 찌뿌둥하다고 한다. 일본의 최대 명절인 오봉휴가를 앞두고 백화점 일이 바빠져 요즘은 주말에도 모임에 참가할 수 없지만 마이코 씨는 아침 15km가량의 배낭을 메고 출근러닝을 한다고 한다. 그리고 직장 근처에 있는 코인 샤워에서 샤워를 하고 배낭에 넣어 왔던 옷으로 갈아입고 일을 한다고 한다. 내가 매번 시간이 없어서 운동을 할 수 없다는 핑계를 댔지만 그것은 핑계에 불과하다는 것을 보기 좋게 반증해 주었다.

또한 메스 미디어의 역할도 중요하다고 생각한다. 신년이 되면 TV 앞에 모여 앉아 남녀노소를 가리지 않고 하코네 에키덴일본의 신년 마라톤을 재미있는 다큐멘터리를 보듯 시청하는 사람들이 내 주위에 많이 있다. 나 또한 20년을 살다 보니 어느 순간부터 하코네 에키덴을 보며 울기도 하고 같은 마음이 되어 선수를 응원하게 되었다. 일본 성인의 6명 중 한 명 꼴로 생활 속에서 달리기를 할 수 있는 것은, 이른바 운동할 시간이 없다 여건이 안 된다는 핑계를 대고 그럴 기회를 갖지 않는 것이 아니라 출근길 점심시간을 이용해 특별히 정해진 장소가 아니어도 회사 주변이나 주거지 주변을 이용하기 때문일 것이다. 달리기 위해 시간을 내고 준비해서 하기보다는 일상 생활 속에서 직장생활을 하면서도 점심시간과 아침시간을 이용해 하는 달리기가 생활화된 것이라고 본다. 달리기가 우리 몸에 미치는 장점은 글로 다 옮기기 어려울 정도로 많지만 실천하지 않으면 아무 소용이 없다. 지금 이 글을 읽고 공감을 했다면 당장 운동화를 신고 근처를 한번 달려 보는 것은 어떨까?

생활체육으로 보는 일본 문화

김재문(㈜파이콤이엔씨 대표이사)

일본과의 운명적인 만남

1988년 24회 서울올림픽을 전후로 국제화 시대라는 용어가 일반인들에게 널리 통용된 것으로 기억한다. 당시는 민주화를 요구하는 목소리로 정국이 매우 혼란한 시기이기도 했지만 개인적으로도 미래가 불안해 앞으로 인생을 어떻게 살아가야 할지 고민이 많은 20대 후반이었다. 그러던 어느 날, 국제화시대라면 외국어가 필요하지 않을까 하는 생각이 들었다. 지금 생각해 보면 오늘의 나를 있게 한 생각이었다. 그런데 외국어라면 영어가 기본이라는 생각이 미치자 갑자기 큰 벽이 앞을 가로막는 것 같았다. 공업계 고등학교를 졸업한 지도 10년 가까이 되었고 학교에서는 자격증을 취득하는 일이 더 중요해서 영어는 소홀히 했기 때문이다. 하지만 같은 외국어라도 일본어라면 달랐다. 일본어를 재미있게 공부했던 기억이 있었기 때문이다. 그래서 영어 대신 일본어를 공부해야겠다고 결심하게 되었다. 그리고 뒤늦게 주경야독으로 대학교 진학을 준비하면서 일본어를 제2외국어로 선택하여 공부했다. 이후 사정이 여의치 않아 대학진학은 뒤로 미루고 공무원이 되었다. 그러다가 1997년에 한국방송통신대학교에 일본학과가 개설되자 기쁜 마음으로 1기생으로 입학했다. 그즈음 공무원교육원에서 8주간의 일본어 연수를 받게 되었고 첫 해외여행으로 일본을 다녀왔다. 팀을 편성한 자유여행이었으므로 가능한 여러 지역을 여행하기로 계획하고 도쿄에서 오사카, 나라, 우쓰노미야, 그리고 가을 단풍으로 유명한 닛코까지 일본의 도시와 자연을 두루 견학하면서 유익한 경험을 할 수 있는 기회였다.

운명적인 만남이었다. 우리나라는 1960년대 초부터 국가적인 목표 아래 경제개발을 추진했다. 그리고 내가 고등학교에 입학한 1977년은 제4차 경제개발 5개년 계획이 시작된 해이기도 하다. 이러한 목표를 위해 1970년대 한국에서는 국립으로 유수의 공고를 설립했다. 학비 부담이 없는 이들 학교는 경제적으로 어려운 학생들이 진학했는데, 학생들이 원해서라기보다는 부모들의 희망이었기에 진학했다고 해야 정확한 표현일 것이다. 우리 학교는 일본에서 들여온 공작기계나 기자재를 이용해서 공부했기에 일본어는 필수과목이었다. 그리고 학생들을 직접 지도하지는 않았으나 학교에는 일본인 교사들도 있었다. 이러한 환경 덕분에 일본에 지속적으로 호기심을 품게 되었고 성인이 되어 정치 이슈와 생활을 구분해서 보는 눈이 기본적으로 길러진 것 같다. 알면 다르게 보이고 제대로 보이는 것이 아닐까?

1990년대가 되면 우리나라가 이른바 '한강의 기적'이라는 경제성과에 힘입어 수출이 비약적으로 증대하고 국제간의 경제교류가 활발해진다. 그리고 이것이 공공분야에도 영향을 미치면서 외국과 교류가 활성화되기 시작했다. 나는 일본 담당으로 일하게 되어 일본 자치단체와의 교류 및 협력에 관한 업무를 하였고, 일본에서 방문하는 손님을 안내하기도 했다. 학창시절 운명적으로 일본을 만나고 언어를 공부하면서 일본과 관련된 일을 해보고 싶다는 막연한 꿈이 이루어진 것이다.

당시 고양시는 규슈 지역의 후쿠오카시와 상호 방문하는 형식으로 스포츠 교류를 하고 있었고, 1999년 후쿠오카시 어머니 배구연맹家庭婦人バレーボール連盟 선수단이 고양시 아마추어 배구팀과 친선경기를 하기 위해 한국을 방문했다. 경기를 마치고 선수단을 안내하면서 후쿠오카시 어머니 배구단의 기반이 생활체육이라는 사실을 알게 되었다. 지금 생각해 보면 당시 고양시에는 시 대표로 하나의 팀이 운영되고 있는 데 비해 후쿠오카시에는 어머니 배구연맹에 가입된 배구팀이 100개 이상이 있다고 했다. 참고로 고양시와 후쿠오카시의 인구 규모는 비슷했다. 그렇게 많은 팀에서 선발된 대표팀이 하나밖에 없는 우리 팀에게 어떻게 질 수가 있을까 궁금증이 생기면서도, 우리 팀이 승리해 일단 뿌듯했다. 하지만 그러한 뿌듯함도 잠시, 이야기를 좀 더 들어보니 일본에서 생각하는 스포츠 경기에 대한 개념이 우리가 생각하는 개념과 다르다는 것을 알게 되면서 신선한 충격을 받았다. 단순하게 일본과의 경기에서 이겼다는 것에만 초점을 맞춰 기뻐만 했던 나 자신의 좁은 시각이 부끄러워진 순간이었다. 어릴 때부터 운동경기에서는 무슨 수를 써서라도 이겨야 하고 특히 일본과의 국제경기는 지면 안 된다는 승리지상주의 고정관념에 사로잡혀 있던 나에게, 평범한 주부들이 순수한 취미활동으로 운동하면서 승패보다는 경기 그 자체를 즐긴다는 것은 그때까지는 상상조차 할 수 없는 일이었기 때문이다.

인생의 반전

새로운 도약을 위해 2000년에 과감히 공무원을 그만두었으나 마음대로 되지 않는 것이 인생이다. 도전해 보고 싶었던 분야의 일은 자의 반 타의 반으로 1년을 넘지 못하고 그만두게 되었고, 결국 반도체 장비 등 전기설비 제조 관련 중소기업으로 이직했다. 이직해서 일을 해보니 전에는 보이지 않던 것이 보였다. 전기전자 분야는 기술적으로 일정 부분 일본 의존도가 높았고 중요한 부품은 일본 제품을 많이 사용하고 있다는 사실이다. 또한 고객사가 일본계 회사라 직간접적으로 일본인과 접촉할 일이 많아서 일본어를 하는 것이 업무에 도움이 되었다. 평소 소망하던 일본과 관련 있는 일을 다시 하게 되었으니 단순한 우연이라기보다는 분명히 내 인생에 찾아온 반전의 기회였다. 업무상 기술협력 관계에 있던 모 기업의 중역과 친분관계를 맺게 되었고 그것을 인연으로 우리 제품을 일본에 수출하는 단계로까지 발전했으니 말이다. 사이타마현 미사토시에 살고 있는 스즈키 야스오 씨와의 인연이다. 덕분에 사이타마현 미사토시를 방문할 기회가 많았다. 스즈키 씨는 회사원이면서 소년야구팀 감독을 하고 있었다.

앞에서 소개한 후쿠오카시의 어머니 배구단과 마찬가지로 일본에서는 남녀노소 할 것 없이 평소 스포츠 활동을 즐기는 사람들을 많이 볼 수 있었다. 지금은 우리나라에서도 쉽게 볼 수 있는 광경이지만 그 당시에도 일본은 강변이나 도시 곳곳에 스포츠 시설이 잘 정비되어 있었고 야구, 축구, 자전거, 달리기 등 취미활동에 매진하는 사람들을 보는 것은 어려운 일이 아니었다. 미사토시에서는 그 지역 주민들과 만날 수 있는 기회가 많았다. 물론 대부분이 소년야구클럽과 관계 있는 사람들로 당시 선수들의 부모세대나 30대, 40대가 된 선수들 그리고 이들의 자녀들이었다. 야구클럽을 통해서 자연스럽게 3대에 걸친 인적네트워크가 광범위하게 형성된 것이다.

나는 후쿠오카시 어머니 배구단과 미사토시 소년야구클럽의 활동상을 통해서 체육활동이 심신을 단련하는 역할만 하는 것이 아니라 현대사회에서 보다 중요한 역할이 있다는 것을 점차 알게 되었다. 산업사회가 발전함에 따라 거주이전이 빈번하고 공동주택 생활이 보편화된 오늘날 도시생활은 과거 이웃 간에 정을 나누며 살던 전통과는 거리가 있다. 이제는 이웃사촌이라는 말도 옛말이 되었다. 오히려 지금은 가까운 이웃끼리 서로 외면하면서 사는 사회가 되었다. 그야말로 외롭고 각박한 세상이 아닐 수 없다. 이따금 층간소음이나 사소한 이유로 이웃 간에 끔찍한 사고가 일어나는 것을 볼 때마다 일본의 생활체육이 일상생활에 미치는 영향을 떠올리곤 한다. 그리고 사람들이 서로 연결되는 관계가 보다 많아질 필요가 있다고 느끼면서 생활체육이 하나의 매개체로 충분히 작용할 수 있지 않을까 생각해 본다. 서구권과 일본에서 산업화가 진전된 이후 전국민적으로 스포츠를 장려한 이유를 깊게 생각해 볼 필요가 있는 것이다.

생활체육이란

생활체육에 대한 이론적 배경[1]을 알기 위해 일본 생활체육의 역사를 살펴보면 메이지시대 말기에 사회체육이란 용어가 처음으로 쓰이기 시작했다. 니시다 다이스케西田泰介는 '주로 신체활동에 의해 사회인에게 흥미와 건강을 만족시켜줌과 동시에 생활기능과 사회성을 향상시켜 주는 조직적 교육활동'이라 정의하고 있다. 그리고 다케노시타 규조竹之下休蔵는 '사회가 구성원의 복지증진을 위하여 자발적 운동참

1 이제홍, 이혁, 문병희 공저, 『생활체육론 특강』, 대경북스, 2016.

여자를 원조하고 촉진하는 활동을 총칭하는 말'이라고 정의했다. 1975년 3월에 채택된 유럽의 '모든 사람들을 위한 스포츠Sport for All' 헌장에 따르면 취학 전 아동부터 노인에 이르기까지 모든 사람이 성별·인종·종교에 관계없이 체력향상과 건강증진을 위해 실행하는 모든 종류의 활동 및 신체운동의 총체를 스포츠로 규정해 범시민적으로 보급·발전시키는 운동을 의미한다고 했다.

여기에서 스포츠는 규칙에 따라 진행되는 경기만이 아닌 신체적·정신적·사회적 건강에 기여하는 일체의 신체운동을 포함하고 있다. 생활체육은 개인적인 측면에서 건강한 신체와 즐거운 삶을 유지해 행복한 일생을 살아갈 수 있게 돕는다. 생활체육은 그야말로 상호 신체 접촉을 통해서 서로 다른 가치관과 의식을 가지고 있는 개인과 세대를 연결해 주는 효과적인 사회적 연결망이라고 할 수 있다. 격렬한 신체 접촉, 경기규칙의 준수, 상대방에 대한 존중 등을 통하여 원만한 대인관계 형성과 상대의 입장에서 사고하는 능력을 키워 준다. 사회적 측면에서는 서로 다른 계층 간의 상호작용을 증진시켜 사회적 갈등 해소에 기여하고 사회통합기능을 제공하여 국민적 일체감을 조성한다.

이것을 현대 산업사회의 시점에서 요약하면 고도로 산업이 발달된 현대사회에서 전통적인 가족제도의 붕괴핵가족화, 세대간 갈등, 빈부격차, 환경파괴와 오염 등 사회병리 현상에 둘러싸여 생활하고 있는 현대인들이 인간소외로부터 벗어나 신체적·정신적인 건강을 유지하며 행복한 삶을 영위하기 위하여, 그리고 공동체의 안정과 사회통합을 위하여 생활체육의 필요성이 있다고 할 수 있겠다.

사람과 사람을 이어 주는 일본의 생활체육

앞서 언급한 일본의 생활체육 사례를 구체적으로 살펴보겠다. 먼저 후쿠오카시 어머니 배구연맹에 대해서는 후쿠오카시 어머니 배구연맹 홈페이지를 통해서 많은 것을 알 수 있었다. 후쿠오카시 어머니 배구연맹에는 2022년 기준 95팀 1,000여 명의 회원이 가입되어 활동하고 있다. 연맹은 1981년 2월에 설립되어 동년 5월에 전국 연맹에 가입했다. 활동 목표는 페어스포츠맨십을 몸에 익혀 건강유지에 힘쓰고, 여성과 주부, 어머니인 것을 자각하며 멋신 농료를 만드는 것으로 하고 있다. 전국 어머니 배구대회에 출전하여 2022년까지 5회 우승했고, 2005년 제36회 대회에서는 사와라 팀早良チーム이 우승했다.

후쿠오카시 어머니 배구연맹은 국내 활동에만 머물지 않고 국제교류도 중시해 1990년 부산시와 행정교류를 체결하고 첫 번째 스포츠 교류단을 파견하여 매우 의미 있는 국제교류의 장을 마련했다. 이어서 경기도 고양시와는 1997년부터 체결서를 주고받으며 매년 상호 방문과 교류를 지속하고 있다. 연맹은 후쿠오카시의 이미지를 생각해 정성을 다하여 국제교류와 우호친선을 더욱 돈독히 하고 있으며, 정부 지원에 감사한 마음으로 연맹에서 할 수 있는 일을 찾아 국제대회의 총무관계, 시티마라톤, 유니버시아드 대회 등의 협력, 그리고 1989년부터 시작된 아시아태평양 남자국제배구대회를 지원하며 아시아 각국의 사람들과의 만남을 소중히 하고 있다. 복지활동으로 1990년 후쿠오카시에서 개최된 전국체전이 끝난 다음 해부터 시각장애인 배구팀의 상대가 되어 매주 수요일 시각장애인센터에서 자원봉사 활동을 하면서 마음의 교류와 돌봄에 대한 방법을 배우고, 연 1회 연수회를 개최

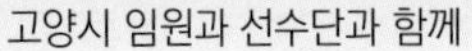
고양시 임원과 선수단과 함께

새해맞이 대회

하는 등 진지하게 임하고 있다.

두 번째 사례는 미사토시의 소년야구三郷市少年野球팀이다. 미사토시 소년야구팀은 약 50년 전에 어린이들에게 야구의 즐거움을 가르치기 위해서 어른들이 뜻을 모아 어린이 야구팀 4개를 만들었다. 초등학교 1학년부터 3학년까지 저학년 팀, 4학년부터 6학년까지 고학년 팀으로 나누어 구성했다. 당시에는 운동장이 부족해서 하천 부지나 교정에서 연습과 시합을 했다. 점차 야구 경험이 있는 아버지들의 참가가 늘어나면서 어린이 야구는 활기를 띠기 시작했고, 미사토시 전체 팀이 30개까지 늘어났다. 춘계, 하계, 추계대회로 나뉘어 열리는 시합에는 부모와 선수들이 필사적인 노력으로 경기를 펼치고 응원을 하는 등 열기가 고조된다. 각 대회에서 우승하면 다른 시의 우승팀과 토너먼트를 실시하고 최상위 팀은 간토대회에 현을 대표하여 출전하게 된다. 이와는 별도로 각 시는 대표선수를 선발하여 시 대항전을 치르는데 어린이들은 대표선수로 선발되기 위해서 더욱 연습에 매진한다. 역사적인 경기를 소개하면 2009년 와세다소년야구클럽早稲田少年野球クラブ 소속

의 6학년 여자 어린이가 미사토시의 대표선수로 선발되어 간토대회에서 우승했고, 결승전에서 노히트노런No Hit No Run의 대기록을 달성했다. 그리고 당시 스즈키 감독의 인터뷰 내용이 신문에 실리기도 하는 등 지역사회에서 큰 화제가 되었다.

보통 연습과 시합은 어른들이 쉬는 토요일과 일요일, 공휴일에 실시한다. 대부분 부모들이 와서 같이 응원하고 도시락을 먹고 선수들에게 식수를 가져다주면서 친목을 도모한다. 연습이 끝나면 어른들은 미니 연회를 열고 이웃과의 유대를 돈독히 하면서 즐겁고 의미 있는 시간을 보낸다. 원정 경기가 있을 때는 부모들이 교대로 차량을 제공하고 소풍을 겸해서 진행하여 어린이들과 커뮤니케이션하는 기회를 갖는다. 여름방학 때는 1박 2일간 합숙훈련을 실시하고 약간 먼 곳의 팀과 시합을 하고 나서 그 지역을 관광하는 등 야구 이외의 즐거운 시간도 부모들과 함께한다. 6학년이 되면 이러한 일련의 행사가 끝나고 12월에 구단을 졸업하는 '졸단식卒団式'이 열린다. 졸단식에 참가한 어린이들은 모두 그동안 구단에서 쌓은 추억과 앞으로 하고 싶은 꿈을 주제로 글을 지어 발표한다. 이때는 감독과 코치 부모들도 연습과 시합의 추억을 떠올리며 눈물을 흘린다. 현재는 저출산으로 학령인구가 감소하여 미사토시 전체를 보면 15개 팀이, 와세다 지역은 저학년과 고학년 각각 1개 팀만이 운영되고 있는 실정이다.

생활체육이란 학교에서 하는 체육활동을 제외한 신체활동이다. 즉, 요람에서 무덤까지 모든 사람이 성별·인종·종교에 관계없이 체력향상과 건강증진을 위해 실행하는 모든 종류의 활동 및 신체운동의 총체, 나아가 이를 범시민적으로 보급·발전시키는 운동을 의미한다. 또한 생활체육이 추구하는 목표는 개인이 건강한 육체를 만들어 행복한

도쿄신문과의 인터뷰

출처: 스즈키 씨 제공

삶을 살아갈 수 있도록 돕는 것, 사회적으로는 고도로 산업이 발달된 현대사회에서 다양한 사회문제와 병리현상을 겪고 있는 현대인들이 인간소외로부터 벗어나 몸과 마음의 건강을 챙겨 공동체의 안정과 사회통합에 기여할 수 있도록 돕는 것이다. 일본 생활체육의 역사를 보면 산업사회가 태동한 메이지 말기에 사회체육이라는 용어가 등장한다. 이후 스포츠를 국민에게 널리 보급한다는 취지로 1961년 6월 16일에는 스포츠진흥법이 제정되었다. 그리고 1964년 도쿄올림픽 이후 경제적인 여건이 향상되면서 생활체육이 본격화되고 정부와 민간단체가 국가적 목표달성을 위해 조직적으로 '모든 사람들을 위한 스포츠'를 추진해 왔다. 후쿠오카시 어머니 배구연맹과 미사토시 소년야구팀은 일본의 생활체육을 이해하는 데 도움이 되는 대표적인 사례이다. 일본 생활체육의 역사는 깊기 때문에 저변이 얼마나 탄탄한지는 미루어 짐작할 수 있을 것이다. 아울러 일본의 생활체육 이야기를 통해 우리나라의 생활체육이 어느 수준에 있는지도 함께 생각해 보는 기회가 되었으면 한다.

사회병리 현상을 일으키고 있는 요인은 복합적이기 때문에 어느 한 요인이 해결되었다고 해서 쉽게 치유된다고 할 수는 없다. 하지만 조금이라도 사회병리 현상을 해소하는 데 도움이 된다면 무엇이라도 시도하는 것이 더 나은 삶을 이루는 데 필요한 자세라고 생각한다. 경제가 발전하고 국민의 생활의식이 변함에 따라 많은 스포츠 동호회가 생겨나고 다양한 운동을 즐기는 사람들이 늘어나고 있다. 우리나라에서도 생활체육이 민관협력을 바탕으로 보다 미래지향적으로 발전하여 신체적인 건강은 물론 사회적인 긴장을 해소하고 지역공동체의 안정과 사회통합을 이루게 하여 모든 국민이 행복한 삶을 영위하는 데 도움이 되길 기대해 본다.

일본인들의 필수품

두영임(캐나다 주재 일본어 전문가)

한국인들이 자주 쓰는 소품은 어떤 것이 있을까? 최근 여름에는 대다수가 손 선풍기를 애용하는 것을 볼 수 있는데 몇 년 전까지만 해도 부채가 대부분이었다. 또한 겨울 하면 떠오르는 것이 패딩인데 길이나 스타일 등의 트렌드가 정말 변화무쌍하다. 우리나라의 경우 이런 소품들이 매우 빠른 속도로 대체된다. 그렇다면 일본 사람들이 쓰는 소품은 어떤 것이 있으며 한국의 것들과는 어떤 차이점이 있는지 살펴보도록 하자.

손수건

몇 년간의 일본생활 후 한국에 돌아왔을 때 캐리어 안에는 지인들에게 받은 손수건 선물이 가득 있었다. 특별한 날이나 뭔가 축하할 일이 있을 때 받았던 손수건들이다. 그만큼 일본에서 손수건은 일반적인 선물이며 많이 사용됨을 알 수 있다. 한국에서는 아기들의 가제 손수건, 옛날 할아버지의 양복바지 속의 손수건이나 할머니들이 사용하는 손수건 정도만 그려질 뿐 그 외에 보통은 손수건을 잘 사용하지 않는다. 하지만 일본에서는 남녀노소 불구하고 가방 안에 손수건을 하나씩 가지고 다니는 모습을 볼 수 있을 만큼 일본에서 손수건은 모두의 필수품인 것이다. 일본에서 손수건이란 어떠한 것인지 알아보자.

● 손수건의 용도

1. 화장실에서 손을 씻은 후 닦는다.
2. 식사를 할 때 무릎 위에 깔아 놓는다.
3. 덥고 습한 날씨에 땀을 닦는다.
4. 일할 때 두건으로 사용한다.
5. 물건을 싸는 용도로 사용한다.

일본에서 손수건이란 빼 놓을 수 없는 필수품이기에 혹시라도 빼먹고 외출한 날에는 백화점이나 편의점에 들러 살 정도이다. 또한 손수건을 소지하고 다니는 것이 하나의 매너로 자리 잡았기 때문에 일본인들에게는 빠질 수 없는 1인 1아이템인 것이다.

일본도 우리나라처럼 백화점이나 공공 화장실에서 손을 말리는 건조기와 일회용 타월이 있어 그것을 사용하기도 하지만 본인이 소지한 손수건을 사용하는 경우가 여전히 많다. 일회용 타월은 쓰레기를 줄이기 위해 금지된 곳이 많으며 요즘과 같은 코로나19 기간에는 감염을 막기 위해 건조기를 사용하지 못하면서 대부분 손수건을 사용한다. 이런 경우 한국인이라면 손수건을 소지하더라도 그냥 손을 툭툭 털고 옷에 닦으면 된다고 생각할 것이다. 하지만 일본에서 손수건은 어린 시절 유치원에 다닐 때부터 챙기는데 이는 습관이 되어 성인이 되어서도 당연히 가지고 다니게 되는 것이다. 손수건의 실질적인 사용은 예전에 비해 많이 줄었지만 여전히 손수건은 매너로서 대부분이 소지하며 식사를 할 때 무릎 위에 깔거나 입을 닦을 때 사용하는 등 여러 가지로 쓰임새가 많다. 남자들의 경우 더운 여름날 손수건을 꺼내어 땀을 닦는 모습을 쉽게 볼 수 있는데 특히 야구선수 사이토 유키가 와세다 실업고교시절 고시엔에서 항상 손수건으로 땀을 닦는 모습이 화제가 되어 '손수건 왕자'라는 타이틀을 얻은 것을 보면 남자들에게도 손수건은 필수품임을 알 수 있다.

손수건 종류

● 데누구이 手ぬぐい

무명천 소재의 직사각형 모양으로 오래전 제의식에 사용했던 천이며 가마쿠라시대 1180년대 부터 조금씩 일반인에게 알려졌다. 에도시대에 비단이 아닌 천으로 기모노를 만들면서 목화 재배가 늘었는데 이때부터 자투리 천을 사용한 데누구이도 많은 사람들이 사용하게 되었다. 데누구이는 길이가 넓이의 세 배 정도가 되기 때문에 다양한 용도로 사용할 수 있다. 먼저 데누구이 手ぬぐい 는 말 그대로 닦기 위해 사용하는데 손을 씻고 물기를 닦거나 부엌에서 식기를 닦을 때, 물수건으로도 사용하며 식탁 매트나 수저 받침대 등으로 사용하기도 한다. 또한 와인을 감싸거나 가게 입구의 가림막으로 사용하기도 하며, 일식당에 가면 "이랏샤이마세!" 하며 우렁차게 인사하는 직원들의 머리에 둘러진 데누구이를 볼 수 있듯 일할 때 머리에 둘러 두건으로 사용하기도 한다.

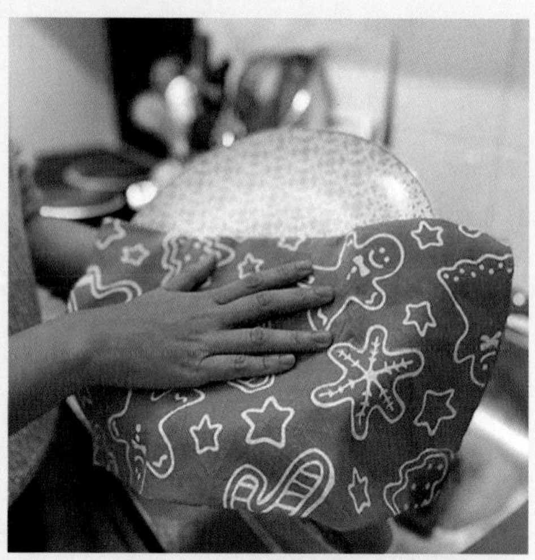

쓰임새가 다양한 데누구이

출처: 데누구이 아트창 공식 사이트(手ぬぐいアート蒼公式サイト)

● 후로시키 風呂敷

후로시키는 말 그대로 목욕하고 난 젖은 물건을 챙기는 데 쓰기 시작한 것으로, 에도시대 공중목욕탕의 보급과 함께 서민에게도 널리 퍼져 나갔다. 또 상인들이 사용하면서 그 용도도 다양해졌다. 너비가 50~100cm인 정사각형으로 소재는 천, 비단, 레이온 등 다양하며 가방이나 수저를 꽂는 냅킨, 물건을 포장하는 등 다양한 용도로 사용된다.

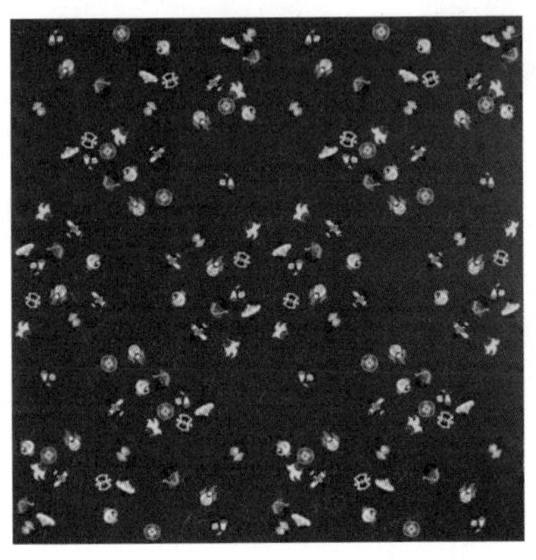

후로시키의 모습

출처: 에이라쿠야 공식 사이트(永楽屋公式オンラインショップ)

● 한카치ハンカチ

한국에서 쓰이는 일반적인 손수건을 일본에서는 한카치ハンカチ라고 부르는데 메이지시대1867~1912년에 서양문물이 들어오면서 손수건 문화가 퍼졌다. 손수건은 전통적으로 데누구이, 후로시키가 있었기 때문에 모두가 자연스럽게 사용하게 된 것으로 보인다. 일본 손수건은 한국과는 다르게 남녀노소 모두 일반적으로 사용하며 그 수요가

많기 때문에 명품 브랜드의 라이센스를 가져와 자체 제작을 하기도 한다. 이러한 이유로 일본 백화점에 가면 명품 브랜드의 손수건을 많이 볼 수 있는데 다른 나라 백화점에서는 없는 경우가 많아 여행객들이 방문 기념으로 많이 구입한다.

다양한 디자인의 손수건

출처: shopping.yahoo.co.jp

동전 지갑小銭入れ

일본에서 며칠 지내 보면 지갑이 동전으로 가득 찬다. 한국에서는 몇 백 원도 카드를 사용하여 지불하기 때문에 현금을 사용할 일이 거의 없지만 일본에서는 아직까지도 현금을 많이 사용하고 있기 때문이다. 일본도 카드와 전자화폐 사용으로 예전에 비하면 현금의 사용이 감소하기는 했지만 아직 한국만큼 일반화되어 있지 않기 때문에 동전을 수납하기 위한 동전 지갑이 필수품으로 자리매김한 것이다. 우리나라에서는 거의 쓰이지 않는 일본의 동전 지갑 문화에 대해 알아보자.

한국과 일본의 대략적인 환율을 1:10으로 잡았을 때 한국 돈으로

5천원 정도인 5백엔까지는 동전이다. 소비세 때문에 현금으로 물건을 구입할 경우 1엔, 5엔, 10엔, 50엔, 100엔, 500엔까지 거스름돈으로 자주 사용하게 된다. 하지만 자칫 잘못하면 동전이 너무 늘어나서 동전 지갑이 아령처럼 무거워지는 경우도 있어서 일본에서는 사람들이 가게에서 현금으로 계산할 때 동전을 잘 사용하여 쌓이지 않게 하는 노하우를 갖고 있다. 예를 들면 물건값이 '741엔'이라고 할 때 1,000엔짜리 지폐를 내면 거스름돈은 259엔이다. 이걸 그대로 받으면 100엔짜리 2개, 10엔짜리 5개, 5엔짜리 1개, 1엔짜리 4개 총 동전 12개가 생긴다. 이때 1,000엔짜리와 함께 갖고 있던 동전 41엔을 함께 내서 259엔이 아닌 300엔 100엔짜리 3개 을 받는 요령으로 지갑을 가볍게 하는 것이다. 동전이 모자라서 지폐를 깨야 하는 상황에서도 갖고 있는 동전을 최대한 잘 활용하여 거스름돈을 줄이는 방법이다.

일본에서는 불과 몇 년 전까지만 해도 편의점, 백화점, 큰 할인점 외의 슈퍼, 음식점 등에서는 대부분 카드가 아닌 현금을 사용해야 했다. 캐시리스 결제가 요즘은 일본에서도 많이 대중화되고 있지만 아직도 현금의 사용률이 여타 국가들에 비해 높은 편이다. 노인들은 스마트폰을 갖고 있지 않거나 카드 자체를 사용하지 않는 경우가 많아서 현금 사용이 여전히 필요한 데다가 보통 가게들은 신용카드 가맹 수수료율이 1%~5%로 한국의 0.5%~2%에 비해 높은 편이며 업종에 따라서는 8%가 되는 경우도 있어 현금을 선호하는 가게들이 여전히 많다. 현금 자체를 귀찮게 여기고 카드를 주로 사용하는 한국인에게 동전 사용이란 여간 귀찮은 일이 아닐 수 없을 테지만 일본에서는 IT화가 늦어져 캐시리스 결제 시스템에 대한 사람들의 신뢰도나 인지도가 아직 부족하기 때문에 전자화폐의 사용이 다소 늦어지는 측면이 있다.

코로나19로 사람과의 접촉을 줄이기 위해 겨우 일본도 캐시리스 결제가 늘어나고 있지만 여전히 현금을 쓰는 사람들이 많이 감소하지 않는 추세이다. 실제로 일본의 경제 산업성조사에서 각국의 무현금결제 비율을 보면 한국96.4%, 중국60%, 싱가포르58.8%, 일본19.8%로 일본이 현저히 낮은 비율임을 알 수 있다. 일본 정부는 2027년까지 단계적으로 캐시리스 결제 비율을 대폭 상승시키겠다는 계획을 가지고 있다. 그도 그럴 것이 당장 2025년 오사카 만국 박람회 때 많은 외국인들이 일본을 방문할 예정인데 방문객들을 맞이하기 위해서는 캐시리스 결제의 대중화가 꼭 필요하기 때문이다. 작년 도쿄 올림픽 때는 캐시리스 결제가 안 돼서 입은 손실이 무려 1조 2000억 엔이라고 한다. 이러한 경제적 손실도 문제이지만 일본은 카드 결제도 안 되는 후진국이라는 이미지를 심어 주지 않기 위해서라도 캐시리스의 대중화가 하루 빨리 이루어지는 것이 당면한 과제이다.

일본에서 현금을 많이 사용하고 동전의 사용도 많기 때문에 동전 지갑을 많이 사용하고 있으며 종류도 다양하다. 우리나라처럼 일반적인 형태의 지갑에 동전을 넣을 수 있는 포켓이 붙어 있는 것도 있지만 동전 몇 개만 들어가도 지갑이 빵빵해지기 때문에 동전 지갑을 따로 사용하는 사람들이 많다. 특히 가방을 갖고 다니지 않는 남성이 동전 지갑을 따로 사용하는 일이 많다. 한국에서도 일본 여행을 다녀 본 사람은 일본에서 동전이 많이 사용됨을 알기 때문에 가기 전에 미리 여행 필수템으로 동전 지갑을 준비해 가기도 한다.

일본의 동전 지갑은 여러 가지 종류가 있는데 보통은 동전만 넣는 형태가 많지만 카드나 지폐도 함께 넣을 수 있는 지갑들도 많이 사용되고 있다.

다양한 형태의 동전 지갑

출처: shopping.yahoo.co.jp

요즘에는 동전을 종류별로 정리하여 넣을 수 있는 코인캐처コインキャッチャー를 사용하기도 하는데 이는 지갑에서 한참 동안 동전을 찾아야 할 시간을 절약해 주는 장점이 있다. 또한 손으로 동전을 빼내기 전에는 빠지지 않는 구조로 안정적이다. 보통 10엔, 50엔, 100엔, 500엔을 넣고 작은 포켓 부분에 1엔과 5엔을 넣도록 되어 있다. 사실 코인캐처는 1970~1980년대에 유행했던 것인데 요즘 젊은 사람들이 다시 애용하고 있다. 보통의 동전 지갑에서 여러 가지 종류의 동전이 섞여서 뒤적뒤적하는 것보다는 필요한 동전을 빨리 빼내어 쓸 수 있기 때문에 뒷사람이 줄을 길게 서 있는 곳에서 계산할 때 특히 유리하다.

사실 동전 지갑을 따로 챙겨 다니는 것은 불편한 일이 아닐 수 없다. 하지만 현금을 사용하면 동전이 계속 생겨 나기 때문에 일본에서 동전 지갑은 동전을 많이 사용하는 한 필수품의 자리를 벗어날 수 없을 것이다.

2

다르게 보이는 일본의 역사와 정치

샌프란시스코 강화조약 발효 70년의 단상 / 한중일의 갈림길, 나가사키
도쿄 지명 이야기 / 일본 정치를 보는 다른 눈 / 노몬한 전쟁, 태평양전쟁의 축소판
일본의 개항과 에도 막부의 멸망 / 태평양전쟁 말기 일본 아이들의 피란 생활

샌프란시스코 강화조약 발효 70년의 단상

강상규(한국방송통신대학교 일본학과 교수)

낯설게 다가온 '전후 국제질서'

2018년 11월 일본 외무성은 1951년 일본의 샌프란시스코 평화조약 San Francisco Peace Treaty, 이하 강화조약 혹은 샌프란시스코 강화조약으로 표기과 1965년 한일청구권협정 제2조 1항과 3항을 제시하면서, 한국 대법원의 동년 10월 30일의 '강제동원 피해자들의 위자료 청구권 인정과 보상금 지급 판결'이 명백하게 이를 위반한 것이라고 문제 삼았다. 아울러 한국 대법원의 '2018년 10월 30일 판결'이 "한일관계의 법적 기반을 전복할 뿐만 아니라 전후 국제질서에 대한 중대한 도전"이라며 엄중히 항의했다.

당시 이와 관련된 뉴스를 접하고 당황했던 기억이 선명하다. '전후 국제질서'라면 내게 즉각 떠오르는 이미지가 세계적인 차원에서 진행된 '냉전' 때문이어서였을까? 일본 정부가 말하는 '전후 국제질서'가 무엇을 지칭하는 것인지, 그리고 70여 년 전의 샌프란시스코 강화조약 체결이 이른바 '전후 국제질서'와 대체 어떻게 관련되는지 잘 이해되지 않았기 때문이다.

동아시아의 근대에는 엄청난 충격으로 다가온 저마다의 사건들이 밤하늘의 별만큼이나 많다. 그래서 사건들 하나하나가 유령처럼 떠다니기는 하지만 맥락 없이 뒤섞여 있는 경우가 허다하다. 그런 점에서 샌프란시스코 강화조약 역시 크게 다르지 않다. 이 조약의 의미는 물론 그 존재 자체를 대개는 잘 알지 못하며 별로 배워 본 적도 없는 듯하다. 그러니 일본 정부가 '전후 국제질서' 운운하면서 샌프란시스코 강화조약을 거론하는 행위에 뜨악할 수밖에 없는 것이다.

동아시아 '두 시대'의 매개고리 샌프란시스코 전후 처리 조약

동아시아의 근대에는 거대한 전환의 시점과 몇 번의 '결정적인 순간들'이 존재한다. 우선 아편전쟁과 '서양의 충격'으로 대변되는 위기의 시대는 백여 년의 시간이 지나 인류 미증유의 '양차 세계대전'과 제국 일본의 '아시아 태평양전쟁'의 패배로 막을 내린 바 있다. 이후 동아시아 국가들은 전 지구적인 차원에서 반세기 가깝게 펼쳐진 '차가운 전쟁' 곧 '냉전'의 영향권 아래에서 '근대 따라잡기'에 전력을 기울이며 파란만장한 저마다의 길로 들어섰다.

이처럼 '근대 동아시아 역사'로부터 '전후 동아시아'라고 하는 서로 다른 '두 시대'를 국제적인 차원에서 연결하는 핵심적인 매개고리 역할을 한 것 중의 하나가 바로 샌프란시스코 강화조약이라는 사실에 주목할 필요가 있다. '대일 평화조약Treaty of Peace with Japan'이라고도 불리는 샌프란시스코 강화조약은 제국 일본의 패전을 마무리하기 위해 다자간에 성립한 전후 처리 조약이라는 점에서 '제국 일본의 해체를 국제적으로 선언하는 조약'이었다. 일본 입장에서는 주권국가로서 다시금 국제무대에 등장하는 것을 48개국으로부터 승인받은 기념비적인 조약이기도 하다.

과거 제국 일본이 서양 제국주의로부터 아시아 국가의 해방을 주장하는 대항논리를 펼치면서 동아시아와 아시아태평양 국가들을 점령하고 겁박하다 패전을 맞이하게 되었다는 점을 상기해 보면, 일본에 대한 전후처리 조약인 샌프란시스코 강화조약이 '전후 동아시아와 아시아 태평양 지역 전후질서의 기본 틀'이 되는 경위도 어느 정도 납득이 간다.

그런데 이렇듯 강화조약의 의미를 파악하면 질문이 꼬리를 문다. 샌프란시스코 강화조약이 '제국 일본의 해체를 국제적으로 선언'하는 것이며 '전후 동아시아 국제질서의 기본 틀'의 역할을 담고 있다면, 이처럼 역사적 차원에서나 현재적 차원에서 획기적인 의미를 지닌 사건이 왜 정작 동아시아인들 모두에게 충분히 인식되거나 공감되지 못한 것일까?

샌프란시스코 강화조약 살펴보기

1951년 9월 4일부터 5일간 미국의 샌프란시스코에서 아시아 태평양전쟁의 전후 처리를 위한 국제회의가 52개국이 참가한 가운데 열렸다. 그런데 강화회담에는 일본의 침략에 가장 큰 피해를 입은 한국이나 중국 측 자리가 마련되지 않았다. 중국은 대만과 대륙 본토로 분리되어 대표성의 논란이 일었고, 한국은 일본과 전쟁을 수행한 것이 아니라 일본의 식민지였다는 이유로 배제당한 것이다. 1951년 9월 8일 체결된 강화조약에는 일본을 포함하여 49개국이 조인했으며, 소련을 비롯하여 폴란드와 체코슬로바키아는 서명을 거부했다. 그리고 강화조약 체결 후 바로 미·일 양국 간에 별도의 공간에서 '미일동맹'이

샌프란시스코 강화조약에 서명하고 있는 일본측 대표 요시다 시게루 총리

맺어졌다. 샌프란시스코 강화조약은 1952년 4월 28일 발효되었고, 이로써 미국의 일본점령이 종결되고 일본은 '평화헌법'과 '미일동맹' 체제를 근간으로 하는 주권국가로서 국제사회에 등장하게 된다.

샌프란시스코 강화조약은 평화 조항, 영토 조항, 안전 조항, 정치 및 경제 조항, 청구권 및 재산 조항, 분쟁 해결 조항, 최종 조항이라는 총 7개 장과 27개 세부 조항으로 구성되어 있다. 샌프란시스코 강화조약은 승전국과 패전국의 강화조약이어야 했지만, 실제로는 승전국인 미·소·영·중 가운데 미국의 이해를 중심으로 체결된 냉전과 반공 이념에 기반한 전후처리조약이었다. 이는 일본에게는 매우 '관대한 평화조약'으로서 일본의 주권회복, 경제발전의 토대가 되었으나, 일본 내부적으로 전쟁 책임, 식민지 책임 등에 대한 국내적·국제적 성찰과 반성의 계기를 생략하게 만들었을 뿐만 아니라 오늘날까지도 일본의 주권이 미국에 의해 심각하게 구속받는 결과로 이어지게 했다.

강화조약은 미국 중심의 일극적 강화조약이 다국적 합의로 포장된 형식을 취하고 있었다. 미국은 강화조약 추진과정에서 미국의 핵심 이익을 반영하는 데 우선순위를 두었으며, 미일 안보조약을 계기로 미국 중심의 안보조약, 군사동맹을 구축해 나갔다. 한편 강화조약을 통해 미국, 영국, 프랑스 등 핵심국가는 배상권을 포기했고, 배상은 아시아 태평양전쟁기 일본이 점령했던 일부 동남아시아 국가미얀마, 필리핀, 인도네시아, 남베트남에 한정되어 이루어졌다. 미국은 강화조약에서 일본의 전략적 위치를 재규정하고 일본이 점령했던 영토를 모호하게 처리함으로써 동아시아의 갈등과 역내 분쟁 요인을 남겨 놓았다. 이러한 애매모호한 처리방식은 이후 동아시아 지역 내 국가 간 협력에 중요한 장애요인으로 작용하며 자연스럽게 미국의 영향력과 전략적 위상을 지속적으로 강화시켜 주는 역할을 했다.

동아시아에 대한 '기억'과 '책임', '연대'가 배제된 강화조약

샌프란시스코 강화조약의 특징을 꼼꼼하게 살펴보면 냉전의 형성과 소련의 핵 개발, 중국의 공산화, 한국전쟁이라는 국제전의 발발 등으로 인해 아시아 태평양전쟁의 적대관계를 청산하는 것보다는 사실상 미국에게 유리한 전후 냉전질서를 세우는 것으로 강화조약 체결의 목표가 전환되었음을 알 수 있다. 강화조약은 '대일 평화조약'이라는 명목하에 제국 일본의 식민지 문제, 식민지 체제의 청산에 관해서는 철저히 외면하는 태도를 취한다. 강화조약은 '동아시아를 철저히 타자화하고 배제'하면서 오히려 패전국 일본의 전후처리와 향후 연합국과의 관계 설정에만 관심을 기울였던 것이다.

이렇게 일본은 평화를 회복하고 주권을 되찾지만, 동아시아 국가들과 화해할 기회를 만들려고 하거나 희망하지 않았다. 불행했던 과거의 진실을 살피고 '기억'하거나 '책임'지려는 고민 따위로 머뭇거리지도 않았다. 이는 서양의 충격 앞에서 일찍이 '아시아와의 절교'를 선언한 일본의 대표적 사상가 후쿠자와 유키치福澤諭吉, 1835~1901를 연상케 한다. 일본을 서양 국가의 일원으로 자리매김하고 주변 국가를 멸시하고 억압한 논리가 패전 후의 상황에서도 동일하게 반복되어 나타나기 때문이다.

요컨대 샌프란시스코 강화조약은 '전후 국제질서' 그중에서도 특히 '전후 동아시아 국제질서'를 규정하는 기본 틀을 담고 있다는 점에서 매우 중요한 의미를 갖고 있다. 하지만 그럼에도 불구하고 정작 동아시아에서 공감을 얻지 못했다. 여기에는 '서양 제국주의의 위력 앞에서 스스로를 아시아에서 분리시켜 두고 스스로 아시아를 억압했던' 제국 일본의 과거 행보에 대해 일본이 직시하려 하지 않고 책임 있는 대응을 외면하는 문제, 그리고 미국이 이를 옹호하며 전략적으로 지지했다는 '불편한 진실'이 자리하고 있다. 그리고 '동아시아를 타자화하고 배제'하면서 만들어진 샌프란시스코 강화조약이 전후 동아시아 국제질서의 틀이 되었다는 것은 그만큼 동아시아의 근대가 근원적으로 심각하게 뒤틀려 있음을 명료하게 보여 준다고 할 것이다.

영화 〈밀양〉과 '용서'의 당사자

샌프란시스코 강화조약의 과정과 내용에 담긴 '뒤틀림'과 '불편한 진실'을 마주하면 떠오르는 영화가 한 편 있다. 이창동 감독의 〈밀양〉

영화 〈밀양〉의 포스터

2007이다. 이 영화의 주인공 신애는 남편과 사별한 후 혼자서 아들 준이를 키우다 남편의 고향인 밀양에 내려가 새로 정착한다. 그런데 그곳에서 하나밖에 없는 아들이 유괴되어 살해당하는 고통스러운 상황에 직면한다. 이후 살인범은 체포되어 수감되었고 신애는 힘겨운 시간을 겪다가 신앙에 몰입하며 삶을 추슬러 가려고 안간힘을 쓰게 된다. 억지로라도 마음의 평화를 얻으려고 애쓰던 신애는 어떤 식으로든 죄인을 용서해야 한다는 생각에 어렵게 교도소로 찾아간다.

가해자와 마주한 신애가 '하나님의 사랑으로 당신을 용서하려고 이곳을 찾았다'는 말을 꺼내자 범인은 신애의 얼굴을 물끄러미 쳐다보면서 기다렸다는 듯이 말한다. "정말 고맙습니다. 저도 이곳에 들어와서 고통스러워하다 하나님을 가슴으로 받아들이게 되었습니다. 하나님은 저의 죄를 모두 용서해 주셨고 저도 평화를 얻었지요. 준이 어머니가 하나님을 받아들이셨다니 얼마나 감사한 일인지요. 하나님이 제 기도를 들어 주셨네요." 가해자는 담담하면서도 확신에 찬 모습이었다. 마치 '자신이 한때 죄인이었으나 신에게 매달려 용서를 받음으로써 평화를 얻었으니, 이미 모든 것이 해결되었다'는 듯한 느낌이었다.

순간 당황하고 말문이 막힌 신애는 교도소 밖으로 나와 혼절하고 만다. 피해자는 아직 용서와 화해를 이야기할 겨를도 없었는데, 가해자는 용서받았으며 모든 문제는 종결되었다는 분위기다. 이후 신애는 절규한다. "내가 그 인간을 용서하기 전에 어떻게 하나님이 그를 먼저 용서할 수 있나요?!" 영화 〈밀양〉은 피해자의 고통이나 절규를 외면하고 진실을 마주하지 않는 문제해결 방식이 얼마나 부조리하며 폭력적일 수 있는지를 아프게 전해 준다.

21세기 일본의 동아시아 회귀라는 과제 앞에서

샌프란시스코 강화조약 이후 미국은 일본 이외에도 한국, 대만, 호주, 뉴질랜드 등의 국가와 양자 안보조약을 통해 밀도 높은 공식적 양자안보동맹 네트워크를 형성해 가면서 이른바 '샌프란시스코 체제San Francisco system'라는 견고한 안보 메커니즘을 구축해 왔다. 샌프란시스코 체제는 중국의 G2국가로의 부상과 미·중 간의 갈등 확산, 북한의 핵과 미사일 개발 등으로 인한 동아시아 국가 간 안보딜레마의 악순환, 후쿠시마 원전사고 이후 고질적인 일본의 무기력 증세, 한층 확산되어 가는 배타적 애국주의와 타국에 대한 혐오감 등으로 대변되는 21세기 동아시아의 불안한 국제 정세하에서, 관성적으로 구조적 구속력을 발휘할 소지가 더욱 커질 수 있다. 하지만 샌프란시스코 체제가 동아시아의 뒤틀린 상황을 앞으로도 지속해서 관리해 줄 것이라고 기대하기는 어려우며 바람직하지도 않다. 평화조약에 담겨 있는 반공주의, 식민주의, 국가중심적 발상은 당장은 작동하더라도 장기적으로는 동아시아 지역 내의 변동을 미래지향적인 차원에서 담아낼 수 없기 때문이다.

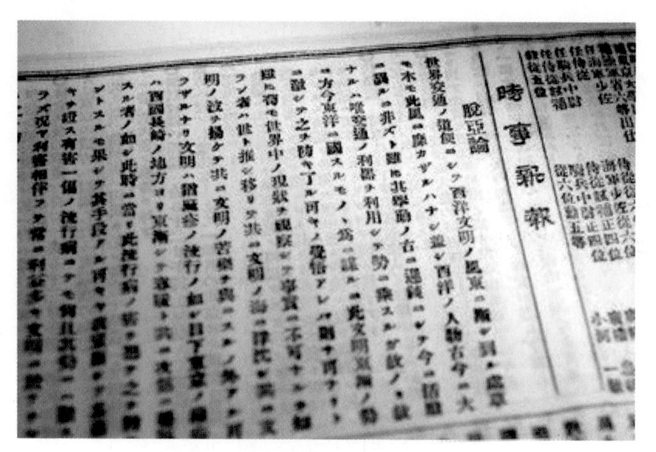

時事新報

脫亞論

1885년 일본의 탈아론이 게재된 신보

최근 일본 전문가 태가트 머피 R. Taggart Murphy는 《일본의 굴레 Japan and the Shackles of the Past》라는 저작을 통해, "근대 일본의 원죄는 스스로를 아시아에서 분리시키려고 했다."라는 점에서 비롯되며, "일본의 미래를 생각하면 일본이 다시 아시아의 일원이 될 수 있는가라는 질문보다 더 중요한 질문은 없다."라고 지적한 바 있다. 그는 "일본의 운명이 아시아 지역의 운명과 밀접하게 얽혀 있다는 사실을 직시할 수 있어야 하며, 그러려면 일본이 이웃 국가들로부터 아시아의 일원으로 인정받은 후에야 가능하다."라고 말한다.

일본은 과연 다시 아시아의 일원이 될 수 있을까? 주변 국가들은 아시아의 신뢰 가능한 일원으로 일본을 진심으로 받아들일 수 있을 것인가? 일본이 조약이 발효된 지 70년이 지난 지금이라도 샌프란시스코 강화조약을 새로운 눈으로 성찰해야 하는 이유일 것이다.

한중일의 갈림길, 나가사키

서현섭(나가사키 현립대학 명예교수)

1984년 9월 한국 국가원수로는 처음으로 일본을 공식 방문한 전두환 대통령을 위한 공식 만찬회가 일본에서 열렸다. 만찬회에서 쇼와 천황은 "우리나라는 귀국과의 교류로 많은 것을 배웠습니다. 예를 들면 기원 6~7세기 무렵 우리나라의 국가 형성기에는 많은 귀국 사람이 건너와 우리나라 사람들에게 학문, 문화, 기술 등을 가르쳐 주었다는 중요한 사실이 있습니다."라고 언급했다.

일본 천황이 말한 대로 일본 고대 국가가 형성되는 과정에서 조선은 '스승'과 비슷한 역할을 했다. 그런데 19세기 들어 일본이 조선과는 다르게 군사적으로 부강해진 것은 어떤 이유일까? 메이지유신1868 이후 일본이 재빠르게 근대국가에 걸맞게 체제를 정비하고 서구의 군사 기술 등을 도입해서 제국주의의 길을 가게 되었다는 답이 일반적으로 나올 것이다. 그러나 일본이 단기간에 비약적인 발전을 이룬 것은 군사력 이외의 다른 요인도 있는 것이 아닐까 하는 소박한 의문을 오랫동안 품었다.

17세기 일본의 선택

그 의문에 대한 답을 나가사키에서 찾아보고자 했다. 일본의 역사 흐름에서 두드러지는 특징 가운데 하나가 해바라기가 태양을 쫓아가는 것처럼 주류를 추종하는 성향이다. 정통과 이단을 구별하지 않고 당대의 가장 선진화된 주류 문명, 즉 문명의 태양을 추종하는 성향이 있다. 17세기 중엽 포르투갈, 네덜란드, 영국 등과 접촉하기 이전에는 일본도 조선과 마찬가지로 중국 문명을 당대 최고의 문명으로 인식하며 중국 문명을 열심히 받아들였다. 그러나 일본은 소중화를 자처하는 조선과는 달리 중국 문명을 선택적이고 단속적으로 받아들였다.

이런 가치관의 차이가 극명하게 드러난 것이 네덜란드 선박의 표류 사건이다. 1600년 4월 규슈의 오이타에 네덜란드 선박 리프데Liefde, 자애호가 표류했다. 당시의 실력자 도쿠가와 이에야스는 6주간에 걸쳐 직접 영국인 항해장 윌리엄 애덤스와 네덜란드인 항해사 얀 요스텐을 수차례 심문한 후에 외교, 통상 고문으로 중용했다.

한편, 조선에서는 1653년 제주도에 표착한 헨드릭 하멜1630~1690 등 18명의 네덜란드인을 격리시키는 데 급급했다. 하멜 일행이 나가사키로 도주한 후 조선에 남아 있는 네덜란드인의 송환 요청을 받고서야 조선은 하멜 일행의 국적이 네덜란드라는 것을 알았을 정도였다. 십 년 이상 조선에 체류하고 있던 16명의 네덜란드인들로부터 네덜란드어를 익혀 항해술을 배우겠다고 나선 괴짜가 있었더라면, 아니 그러한 괴짜를 받아들일 수 있는 지적 풍토가 있었다면 조선은 다른 운명을 맞이했을지도 모른다. 아니 조선의 운명이 바뀌었을 것이다. 당시 조선의 지배층은 오로지 중화 문명 일변도로 치달았기 때문에 서세동

점 西勢東漸, 서양이 동양을 지배 의 변혁기에 제대로 대응하지 못했던 것이 아닐까 한다.

네덜란드인을 대하던 조선과 일본의 태도 차이는 근대화 추진 과정에서도 그대로 반복되었다. 1634년 일본은 나가사키 앞바다에 5,000평쯤 되는 데지마 出島 라는 인공섬을 만들었다. 처음에는 포르투갈 상인들을 이곳에 머물게 했으나 포르투갈선 도항 금지 이후에는 히라도에 있던 네덜란드인을 이주시켜 상인이 묵는 여관인 상관 商館 을 설치하도록 했다. 1641년부터 폐관된 1859년까지 데지마 상관은 200여 년 동안 일본의 근대화를 촉진한 '난학 蘭学'의 본거지가 되었다. 난학이란 에도시대 1603~1867 에 네덜란드어를 통해 들여온 서양의 학술, 문화를 연구하는 학문의 총칭으로 나가사키가 그 중심지였다.

신지식인 나가사키에 모여들다

18세기 중엽부터 메이지유신에 이르기까지 1,000명에 달하는 야심찬 젊은이들이 난학의 메카인 나가사키로 몰려와 신지식과 신기술을 열심히 익혔다. 우리에게도 널리 알려진 사이고 다카모리, 후쿠자와 유키치, 이토 히로부미 등이 나가사키에서 세계 속의 일본을 고민했다. 나가사키에 와서 영어와 인연을 맺은 것이 계기가 되어 영국에 유학한 후 메이지 정부에서 외국 관련 업무를 맡게 된 이토 히로부미는 보잘것없는 가문 출신이었으나 발 빠르게 출세했다. 그리고 마침내는 1885년 일본의 초대 총리로 비상했다.

일본은 쇄국을 표방하면서도 데지마 상관을 통해 국제정세 변화를 탐지하고 천문, 지리, 의학, 군사 등의 서양 학문을 수입하여 배우고 익혔다. 이러한 과정을 통해 일본은 중화문명을 유일한 존재가 아닌 상대적인 존재로 인식하고 메이지 유신으로 상징되는 근대화의 길을 모색할 수 있었다. 반면에 중화사상이라는 문화적 편식에 빠져 있는 조선으로서는 데지마와 같은 서양을 향한 통풍구를 아예 가지려고 하지 않았다. 그 결과는 역사가 보여 주고 있다.

1771년 3월 4일은 난학에게 기념비적인 날이다. 스기타 겐파쿠 등 3명의 의사가 독일인 아담 쿨무즈의 《해부도보 解剖圖譜, Anatomische Tabellen》의 네덜란드어 번역본 《타헤르아나토미아》를 손에 들고 사형수의 시체 해부를 지켜보면서 번역본의 정확도에 놀라 벌린 입을 다물지 못하고 있었다. 폐와 간의 구조, 위장의 위치와 형태가 그때까지 주로 참고하던 중국 의서와 다르다는 것을 알았다. 오랜 의문이 풀리는 순간이자 한방 漢方 과의 결별을 고하는 날이기도 했다.

이튿날부터 이들은 변변한 사전도 없는데 《타헤르아나토미아》를 번역하겠다고 나섰다. 이는 분명히 무모한 도전이었다. 그러나 3년 후인 1774년 8월, 《해체신서 解體新書》라는 제목으로 번역 출간되어 막부에 헌상되었다. 이뿐만이 아니다. 1796년에는 일본 최초의 네덜란드어 사전이 간행되었다. 1811년 막부를 통해 서양 서적 번역국이 설치된 이후 영어 소사전이 나왔고 네덜란드 원서로부터 코페르니쿠스의 지동설과 뉴튼의 만유인력설이 번역되었다. 이와 같은 전문 서적이 번역 출간된 것을 보면 일본인들의 네덜란드어 실력이 예사롭지 않았음을 알 수 있다. 조선 통신사가 일본을 마지막으로 방문한 해에 해당되던 1811년은 한일간의 분수령이 되는 시점이라고 할 수 있다.

여기서 난학과 관련하여 짚고 넘어가야 할 사실이 있다. 일본은 1853년 미국과 화친조약을 맺을 때 영어와 네덜란드어로 교섭하고 조약안도 영어본, 네덜란드어본, 일본어본, 한문본 4부로 작성하여 비교 검토해 해석 과정에서 나타날 수 있는 오류를 미리 방지했다. 이에 반해 조선의 한미 수호통상조약 체결은 중국 측의 주도로 행해졌는데, 영문본과 한문본의 조약안을 대조 검토한 흔적을 찾아 볼 수 없다. 이러한 이유로 영문본에는 없고 한문본에만 있는 '필수상조必須相助, 반드시 서로 돕는다'라는 문구 때문에 동맹조약으로 착각하던 조선은 망국의 마지막 단계에서도 미국에 매달리는 비극을 연출했다. 조선의 정치 엘리트들이 주자학 이외의 학문 일체를 이단시한 지적풍토가 초래한 참담한 결과였다.

도쿠가와 막부의 데지마, 네덜란드인와 중국인

데지마 상관은 쇄국시대1639~1853의 일본과 유럽 간의 교역을 독점했다. 일본이 수출한 품목은 은, 동, 도자기 등이며, 수입품은 생사, 견직물, 설탕, 의약품 등이었다. 1603~1867년간 일본에 내항한 네덜란드 선박 수는 700척 이상에 달했으며 나가사키에서 통역과 세관업무를 겸임한 네덜란드어 통역사가 막부말까지 140여 명이나 배출되었다. 네덜란드 선박의 입항 후 상관장은 〈네덜란드 풍설서〉라는 국제정세 보고서를 막부에 제출해야 했다. 일본은 이 보고서를 통해 신구교 갈등문제와 국제동향을 파악하고 대응책을 강구했다. 막부의 지도자들을 아연실색하게 만든 아편전쟁의 소식을 물어다 준 것도 예의 풍설서였다.

도쿠가와 막부는 네덜란드가 일본 시장을 독점하도록 놔두지 않고 중국에도 대일 무역을 허용하여 경쟁을 유도했다. 일본의 쇄국정책이 강화되기 이전인 1611~1635년에 일본에 내항한 중국 상선 450여 척으로 연평균 약 20척에 달한다. 그러나 1635년 쇄국령이 공표되면서 중국 상선의 입항은 나가사키항으로 제한하기에 이르렀다. 1688년 나가사키에 입항한 중국 배는 194척, 입국한 중국인은 9,000명을 넘었다. 당시 나가사키의 인구가 5~6만 명 정도였다는 점을 감안하면 상당히 많은 중국인들이 나가사키 시내를 활보하고 있었다는 것을 알 수 있다.

그런데 나가사키에 다수의 중국인이 체류하면서 도박, 마약 등 여러 가지 문제가 발생하고 밀무역이 성행하기 시작했다. 이에 따라 막부는 1689년 중국인을 일정한 장소에 격리, 수용할 수 있는 중국인 거류지 '도진야시키唐人屋敷'를 건설했다. 도진야시키는 면적이 약 9,400평으로 데지마의 2배 정도이며 수용 인원은 2,000명 정도였다. 1689년에는 여기에 4,000명 이상이 머물렀다.

조선 후기의 실학자의 고민

조선 후기에 실학자들이 등장하면서 조선의 기록에도 나가사키가 심심찮게 등장한다. 예를 들어, 박제가는 청나라의 풍속과 제도를 시찰한 후 쓴 《북학의北學議》에서 일본이 중국과 직접 통상한 이후 교역국이 30여 곳으로 늘었으며 천하의 진기한 물건을 비롯해 중국의 골동품, 서화가 나가사키로 몰려들고 있다고 적었다. 또한 실학의 대가 정약용은 일본이 중국과 직통하여 사적을 다수 수입하고 또한 학문이 과거시험을 위한 것이 아니기 때문에 이미 조선을 능가하고 있다고 평가했다. 사회적·경제적 변화에 따라 조선이 마주한 사회 모순을 해결하기 위해 고민하던 실학자들의 일면을 보여 주는 내용이라고 할 수 있다.

1853년 "I can speak Dutch!"라고 말하는 일본인

1853년 6월 페리 제독이 미국 동인도 함대의 군함 2척을 이끌고 에도만의 입구에 위치한 우라가에 나타났다. 페리 함대에 다가간 일본 연안 경비선의 통역이 처음 한 말이 바로 "I can speak Dutch!"였다. 네덜란드어를 할 수 있다는 뜻이다. 바로 나가사키 출신의 네덜란드어 통역사 호리 다쓰노스케 1823~1894 였다. 호리 다쓰노스케는 훗날 영일사전을 편찬하고 도쿄대학 전신인 개성소의 교수를 역임했다. 사실, 네덜란드 정부는 미국의 군함이 일본의 개국을 강요하기 위해 일본에 내항할 것이라고 이미 1년 전에 일본에 귀띔해 준 적이 있다.

시작이 있으면 끝이 있기 마련이다. 한 시대를 풍미했던 난학은 1853년 개국과 더불어 영어를 중심으로 한 영학英學으로 전환된다. 1858년 나가사키에는 일본 최초의 관립 영어 교육 기관인 영어 전습소가 설립되었다. 문호를 개방하자 많은 외국인들이 들어왔고, 다수의 일본인들이 외국으로 나갔다. 1868년 메이지 유신 무렵에는 이토 히로부미를 비롯해 600명의 일본인들이 영국으로 유학을 떠났다. 막부 말부터 메이지 1868~1911 전반기까지 각 분야에 걸쳐 약 2,000명에 달하는 서양인 전문가를 고용했는데 그중 절반 이상이 영국인이었다. 또한 1887년경까지 약 4만 2,000명의 일본인이 해외로 출국했다.

외래문화를 선별적으로 받아들인 일본

이와 같은 인적교류에 힘입어 일본은 단기간 내에 서양의 과학 기술과 선진 제도를 받아들였다. 물론 외국으로부터 도입된 기술과 제도가 곧바로 일본에 정착된 것은 아니었다. 일본인들은 외래문화를 선별적으로 받아들인 후 일본적인 것을 섞어서 새로운 것을 만들고 발전시켜 나갔기 때문이다.

지적 호기심과 유연한 자세로 무엇이든지 배우려고 하는 태도는 현재의 일본인들에게도 면면히 이어지고 있다. 또한 일본인들은 습득한 지식과 기술은 철저히 기록하고 보관하여 발전의 토대로 삼는다. 자기 분야에서 최고를 지향하는 프로페셔널리즘의 지적 풍토가 과학 분야에서 25명의 노벨상 수상자를 배출한 자양분이 되었다고 할 수 있다.

도쿄 지명 이야기

김형기(주식회사 맥스텔 대표)

일본의 수도 도쿄는 외국인들이 많이 찾는 곳이다. 긴자, 신주쿠, 오다이바 등 도쿄의 지명들은 한국인들의 귀에도 익숙한 이름으로 이들 지명과 관련된 역사 이야기를 소개하고자 한다.

에도에서 동쪽의 서울 도쿄로

일본의 수도는 도쿄東京다. 하지만 도쿄가 일본의 수도가 된 것은 근대인 메이지시대부터다. 메이지 신정부는 1868년 메이지 원년 7월 천황의 조서에 의해 에도江戸를 동쪽의 서울, 즉 도쿄東京로 바꾸고 새로 도쿄부청東京府庁을 설치했다. 이듬해인 1869년 3월 교토京都에 거주하던 메이지 천황이 도쿄로 옮겨오면서 이전까지 막부의 장군이 거처하던 에도성은 천황이 거처하는 황궁이 되었다. 이로써 도쿄는 일본의 수도이자 정치, 경제, 문화의 중심지가 되었다. 그 이전까지는 천 년간 교토가 수도였다. 그래서 교토 사람들은 지금도 교토야말로 진정한 일본의 수도이며 일본인의 마음의 고향이라는 자부심으로 가득 차 있다.

일본 열도 동쪽의 한적한 시골 마을에 지나지 않던 에도가 오늘날과 같은 국제 도시로 발전하게 된 것은 1590년 도쿠가와 이에야스

도쿄의 황궁

1542~1616가 에도로 옮겨 오면서부터다. 도요토미 히데요시 1537~1598의 명에 따라 원래의 영지였던 슨푸 현재 시즈오카현에서 동쪽의 변두리로 밀려난 도쿠가와 이에야스 덕에 별 볼 일 없었던 에도는 발전을 거듭해 세계적인 도시가 된다. 도쿠가와 이에야스는 에도 이주와 동시에 1457년에 지어진 에도성을 대규모로 개축하고, 에도성 주변에 적의 침입을 막기 위한 내호內壕, 외호外壕의 이중 해자를 파고 물자 수송을 위해 배가 다닐 수 있도록 수로를 파는 등 대규모 토목 공사를 벌였다. 그리고 이 공사에서 나온 흙으로 저습지를 메워 가신과 백성들의 거주지를 건설하는 등 인프라를 정비해 오늘날 도쿄의 골격을 만들었다. 도요토미 히데요시 사후 도쿠가와 이에야스에 의해 막부 소재지가 된 에도는 장군의 슬하将軍の膝元로 정치는 물론 경제, 문화 등 모든 면에서 일본의 중심지가 되었고 18세기에 이미 인구 백만이 넘는 세계적 도시로 발전했다. 도쿄에서 태어나고 자란 토박이를 가리키는 에돗코江戸っ子나 지하철 오에도선 등은 도쿄의 옛 이름 '에도'에서 연유한 것이다.

에도의 명정원 고라쿠엔

고라쿠엔後楽園은 일본 프로 야구팀 요미우리 자이언츠의 홈 구장

고라쿠엔 정문과 내부 모습

인 도쿄 돔이 있는 곳으로 호텔과 놀이 시설 등이 있어 관광객들에게도 잘 알려진 곳이다. 하지만 고라쿠엔이란 지명이 이곳에 있는 에도시대의 이름난 정원 '고이시카와 고라쿠엔小石川後楽園'에서 유래했다는 사실을 아는 사람은 많지 않은 것 같다.

고이시카와 고라쿠엔은 도쿠가와 이에야스의 아홉 번째 아들 도쿠가와 요시나오徳川義直, 1600~1650를 시조로 하는 비슈가尾州家, 尾張의 徳川家, 도쿠가와 이에야스의 열 번째 아들 도쿠가와 요리노부徳川頼宣, 1602~1671를 시조로 하는 기슈가紀州家, 紀伊의 徳川家와 함께 고산케御三家[1]의 하나인 미토가水戸家의 에도 저택 내의 정원이다. 1629년 미도水戸 가家의 초대 번주 도쿠가와 요리후사徳川頼房, 1603 ~1661, 도쿠가와 이에야스의 열한 번째 아들 때 건설을 시작, 2대 번주 도쿠가와 미쓰쿠니徳川光圀, 1628~1700 때 완성했다. 당시 일본에 망명한 명나라 유학자 주순수朱舜水의 자문을 받아 물을 끌어들여 연못을 만들고, 연못을 중심으

1 도쿠가와 이에야스의 세 아들(9남, 10남, 11남)을 시조로 하는 도쿠가와 성을 가진 다이묘로 쇼군에게 후사가 없을 경우 쇼군가를 상속하는 권리를 가짐. 다이묘 중에서도 최고의 대우를 받았음.

로 일본과 중국의 명승을 흉내 내어 만든 회유식 축산천수回遊式築山泉水 정원이다. 정원 이름 고라쿠엔後楽園은 중국 송나라 범중엄范仲淹의 악양루기岳陽樓記의 '선우후락先憂後樂'에서 따왔는데, '지도자는 세상의 근심은 누구보다도 먼저 걱정하고, 즐거움은 다른 사람들이 모두 즐긴 후 마지막으로 즐긴다.'라는 의미로 다이묘의 마음가짐을 보여주는 문귀로 오늘날의 위정자들도 새겨야 할 덕목이라 생각된다.

에도 막부가 멸망하자 고라쿠엔은 국가 소유가 되었고 현재는 일본 문화재법에 따라 특별 사적 및 특별 명승으로 함께 지정된 몇 안 되는 명소 중 하나다. 도쿄를 가 볼 기회가 있으면 꼭 한 번 들러 보기를 권유한다.

은화 주조소가 있었던 긴자

도쿄의 번화가로 대표적 고급 상업지인 긴자銀座는 일본에서 땅값이 제일 비싼 곳이다. 일본 국토교통성이 발표한 2022년도 공시지가에 따르면 긴자 4초메의 상업 용지 중 제일 비싼 곳의 땅값은 평당 1억 7500만 엔5300만 엔/㎡으로 일본 1위다.

긴자 발상지 안내석

긴자는 에도시대 은화와 관련된 사무를 담당하고 은화를 주조하던 관청이다. 에도 막부는 1612년 슨푸에 있던 긴자를 바다

를 매립한 땅인 지금의 도쿄 긴자로 옮겨왔다가 은화 제조를 둘러싼 여러 불미한 사건이 일어나자 1800년 니혼바시 카키가라쵸현재 도쿄증권거래소의 위치로 옮겼는데 긴자가 옮겨간 후에도 긴자라는 지명은 그대로 남게 되었다. 한편 금화를 만들던 긴자는 현재 일본 은행이 위치한 곳에 있었으며, 그 주변은 지금 '긴자도오리金座通り'로 불리고 있다. 긴자에 대한 더 자세한 내용은 《알면 다르게 보이는 일본 문화 2》의 '도쿄 긴자의 어제와 오늘'을 참조하기 바란다.

다리 이름에서 온 료고쿠

료고쿠両国는 일본의 국기國技인 스모 경기장이 있는 곳이다. 에도 막부는 에도성 방위를 위해 스미다강에 센쥬대교 외에는 다리를 놓지 않았다. 하지만 1657년 메이레키의 대화재 때 강쪽으로 피난한 많은 사람들이 강을 건너지 못하고 불에 타죽는 일이 발생하자, 그 후 재난 시 피난 경로로 다리를 놓았다. 이 다리는 무사시노쿠니武蔵野国와 시모사노쿠니下総国의 두 지역에 걸쳐 놓아졌기에 료고쿠교両国橋라고 불렸고 나중에 이 지역의 지명이 되었다.

메이레키의 대화재는 1657년 1월 18일과 19일 이틀에 걸쳐 발생한 화재로 혼묘지라는 절에서 시작된 화재가 강풍을 타고 삽시간에 에도 전역으로 번져 에도성의 천수각과 혼마루, 다이묘들의 저택 등을 태웠고, 화재로 인한 사망자만도 10만 명이 넘었다고 전해지는 대참사였다. 이 화재를 계기로 에도 막부는 화재가 번지는 것을 차단하기 위해 도시 중간중간에 폭넓은 도로히로코지를 만들었다. 우에노 히로코지上野広小路라는 지명도 우에노 지역의 화재 확산 방지를 위해 만든 도로라는 뜻이다.

료고쿠를 대표하는 볼거리로 스미다강 불꽃놀이 대회가 유명하다. 매년 8월에 열리는 이 대회는 TV 방송에서 생중계를 할 정도로 인기가 있다. 이 불꽃놀이는 1732년 8대 장군 도쿠가와 요시무네1684~1751가 기근과 전염병으로 죽은 사람들을 위령하고 전염병을 쫓기 위해 시작한 것으로 300년이나 이어져 오는 유서 깊은 행사다.

역참 마을 신주쿠

신주쿠新宿는 도쿄도청이 있는 곳으로 교통의 요지이자 외국인 관광객들이 쇼핑을 위해 즐겨 찾는 장소다. 그러나 신주쿠가 서울의 양재말죽거리와 같은 역참 마을이었다는 사실을 아는 사람은 많지 않은 것 같다.

에도시대1603~1867에 도쿄의 니혼바시를 출발해 교토나 동북 지방을 연결하는 5개의 주요 도로가 있었다. 도카이도東海道, 나카센도中山道, 고슈가도甲州街道, 닛꼬도츄日光道中, 오슈도츄奥州道中가 그것인데 각 도로의 중간중간에는 참근 교대의 다이묘, 근무지와 막부를 오가는 막부의 신하 등과 같은 공용 여행자들의 편의를 위한 역참을 두었다.

역참에는 이들 공용 여행자와 물자를 수송하기 위한 인부와 말伝馬, 통신을 위한 파발인 비각, 식당, 숙박시설 등이 갖추어져 있었다. 니혼바시로부터 각 도로의 첫 번째 역참인 시나가와, 이타바시, 센쥬, 신주쿠의 4곳을 '에도 4숙四宿'이라 하는데 고슈가도의 첫 번째 역참이 바로 신주쿠다. 원래 고슈가도의 첫 번째 역참은 타카이도였으나 에도까지 거리가 4리나 되어, 1698년 그 중간 지점인 나이토 기요나리의 배령지에 새 역참을 만들고 '나이토 신주쿠'라고 했으며, 1920년 지명 변경으로 나이토 신주쿠는 신주쿠가 되었다. 신주쿠 지역은 도쿠가와 이에야스의 가신이었던 나이토 기요나리가 도쿠가와 이에야스에 대한 공로와 에도성 서문 경비에 대한 공로로 1591년 도쿠카와 이에야스로부터 하사받은 땅이다.

나이토 기요나리의 저택이 있던 자리에는 현재 신주쿠 교엔新宿御苑이 자리하고 있다. 에도 막부가 멸망한 후 메이지시대에 대장성大蔵省이 이 땅을 사들여 목축과 원예의 품종 개량을 위한 '나이토 신주쿠 시험장'을 설치했다가 1879년 황실에 토지를 헌납, '신주쿠 식물교엔' 으로 바뀌었다. 그 후 대대적인 개조 공사를 통해 1906년 황실 정원인 식물 대정원이 되었고, 2차 세계대전 후인 1949년 '국민공원 신주쿠 교엔'으로 명칭을 바꾸고 일반에게 공개해 오늘에 이른다. 신주쿠 교엔은 도쿄의 벚꽃 명소 중 하나로 고故아베 전 수상이 수상 시절 아주 소액의 참가비만 받고 일본 전국의 자민당 지지자들을 초청해 벚꽃 감상회를 열었는데 이것이 유권자에 대한 향응에 해당한다고 해서 선거법 위반의 구설수에 오르기도 했다.

신주쿠 교엔의 정문과 내부 모습

성문과 감시 초소 아카사카미쓰케

아카사카미쓰케赤坂見附 지역은 일본 국회 의사당, 수상 관저와 가까워 일본 정치인들이 접대와 미팅을 위해 자주 찾는 일본 전통 요정이 많은 곳이다. 지금은 몇 군데만 남아 있지만 아직도 이곳을 출입하는 유명 정치인들의 모습을 간간이 언론 보도를 통해 볼 수 있다. 또한 한국 음식점과 술집이 많아 일본 비즈니스맨과 한국에서 출장온 사람들이 자주 찾는 곳이기도 하다. 한국에서는 직접 보기 힘든 유명 정치인, 연예인, 스포츠 선수를 이곳에서는 쉽게 볼 수 있다.

아카사카미쓰케라는 지명은 아카사카 지역의 미쓰케見附가 있던 곳에서 유래한다. 미쓰케는 에도시대에 침입한 적을 가두고 물리치기 위한 사각형의 공터인 마스가타升形를 갖춘 성문을 말한다. 성문 바깥쪽에는 초소를 설치해 다이묘나 하타모토의 군사들이 상주하며 통행인을 감시했다. 이런 미쓰케는 에도성 내·외곽에 100개 이상 있었던 것으로 알려져 있다. 메이지시대에 이르러 성문은 철거되었으나 지명은 그대로 남아 옛날 성문이 있던 자리임을 알려 주고 있다. 아카사카미쓰케 외에 이치가야미쓰케市ヶ谷見附, 요츠야미쓰케四谷見附, 우시고메미쓰케牛込見付 등의 지명이 남아 있다.

이에야스의 외교 고문 야에스

도쿄역에는 역사를 중심으로 동쪽과 서쪽의 두 군데 출구가 있는데 도쿄역의 동쪽 출구가 야에스구八重洲口다.

야에스八重洲라는 지명은 도쿠가와 이에야스의 외교 및 무역 고문이었던 네덜란드인 얀 요스텐Jan Joosten의 일본 이름에서 유래한다. 1600년 일본 큐슈 해안에 표류한 네덜란드 상선의 영국인 항해장 윌리엄 애덤스일본명 미우라안진와 항해사 얀 요스텐은 도쿠가와 이에야스의 신임을 얻어 외교와 무역에 관해 조언을 하는 고문으로 활동하며 막부로부터 녹봉과 저택을 하사받았다. 얀 요스텐은 일본 여자와 결혼해 야요스耶楊子라는 일본 이름과 함께 히비야 근처에 저택을 하사받았는데 그의 저택이 있던 와다쿠라문和田倉門에서 히비야에 걸친 하안河岸을 야에스 하안河岸이라 불렀고 이것이 후에 야요스八代州, 다시 야에스八重洲로 변했다고 한다. 현재 도쿄역 지하보도에는 얀 요스텐의 흉상과 야에스 지명의 유래를 설명한 안내판이 설치되어 있다.

맥주 브랜드 에비스

JR 야마노테선山手線의 시부야역 다음 역이 에비스역恵比寿駅이다. 그런데 에비스恵比寿는 맥주의 브랜드명이 지명이 된 매우 드문 경우다.

'에비스'는 원래 칠복신七福神의 하나로 바다와 어업의 신 또는 상업 번창의 신으로 일본 맥주 양조회사현 삿포로 맥주가 에비스를 브랜드로 한 맥주를 제조 판매했다.

일본 맥주 양조회사는 일본 제1의 맥주회사를 목표로 1887년 키도 타카요시1833~1877의 동생 카쓰라 니로 등이 세운 회사다. 1889년 10월 당시 민가라고는 찾아볼 수도 없고 논과 임야밖에 없는 황량한 땅에 현대식 벽돌 건물의 맥주 공장을 지었다. 양조 설비는 전부 독일에서 수입하고 양조 기사도 독일인을 초빙해, 1890년 2월 '에비스 맥주'라

에비스 신의 모습

는 브랜드로 맥주를 출시했다. 에비스 맥주는 높은 품질로 가짜 제품이 나돌아다닐 정도로 인기가 높았다. 한편 공장 직송의 방금 만들어진 생맥주의 뛰어난 맛을 알리기 위해 당시 일본 맥주 사장인 마코시 교헤이1844~1933의 아이디어로 1899년 8월 지금의 도쿄 긴자 8초메에 일본 최초로 비어홀을 개업했다. '에비스 비어홀'은 연일 성황을 이루어 홍보뿐만 아니라 맥주의 보급과 매출 증대에도 크게 기여했다. 맥주 출하량이 증가하자 일본 맥주는 1901년 2월 공장까지 철도를 끌어들이고 전용 화물역인 '에비스 정거장'을 개설했다. 그 후 양조장 주변의 인구 증가와 함께 1906년 10월 일반 여객도 이용할 수 있도록 현재의 JR 에비스역을 만들었고 1928년 1월 주변 지역이 에비스로 개칭되었다.

외적 방어를 위한 포대 오다이바

도쿄 시내 시오토메에서 도쿄만에 놓인 다리 '레인보우 브릿지'를 건너면 젊은이들이 많이 찾는 '오다이바お台場'가 있다. 그런데 이 오다이바는 글자에서 알 수 있듯이 외국 군함의 침입을 막기 위해 만든 포대가 있던 것에서 유래한 지명이다. 조선시대 한양을 지키기 위

해 만든 강화도의 포대와 비슷하다 하겠다.

1853년 미국 동인도 함대 사령관 페리 제독이 4척의 군함을 이끌고 도쿄만 입구의 우라가浦賀에 와서 에도 막부에 개국을 요구하고 1년 뒤에 회답을 받으러 다시 오겠다고 한 후 물러갔다. 미국 군함의 군사력에 놀란 에도 막부는 논의를 거쳐 미국 군함에 대한 방어를 위해 시나가와 앞바다에 인공섬을 쌓고 포대台場, 다이바를 건설하기로 결정한다. 포대 공사를 위해 매립용 흙은 근처 시나가와의 산에서, 석재와 목재는 이즈 반도를 포함한 관동 각지에서 운반, 조달했는데 이때 동원된 인부만 5,000명이 넘었다고 한다. 당초 11개의 포대를 건설하려고 계획했으나, 1854년에 5개를 완성하고 2개는 재정난으로 건설 도

오다이바 해변 공원에 있는 자유의 여신상

중 중지했다. 나머지는 1854년 미일화친조약이 체결되고 개국이 결정되자 미착수 상태에서 계획을 중지했다. 그 후 완성된 5개 포대 중 3개는 매립되었고 현재는 2개만 남아 있다.

현재 오다이바에는 해변 공원이 조성되어 있어 가족과 젊은이들이 데이트 장소로 많이 찾는다. 이 해변 공원의 명물로는 자유의 여신상이 있다. 일본은 1998년 '프랑스 해'를 기념해 파리 센강의 '자유의 여신상'을 옮겨와 전시했는데 인기가 너무 좋자 전시가 끝난 후 파리시의 허가를 얻어 복제품을 제작해 2000년 12월에 설치한 것이다. 크기는 좌대에서 오른손 성화대까지 11.5m 좌대 포함 17.4m 로 뉴욕 자유의 여신상의 1/4 정도다. 외국의 침략을 막기 위한 군사 시설인 포대가 자유의 여신상이 지켜보는 젊은이들에게 인기 있는 데이트 코스라니.

장군을 위한 오찻물 오차노미즈

오차노미즈御茶ノ水는 일본 근대 교육의 발상지로 JR 오차노미즈역 주변에는 메이지대학, 일본대학, 도쿄의과치과대학, 쥰텐도대학 등이 자리하고 있다.

오차노미즈라는 지명은 장군이 마시는 오차용 물로 사용한 샘이 있는 것에서 유래한다. 사냥 왔던 2대 장군 도쿠가와 히데타다에게 쥰텐도 병원 근처에 있던 코린지라는 절 경내의 샘물로 오차를 끓여서 바쳤는데, 히데타다가 마시고 아주 만족해해서 그 후 매일 오차를 끓이기 위한 물로 바쳤다고 한다. 1661년 간다강 확장 공사로 샘은 강바닥으로 가라앉아 없어지고 지명만 남았다.

일본 정치를 보는 다른 눈

유민영(교토대학 법학연구과 정치학 박사)

임진왜란을 다룬 영화 〈한산〉에는 조선군에 투항하는 일본군 준사가 등장한다. 전쟁에 회의를 느낀 듯 그는 이순신 장군에게 도대체 이 전쟁이 무엇이냐고 묻고, 이순신 장군이 '의義와 불의不義의 전쟁'이라 답하자 다시 '나라와 나라의 전쟁이 아니었느냐'고 되물으며 잠시 의아해한다. 당시의 일본인에게 나라와 나라의 전쟁이란 '의'나 '불의', 혹은 백성들의 삶 같은 도덕적 가치보다는 서로 세력의 우위를 점하기 위한 영주들의 싸움 정도로 이해되었을 것이다. 임진왜란 직전까지 일본은 100년이 넘는 동안 많게는 수십의 세력이 동시에 할거하는 센고쿠시대戦国時代를 겪고 있었기 때문이다. 한 영주가 다스리는 지역을 하나의 '쿠니国'라고 부르며 안으로는 독립된 행정을 구축하고, 밖으로는 각자의 세력을 넓히기 위해 전쟁을 계속하는 시기였다. 나라와 나라의 전쟁은 그들에게 너무나 흔한 일이었다.

하지만 임진왜란 당시까지 200년간 이어져 온 조선이라는 나라에 살아온 당시의 조선인들에게, 나라란 정통성을 갖춘 왕이 관료들을 통해 통치하며 백성들도 일정한 소속감을 갖고 있는 특별한 존재였다. 그렇기에 임진왜란은 단순히 지배층의 세력 확대를 둘러싼 싸움이 아닌 백성들의 삶의 터전을 짓밟는 일이었고, 나라의 정통성을 무시하는

'불의'한 무리의 침략이었다. 조선인과 일본인의 국가관이 너무도 달랐기에 서로 이해하지 못하는 일들도 일어났다. 일본군은 지배층도 아니면서 스스로 나라를 지키겠다고 일어난 조선의 의병과 백성들을 이해하지 못했고, 충과 의를 중시하는 동북아시아의 사대질서하에 살고 있던 조선인들은 명을 치겠다며 길을 빌려 달라는 일본군의 '가도입명假途入明'에 충격을 받았다.

200년간의 조선왕조와 100년간의 센고쿠시대. 이 차이만큼이나 세상을 보는 눈이 달랐던 1592년 임진왜란 당시의 조선인과 일본인에 비하면, 글로벌 시대에 사는 지금의 한국인과 일본인은 비슷한 눈으로 세상을 바라보고 있을까? 400여 년 전만큼은 아니지만 한국인과 일본인은 여전히 꽤 다른 시각을 가지고 있다. 가까운 지리적 여건과 비교적 비슷한 문화를 공유하고 있음에도 같은 사안을 다른 방향에서 바라보고 있음을 자주 느낀다. 특히 필자의 전공인 정치제도의 측면에서 그렇다. 비슷한 사회 구조를 가졌으면서도 전혀 다른 정치제도를 가지고 있기에 양국 국민들이 정치에 대해 품는 감정이 꽤 달라 보인다. 서로의 시각을 잘 알지 못해 생겨나는 오해도 많다. 이 글에서는 정치제도의 틀에서 양국 국민들의 다른 시각에 대해 풀어내 보려고 한다.

대통령을 뽑는 한국과 지역의 국회의원을 뽑는 일본

정치제도에서 일본이 우리나라와 가장 크게 다른 점은 바로 대통령제가 아닌 의원내각제를 채택하고 있다는 점이다. 우리나라에서는 5년에 한 번씩 모든 유권자가 참여해 대통령을 선출한다. 국정 운영에 가장 중요한 인물인 대통령을 뽑는 선거이기 때문에 5년에 한 번 치러지는 이 대통령 선거는 한국 정치의 흐름을 좌지우지하는 큰 이벤트이다. 반면 일본에는 이런 선거가 없다. 국가원수인 총리는 국회 양원 중의원과 참의원 중 중의원 다수당의 당수가 맡는다. 국민들은 국회의원을 뽑고, 그 국회의원 중 대표로 선출된 이가 총리가 되는 것이다. 각각 대통령제와 의원내각제는 장단점이 있지만, 효율성이나 정당성 등의 논의는 뒤로하고 국민들의 정치 인식에 끼치는 영향을 중심으로 생각해 보자.

국민의 입장에서 우리나라의 대통령 선거는 직관적이라 알기 쉽다. 대통령 선거에 나온 후보들 중 더 지지하는 사람에게 표를 던지고, 조금이라도 더 많은 표를 얻은 후보가 당선된다. 또 전국의 미디어가 주목하는 치열한 경쟁 덕에 당선된 후보를 지지했든 지지하지 않았든 국민들은 후보들에 대해서 속속들이 알게 되고, 당선자에게 지지든 반대든 꽤 강렬한 감정을 가지는 경향이 있다. 반면 일본의 의원내각제에서 국민이 중앙정치의 대표자를 뽑는 방법은 국회의원 선거뿐이다. 물론 일본의 경우 양원제를 채택하고 있기 때문에 중의원과 참의원 두 갈래의 선거가 있지만 모두 국회의원을 뽑는 선거이고, 국가원수인 총리를 직접 뽑을 방법은 없다. 우리나라의 국민들이 직접 뽑은 대통령에게 느끼는 친밀도와 일본 국민들이 총리에게 느끼는 친밀도에는 차이가 있을 수밖에 없을 것이다.

유권자의 투표 기준에도 차이가 생긴다. 대통령제는 견제기능도 비교적 강력하기에, 우리나라의 유권자는 A당의 대통령을 지지했더라도 다음 국회의원 선거에서 B당에 표를 던질 수 있다. 따라서 대통령 선거에서 유권자들은 정당보다 후보 개인에 대한 선호도를 더 중시할 여지가 생긴다. 예컨대 A당이 마음에 들지 않더라도 후보 개인의 매력 때문에 A당의 후보에 투표할 수도 있다는 것이다. 대통령은 A당이, 국회 다수당은 B당이 차지하길 바라며 전략적으로 분할투표를 할 수도 있다. 반면 일본의 유권자에게는 중의원 선거의 한 표가 지역의 의원, 국가 전체의 다수당, 국가원수인 총리까지 직간접적으로 결정하는 의사표현의 유일한 수단이 된다. 이럴 때 유권자들이 무엇을 기준으로 투표하는가는 개개인에 따라 매우 달라진다. 어떤 유권자는 지역 정치인을 뽑는다는 생각으로, 또 다른 유권자는 어떤 정당이 다수당이 되어 총리를 배출해야 하는지를 기준으로 표를 던질 것이다.

실제로 일본 유권자들은 어떤 생각을 하며 투표를 하고 있을까. 다음의 표는 2021년 10월 치러진 제49회 중의원 선거에 대한 유권자 의

투표 시 고려사항	응답 결과
후보자가 속한 정당의 정책과 활동	49.6%
후보자의 정책과 주장	48.0%
후보자의 인물됨	24.4%
지역의 이익	24.2%
자신과 같은 세대의 이익	12.1%
정당간 세력의 균형	11.5%
후보자가 속한 정당의 당수	8.5%
가족과 지인의 추천	6.8%
TV, 신문, 잡지 등에서 친밀감을 느껴서	5.5%
자신과 같은 직업의 이익	5.3%
모름	1.6%

출처: 제49회 중의원 의원총선거 전국의식조사(공익재단법인 明るい選挙推進協会)

식조사에서 유권자가 투표 시 고려하는 요인으로 답변한 결과를 나타낸 것이다중복 응답. 상위 항목을 분류해 보자면, 붉은색으로 표시된 항목은 후보자 개인보다는 정당, 지역 대표보다는 국가를 대표하는 측면을 중시하여 투표한 유권자들이 선택했을 항목이고, 푸른색으로 표시된 항목은 정당보다는 후보자, 국가 전체보다는 지역을 대표하는 측면을 중시하는 유권자들이 선택했을 항목이다.

각각 세 항목의 수치를 더하면 69.6%, 96.6%이다. 유권자의 깊숙한 속마음까지 정확히 판단하긴 어렵겠지만, 적어도 이 조사 결과에서는 국가의 대표를 뽑는다는 마음으로 투표하는 유권자보다 지역의 일꾼인 국회의원을 고른다는 마음으로 투표하는 유권자가 조금 더 많다는 것을 알 수 있다. 이 투표의 결과로 정해지는 일본의 총리는 유권자의 직접적인 국가원수 선출이라기보다, 각각의 국민들이 지역의 일꾼을 뽑은 결과 간접적으로 선택된 사람으로 보는 것이 조금은 더 적절할 것이다.

일본에 맞는 프리즘으로 일본 정치 살펴보기

이런 상황에서 우리나라 언론을 통해 단편적으로 일본 정치 상황을 접하는 우리나라 대중들에게는 약간의 오해가 생길 수 있다. 아베 신조 전 총리가 최장수 총리 기록을 세운 것을 보고 한국 국민들이 대통령을 뽑듯 국민들이 직접 선택한 결과가 오랫동안 바뀌지 않은 듯한 느낌을 받을 수 있고, 잠깐의 예외를 제외하면 전후 거의 모든 기간 자민당이 여당의 지위를 점하고 있는 현상을 보면 우리나라 선거에서 정당 간 치열한 경쟁을 떠올리며 일본 국민들이 자민당을 열정적으로 지지한다고 느낄 수 있다.

물론 간접적이나마 총리 선출은 중의원 선거의 결과이고, 자민당이 다수당이 된 것도 일본 국민의 선택인 것은 사실이다. 하지만 앞서 살펴봤듯 일본 정치제도는 유권자가 국가 전체보다는 지역, 정당보다는 후보자 개인을 더 중시하도록 만드는 경향이 있다. 그 반대 경향을 가진 우리나라 정치에 대한 감각으로 일본 정치에 접근하면 미묘한 오해를 낳을 수 있는 것이다.

흔히 우리나라에 비해 일본 정치는 변하지 않는다는 이미지가 있다. 전후 딱 두 번을 제외하고는 계속해서 자민당이 다수당이자 총리를 배출하는 여당의 자리를 차지하고 있는 점, 우리나라 대통령이 5년마다 바뀌는 데 반해 최근 오랫동안 총리가 교체되지 않은 점 등이 이런 이미지를 만든 주요 원인인 듯 보인다. 하지만 중앙정치와 거대 정당 위주의 정치에 익숙한 우리나라 정치의 프레임을 한번 걷어내고 살펴보면, 지역 정치에서는 꽤 주목할 만한 변화와 유연성이 보이기도 한다. 오사카 지역을 중심으로 시작한 '오사카 유신의 회大阪維新の会'가 '일본 유신의 회日本維新の会'로 이름을 바꾸며 세력을 넓혀 일본 정치에서 중요한 위치를 차지하기 시작했고, 한 선거구에서 여럿을 뽑는 선거제도를 채택하고 있는 지방의원 중에는 무소속 의원이 우리나라보다 훨씬 많은 비율을 차지하고 있다. 일본을 조금 더 깊이 이해하기 위해서는 일본에 맞는 프리즘을 통해 일본 정치를 들여다볼 필요가 있다.

노몬한 전쟁, 태평양전쟁의 축소판

정청주(전남대학교 역사교육과 명예교수)

2019년 8월 15일에 방영된 NHK 스페셜 다큐멘터리 〈노몬한 책임 없는 전투ノモンハン 責任なき戦い〉를 본 적이 있다. 일본 육군 지휘부와 참전 병사의 육성 증언과 소련 측 영상 자료를 통해 노몬한 전쟁의 실상을 생생하게 보여 주는 다큐멘터리였다. 이후 이 프로그램의 PD 다나카 유이치가 쓴 《노몬한 책임 없는 전투》를 비롯해 관련 도서 몇 권을 읽으면서 나는 노몬한 전쟁 속으로 빠져들었다.

노몬한 전쟁은 1939년 5월에서 9월까지 만주 서북부에 있는 노몬한 부근 후룬베이얼 초원에서 만주국군·일본군과 몽골군·소련군 사이에 전개된 것으로 사소한 국경분쟁에서 시작되었다. 전투는 주로 노몬한에서 할하강할힌골에 이르는 동서 20km, 할하강을 따라 형성된 남북 60~70km의 모래로 가득한 황량한 초원에서 전개되었다. 이 전쟁을 소련과 몽골에서는 '할힌골 전쟁'이라고 부르지만 일본에서는 '노몬한 사건'이라고 부른다. 그러나 이 전쟁은 '사건'이 아니라 격렬한 '전쟁'이었다.

내가 왜 이 전쟁에 강하게 끌리게 되었는지 생각해 보았다. 무라카미 하루키가 표현한 것처럼 이 전쟁이 어떤 의미에서는 '너무나 일본적이며 일본인적'이었기 때문이 아닐까라는 생각이 들었다. 그렇다면

몽골과 만주국의 경계에 위치한 노몬한

출처: 도베 료이치 지음, 《역설의 군대》, 소명출판, 2019, p.296.

이 전쟁이 어떤 부분에서 너무나 일본적이며 일본인적이라고 할 수 있을까?

노몬한 전쟁의 개요

노몬한 전쟁은 1939년 5월 11일 만주국군과 몽골군 사이의 교전을 계기로 일어났지만, 실제로는 일본군관동군과 소련군 사이에 벌어진 전쟁이었다. 소련은 상호원조조약을 맺고 있던 몽골을 방위하기 위해 일본군과 싸웠다. 관동군은 대본영大本營의 방침을 무시하고 독단전행獨斷專行으로 전쟁을 확대했다. 당시 독일과 비밀리에 접촉하고 있던 소련은 8월 23일 독소불가침조약을 체결했고, 이렇게 서부전선을 안정시켜 가면서 일본군에 대한 총공격에 나섰다. 8월 말까지 계속된 전투에서 일본군은 소련군의 전차·장갑차, 각종 포, 항공기를 앞세운 압도적인 병력의 공격을 받아 괴멸에 가까운 패배를 당했다. 이에 일본이 정전을 요청하여 9월 15일 정전협정이 조인되었다. 이후 국경획정회의에서 국경선은 몽골·소련이 주장해온 대로 결정되었다.

일본군의 참전 병력은 약 6만 명이었다. 전사자 약 9,000명, 부상자·병자가 약 1만 1,000명으로 총 사상자는 약 2만 명이었으므로 비율로 보면 33%였다. 30%의 사상자가 발생하면 거의 괴멸했다고 보는 것이 일반적이다. 관동군 주력인 23사단은 1만 6,000명의 병력 중 전사자 약 5,000명, 부상자·병자 약 7,000명으로 총 사상자는 약 1만 2,000명을 넘었다. 사상자 비율은 약 75%로 전멸에 가까운 피해였다. 한편 소련군은 전사자 약 1만 명, 부상자 약 1만 6,000명으로 총 사상자는 약 2만 6,000명이었다.

이 전쟁에서 일본 육군은 소련군의 화력과 기동력이 압도적으로 우세하다는 사실을 깨달았다. 상당한 화력 증강 없이는 소련과의 전쟁에서 승리할 수 없다고 판단한 일본 육군은 오랫동안 유지해 온 소련을 주적으로 하는 북진론을 포기하고 남진론동남아시아 침공으로 전환했다. 마침내 1940년 7월 일본 정부는 남진정책을 중대한 국책으로 결정했고, 이렇게 하여 일본은 태평양전쟁의 길로 들어갔다.

아무도 책임지지 않는 전쟁

전쟁이 끝난 후 육군은 패전의 책임을 묻는 인사조치를 단행했다. 관동군의 지휘부인 사령관, 참모장, 23사단장 등은 예비역에 편입되었고, 참모인 작전주임 핫토리 다쿠시로 중좌, 작전참모 쓰지 마사노부 소좌 등은 좌천되었다. 이처럼 전쟁 패배의 책임자들은 모두 가벼운 징계를 받는 데 그쳤다. 결국 그 누구도 전쟁 패배에 대해 제대로 책임지지 않은 셈이다.

그런데 전쟁 패배의 실질적인 책임자인 작전주임 핫토리와 작전참모 쓰지는 얼마 지나지 않아 대본영 참모본부로 영전했다. 핫토리는 1940년 10월에 작전반장, 1941년 7월에 작전과장이 되었다. 쓰지는 1941년 7월에 핫토리의 발탁에 의해 작전과 병참반장이 되었다. 이들은 남진정책과 미국과의 개전을 주도했고, 태평양전쟁으로 질주했다. 결국 노몬한 전쟁은 책임지는 자가 없는 전쟁, '책임 없는 전쟁'으로 귀결되었다. 무책임의 극치라고 할 수밖에 없다.

전투 현장에서 악전고투한 부대장이 처한 현실은 비참했다. 연대장 5명이 전사했고 연대장급 부대장 7명이 자결했다. 이들은 포위되자 자결하거나 부상을 입은 후 후송·입원 중 자결하거나, 무단철퇴·포로귀환을 이유로 자결권고를 받고 자결했다. 자결권고는 전투 현장의 부대장에게 패전 책임을 가혹하게 물은 처사였다. 이렇게 관동군 사령관과 작전참모는 그들의 책임을 전투 현장의 부대장과 병사에게 전가했다.

귀환 포로에 대한 처벌은 매우 엄격했다. 9월 30일 육군성은 '포로는 모두 범죄자로 간주하고 수사하여, 유죄로 인정되는 자를 기소하여야 한다'는 엄한 방침을 시달했다. 이에 따라 일부 장교는 군법회의에

노몬한 전쟁에서 파괴된 전차의 잔해
출처: 1989년 8월 촬영, 지지(時事)통신사.

회부되지도 않고 자결권고를 받았다. 포로들은 '적전도망敵前逃亡'이라는 억지 죄명으로 기소되어 징역에 처해졌다. 이러한 포로에 대한 방침은 '살아서 포로의 치욕을 받지 말라'는 '전진훈戰陣訓'1941년으로 구체화되었다. 그 요지는 항복을 금지하고 옥쇄를 강요한 것이다. 그리하여 태평양전쟁 말기에 군인뿐만 아니라 다수의 민간인, 어린아이들이 자결하여 목숨을 잃었다.

노몬한 전쟁이 드러낸 일본군의 문제점

노몬한 전쟁의 패배는 일본군의 여러 문제점을 선명하게 드러냈다. 우선 작전참모의 독단전행을 들 수 있다. 사실 노몬한에서 독단전행과 하극상으로 전쟁을 일으키고 전투 작전을 지도하여 처참한 패배를 초래한 장본인은 작전참모 핫토리와 쓰지다. 독단전행과 하극상으로 만주사변을 일으키고 만주국 건국을 주도한 관동군 참모 이타가키 세이시로와 이시와라 간지는, 군법회의에 회부되기는커녕 승진을 거듭하고 대륙팽창의 영웅으로 대접받았다. 이후 독단전행과 하극상은 일본 육군에서 흔하게 일어났다.

관동군 작전참모가 대본영 참모본부의 방침을 무시하고 독단전행으로 전쟁을 주도했다. 이렇게 천황의 대권이나 군 통수권이 제대로 작동되지 않고 있었다. 그리고 관동군과 대본영 사이에 의사소통이 원활하지 못하여 서로 격렬하게 대립했다. 최고 통수부인 대본영은 작전에 대한 명확한 판단을 내려주지 않았고, 관동군은 자신의 판단으로 작전을 기획했기 때문이다. 이러한 통수권의 무력화 혹은 혼란은 왜 일어나게 되었을까?

저명한 군사사 연구자 후지와라 아키라는 "작전을 지도하는 책임은 최고통수권자인 천황과 그를 보좌하는 통수부의 장 육군 참모총장과 해군 군령부총장, 그리고 각 단계의 사령관에 있다. 그러나 실제로는 작전을 담당하는 중견 막료층, 즉 작전참모가 모든 준비를 하여 작전을 가동시켰다. 전쟁을 할 것인가 아닌가라는 최고 국책의 결정까지도 막료층의 리더에 의하여 결정되었다. … 그래서 작전참모의 독단전행이 허용되는 경향이 강했다."라고 언급했다.

다음으로 일본군의 무기체계와 전투방식이 근대 화력전에 취약하다는 사실을 들 수 있다. 참모본부는 1940년 1월 '노몬한사건연구위원회'를 설치하여 노몬한 전쟁을 연구·평가했다. 위원회는 "전투의 실상은 우리 군의 필승의 신념 및 왕성한 공격정신과 소련군의 우수한 비행기, 전차, 포병, 기계화된 각 기관, 윤택한 보급이 백열적으로 충돌한 것이다. 국군은 전통의 정신위력을 발휘했고 소련군은 근대 화력전의 효과를 발휘했다."라고 평가했다.

이처럼 일본군은 기계화된 무기체계에 의한 근대 화력전을 수행할 능력을 갖추지 못하고 있었다. 관동군의 주력 무기는 메이지 38년 1905에 만들어진 38식 보병총과 근거리용 38식 75mm 야포, 경전차 등 보병 중심의 경장비로서 러일전쟁 당시의 화력에서 벗어나지 못했다. 소련군 전차·장갑차부대의 압도적 화력에 화염병과 백병돌격으로 맞섰다. 하루라도 빨리 화력전 능력을 향상시켜야 한다는 과제가 제기되었지만, 일본군은 이 과제를 수행하지 않았다. 그 대신에 여전히 필승의 정신력을 강조하고, 백병돌격과 기습·야습을 중시하는 전투방식으로 승리할 수 있다는, 합리적 근거가 없는 자기 과신으로 전투에 임했다. 이런 전투방식은 태평양전쟁에서도 그대로 이어졌다.

또한 일본군은 정보를 경시했다. 이는 병참을 과도하게 중시한 것과 대비된다. 정보를 경시한 것은 적의 전투능력을 과소평가하게 했다. 6월 모스크바 일본대사관 무관 도이 아키오는, 소련이 서쪽의 독일과 우호관계를 맺는 대신에 동쪽의 일본과 전투를 벌일 가능성 있고 실제로 시베리아 철도로 2개 전차·기계화사단을 몽골·만주 쪽으로 수송하고 있다는 정보를 관동군 사령관과 참모에게 보고하며, 소련과의 전투에 대한 우려를 전달했다. 그러나 쓰지는 이 정보를 무시하고 도이에게 그가 살해될지도 모른다고 협박했다. 도이는 대본영의 참모본부에도 이 정보를 전달하고 절박한 상황을 호소했지만 참모본부는 위기감을 느끼지 않았다. 이처럼 관동군도 참모본부도 도이의 정확한 정보와 그에 따른 경고를 무시했다. 관동군도 참모본부도 국제정세의 변화를 경시하고 소련군의 전력에 대한 분석도 제대로 하지 않은 채 수렁

하이라얼에서 노몬한으로 도보로 이동하는 후룬베이얼 초원의 관동군 23사단 보병들

출처: 1939년 6월 하순 촬영, 도메이(同盟)통신사.

같은 전쟁으로 돌입했다.

그리고 일본군은 병참을 경시했다. 군대가 전투를 수행하기 위해서는 병사와 군수품 무기, 탄약, 식량, 의복 등 의 보급, 이 보급을 실현하기 위한 수송수단인 교통이 필수적이다. 그런데 일본 육군은 이러한 병참의 중요성에 대한 인식이 결핍되어 있었다.

병사의 수송은 트럭이 크게 부족하여 주로 도보 이동에 의존했다. 23사단 병사들은 하이라얼에서 200여 km를 40도에 가까운 무더위 속에서 도보로 행군하여 노몬한에 도착한 후 극도로 피로한 상태에서 전투에 나섰다. 탄약·식량 보급도 충분하지 못했는데 병사들이 가장 힘들어한 것은 식수 부족이었다. 수통 하나의 물로 하루나 이틀을 견뎌야 했다. 이렇게 보급을 무시한 작전 계획은 태평양전쟁에서 대량의 아사자가 발생하는 원인이 되었다.

노몬한 전쟁, 태평양전쟁 패전의 서곡

노몬한 전쟁의 패배로 드러난 일본군의 여러 문제점을 요약하여 말하면 다음과 같다. 관동군 작전참모의 독단전행과 하극상에 의한 군 통수권의 무력화 혹은 혼란, 작전참모의 임기응변적 작전에 의한 전쟁 주도, 군 지휘부와 작전참모의 무책임, 악전고투한 전투 현장의 부대장에 대한 가혹한 책임 추궁, 귀환 포로에 대한 엄한 처벌, 근대 화력전에 대처할 수 없는 수준의 빈약한 무기체계, 화력보다 정신력을 강조하고 백병돌격을 중시하는 전투 방식, 정보를 경시하여 적의 병력을 과소평가하고 아군의 병력을 과대평가하는 오만한 무지, 병참을 경시하여 병력·탄약·식량 등의 부족으로 초래된 전투능력의 저하 등이다. 이렇게 일본군은 나를 모르고, 적을 모르고, 무모한 전쟁을 일으켜 노몬한에서 무수한 일본 병사를 죽음으로 내몰았다. 무라카미 하루키는 탄식한다. "대부분의 병사들이 거의 의미 없는 죽음을 당했다. 그들은 일본이라는 밀폐된 조직 속에서 이름도 없는 소모품으로 지극히 쓸모없이 죽어 갔다."

이러한 일본군의 여러 문제점이 노몬한 전쟁 패배의 근본 원인이다. 일본군은 이러한 문제점을 바로잡지 않았고, 패배로부터 아무것도 배우지 않았다. 이들 문제점은 해결되지 않은 채 태평양전쟁에서 그대로 반복되어 나타났다. 그래서 1984년에 간행된 스테디셀러 《실패의 본질》은 노몬한 전쟁을 태평양전쟁 당시 여러 전투의 실패를 예고하는 '실패의 서곡'으로 규정했다. 《인간의 조건》, 《노몬한》의 저자 고미카와 준페이는 노몬한 전쟁을 '태평양전쟁의 축소판'이라고 평가했다. 소설가 시바 료타로는 노몬한 전쟁을 일본이 파멸로 치달았던 쇼와시대를 읽는 열쇠라고 생각했다.

《노몬한의 여름》의 저자 한도 가즈토시는 노몬한 전쟁의 실패로부터 배우고 교훈을 얻기 위해 노몬한 전쟁을 기록했다고 말했다. 그러나 일본인은 실패를 배우자는 목소리만 내고 있을 뿐, 정작 실제로는 배우려고 하지 않는다고 지적했다. 그는 "근거 없는 자기 과신, 교만한 무지, 끝없는 무책임이라고 평가하기는 쉽다. 그러나 지금의 일본도 똑같은 일을 반복하고 있지 않는가라는 생각이 든다."라고 했다. 한국도 과거의 실패 사례로부터 배우고 교훈을 얻고 있는가라고 묻지 않을 수 없다.

노몬한 전쟁에서 전사한 조선인 장교

노몬한 전쟁에서 조선인 장교 한 명이 전사한 사실이 주목된다. 1939년 7월 2일 지인태 중위가 정찰 비행 중 격추되어 숨졌다. 지인태 중위는 일본 육사를 졸업한 후 육군항공대 조종사로 복무했다. 그는 전시총동원체제 성립 이후 조선인 출신 장교로서는 첫 전사자였다.

소설가 채만식은 1943년 지인태 중위 유가족을 취재한 후 몇 편의 글을 발표했다. 여기서 그는 "조선 청년들도 지인태를 본받아 제국 군인이 되어 천황폐하를 위해 목숨을 바치라."라고 하면서 징병에 응할 것을 권유했다. 이에 앞서 그는 노몬한 전쟁의 실화를 소재로 한 소설 《혈전血戰》1941을 발표하여 침략전쟁을 옹호했다.

일본의 개항과 에도 막부의 멸망

임명미(일본어 통역사)

일본의 인기 대하드라마에서 보는 에도 막부 이야기

일본에는 수많은 명작 텔레비전 프로그램이 있는데, 그중에서 빼놓을 수 없는 것이 NHK 대하드라마다. NHK 대하드라마에서 항상 사랑받고 인기가 있는 작품은 에도 이야기와 메이지 이야기다. 이 두 시대는 일본뿐 아니라 전 세계에서도 관심의 대상이기 때문이다. 에도시대와 메이지시대를 다룬 대표적인 NHK 대하드라마가 바로 〈료마전〉과 〈청천을 찔러라〉이다. 에도 막부 말기를 배경으로 교토의 치안을 지키던 신센구미의 이야기를 그린 〈신센구미〉2004년, 도쿠가와 이에야스를 곤경에 빠뜨리며 전국시대 최강의 요새 사나다마루를 완성하기까지 장수들의 고뇌와 전술 이야기를 그린 NHK 대하드라마 〈사나다마루〉2016년도 상당히 인기가 있었다. 그러나 NHK 대하드라마 하면 뭐니 뭐니 해도 2010년 방송된 〈료마전〉일 것이다. 료마를 둘러싼 다양한 인물들의 성격과 당시의 어려운 상황을 잘 표현하여 사카모토 료마의 생애를 잘 묘사한 작품으로 평가받고 있는 사카모토 료마는 지금도 일본인에게 존경받고 있다. 그리고 또 하나 격동의 시대극 〈청천을 찔러라〉는 에도 말기부터 메이지까지 활약한 '일본 자본주의의 아버지'라 불리우는 시부사와 에이이치를 다룬 내용으로, 주연을 맡은 요시자와 료의 연기가 시부사와 에이이치를 적극적이고 긍정적인 인물로 표현했으며, 쟁쟁한 출연진의 영향도 있겠지만 지금의 일본을 있게 해준 이야기라 할 수 있다. 도대체 일본의 에도 막부는 어떤 상황이었고 어떤 인물 어떤 사건 등이 있었는지 당시 에도 막부의 멸망과 개항의 이야기를 알기 쉽게 접근해 보고자 한다.

도쿠가와 막부의 쇄국정책

도쿠가와 이에야스가 1603년에 에도에 수립한 무가 정권 에도 막부는 15대에 걸쳐 265년간1603~1867 이어졌다. 에도 막부는 무사, 농민, 수공업자, 상인으로 신분을 엄격하게 구분했으며, 지배 계층인 무사 중에서도 특히 '번'이라 불린 영지를 가진 자를 다이묘大名라고 불렀다. 그런데 막부는 다이묘의 처자식은 에도에 남겨 두고 영주들도 해마다 통치자를 배알하는 '참근교대제' 등을 통해 다이묘들을 강력하게 통제했다. 분권과 통제가 어우러진 이러한 독특한 형태를 '막번 체제'라고 부른다.

16세기 말에서 17세기 초에 일본에 슈인센朱印船이라는 제도가 있었다. 막부가 발행한 붉은 도장을 찍은 허가장을 받은 선박에 한해 동남아시아 각지에서 통상을 허가하는 일종의 관인 무역이었다. 슈인센은 나가사키에서 출항하고 나가사키로 돌아오는 것을 원칙으로 했다. 그러나 포르투갈과 스페인 선교사들이 슈인센을 타고 일본으로 밀항해 규슈 지방을 중심으로 가톨릭 선교를 확대해 나가는 것을 막부는 더 이상 허용할 수 없었다. 이 제도는 1635년까지 실시되는데 이때까지 350척의 선박이 허가장을 받아 외국과 무역을 했다.

나가사키 하면 나이 든 사람은 일본 가요 〈나가사키는 오늘도 비가 내린다長崎は今日も雨だった〉, 그리고 식도락가에게는 나가사키 짬뽕이 떠오르지만 세계평화를 원하는 사람들은 '원폭이 투하된 슬픈 도시'의 이미지가 강하다. 그러나 나가사키는 일본의 오랜 역사 속에 또 다른 의미를 지니고 있다. 도요토미에 이어 정권을 장악한 도쿠가와 막부는 천주교 세력이 정치적으로 위협적이 되자 탄압을 감행했다.

일본은 나가사키의 인공섬인 데지마出島를 통하여 네덜란드와 300년 가까이 꾸준히 거래하고 있었다. 그 때문에 17~18세기 일본의 지식 계층 사이에는 네덜란드어를 구사하고 유럽의 천문학과 지리학, 의학에 능통한 사람들이 더러 있었다.

데지마는 에도 막부의 쇄국정책 일환으로 나가사키에 건설한 부채꼴 모양의 인공 섬이며, 전체 넓이는 약 1.3ha 정도다. 1641년에서 1859년까지 네덜란드 무역은 오직 이곳에서만 독점적으로 허용되었고, 일본이 쇄국을 하던 시기에 서양과 교류라는 숨통을 터놓았던 상징적인 장소다.

건설 초기 포르투갈인을 수용하기 위한 시설인 데지마는 막부가 나가사키의 마치슈町衆, 부유한 상공업자들에게 건설을 명하여 1634년부터 2년에 걸쳐 만들어졌다. 건설비용은 우선 건설을 담당한 업자들이 부담하게 하고, 나중에 입주할 포르투갈인후에 네덜란드인으로 교체들이 토지 사용료를 건설업자들에게 매년 지불하는 형식으로 건설비용을 보상받도록 했다.

1639년 로마 가톨릭 선교 활동을 하던 포르투갈인을 추방하고, 1641년 히라도平戶에서 네덜란드 동인도 회사의 상관商館을 이곳으로 옮기고 네덜란드인들을 거주시켰다. 일본이 네덜란드 상인들에게

만 교류를 허락한 이유는 네덜란드 상인들의 관심사는 일본과의 무역으로 얻는 이익일 뿐 기독교 포교가 아니었기 때문이다.

데지마는 일본의 유일한 서양과의 교류창구였다. 네덜란드 상관에 부임한 엥겔베르트 캠퍼와 칼 페테르 툰베리 그리고 필리프 프란츠 폰 지볼트 등 네덜란드인들은 일본의 문화와 동·식물을 고국인 네덜란드에 소개했다.

도쿠가와 요시무네德川吉宗가 실학을 장려하고 양서를 해금 조치한 결과, 데지마를 통해 입수된 서양서적들은 의학, 천문, 역학 등의 연구를 촉진시켰다. 서양 학문인 난학蘭學을 통하여 탄생한 합리적 사고와 인간평등사상 등은 막부 말기의 일본의 사상에 큰 영향을 끼쳤다.

미국을 비롯한 서양과의 화친, 그리고 일본의 변화

19세기 미국 증기선의 주 연료는 석탄이었다. 청나라가 아편전쟁으로 패하고 개방되자 중국은 새로운 시장이 되었다. 이에 중국으로 가는 대양 항로를 개척하기 위해서 석탄의 중간 보급기지인 일본의 개항이 반드시 필요했다. 대서양과 인도양 항로는 유럽제국의 식민지 개척으로 중간 보급기지가 개발되어 있었으나 미국에서 태평양을 건너 바로 중국으로 항해하려면 유일한 중간 기착지인 일본에서의 연료 보급 없이는 불가능했다. 미국은 청나라를 비롯한 아시아로 진출하는 거점지로 일본을 택한 것이다.

미국은 1858년 펜실베이니아에서 유전을 발견하기 전까지 고래기름으로 램프의 불을 밝혔기 때문에 공업제품의 윤활유로서 고래 기름의 수요가 높았다. 그러나 대서양 항로에 이권이 걸려 있던 영국, 프랑스 등 유럽과는 달리 미국은 포경선단의 조업을 위해 태평양 항로의 개척이 절실했다. 본국에서 멀리 떨어져 항해하다 보면 식량과 연료 부족, 또는 배가 파손되거나 선원들이 병에 걸리는 등 각종 어려움이 발생했다. 이 때문에 보급을 받고 만일의 경우 피난할 수 있는 일본의 항구가 필요했다.

1846년, 미국의 빅토르가 우라가浦賀에 내항하여 개국을 요구했으나 막부는 거절했다. 그러자 1853년에는 미국 대통령 필모어의 국서를 가지고 페리 제독동인도 함대 사령 관장이 군함 4척을 이끌고 우라가에 왔다. 막부와 에도 주민들은 대포가 있는 군함이 검은 연기를 뿜는 것에 깜짝 놀라 이 군함을 가리켜 '흑선'이라고 불렀다. 막부는 다음 해에 개항에 대한 회답을 줄 것을 약속하고 돌려보냈다. 그리고 이 사실을 조정에 보고함과 동시에 여러 다이묘에게도 의견을 구했으며, 개국에 대한 54번의 의견 중 '평화적 수단으로 거부하자'는 의견이 48%로 가장 많았다. 그러나 막부의 입장에서는 조정과 유력 다이묘에게 막부의 정치에 개입할 수 있는 빌미를 제공하는 부적절한 조치였다.

1854년, 재차 내항한 페리 제독과 쇼군 도쿠가와 이에사다徳川家定를 보좌하는 로주老中[1] 아베 마사히로는 에도에서 먼 곳을 선호했기에 시모다下田, 하코다테函館를 개항하고, 미국선에 물, 석탄 보급은 물론 타국과 조약 체결 시 미국보다 유리한 조건이라면 미국에도 그와 같은 조건을 인정한다는 최혜국 대우를 하며, 시모다에 미국영사의 주재를 인정한다는 내용의 미일화친조약을 맺는다. 이때 천황은 허가했

---

1 막부에서 가장 명망 높은 원로 가신. 보통 4~5명으로 이루어져 있으며, 이들은 한 달에 한 번 정도 돌아가면서 쇼군의 국정 수행을 도왔다.

페리 제독이 타고 온 흑선의 모습

페리 제독과 미국 선원들을 그린 목판화

으나 귀족들은 반대했다. 그러나 중국이 아편전쟁으로 무너지는 것을 보고 개항의 위기를 느낀 막부는 일시적으로 개항해서 무기 등을 공부한 뒤 곧 쇄국을 할 것이라고 귀족들을 회유했다. 이때 페리 제독이 내려와 걸었던 길을 기념하여 페리로드를 만들었다.

관광지로 되살아난 페리로드, 이즈의 무희

일본의 남쪽 끝에 있는 어촌마을로 흑선을 타고 온 페리 제독이 '시모다조약' 체결을 위해 걸었던 길이 '페리로드'다. 시모다항에서부터 개울길을 따라 500미터 정도 이어지는 길, 페리 제독이 두 번째로 일본에 왔을 때 배가 상륙해 걸었던 역사적 사건의 길이기도 하다. 시모다는 이즈 반도 동남부에 위치, 에도 말 1854년 최초로 개항된 곳이다. 작은 개울가를 따라 버드나무길에는 에도시대의 풍경이 170년이 지난 지금도 그대로 남아 있다. 페리로드 길가와 뒤쪽에는 고풍스러운 카페, 음식점, 선물가게가 있다. 이즈 하면 떠오르는 것이 노벨문학상을 받은 가와바타 야스나리의 소설 《이즈의 무희》이다. 이즈의 무희가 여행한 곳을 투어 프로그램으로 만든 것이 열차와 온천지다. 열차는 이즈 반도 시모다까지 운행하는 JR특급 오도리코踊子특급 열차로 바다를 보며 달릴 수 있게 의자를 배치하여 바닷가의 경치를 즐기는 데 안성맞춤이다. 도쿄역에서 이즈 반도 입구인 아타미까지 가거나 이즈급행선 전철이나 버스를 이용해도 좋다. 아타미까지는 2시간, 아타미에서 시모다항까지는 전철로 1시간 30분 정도 걸린다. 외국인을 위해서 만들어진 3일에 1만엔 정도 하는 JR패스JR EAST PASS: Tohoku area도 있다. 온천 여행지는 아타미, 이토, 슈젠지, 유가시마, 시모다 온천 지역 등이다. 수백 년 된 '료칸'과 전통적인 도시가 그대로 남아 있어 타임머신을 타고 에도시대로 돌아간 느낌을 주기도 한다. 이 지역을 여행하다 보면 소설에 등장하는 이야기 전체를 자연스레 알게 된다. 이즈 반도의 시즈오카는 고요한 산등성이라는 의미에서 알 수 있듯이 자연이 아름다운 곳이다.

마침내 맺어진 미일수호통상조약

1856년 시모다에 총영사로 부임한 해리스는 막부에 통상조약 체결을 강하게 요구했다. 교섭에 임한 로주 홋타 마사요시堀田正睦는 조정에 조약 조인의 칙허를 구했으나 허가는 얻지 못했다. 그러나 1858년에 다이로에 취임한 이이 나오스케井伊直弼가 조정의 칙허를 받지 않은 상태로 미일수호통상조약 조인을 단행했다.

그러나 미일수호통상조약은 일본에 불리한 불평등 조약이었다. 이에 국내 갈등이 깊어져 안세이 5개국 조약미일수호통상조약을 시작으로 미국, 네덜란드, 영국, 프랑스, 러시아 5개국과 체결한 통상조약의 총칭 등 여러 사건이 일어난다. 안세이 5년1858년, 에도 막부의 다이로大老[2] 이이 나오스케가 미일수호통상조약 체결 및 쇼군의 후사 문제로 그의 정책에 반대한 다이묘[3] 등을 처벌하고 요시다 쇼인 등의 지사를 탄압한다. 이는 100명 이상이 처벌되는 안세이 해에 일어난 중대한 사건으로 '안세이 대옥'이라 한다. 이러한 탄압은 반발을 불러일으켰다. 1860년 이이 나오스케

2 에도시대의 무가(武家) 정치에서 쇼군을 보좌했던 최고 직명
3 일본 각 지방의 영토를 다스리며 권력을 누렸던 영주

는 에도성 사쿠라다 문밖에서 미토번의 무사에게 암살당하는데 이것을 '사쿠라다 문밖의 변桜田門外の変'이라 한다.

1859년에 시작된 무역의 중심지는 요코하마였으며 최대 무역 상대국은 영국이었다. 수출품은 생사生糸·차 등이고 수입품은 모직물·면직물·무기 등이었다.

일본의 황금은 서양의 황금보다 가격이 지나치게 싸서 일본의 황금이 대량으로 외국으로 유출되었다. 또한 값 싼 견직물이 대량으로 수입되어 일본 생산지가 타격을 받았다. 계속되는 국내 물가 상승을 막기 위해 막부는 1860년에 '오품에도회송령'을 내려 다섯 가지 물품잡곡·기름·납·포목·실을 에도를 거치지 않고 요코하마항에 직송하는 것을 금지했으나 실패한다. 이처럼 경제가 혼란스러워지자 일본에서는 외국에 대한 반감이 커지고 외국인의 배척을 주장하는 '양이론攘夷論'이 더욱 확대되었다.

에도 막부의 몰락과 메이지 정부의 탄생

조정을 앞세워 구미의 세력을 몰아내려는 '양이론'과 천황을 받들어 조정의 권위를 높이려는 '존왕론'이 팽팽하게 대립했다. 그러나 조정과 협력관계가 돈독한 막부는 존왕양이 운동을 억제하고자 했으나 존왕양이파들은 더욱 자기들의 생각을 다져 나가고 있었다. 그러다가 중대한 사건이 일어났다. 1862년 승마 중이던 영국인 네 명이 사쓰마번 시마즈 히사미쓰의 행렬을 방해했다는 이유로 그중 한 명이 사쓰마번 무사에게 살해당한다. 나마무기에서 일어난 이 사건은 '나마무기 사건'이라 불린다. 이 사건을 계기로 영국 해군과 사쓰마 간에 사쓰에이

전쟁이 발발한다. 전쟁에서 패한 사쓰마번은 서양을 바라보던 인식을 바꾸고 군비 강화에 힘쓴다. 존왕양이 운동의 중심이 된 조슈번은 1863년 시모노세키 해협을 지나는 외국선을 포격하여 양이를 실행한다. 이듬해 영국·미국·프랑스·네덜란드의 4국 연합 함대가 보복으로 시모노세키의 포대를 공격하자 조슈번은 양이가 불가능하다는 것을 깨닫고, 막부는 과격한 존왕양이파를 거느린 조슈번에 군대를 보내 굴복시킨다.

사쓰마번에서는 사이고 다카모리와 오쿠보 도시미치가, 조슈번에서는 다카스기 신사쿠와 기도 다카요시가 실권을 장악했다. 이들은 막부를 타도하기 위해 군사력을 강화하고 강력한 나라를 만드는 것을 목표로 한다. 1866년 도사번 출신 사카모토 료마의 중재로 사쓰마번과 조슈번은 '삿초동맹'을 결성하고 신정부 수립을 약속한다. 그리고 영국에 접근하여 서양식 군비를 정비한다. 한편, 막부도 프랑스의 원조를 받아 군함이나 무기를 구입해 두 번에 걸쳐 조슈번을 정벌하려고 했으나 실패로 끝난다. 이를 지켜본 사이고 다카모리 등은 무력으로 막부를 전복시키려는 계획을 세웠다.

1867년 10월 14일 삿초양번은 공가[4] 이와쿠라 도모미의 힘을 빌어 막부 토벌의 밀칙을 손에 넣었다. 같은 날, 15대 쇼군 도쿠가와 요시노부는 정권을 조정에 반납한다고 선언했다 대정봉환. 그러자 조정은 12월 9일에 '왕정복고 대호령'을 발표하고 천황 중심 정치 복귀를 선언했다. 그러나 이렇게 등장한 신정부세력이 도쿠가와 요시노부에게 관위를 주지 않고 그의 영지를 모두 조정으로 귀속시키기로 결정하자 막부 측

4 일본에서 조정을 섬기는 귀족·상급관인의 총칭

의 무사들은 이에 불만을 품고 교토에서 전쟁을 일으켰다 보신전쟁, 1868년 1월. 승리를 거둔 신정부군은 도쿠가와 요시노부를 토벌하기 위해 에도로 향했다. 막부 측의 가쓰 가이슈와 신정부군 사이고 다카모리 사이에 회담이 열렸다. 회담 결과, 막부 측은 신정부군에게 에도성을 건네주는 조건으로 도쿠가와 가문을 존속시키기로 했다. 보신전쟁 결과 신정부군은 구막부군을 항복시켜 전국을 통일했다. 이렇게 하여 약 265년간 계속된 에도 막부는 막을 내리고 1868년 새롭게 메이지 정부가 탄생한 것이다.

태평양전쟁 말기 일본 아이들의 피란 생활

김경옥(한림대학교 일본학연구소 HK연구교수)

매년 8월 15일, 일본은 이날을 '종전기념일'로 기억한다. 일본의 패전은 1943년 과달카날 전투에서 이미 예상된 것이었다. 미군과 영국군, 호주군, 뉴질랜드군이 보급로를 차단하자 일본군은 과달카날섬에서만 약 2만 명이 굶주려 죽었다. 하지만 일본 국민은 일본의 전승만을 전하는 신문과 라디오의 왜곡된 정보로 정확한 전쟁 상황을 파악할 수 없었다. 이 전쟁에서 일본의 국민은 '제국신민'으로 불리며 남성은 전선에서, 여성은 '후방을 지키는 부대'의 역할을 맡으며 군수품을 생산했다. 전쟁의 격화 속에서 여성의 노동력이 부각되면서 동시에 주목받기 시작한 것은 차세대의 '소국민'으로 여전히 어머니의 손길이 필요한 아이들을 전쟁의 참화로부터 대피시키는 것이었다.

아이들의 대피는 어떻게 이루어졌을까?

일본 정부는 공습이나 화재로부터 피해를 최소화하기 위해 도시에 밀집해 있는 건물이나 주민을 분산시켜 대피시킬 것을 명했다. 이것을 가리켜 '소개疎開'라고 한다. 원래 '소개'는 군사용어였지만 이제는 학생과 어린이, 노인, 여성, 혹은 직접 공격목표가 되기도 하는 산업 등을 분산시켜 지방이나 시골로 대피시키는 정책을 가리키는 말이다. 우리에게는 낯선 용어지만 일본은 1941년 11월 방공법 개정을 전후하여 '피란'이라는 용어를 대신해 '소개'를 사용하고 있어 지금은 일반화되었다.

도쿄東京는 아이들의 대피를 1943년부터 실시하고 있다. 국민학생 1941년부터 소학교에서 국민학교로 명칭이 변경됨을 대상으로 한 이 대피를 학동소개學童疎開라고 칭한다. 당시 도쿄는 제국 일본의 수도였고 전쟁 말기에는 미군의 B29에 의한 폭탄과 소이탄 등 공습에 노출되어 곳곳에 발생한 화재로 인해 많은 사상자를 냈다. 특히 1945년 3월 10일에 있었던 '도쿄대공습'에서는 민간인 사상자만 10만 명 이상이 발생했다. 도쿄는 국민학교소학교의 아동을 가족이나 친지 등 연고가 있는 농촌으로 개인적으로 피란시킬 것을 권하고연고소개, 연고가 없는 경우에는 집단으로 피란시켰다집단소개. 1944년 여름에는 도쿄 이외에도 오사카, 나고야와 같은 12개의 공업도시의 국민학교 3~6학년 아동을 학교 단위로 집단소개시켰다. 1945년 봄, 집단소개로 피란 생활을 시작한 아이들은 45만 명에 달했다.

소개지로 출발하는 아이들

영유아의 피란 생활

소개는 국민학교 아동에게만 이루어진 것은 아니다. 1945년 6월에서 7월이라는 전쟁의 막바지에 이르렀을 때 도쿄에서는 유아를 대피시키기 시작했다. 이를 유아소개라고 한다. 유아는 국민학교 입학 전의 학령 전 아동으로, 학령기 아동과 달라서 어머니의 손이 가장 필요한 시기다. 따라서 이 시기의 유아를 부모로부터 떼어내어 대피시킨다는 것은 그리 간단치 않은 결정이었을 것이다. 또한 유아소개를 실행단계로 옮기는 과정에서 얼마나 많은 어려움이 있었을지 충분히 짐작된다. 당시 도쿄도 민생국 후생과 직원이었던 이노하나 도라오는 1945년 7월 27일 유아 대피를 위해 소개지로 정해진 군마현으로 떠나기 위해 도쿄 우에노역을 출발했는데, 그때의 상황을 다음과 같이 회상하고 있다.

> 우에노역에 도착하니 7시 20분이었다. 역 구내는 사람으로 가득했고 개찰구의 무리 속을 지나 홈으로 들어가서 긴 열차의 선두까지 인파 속을 헤치듯이 서둘러 지나갔다. 차 안에도 승객으로 가득 차 어느 차나 만원이었지만, 창가에는 눈물을 흘리며 흥분된 모습으로 전송하는 부모들, 차 안은 아직 아이들의 정리가 끝나지 않아서 일반 승객이 들어오는 것을 입구에서 막고 있는 보모들, 앙앙 하고 우는 아이들, "그만 창문을 닫아주세요. 잔인해요."하고 외치는 어머니, 흡사 지옥과 같은 모습이다. 전쟁 때문이라고는 하지만, 무리하게 아이들을 양친으로부터 떼어내서 낚아채어 가는 듯한 느낌이 들어 나도 차 안의 아이들을 진정시키려고 큰소리로 보모들을 지도했다. 짐이 예상외로 많았고 보모들도 그 짐을 운반하면서 짐 관리에 신경까지 쓰느라 전원이 거의 울다시피 하면서 발차 20분 전까

소개지로 향하는 아이들(기차 안에서)

지는 마치 벌집을 쿡쿡 쑤셔 놓은 듯한 모습이었다. 이 짐이 없다면 부모들도 개찰구에서 인사를 나누는 편이 좋았겠지만 짐을 나르는 일에 열중하다 보니 어느새 홈에까지 들어와 버린 것이다. "건강하게 돌아오렴."하고 창가 아래쪽에서 아이에게 말을 건네는 위엄있는 체격의 아버지도 울고 있다. 이러한 절박한 이별의 비통한 정경 속에서 나는 단지 "아이들은 잘 돌보겠습니다. 안심하십시오." 하고 외칠 수밖에 없었다. 기차는 조용히 떠났다. 유리창에 매달려서 함께 걸어오는 부모들의 진지하면서도 울어서 퉁퉁 부어오른 얼굴을 나는 평생 잊을 수 없을 것 같다.

출처: 東京都公立保育園研究会 編, 1980.

소개지에서의 피란 생활

도쿄도는 유아의 피란 생활을 위해 나가노현 1개소, 군마현 2개소, 사이타마현 2개소 총 5개소에 소개보육소를 설치했다. 그런데 한 곳만이 1945년 6월 18일에 소개지로 출발하고, 나머지 네 곳은 모두 7월 27~28일로 불과 전쟁이 끝나기 20여 일 전에 출발했다. 유아의 연령은 설치요강에서는 만 4세 이상이었지만, 실제로는 만 2~6세까지였고 모두 약 300명 정도의 아이들이 부모 슬하를 떠나 집단으로 대피했다. 소개보육소는 관동지방과 가까운 현으로, 기후환경과 식량 사정, 방공 방위상의 문제를 고려하여 선정되었고, 집단으로 대피하는 것이기 때문에 주로 많은 인원을 수용해도 무리가 없는 절, 여관, 집회소 등을 임차하여 사용했다.

'소개보육소 설치요강'에는 소개지의 식량, 연료 그 외의 생활물자에 관해서는 농상성農商省 관계자와 소개지에서 조치를 강구하고 최소한 소개지구 평균 배급은 확보하도록 규정되어 있다. 그러나 보모들은 소개지에서 식량 조달이 좀처럼 용이하지 않았기 때문에 아이들의 식사량을 채우기 위해 필사적으로 노력했다. 1945년 당시의 쌀값은

'도쿄도 소개보육소 설치요강'과 '실시세목'에서 보이는 방침

구분	내용
위탁방법	보호자의 신청에 근거해 임의 위탁한다
연령	만 4세 이상까지, 다만, 이미 탁아소 수탁아 등으로 보육담당자가 집단보육이 적당하다고 인정하는 자는 연령 만 4세에 달하지 않아도 수용한다
설치장소	관동지방(가나가와, 지바를 제외)과 그 근접 현으로, 기후환경과 식량 사정, 방공 방위상 고려하여 적당한 곳을 선정한다
수용시설	23개소 설치를 목표로 하여 시설 1곳의 수용인원은 약 50인으로 정한다
경비	보호자에게 아동의 생활비로서 월 20엔을 부담시키는 것 외에 모두 국고와 도쿄도(都)가 부담한다
운영	소개지 지구 내 유아를 수탁하고 주간보육을 실시할 때는 당해 지구내 부인단체 등의 협력을 구하되 보육료는 징수하지 않는다

출처: 汐見稔幸 外, 『日本の保育の歴史 – 子ども観と保育の歴史150年』, 219쪽에서 작성.

공정가격으로 한 되에 53전이었지만 쌀 한 되는 1.5kg, 지금의 약 1,500엔 원활하게 식량 배급이 이루어지지 않았던 전쟁 말기 암시장에서는 한 되 10엔 지금의 약 1만 5,000엔 까지 가격이 형성되었다고 한다. 이런 점을 생각해 보면 소개지에서 보모들이 식량을 획득하기까지 상당한 어려움이 있었을 것은 충분히 짐작된다.

식량부족은 각지의 소개보육소장이 일률적으로 지적한 사항으로 원활한 배급이 이루어지지 않아 아이들에게 넉넉한 식사를 제공할 수 없어 많은 어려움을 겪고 있는 문제였다. 보모들은 아이들의 식량 배급에 일조하기 위해 지역 주민을 설득하고 주변 나무에서 열매를 따는 등 동분서주했던 것이 유아소개 보육의 가장 큰 고충이었다고 한다. 그나마 도시를 떠나 다행히 나가노현이나 군마현과 같은 농촌지역의 피란 생활은 농번기 탁아소처럼 지역기반시설을 이용해 지역주민과 협력할 수 있었고, 그 결과 식량 배급으로도 연결되어 소개보육의 어려움을 조금이나마 해소할 수 있었다.

유아를 대상으로 한 집단소개의 특징은 24시간 보육이라는 점이다. 절이나 집회소 등을 빌려 24시간 아이들과 직접 접촉한 보모들은 아이들의 소변문제로 고생했음을 토로했다. 낯선 환경에서 아이들이 소변 실수를 자주 하자 보모들은 아이들이 가정에서 느끼는 부모의 사랑을 대신 채워 줄 수 없다는 한계를 실감했다. 이 때문에 보모들은 심적 부담으로 체력의 한계와 피로가 누적되어 힘들었다고 한다.

유아를 집단으로 대피시키는 것은 학동을 대피시키는 것과 달리 1945년 3월 10일 '도쿄대공습' 이후 갑작스레 전개되었다. 전쟁이 끝나고 소개지의 보육이 종료된 후 유아소개의 문제점과 그 반성을 위한 보육좌담회가 1946년 2월 12일 실시되었다. 당시 나가노현으로 소개

소개지에서 공부하고 식사하는 아이들

보육을 떠난 후지미 소개보육소장 마쓰코 도시는 본인이 운영하던 유치원에 도쿄도의 지침에 따라서 '전시탁아소'를 병설했다고 한다. 그런데 이후 전황이 악화되면서 유아를 대피시켜 보육해야 할 필요를 통감하지만, 전시탁아소를 개설한 후 여러 다양한 문제점에 직면하고 중대한 책임을 느끼면서 단독으로 결행하기까지가 쉽지 않았다고 한다. 그런데 얼마 후 전쟁으로 사망한 유아를 목격하고 유아소개를 더 이상 미룰 수 없다는 절박한 심정으로 계획을 세울 여유도 없이 집단으로 유아를 대피시켰다고 한다. 당시 도쿄도에서 유아의 대피가 얼마나 다급한 상황에서 이루어진 것인지 알 수 있다.

전시탁아소는 1943년 도쿄시 1943년 7월 1일 도쿄도로 행정구역이 변경되어 도쿄시는 폐지됨가 전시라는 비상시국에 필요한 군수물자를 군수공장에서 원활하게 생산 확충하기 위해 전선의 남성을 대신해 여성노동자가 아이를 맡기고 일에 전념할 수 있도록, 그 아이를 탁아소에서 늠름한 차세대 '소국민'으로 양성한다는 취지 아래 설치된 것이다. 1944년 2월 시점에 도쿄의 전시탁아소는 신사와 절, 국민학교 등에 설치된 것이 73개소였다. 이외에도 77개소의 증설계획이 있었고, 완성되면 150개

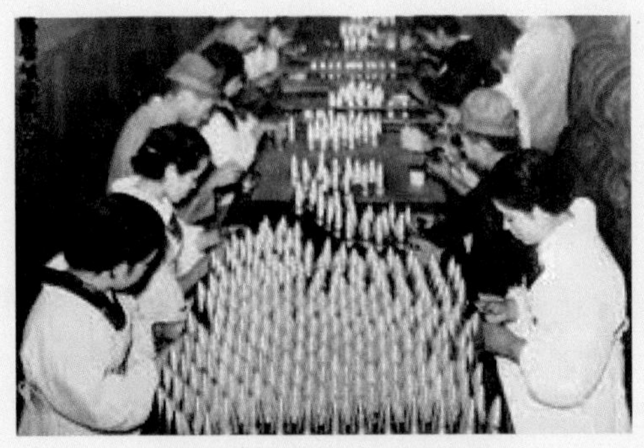

군수공장에서 일하는 여성노동자

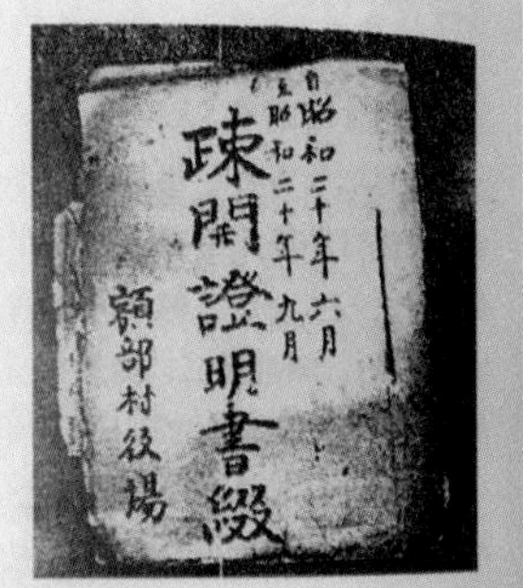

군마현 도미오카시에 보존된 소개증명서철

소에 이를 예정이었다. 도쿄대공습 이후 유아의 대피가 빠르게 전개되면서 1945년 6월 전시탁아소는 완전히 폐쇄되었다. 하지만 생산의 최일선에 있던 군수공장은 여전히 돌아가고 있었다.

소개보육이 끝난 것은 전후이다

유아가 집단으로 대피하여 각각의 소개지에 유아 소개보육소가 설치된 지 약 20일이 지나 1945년 8월 15일 일본은 패전을 맞이했다. 그러나 소개보육소에서 피란 생활을 하는 유아는 바로 도쿄로 돌아가지 못했다. 당시 시타야 소학교로 소개 중이던 도쿄도 민생국 직원은 이미 전쟁이 끝났지만 각 소개보육소에 '명령이 있을 때까지 그대로 보육을 계속하라'고 타전했고, 1945년 12월 25~26일 소개보육소 폐쇄 결정이 내려지기까지 유아 소개보육은 계속되었다.

3

일본을 일본답게 만드는 문화와 정서

흐름에 맞추는 것이 매너, 일본 전철 문화 / 일본의 미니멀리스트
에도시대 요괴, 코로나19 시국의 상징이 되다 / 나에게 소중한 대상, 일본 전통 '이케바나와 다도'
성장해 가는 캐릭터 / 일본 다도와 일좌건립 / 신도(神道)와 동행하는 일본
《국화와 칼》, 외부인의 눈으로 본 일본 문화론의 출발점
리큐백수(利休百首)로 보는 차의 마음 / 기모노, 사람이 입어서 완성되는 예술
검댕이, 이 사소한 것에 대한 일본 대중문화 작품의 관심과 애정

흐름에 맞추는 것이 매너, 일본 전철 문화

오카무라 나오코 [합동회사(合同会社) 에디라보]

번역: 노미애(한국방송통신대학 일본어 번역연구회 5기)

일본에는 〈철길은 계속 이어져요 어디라도〉라는 노래가 있다. 원곡은 1860년대 미국 노동민요인데 가사에는 대륙횡단철도 건설의 가혹한 노동 현실이 담겨 있다. 그러나 일본인에게 유명한 이 노래는 한층 목가적이고 평화롭다.

> 철길은 계속 이어져요 어디라도 / 들판을 지나 산을 넘어 골짜기를 건너
> 아득히 머나먼 곳까지 우리의 / 즐거운 여행의 꿈을 이어 주죠

원곡의 고단한 가사는 공공방송인 NHK 어린이 방송에 맞게 1960년대에 순화되었다. 널리 알려진 가사가 위의 내용이다. 대부분 일본인은 초등학교에 입학하기 전에 이 노래를 수없이 흥얼거리지 않았을까 싶다. 경쾌한 리듬에 맞춰 미지의 머나먼 세계로 상상의 나래를 펼치는 좋은 노래다. 일본인에게 철도나 전철의 이미지는 이 노래가 기점이 된 듯하다. 철도나 전철을 잘 몰랐던 나도 어린 시절부터 '철길은 계속 이어져 어디라도 갈 수 있고 우리를 즐거운 곳으로 데려가 줄거야'라고 생각했다. 지금도 그 인상은 여전하다.

노선이 교차하는 복잡한 지하 미궁

도쿄나 오사카에서 실수 없이 전철을 갈아타려면 다소 경험이 필요하다. JR, 민영철도, 지하철 등 많은 노선이 엇갈려 복잡하기 때문이다. 특히 도쿄에서는 시부야역, 오사카에서는 우메다역 구내가 어찌나 미궁인지 눈물이 핑 돌 정도다.

시부야역은 현재 JR, 게이오전철, 도큐전철, 도쿄지하철도쿄메트로이 운영하는 12개 노선이 교차하는데 명실상부 터미널이 되었다. 최근에는 재개발로 복합시설 빌딩 5개와 이어져 있다세는 방식에 따라서는 늘어날 수도 있다.

개발하면서 지상에 있던 승강장이 지하로 들어가거나, 떨어져 있던 노선을 병렬시키거나, 승차장도 대폭 이동시켰다. 지상에 있다면 평면으로 인식되어 별 문제가 없겠지만 선로가 땅속으로 들어가 입체적으로 엇갈린다. 처음 이용하는 노선은 헤맬 수밖에 없다. 같은 역인데도 내 걸음으로 갈아타는 데 10분 이상 걸린 적도 있다.

오사카역은 다른 형태로 복잡하다. 장소는 같은데 역명이 제각기 다르다. 어떤 사람은 '오사카역'이라 하고 또 다른 사람은 '우메다역'이라 한다. 둘 다 맞다. JR의 오사카역, 오사카메트로의 우메다역, 한신전철의 오사카우메다역, 한큐전철의 오사카우메다역이 모두 같은 곳에 있다. 게다가 걸어서 갈 수 있는 거리에 오사카메트로의 히가시우메다역과 니시우메다역도 있다. 이들은 지하도 몇 개로 이리저리 연결되어 있어 익숙하지 않은 사람은 자신이 대체 어디에 있는지 헛갈린다. 약속 장소가 '우메다역'이면 반드시 노선명과 개찰구 번호나 명칭을 확인하는 것이 좋다.

다른 역도 지하나 고가 위로 개축하면서 평면지도에서 현재 위치를 파악하기가 점점 어려워지고 있다. 편리해졌는데 어딘가 불편한, 이상한 장소가 되었다.

평소 전철 타는 방법

역 사정은 각기 다르겠지만 일본 전철에는 전국적으로 공통 승차 방식이 존재하는 듯하다. 중요한 것은 '흐름에 맞춰 탄다'는 행위일 것이다.

나는 일본 내륙 지방 나가노현에서 태어나 자랐다. 오봉 명절과 설날에 요코하마에 있는 외가에 갈 때 타는 특급열차 외에는 철도를 이용할 기회가 없었다. 열차는 한 시간에 한 대 있을까 말까 해서 반드시 예약해 좌석을 확보했다. 그러나 도쿄 옆 가나가와현으로 이사한 후에는 사정이 바뀌었다.

제법 좋은 물건이나 구하기 어려운 물건을 사려면 전철을 타고 도회로 나가야 한다. 도심에 가까울수록 번잡하고 사람의 흐름이 점점 빨라진다. 14살에 처음으로 신주쿠역에 내렸을 때는 흐름에 익숙하지 않아 몇 번이나 사람들과 부딪혔고 그들은 언짢은 표정을 지었다. 신주쿠는 1일 이용객이 세계 최다를 기록할 정도로 혼잡하다. 그날은 서쪽과 동쪽 출입구를 착각한 탓에 목적지까지 가지도 못했다. 다시 사람과 부딪히며 그리고 왜 이렇게 부딪히는지 의아해하며 돌아온 기억이 생생하다.

그날의 경험으로 나는 일본 철도를 이용할 때 '흐름을 타는' 것이 굉장히 중요하다는 것을 배웠다. 긴 줄넘기할 때 순서에 맞춰 매끄럽게 들어가듯이 원활하게 해내야만 한다.

철도 이용에 첫 장애는 개찰구다. 한국의 티머니, 캐시비와 마찬가지로 일본에도 '교통계 IC카드'가 있다. 미리 금액을 넣어놓고 이용할 때마다 금액이 빠져나가는 선불 방식이다 간사이 지방에서 유통되고 있는 피타타는 후불 방식. 개찰할 때 돈이 부족하거나 터치 타이밍을 놓치면 에러가 나서 기분이 찝찝하다. 역시 흐름에 지장이 생기는 것은 안 좋다는 생각이 들기 때문이다. 걸리지 않고 통과할 수 있게 카드 잔액에 늘 신경을 써야 한다.

종이 차표도 적지만 건재한다. 그러나 터치 패널 식의 발매기가 생기면서부터 조작성이 상당히 나빠졌다. 이전 종이 차표는 요금을 인식한 플라스틱제 보턴 장치 발매기에서 원하는 금액을 누르면 차표가 나왔다. 주스 자동판매기처럼 단순했다.

요즘은 발매기 첫 모니터에 IC카드 혹은 회수권인지, 특급 또는 일반 열차인지 등의 선택 항목이 빽빽이 나온다. 목적지의 요금은 발매기 위에 있는 커다란 노선도 패널에서 확인할 수 있는데 '일반 차표' 발권 첫 순서부터 막막해하는 사람이 가끔 눈에 띈다. 일일이 차표를 사는 수고를 생각하면 IC카드를 이용하는 것이 훨씬 편하다.

역 대부분이 승강장으로 이어지는 층계에 난간이나 라인으로 올라가고 내려가는 방향을 구분해 놓는다. 신기할 정도로 아무리 혼잡해도 사람이 뒤섞이지 않는다. 만원 전철에서 미어져 나오는 사람들이 대거 층계를 오르는 중에 전철을 놓치지 않으려는 사람들이 좁은 틈새를 요리조리 뚫고 내려가는 모습을 볼 수 있다. 급할 때는 그러한 몸에 밴 행동이 고맙다.

타기 전에는 줄서기에 주의해야 한다. 같은 승강장에서도 선발, 차

발, 차차발에 따라 또는 완행, 급행, 특급 등에 따라 줄을 서야 하는 장소가 정해져 있다. 최근에는 아침저녁 통근시간에 '여성 전용 칸'이 설정되어 있어 남성이 그 줄에 서거나 깜박 잊고 탄다면 창피는 당연지사다.

전철을 탄 뒤의 위치를 생각하는 것도 중요하다. 텅텅 빈 전철 안은 마음 편히 아무 데나 앉아도 되는데 왠지 모두 일자로 된 긴 의자 끝부터 앉는다. 아무도 없는 의자이니 가운데부터 앉아도 전혀 상관없건만 그렇게 하는 사람은 거의 없다. 모두 양쪽 끝부터 앉는다. 양 끝이 채워지면 세 번째 사람은 가운데 자리를 선택한다. 네 번째, 다섯 번째도 '사람과 사람 사이'의 간격을 정해 앉는다. 요즘은 의자에 1인용이라고 분간해 주는 약간 파인 모양새가 있어 맞춰 앉지만 아무 구분이 없던 시절에는 사람들 스스로 거리가 균등해지도록 앉았다.

일본 전철 안의 특징은 문 좌우에 사람이 선다는 것이다. 긴 의자 양 끝에 앉은 사람의 머리 높이 정도에 가로 방향으로 난간이 있어서 그쪽에 기대는 사람이 많다. 단, '앉아 있는 사람의 팔꿈치가 튀어나와 기댄 사람 몸에 닿았다', '기댄 사람의 짐이 앉은 사람의 머리에 부딪혔다' 따위의 문제가 늘어 최근에는 완전히 차단하기 위해 세로 패널을 끼어 놓았다. 팔꿈치도 짐도 튀어나오지 않도록 철도회사들이 고안한 결과다.

노약자석을 정해 놓기는 했지만 분명히 한국만큼 엄격하지 않다. 젊은이가 앉아서 스마트폰을 만지작거리거나 조는데 바로 앞에 노인이 서 있어도 일어나지 않는 경우도 흔하다. 이는 개선하는 편이 좋을 것이다.

전철 손잡이나 난간은 코로나19 확산 이후 이용하는 사람이 줄지 않았을까 싶다. 가능한 한 만지지 않으면서 어딘가에 기대거나 흔들리지 않으려고 두 발로 힘껏 버티며 대처한다. 어쩔 수 없이 잡아야 할 때 키 큰 남자는 짐 선반 난간을 잡기도 한다. 나는 키가 작아 두 손가락을 겨우 손잡이에 살짝 걸친다.

전철 안에서 대화하는 사람은 시간대에 따라 다르다. 아침저녁 출퇴근 때는 대화하는 사람이 거의 없다. 대개는 스마트폰을 보거나 잠잔다. 교복을 입은 학생들이 무리 지어 탈 때는 분위기가 왁자지껄 일변한다. 반 친구들 이야기, 선생님 이야기, 동아리 활동이나 공부 이야기, 내 의지와 상관없이 들려오는 청명한 목소리로 재잘거린다. 그 소리에 잠시 내 그리운 학창시절을 떠올린다.

내릴 때는 '내 위치에서 가장 빨리 인파를 헤집고 나갈 길'을 순식간에 파악한다. 너무 혼잡해서 문이 닫히기 전에 출구로 나가기가 어렵다 싶을 때는 미리 일어나 문이 열리는 쪽으로 간다. 주의할 점은 사람에게 부딪치지 않게, 승차할 사람을 기다리지 않게, 흐름에 따라 내리려면 어떻게 할까이다. 하나하나가 번거롭다 아니 할 수 없다.

그러나 의외인 것은 이 동작이나 사고들이 거의 무의식적으로 일어난다는 것이다. 이번에 일본 전철 문화를 소개하려고 생각했을 때 평소 내 전철 탑승 방식을 돌아봤다. 앞의 꽤 번잡한 과정을 아무 생각 없이 행하고 있음을 깨달았다. 분명히 많은 일본인이 '흐름에 맞춘 탑승'을 무의식적으로 실행하고 있을 것이다.

사람과 부딪치며 걸었던 나도 지금은 익숙해져 빠른 속도로 지나치는 사람들 사이를 누비며 자유자재로 이동할 수 있게 되었다. 진행 방향을 몸이 아는 것이다. 사회에 스며들어 사회인으로 성장한 하나의 증거라 생각한다.

일본의 미니멀리스트
- 그 배경, 의의, 실천

세라쿠 도루(한국외국어대학교 일본어 통번역학과 교수)

번역: 박경애(건국대학교 강의초빙교수)

물건이 넘치는 생활, 정보가 넘치는 일상

요즘은 물건과 정보가 범람하고 있는 것 같다. 이전에 비해 다양한 상품과 서비스가 등장하고 있고, 홈쇼핑이 보급됨에 따라 우리 주변에 물건이 넘쳐나게 되었다. 물리적인 것뿐 아니라 정보도 그렇다. 인터넷 보급에 따라 다양한 SNS과 플랫폼이 생겨났고 스마트폰으로 언제라도 정보에 접할 수 있다. 이런 상황인지라 예전보다 더욱 물건이나 정보 여기서는 정보를 포함하여 물건으로 표현한다를 잘 살펴보고 소중하게 다루어야 한다.

2010년 이후, 일본에서는 '미니멀리스트'라는 키워드가 눈에 띄는데 물건이 범람하고 있는 현대이기 때문에 미니멀리스트는 더 의미 있는 것 같다. 여기서는 다음과 같은 주제에 초점을 맞추어 미니멀리스트에 대해 살펴보고자 한다.

- 미니멀리스트는 어떤 것이고 어떤 배경으로 생겨났을까?
- 미니멀리스트는 사람들의 생활이나 인생에 어떤 영향을 줄까?
- 미니멀리스트를 실천할 때 어떤 점을 조심해야 할까?

이야기를 하기 전에 강조해 두고 싶은 것이 있다. 이 글은 미니멀리스트가 되기를 권장하는 것도 아니고 미니멀리스트가 되기 위한 조언을 하자는 것도 아니다. 어디까지나 최근의 일본 사회에서 시민권을 얻게 된 미니멀리스트라는 사고방식이나 그 성립배경을 의의와 함께 소개하는 것이 목적이다.

미니멀리스트 배경

미니멀리스트는 한마디로 '자신에게 필요 없는 물건에서 해방되고 꼭 필요한 물건이나 본질적인 물건만으로 살아가기'를 실천하는 사람이다. 이 규정에서 표현하는 것처럼 그 의의는 물건을 버리는혹은 기부하거나 파는 것이 아니라 물건을 처분한 결과로 소중한 물건을 인식하고 그것을 분명하게 마주본다는 점에 있다. '물건을 버리는' 행위가 물건을 함부로 다룬다는 느낌이 들 수 있다. 그러나 사실은 그 반대로 본질적으로 소중한 물건을 골라 그 물건들을 소중하게 다루는 사람이 미니멀리스트라고 할 수 있다.

미니멀리스트라는 말을 자주 듣게 된 것은 2010년대부터라고 한다. 이 원고를 집필하고 있는 2023년 현재도 미니멀리스트와 관련된 서적, 블로그, 동영상 등 다양한 콘텐츠가 제공되고 있다. 다만 그 근본은 고대 인도에서 발상된 요가의 '단샤리 断捨離'라는 사상과 관련 있다. 단샤리란 필요 없는 물건을 처분하고 물건에 대한 집착을 없애어 균형 잡힌 생활이나 인생을 보내는 것을 목적으로 하는 사상이다. 이 기본적 사상은 '단샤리'를 구성하는 3개의 한자에 반영되어 있다.

- 단행断行: 들어오는 불필요한 물건을 끊는다.
- 사행捨行: 이미 있는 불필요한 물건을 버린다.
- 이행離行: 물건에 대한 집착에서 벗어난다.

즉, '단샤리'란 단순히 신변의 물건을 정리하는 것이 아니라 불필요한 물건에서 해방되는 것으로 조화로운 생활이나 인생을 손에 넣는 것을 목적으로 한다.

이처럼 미니멀리스트의 기본적 사고는 특별히 일본에서 유래한 것은 아니지만 그 사고가 일본에 퍼진 배경에는 일본 특유의 이유가 있는 것 같다. 일본은 지진, 쓰나미, 폭우 등 자연재해가 많은 나라 중 하나다. 만약 지나치게 많은 물건에 둘러싸인 생활을 하고 있으면 재해 때 피해가 커지고 피난도 어려워질지 모른다. 또 일본에는 심플한 물건을 좋아하는 사람이 일정 수 있다는 것도 미니멀리스트가 주목받게 된 이유일 수도 있다. 실제로 MUJI 브랜드 등의 상품을 보더라도 알 수 있듯이 미니멀리스트라는 말이 미디어에 등장하기 이전부터 기능성을 갖춘 미니멀한 디자인을 지향하는 사람이 많이 있었다. 이처럼 미니멀리스트의 기본적 사고는 일본만의 독자적인 것이 아닐지 모르지만 미니멀리스트가 정착된 배경에는 일본의 독자적인 사정과 연관이 있는 것 같다.

미니멀리스트의 의의

그렇다면 미니멀리스트에는 어떤 의의와 장점이 있을까? 먼저 본질적인 의의부터 살펴보기로 한다.

첫째, 시간에 여유가 생기고 마음에 여유가 생긴다. 예를 들면 불필요한 물건이 없으면 단순하게 물건을 찾거나 관리하는 시간이 필요 없고 청소하는 시간도 짧아진다. 이를테면 장롱을 열어 재킷이 10벌 있는 경우와 3벌밖에 없는 경우를 생각해 보라. 3벌밖에 없으면 코디를 생각하는 시간도 짧아지고 세탁이나 드라이크리닝을 맡기는 수고도 적어진다. 시간에 여유가 생기면 평소의 생활을 되돌아보거나 자신이 좋아하는 것을 하는 등 더 풍요로운 나날을 보내는 계기를 만들 수 있다.

둘째, 현재 상태에 대한 만족감을 느낄 수 있다. 자신의 주위에 있는 물건은 자신에게 필요한 물건 혹은 중요한 물건뿐이다. 그런 상태에 있으면 그 이상 많은 것을 바라지 않더라도 만족할 수 있다. 앞에서 말한 장롱을 예로 생각해 보자. 10벌의 재킷 중에 특히 마음에 드는 3벌의 재킷이 있다고 하자. 그 3벌은 나머지 7벌 속에 묻혀 있어서 그 가치를 충분히 느낄 수 없다. 그런 경우 이미 10벌의 재킷을 가지고 있는데도 더 많은 재킷을 사고 싶은 욕구에 사로잡힐지도 모른다. 그러나 재킷이 3벌밖에 없다면 그것들은 자신에게 애정이 깃든 물건이고 그 고마움을 느낄 수 있으므로 만족감은 높아진다.

셋째, 물건을 진지하게 마주할 수 있다. 자신에게 필요한 물건 혹은 자신에게 소중한 물건으로만 둘러싸여 있다면 그것에 대한 애착이 생겨나고 감사하는 기분이 든다. 이번에도 장롱을 예로 생각해 보자. 자신이 정말 마음에 드는 3벌의 재킷을 엄선해서 장롱에 넣어 두면 매일 자신이 마음에 드는 재킷을 입을 수 있다. 그리고 감사한 마음으로 재킷을 소중하게 다루게 된다. 그러나 재킷이 10벌이 있을 때는 거의 입지 않게 된 재킷도 있을 것이고 10벌 하나하나에 진심으로 애착을 가지고 있는 사람도 많지 않을 것이다.

이런 본질적인 의의가 아니더라도 실리적인 이점으로 물건이 적은 만큼 방이 넓게 느껴지고 물건을 구입하는 빈도가 줄어들기 때문에 절약으로 이어진다는 점도 있다. 앞서 말했듯이 특히 일본에 살고 있는 경우는 자연재해가 일어났을 때 물건이 적다면 비교적 적은 피해로 끝날 가능성도 있다.

미니멀리스트의 실천

미니멀리스트 정신에 공감하고 그와 같은 생활을 실천하고 싶다고 느끼더라도 실제적인 문제, 물건을 어떻게 처분하면 좋을지 몰라 막연하다고 느끼는 사람이 있을지도 모르겠다. 그래서 물건을 처분하려면 어떻게 하면 좋은지, 또 그 과정에서 무엇을 주의해야 하는지 생각해 보자.

물건을 처분하려면 먼저 불필요하다고 확신하는 것부터 버리라고 추천한다. 예를 들면 방에 빈 상자나 쓰레기가 떨어져 있다면 우선 그것을 버리는 일부터 시작하자. 그리고 물건을 처분할 때 명확한 기준을 세우는 것이 중요하다. 과거 1년 동안 한 번도 사용하지 않은 물건은 버린다혹은 다른 사람에게 주거나 리사이클한다. 앞서 말한 장롱을 예로 재킷이 10벌 있다고 하자. 패션에 상당한 관심이 있고 코디에 많은 신경을 쓰는 사람이 아니라면 과거 1년 동안 한 번도 입지 않은 재킷이 있을 수 있다.

또 같은 용도나 기능을 가진 물건이 여러 개 있다면 처분한다는 기준을 세우는 것도 좋다. 펜꽂이에 검정 볼펜이 다섯 자루 있다면타입이

다른 볼펜을 사용해서 일하는 건축가 등은 예외로 하고 볼펜 수를 한 자루나 두 자루로 줄여도 곤란하지 않을 것이다.

그 외에 디지털화할 수 있는 것은 디지털화하는 것도 한 가지 방법이다. 예로 몇백 장이나 되는 추억의 사진을 앨범에 간직하고 있다면 정말 가까이 남겨 두고 싶은 사진을 제외한 나머지는 디지털화하는 것도 좋다.

지금까지 서술한 기준은 물건을 처분할 때의 기준으로 '단샤리'에서 '버리는' 기준에 해당한다. 이와 더불어 중요한 것은 새 물건을 늘리지 않기 위한 규칙이다. 이는 '단샤리'의 '끊는 것'과 관련이 있다. 이와 관련해서도 사전에 규칙을 정해 둘 필요가 있다. '어떤 상품을 사야 할지 망설여질 때 그것과 비슷한 디자인이나 기능을 가진 물건을 이미 갖고 있지 않는지 살펴본다'라는 규칙이나, '새 물건을 하나 사면 그것과 같은 카테고리의 물건을 처분할 수 있는 것이 없는지를 검토한다'라는 규칙을 예로 들 수 있다.

이와 같이 '끊고' '버리는' 것을 실천하면 물건에 대한 집착이 옅어지고 자신이 가지고 있는 물건을 마주보고 소중하게 다루게 된다. 즉, '벗어남'을 실현할 수 있다.

미니멀리스트를 실천할 때 주의해야 할 것이 있다. 먼저, 버리는 것 자체가 목적이 되어서는 안 된다. 일단 물건을 버리기 시작하면 일종의 해방감을 느낄 수 있고, 해방감을 더 느끼고 싶은 충동에서 자꾸자꾸 물건을 버리는 경우가 있다. 그러나 미니멀리스트란 물건을 버리는 사람이 아니라 물건을 처분하여 주변에 있는 물건과 마주하고 보다 풍요로운 생활이나 인생을 추구해 나가는 사람이다. 버리는 행위에 대한 해방감을 느끼는 데 목적이 있는 것이 아니다.

또 미니멀리스트가 아닌 사람을 나쁘게 생각하거나 비난해서는 안 된다. 미니멀리스트란 일상을 지내는 방식 혹은 인생을 보내는 방식의 일례에 지나지 않는다. 처음에 말한 주의점과도 관련이 있지만 다른 사람이 소유하는 물건이 많다고 해서 스트레스를 느끼는 것이 아니라 다른 사람의 생활 스타일이나 인생관을 존중하는 자세가 중요하다.

마지막으로

영어의 미니멀minimal은 '최소의'라는 형용사이지만 어느 정도가 '최소'인지는 개인마다 다르다. 예를 들면 거실에 가구가 하나도 없는 미니멀리스트도 있지만 일하는 패턴, 가정 사정, 취미나 관심 등 사람에 따라 달라질 수 있고 무엇이 미니멀인지는 본인만이 안다.

또 미니멀을 지나치게 추구하지 말고, 미니멀리스트의 사상을 적당하게 자신의 생활에 도입하는 사람도 있다. 최근 '느긋한 미니멀리스트'나 '작은 미니멀리스트'라는 말도 들리는데 이는 미니멀리스트 정신에 공감은 하지만 그것을 철저하게 실천하지는 않고 자신의 생활에 도입하고 싶다는 생각으로 유연하게 받아들이는 사람을 말한다.

마지막으로 이 글을 쓰면서 미니멀리스트에 관한 서적이나 인터넷 기사, SNS상의 동영상을 참고했다. 특히 사사키 후미오의 《우리에게 이제 물건은 필요 없다》에서는 많은 것을 배웠다. 이 책은 초판이 2015년 와니북스에서 출판되었고 2019년에는 치쿠마서방에서 증보판으로도 나왔다. 2022년 기준 23개국에서 번역되어 있다고 한다. 각 나라나 문화에서 미니멀리스트 사상이 어떻게 받아들여지고 어떻게 실천되고 있는지 살펴볼 수 있어 아주 흥미롭다.

에도시대 요괴,
코로나19 시국의 상징이 되다

도이 미호(한성대학교 교수)

일본에서 오랫동안 많은 사랑을 받고 있는 〈아사히신문〉의 간판 컬럼 '천성인어天声人語'를 모르는 사람은 없을 것이다. 2020년 6월 4일의 천성인어에 소개된 '아마비에인지? 아마비코인지?アマビエかアマビコか'는 매우 흥미로운 내용이었다. 감염을 예방할 수 있다는 에도시대 전설의 반인반어 요괴가 코로나19 대책 캐릭터로 채용되어 몇백 년이 지난 지금의 코로나19 상황에 화제가 되고 있다는 것이다. 에도시대의 요괴 '아마비에'가 코로나19 재앙 속에 새롭게 부활되어 상징이 되어버린 이야기를 시작해 보려고 한다.

아마비에란 무엇인가

아마비에는 요괴다. 따라서 우선 일본인에게 요괴란 어떤 존재인지 정리해 보려고 한다. 사전적으로는 요괴란 인간의 지식으로는 해명할 수 없는 기괴한 현상 또는 괴이한 물체로 되어 있다 일본 국어사전 《고지엔》. 또한 민속학적으로는 자연의 신기한 현상이나 강대한 힘을 두려워하는 마음이 요괴를 출현시켰다고 설명한다. 요괴는 동서고금 불문하고 존재하지만 특히 애니미즘적인 세계관이 근간에 있는 일본에서는 동식물뿐만 아니라 모든 사물에도 영혼이 있으며 요괴화가 가능하다고 알려져 있다. 실제로 무로마치시대 1336~1573 에는 낡은 도구들이 요괴화된 그림이 제작되었다. 일찍이 요괴의 조형화, 시각화가 이루어져 예부터 일본인에게 요괴는 친숙한 존재였다고 할 수 있다. 현대 사회에서는 요괴의 캐릭터화도 더 다양해졌다. 미즈키 시게루의 〈게게게의 키타로〉, 미야자키 하야오의 애니메이션 등을 보면서 자란 많은 일본인에게 요괴는 매우 가까운 존재이며, 특히 '요괴워치' 2014 게임이나 애니메이션을 즐기는 아이들에게 요괴는 오싹하고 무서운 이미지보다도 포켓몬과 같은 귀여운 캐릭터로 인식되어 있는 경우가 많다. 즉, 신앙적·미신적인 뜻이 담긴 두려움의 대상뿐만 아니라 오락의 대상으로 자리 잡고 있다는 뜻이다. 일본의 요괴란 그 모습이 기괴한 것에 한정되지 않고 유령, 도깨비, 정령, 때로는 신의 영역까지도 이르며, 그 범주가 세계의 어느 나라보다도 넓고 종류와 속성도 다양하다고 할 수 있다.

이번에 소개하는 아마비에는 에도시대 말기인 1846년에 히고노쿠니 현재 구마모토현 바다에 나타났다고 전해지는 요괴다. 아마비에 모습을 알 수 있는 자료는 에도시대의 가와라반 속보 기사판 이다. 유일하게 현존하는 가와라반은 교토대학 부속도서관에 소장되어 있다.

가와라반의 한쪽에는 아마비에가 그려져 있다. 머리가 긴 인어처럼 생긴 아마비에는 새와 같은 부리가 있고, 비늘로 감싸진 몸, 다리 대신 꼬리지느러미 같은 것이 3개 붙어 있다. 아마비에 모습을 이 글로만 상상하면 괴이한 모습을 떠올릴 수도 있지만 실제 그림을 보면 알 수 있듯이 아마비에는 무서운 용모가 아니라 어딘지 모르게 유머러스하고 현대의 '유루캬라 힐링 캐릭터'와도 통하는 것 같다.

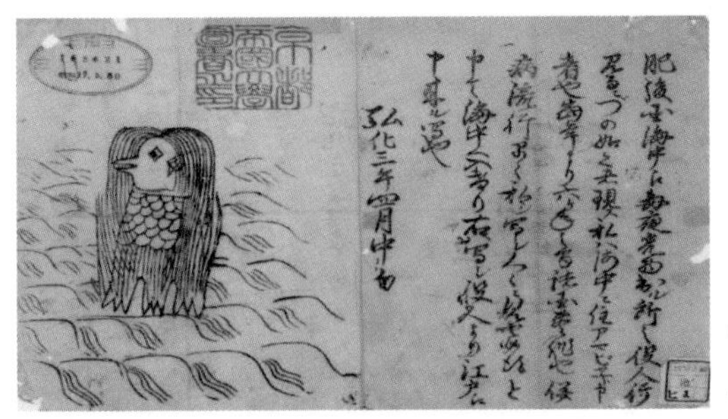

에도시대 가와라반에 나온 아마비에

출처: 교토대학 부속도서관 소장

〈원문〉

肥後国海中え毎夜光物出ル所之役人行
見るニづの如く者現ス私ハ海中ニ住アマビヱト申
者也当年より六ヶ年之間諸国豊作也併
病流行早々私シ写シ人々ニ見せ候得と
申て海中へ入けり右ハ写シ役人より江戸え
申来ル写也

弘化三年四月中旬

히고노쿠니 바닷속에 매일 밤 빛나는 것이 출몰했다. 이 지역의 관리가 찾아갔더니 그림과 같은 자가 모습을 드러냈다. '나는 바닷속에 사는 아마비에다. 올해부터 6년 동안 풍년이 이어지지만 역병도 유행한다. 나의 모습을 그려 사람들에게 보여 주게'라고 말하고 다시 바닷속으로 사라졌다. 이 그림은 히고노쿠니 관리가 에도로 보고하기 위해 아마비에를 그린 것이다.

홍화 3년(1846년) 4월 중순

코로나19 팬데믹의 2020년 2월에 요괴 전문 일러스트레이터가 아마비에 족자 작품을 트위터에 올렸다. 그 후 원본을 소장하고 있는 교토대학에서 '감염병 유행 시 그려 보면 좋다는 요괴 아마비에를 놓고 갈게요.'라는 문구와 함께 그림을 첨부해서 트위터에 공개하면서 빠르게 확산되었다. 그 이전에도 아마비에는 〈게게게의 키타로〉의 작가 미즈키 시게루가 그린 적이 있어 요괴 마니아층에 알려져 있었지만 전국에서 유명해진 것은 이때부터다. 이후 SNS상에는 만화가부터 일반 시민까지 개성 있게 나름의 아마비에를 그리거나 색칠해서 올리는 '아마비에 챌린지'가 전개되었다.

아마비에는 코로나19 속의 일본에서 '역병 퇴산疫病退散'이라는 키워드와 함께 전국에 널리 퍼져, 코로나19 종식을 소망하는 '시대의 아이콘'으로 국민 캐릭터가 되었다. 신사에서는 아마비에 부적이 만들어지고, 후생노동성의 코로나19 대책 공식 캐릭터로 채택되어 인형부터 생필품에 이르기까지 다양한 아마비에 굿즈가 제작되었다. 아마비에 화과자도 등장하고, 아마비에를 헤드마크로 장착한 열차나 비행기도 운행되어 아마비에는 2020년의 유행어로 선정되기도 했다.

에도시대의 요괴 아마비에가 170년의 세월을 넘어 이 코로나19 팬데믹에서 주목을 받은 것은 '감염병이 유행하면 나의 모습을 그려라'는 계시, 즉 '역병 퇴산'의 효능이 있다는 일화 때문이지만 이와 같은 '아마비에 붐'은 그 키워드만으로는 설명하기가 어렵다. 그래서 아마비에 붐의 배경을 놓고 많은 학자들이 다각도에서 분석을 시도했는데 공통적으로 내놓은 분석 내용은 크게 다음 세 가지다.

후생노동성 코로나19 감염확대 방지 공식 포스터

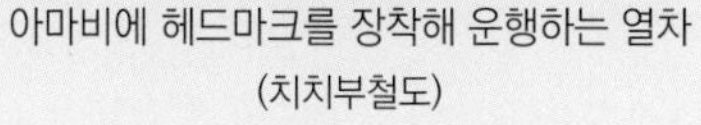

아마비에 헤드마크를 장착해 운행하는 열차
(치치부철도)

아마비에 화과자

출처: (좌) 치치부철도 공식 트위터
(우) https://funabashi.keizai.biz/headline/2495/

유루캬라적이며 확장성 있는 아마비에의 형상

'새와 같은 부리, 긴 머리, 지느러미'라는 개성 강하면서도 단순한 모습을 하고 있어서 누구나 쉽게 표현할 수 있었고, 또 현대적인 '카와이귀엽다' 감각과 딱 맞아떨어졌기 때문에 많은 사람에게 선택받았다는 것이다. 사실 에도시대에는 머리말에서 이름이 언급된 '아마비코' 라든지 '신사공주' 와 같은 많은 '역병 퇴산' 요괴 기록이 남아 있지만 그들은 겉치레라도 귀엽다고 하기가 어렵다. 이번 붐을 일으킨 주인공이 문헌 자료도 많이 남아 있고 이미 잘 알려진 다른 요괴가 아니라 아마비에였던 이유는 바로 그 모습 때문이라는 것이다. 참고로 요괴학자에 따르면 아마비에는 원숭이 모습과 비슷한 요괴 '아바비코'의 표기 실수에서 탄생한 '우연의 산물'이라는 견해가 일반적이다.

'역병 퇴산' 요괴 '신사공주'(좌)와 '아마비코'(우)

출처: (좌) 미요시 모노노케 뮤지엄 공식 트위터
(우) 후쿠이 현립 뮤지엄 공식 트위터

현대인들은 캐릭터에 '이야시힐링' 역할을 기대한다아이하라, 2007. 코로나19 상황 속에서는 더더욱 그런 힐링을 원하는 마음이 큰 데다가 현대인이 귀엽다고 느끼는 이미지에 잘 맞았다. 그리고 단순히 귀여울 뿐만 아니라 색상을 추가하거나 꾸미기 쉬운 확장성 있는 형태였기에 보다 많은 사람들에게 사랑을 받았다고 분석된다.

SNS의 보급

예부터 일본에는 감염병을 예방하기 위해서 그림을 걸어 놓는 풍습이 있었다. 그 때문에 그림을 손쉽게 저장하고 확산할 수 있는 SNS의 특성과 궁합이 잘 맞았고, SNS상에서 아마비에를 확산하는 행위가 빠르게 정착되었다. 방법이 다를 뿐 옛날 사람과 똑같은 행동을 하고 있는 셈이다. 또 디지털 툴을 활용하면서 창작과 발표도 용이해졌다. 특히 사회적 거리두기가 필요했던 코로나19 상황에서 다른 사람과 접촉하지 않아도 교류할 수 있는 SNS는 안성맞춤이었다고 할 수 있다.

자유로운 이미지 사용

원본을 소장하고 있는 교토대학에서 누구나 자유롭게 사용할 수 있게 공개하고, 또 아마비에가 특정 신앙체계를 가지는 존재가 아니었기 때문에 여러 종교단체가 아마비에를 부적이나 도장 등에 사용했다. 일본인의 특수한 종교관을 잘 모르는 외국인이 볼 때는 부적으로 사용된다면 그것은 신앙과 직결된다고 생각할 수도 있지만 그렇지 않다. 신토와 불교가 통과의례나 연중행사에 녹아 있는 일본에서는 부적을 지니는 것과 신토 신자임은 같은 뜻이 아니다. 그것은 신앙과 아무런 관계가 없는 리락쿠마나 드래곤볼 등의 캐릭터 부적이 존재하는 것으로도 알 수 있다. 이제 아마비에는 '마네키네코'나 달마와 같은 '엔기모노 복을 부르는 아이템'와 비슷하고, 헬로키티나 유루캬라와 같은 국민 캐릭터가 되어 가는 느낌이다. 그것을 뒷받침하듯이 2020년 이후 아마비에는 본래의 역할 역병 퇴산 이외에도 교통안전, 화재예방의 마스코트로도 사용되고 있다. 아마비에 불상을 설치한 사찰도 있었는데, 관계자는 설치 목적을 묻는 인터뷰에 "아마비에를 보고 마스크 착용이나 손 씻기를 상기해 주었으면 한다."라고 대답했다. 종교시설에서도 신앙의 대상이 아닌 코로나19 예방과 모두의 건강을 기원하는 마음으로 설치한 것을 알 수 있는 대목이다.

이상의 세 가지가 많은 학자의 분석에 공통된 요소이지만, 나는 여기에 일본인이 선호하는 '필사 筆写 문화', 그리고 '센바즈루 종이학 천 마리를 실로 이은 것 문화에 회의를 느끼는 분위기'도 영향을 끼쳤다고 생각한다. 일본에서는 예전부터 경문이나 좋은 글귀를 직접 손글씨로 옮겨 쓰는 것을 좋게 보는 풍토가 있었다. 물론 사경写経, 경문 필사은 불교 수행의 하나이긴 하지만, 이는 불교 신도가 아니어도 잡념을 떨치고 정신 수양을 한다는 의미로 명상과 더불어 생활 속에서 실천하는 사람도 많은 일본에서 꼭 종교적인 행위는 아니다. 글귀 모사도 일상적인 일이며 '천성인어'는 전용 필사 노트가 판매되고 있을 정도다. 본래 좋은 글귀를 따라 쓰면서 좋은 영향을 받으려는 일본인의 속성에도 '아마비에 따라 그리기'는 부합된 셈이다.

또 일본에서는 에도시대부터 신에 대한 감사, 소원 성취 등의 목적으로 종이학을 접는 문화가 있다. 마음을 담아서 종이학을 많이 접어 하나로 묶은 것을 센바즈루라고 하는데, 히로시마의 평화공원에는 많은 센바즈루가 봉헌되어 있어 평화의 상징으로도 여겨진다. 그래서 오랫동안 일본인들은 국내외의 자연재해 피해지역에 위안과 부흥을 기원하는 마음을 담아서 센바즈루를 보내왔지만, 최근에 들어 '피해지역에 센바즈루를 보내는 것은 상대방에게 폐를 끼치는 일이 아닌가?'라는 논쟁이 나오기도 했다. 마음은 고맙지만 실용성이 없고 보관 장소나 처리에도 어려움이 있어서 실제로는 '아리가타 메이와쿠달갑지 않는 친절, 강압적 선의, 보내는 이의 자기만족'이라는 의견이 많아지고 있는 추세였다. 그런 점을 고려할 때 SNS상에 아마비에 그림을 올리는 행위는 코로나19의 종식, 코로나19로 힘들어하는 사람에 대한 응원, 의료종사자에 대한 감사의 마음을 전하면서도 아무에게도 폐를 끼치지 않는다는 점이 현대 일본인의 심리에 부합한다고 할 수 있다.

아마비에를 소개하면서 코로나19 상황에서 아마비에는 '부적'이라기보다 '힐링 아이콘'이라는 면을 강조해 왔다. 그 이유는 앞에서 설명한 바와 같이 아마비에가 단순히 신앙적인 뜻을 가진 '역병 퇴산'의 호부護符가 아니라, 일본 고래의 문화와 현대의 SNS라는 수단, 유루캬라적인 형태가 현대인의 감각에 절묘하게 잘 맞아떨어져 미래에 대한 막연한 불안감을 완화시키는 존재, 힐링 기능을 가졌다고 생각하기 때문이다.

코로나19로 외출이 금지된 이탈리아에서는 주민들이 자택 발코니에서 노래를 부르거나 연주를 했다. 그 모습을 보고 눈시울이 뜨거워진 사람도 많을 것이다. 영국에서는 아이들이 무지개 그림을 그려 의료종사자에 대한 감사를 표했는데 그것이 SNS를 타고 바다를 건너 미국에서도 무지개 그림이 창문을 장식했다. 무지개 그림을 본 한 시민은 '앞을 내다볼 수 없는 가운데서 아주 멋진 심벌이다'라고 하면서 미소를 지었다. 발코니의 합창이나 무지개 그림과 마찬가지로 '아마비에 챌린지'는 많은 일본인들이 하나가 되어 이 어려움을 헤쳐 나가자는 메시지이자 보는 이에게 미소와 용기를 주는 수단이며, 마음의 지주이자 힐링의 공유였다고 할 수 있다. 무지개나 아마비에 그림은 치료제가 아니기 때문에 실제로 '역병 퇴산'의 효능이 있는 것은 아니다. 하지만 자기자신의 힘으로는 어떻게 할 수 없는 상황에서 불안감이나 스트레스로 피폐한 사람들에게 안심과 미소, 미래에 대한 희망을 되찾는 '불안 퇴산'의 역할을 다했기 때문에, 감히 아마비에는 부적이라기보다도 코로나19 상황 속의 '이야시힐링의 상징'이었다고 말하고 싶다.

나에게 소중한 대상, 일본 전통 '이케바나와 다도'

권명옥(이케바나 연구가)

일본의 전통 문화 하면 어떤 것이 떠오를까? 가부키, 다도, 마쓰리 등 사람마다 생각하는 것과 느낌이 달라 우선순위가 다를 것이다. 개인적으로는 일본 문화를 요약한 것이 꽃꽂이 이케바나生花와 다도茶道라고 생각한다.

이케바나 하면 이어령 교수의 《축소지향의 일본인》의 서두에 나오는 말로 정리할 수 있다. 일본인과 꽃, 화도華道에 자주 인용되는 리큐利休의 에피소드를 소개하면서 이케바나의 미학 이야기를 전개하고 있다. 어느 날 히데요시가 뜰에 만발한 나팔꽃에 마음이 끌려 차모임을 열자고 리큐에게 말한다. 그런데 정작 그 모임에 나가보니 만발했던 나팔꽃은 모두 누군가 따버리고 한 송이도 없었다. 이에 분노한 히데요시가 급히 다실에 들어가 보니 단 한 송이의 나팔꽃이 도코노마에 꽂혀 있었다. 리큐는 천 송이, 만 송이의 나팔꽃을 단 한 송이로 응축시키는 것이 일본의 꽃꽂이 정신이라는 것을 히데요시에게 가르쳐 주려고 한 것이다.

이어령 교수는 꽃꽂이를 다음과 같이 정리하고 있다. "꽃꽂이는 우주의 꽃잎이다. 꽃꽂이는 꽃을 보지 말고 그 구조를 보아라. 신이 만들지 못한 공간의 꽃꽂이는 축소의 세계이다." 가지의 공간성과 꽃의 시간성을 합치면 우주 전체의 모습이 된다는 것이다. 상당히 알기 쉽게 설명한 꽃꽂이에 관한 이야기다.

계기와 우연의 출발점

사랑은 어떤 계기와 우연이 출발점이 되는 경우가 많다. 내게는 이케바나와 다도가 그렇다. 20대에 마주한 한국은 군사정권과 학생운동으로 어수선했다. 20대가 끝나갈 무렵 부모님의 반대에도 일본으로 건너가 일본에서 30대 시절을 보냈다. 일본에서 보낸 30대는 나에게 새로운 청춘이자 사랑이었다. 일본어를 배우며 일본생활에 적응할 무렵, 인생에서 중요하고 특별한 대상과 만났다. 지인을 통해 지금의 스승님을 소개받아 '이케바나와 다도'와 본격적으로 인연을 맺게 된 것이다.

기나긴 세월이 흐른 지금에도 이케바나와 다도는 나의 오랜 친구이자 내게 숨을 쉴 수 있는 편안함을 안겨 주는 존재다. 실제로 이케바나와 다도는 조금은 무기력한 나의 생활에 활력소가 되고 정신적으로 많은 길잡이가 되어 주었다.

물론 이케바나와 다도와 만나는 일이 처음부터 수월했던 것은 아니었다. 우선은 '내가 과연 할 수 있을까?'라는 의심이 싹텄고, 그다음에는 일본인 스승님이 "과연 한국 사람이 일본 전통 예술 분야를 배우는 과정에서 3개월을 버틸 수 있을까요?"라며 부정적인 반응을 보인 것이다. 이러한 의심 속에서도 나는 이케바나를 시작해 보기로 했다. 처음 꽃을 손에 쥐고 수반에 꽃을 꽂는 손을 통해 떨림과 행복감이 함께 전해졌고, 그 순간 내가 원하는 것이 무엇인지 알게 되었다. 그리고 스승님 밑에서 배운 5년이라는 세월이 얼마나 가치가 있었는지 모른다. 스승님 또한 외국인인 내가 포기하지 않고 끝까지 노력하는 모습에 놀라워하셨다. 그 후에 일본인 스승님이 속마음을 말씀해 주셨다. 한국 사람들은 끈기가 없어 쉽게 포기할 줄 알고 처음에는 신경을 덜 쓰며 지도했는데 날이 갈수록 마음의 변화가 생기면서 신중하게 받아들였다고 말이다.

이케바나 분야도 일정한 단계에 이르면 자격증을 취득할 수 있는데 중급 자격증을 취득할 때쯤 스승님께서 나를 불렀다. 취미가 아닌 전문적인 공부를 본격적으로 해보라는 제안이었다. 그리고 학교추천서와 입학금, 그리고 학자금 300만 엔 당시 4,500만 원에 해당하는 거금 을 주시며 용기를 내라며 지원을 아끼지 않으셨다.

뜻밖의 제안에 너무 놀라 처음에는 사양했으나 결국 스승님의 지지에 따르기로 했다. 그리고 이듬해 교토에 있는 사가예술학교에 입학해 이케바나와 다도를 전문적으로 배워 나갔다. 학교는 또 다른 의미로 기쁨이었다. 스승님에게 배운 이케바나가 일상생활 속에서 접목되는 수양이었다면 학교는 유교적 성격이 강해서 이케바나의 비법과 심오한 뜻을 배우는 장소였다. 외국인으로서 일본 전통이 지닌 심오한 내용을 제대로 배워 보고 싶다는 생각에 실기, 이론과 더불어 정신적인 수련에 몰두했다.

일본의 전통 문화는 '도'

일본의 전통 문화는 수양하는 마음가짐과 배운 것을 실천하는 즐거움을 강조하는 실용적인 '도'가 중요하기 때문이다. 이케바나도 서도

書道, 다도茶道, 향도香道 등의 영향을 받아 '화도華道'라고 불렸다. 화도를 수련하는 관점에서 이케바나를 익히면 자연스럽게 일본의 세련된 미의식과 만난다. 이케바나는 '도'처럼 엄격하기는 해도 경직된 분야는 아니다. 자유로운 창작정신도 중요하다. 다만 요즘에도 이케바나가 지닌 특유의 윤리나 수양성을 강조하고자 할 때는 '화도'라는 용어를 쓰는 경우가 있다.

이케바나의 유파는 다양하다. 내가 다닌 학교의 유파는 사가고류嵯峨御流라고 한다. 헤이안시대 초기의 사가천황은 교토의 별궁 다이가쿠지大覚寺의 연못에서 국화를 가져와 꽃병에 꽂았는데 그 모습이 '하늘天, 땅地, 사람人'이 어우러진 아름다움을 갖추었다고 한다. 사가천황의 자연과 초목에 대한 애정이 사가고류의 시작이라고 할 수 있다. 종류는 크게 세이카生花, 헤이카瓶花, 모리바나盛花, 쇼곤카荘厳華 4가지이다. 세이카는 아름다운 활쏘기의 모습으로 직각 이등변 삼각형 안에 하늘, 땅, 사람의 세 가지를 적용시켜 표현한 양식이다. 헤이카는 깔끔하고 심플한 모습으로 자연의 초목 가지 모양을 살린 양식이다. 모리바나는 수반 등에 화환을 이용하여 꽃을 담아낸 양식이다. 쇼곤카는 불전에 제공하는 꽃으로 탄생한 것으로 구성과 색감이 중후하고 다채로운 양식이다. 꽃을 꽂는 방법으로는 타이体, 몸 '체', 료用, 사용할 '용', 도메留, 머무를 '유' 등의 개념으로 재해석해 이런 이론을 기본으로 이케바나의 미의식을 심화시켜 나간다. 한마디로 꽃을 꽂는 방법을 통해 바깥에 있는 자연을 안으로 들이는 예술이 이케바나다.

다도는 생각해 보면 너무 어려웠다는 기억이 강하다. 다도의 격식에 따라 차를 마시기 위해서는 여러 가지 많은 도구를 사용한다. 대표적인 다도구로는 물을 담아 두는 항아리, 찻물을 끓이기 위한 가마, 가루차를 담아 두는 단지, 가루차를 뜨는 찻숟가락, 차를 적시는 차선茶筅, 다완茶碗 등이 있다. 그리고 다실의 분위기와 어울리는 예술품으로 다실에 걸어 두는 족자와 꽃병도 다도구의 일종이다. 결코 쉽지 않았던 많은 시간과 노력의 결과 졸업할 무렵 '사범'과 '정교수' 자격증까지 취득할 수 있었다. 그 후로도 더 높은 레벨에 도전하고 싶었으나 도전하지 못해 조금 아쉬운 마음이 남아 있다.

이케바나와 다도 그리고 이에모토

일반적으로 이에모토家本의 이에는 집가정을 뜻하고 모토는 기원근원을 의미한다. 한편, 꽃꽂이나 다도와 같은 일본 전통예술의 세계에서는 이에모토라고 하면 '집단을 이끄는 수장'을 존중해서 강조하는 의미가 더 크다. 이에모토의 지위는 세습되고 계승되고 있다.

그래도 이케바나와 다도를 배운 덕분에 일상에 의미가 생겼다. 특히 졸업 후에 스승님과 함께 일본 정원을 빌려 열었던 전시회가 기억에 남는다. 이에모도에서 12월 29~31일 저녁에 새해맞이 준비하는 백화점 디스플레이였다. 주로 대가 선생님들의 작업이 전시되었는데 대가 선생님들이 대작을 만드는 일을 옆에서 도우며 작품이 백화점 유리벽에 전시되었을 때 느꼈던 기쁨과 뿌듯함은 그 어떤 말로도 형용할 수 없다. 대가 선생님들에 대한 존경심도 느낄 수 있는 매 순간이 즐거웠던 그때의 열정이 지금도 행복한 기억으로 남아 있다.

또 하나 잊을 수 없는 에피소드가 있다. NHK 오사카 방송국에 나의 소박한 이케바나 작품이 전시된 것이다. 《알면 다르게 보이는 일본 문화》 시리즈 도서가 작년과 올해에 NHK 한국어 라디오 방송 '하나카페'에 소개된 내용을 들으면서 NHK 오사카 방송국에 이케바나 작품을 전시했던 기억이 다시 떠올라 미소가 지어졌다. 그리고《알면 다르게 보이는 일본 문화 3》에 이렇게 이케바나와 다도에 대한 글을 쓰게 되어 놀라운 인연의 끈이 계속 이어지고 있어서 왠지 신기하다.

오사카 시청에 시장실과 사무실에 매주 꽃꽂이 담당으로 활동했을 때의 기쁨이란 이루 말할 수 없다. 물론 나의 스승님이 추천해 준 덕분에 얻은 행운이었다. 이렇게 나의 아름다운 30대 청춘은 이케바나, 다도와 깊은 인연으로 맺어져 있다. 덕분에 놀라운 인연을 알게 되었다. 내게 많은 지지를 아끼지 않았던 일본인 스승님이다. 나에게는 단순한 스승님을 넘어 일본에 계시는 '제2의 어머니' 같은 분이다. 진심이 담긴 사람 대 사람의 교류야말로 국적을 초월하며 이러한 한일교류를 경험하는 사람들이 한국과 일본에서 조금씩 많아질 때 어느 틈엔가 자연스럽게 한국과 일본이 서로에게 다가가지 않을까 한다.

지금은 한국으로 돌아와 한 아이의 엄마로 제2의 인생을 살아가고 있다. 아이를 키우며 살아가는 것 또한 그 무엇과도 바꿀 수 없는 소중한 시간이지만 아이가 나의 손길이 덜 갈 때쯤 뒤늦게 다시 일본학과에 입학했다. 익숙하지만 그동안 잊어버린 부분이 적지 않은 일본어의 실력을 다시 높이고 싶다는 소박한 마음에서 시작한 일이다. 물론 코로나19로 대면수업을 받기 어려워 일본학과 학우들과 교수님들을 뵙지 못해 소통이 불편한 부분은 꽤 아쉽다. 그러나 방송대 온라인강의에 몰입하다 보면 우울했던 기분도 잠시 어느새 봄이 오고 벚꽃이 연분홍으로 물들인다. 이렇게 시간이 흐르는 사이 벌써 3년이 지났다. 오늘도 여전히 교양과목 과제를 붙들고 씨름하고 있다, 나는 지금 이 시간에 만족하고 있다. 방송대에서 알차게 배운 일본어가 더 성숙되었

일본인의 미적 감각은 자연을 밖에서 안으로 들여 생활의 일부로 받아들인다. 이를 예술로 승화시킨 이케바나는 세이카, 모리바나, 헤이카, 쇼콘카로 구성되어 사계절의 변화를 준다.

을 것이라 생각한다. 교양과목 또한 나의 생각을 크게 성장시켜 주었음을 감사한다. 나는 일본으로 돌아가면 다시 방송대에서 배운 일본어를 좀 더 깊이 있게 배워 나갈 것이다. 그래서 최종적으로 꽃꽂이 교실을 열어 일본인들에게 가르칠 것이다. 요즘 한국에서도 이케바나를 비롯해 다양한 꽃꽂이에 대한 관심이 조금씩 생겨나는 것 같다. 그런데 꽃꽂이를 바라보는 관점은 한국과 일본 사이에 조금 차이가 있는 것 같다. 한국의 어느 화훼 시장에서 들은 말에 따르면 한국에서는 꽃꽂이를 다룰 때 예술보다는 비즈니스에 무게를 두는 편인 것 같다. 일본에서는 이케바나를 미의식과 자기수양의 관점에서 바라보는 편이다. 나이가 들어감에 따라 끝없이 배움을 놓지 않는 것을 꿈꾸고 있다. 방송대 일본학과에서 다양한 전공의 교수님들께 다양한 수업을 듣고 느낄 수 있어 깊이 감사드린다.

성장해 가는 캐릭터

박경애(건국대학교 강의초빙교수)

아날로그 시대에서 디지털 시대를 거쳐 현재는 메타버스라는 가상의 세계가 펼쳐지고 있다. 이런 변화 가운데서도 캐릭터는 여전히 사람들에게 사랑받고 있다. 캐릭터가 주는 친근한 이미지를 활용하여 마케팅에도 적극적으로 도입하고 있는데 지역을 홍보하는 지역 캐릭터, 상품 캐릭터 등 다양하다. 한국과 일본에는 어떤 캐릭터가 있을까? 일본에서 인기 있는 유루캬라들의 축제라고 할 수 있는 '유루캬라 그랑프리'에서 우승한 캐릭터를 중심으로 살펴보고 한국과 일본에서 커지고 있는 캐릭터 시장을 엿보고자 한다.

유루캬라의 탄생

유루캬라ゆるキャラ라고 하면 귀엽고 엉뚱하고 특이한 이미지를 그리게 된다. 그 이미지에서 우리는 편안하고 친근함을 느끼는 것 같다. '유루캬라'라는 명칭은 만화가이자 수필가인 미우라 준에 의해 탄생했으며 2004년 후소샤扶桑社 출판사와 미우라 준에 의해 상표로 등록되었다. 유루캬라가 많은 인기를 끌다 보니 지역마다 유류캬라를 지정하여 해가 지날수록 그 수도 늘어났다. 유루캬라의 상표 관리는 '유루캬

라 그랑프리 실행위원회'와 '주식회사 유루캬라'가 하고 있다.

유루캬라는 그냥 만들기만 하면 되는 것이 아니다. 유루캬라의 제창자인 미우라 준은 유루캬라로 인정받기 위한 조건으로 세 가지를 들고 있다. 향토애가 넘치는 강한 메시지를 담고 있고, 행동하는 모습이 불안정하거나 독특해야 하며, 보고 있으면 긴장이 풀어지는 사랑스러운 느낌이 들어야 한다는 것이다. 유류캬라는 그 수가 매년 늘어나서 2021년도 기준으로 1,553개였다. 이렇게나 많은 유루카라는 매년 '유루캬라 그랑프리'를 통해서 인기 순위를 매겼는데 2010년부터 시작되어 2020년 10월 이와테현에서 열린 행사를 마지막으로 11년간의 역사로 막을 내렸다.

유루캬라 그랑프리

유루카라 그랑프리 공식 홈페이지에 따르면 일본 각 지역에는 수많은 유루캬라가 있고, 이런 유루캬라를 대상으로 1년에 한 번 열리는 축제가 '유루캬라 그랑프리'이다. 유루캬라 그랑프리는 다음의 세 가지 주제로 실시되었다.

① 유루캬라로 지역을 건강하게!
② 유루캬라로 회사를 건강하게!
③ 유루캬라로 일본을 건강하게!

유루카라 그랑프리에 참가하고 싶은 지역이나 단체는 세 가지 주제 중 참가하고 싶은 부분에 지원하는데 최종 결선투표를 통해서 그해 유

루캬라 그랑프리가 선정된다. 2011년부터 2020년도까지 유루캬라 그랑프리 명단은 다음과 같다. 2010년 1회 대회는 참가하는 캐릭터 이외에도 투표가 가능했고, 문자 투표와 현장 투표 두 부문으로 진행되었다. 1회 문자 투표 우승자는 시가현의 다보군タボくん, 현장 투표 우승자는 시가현의 히코냥ひこにゃん이다.

각 회 유루캬라 그랑프리 우승자

연도	유루카라명	출신지역
2011	구마몬(くまモン)	쿠마모토현
2012	이마바리 바리상(いまばり バリィさん)	에히메현
2013	사노마루(さのまる)	기후현
2014	군마짱(ぐんまちゃん)	군마현
2015	숏세 다이묘 이에야스군(出世大名家康くん)	시즈오카현
2016	신죠군(しんじょう君)	고치현
2017	우나리군(うなりくん)	지바현
2018	가파루(カパル)	사이타마현
2019	아루쿠마(アルクマ)	나가노현
2020	다카타노유메짱(たかたのゆめちゃん)	이와테현

2011년도에 우승한 '구마몬'은 나이는 비밀이며 남자아이다. 호기심이 왕성하고 장난치기를 좋아한다. 취미는 구마몬 체조이며 복부비만 체형이다. 구마몬이 처음 등장했을 때는 마른 체형이었지만 구마모토의 맛있는 음식을 너무 먹다 보니 지금과

같은 뚱뚱한 체형이 되었다는 재미있는 스토리텔링을 더했다.

2012년도에 우승한 이마바리 바리상의 이름은 이마바리라는 지명의 어감에 맞추어 지은 것이다. 머리에는 구루시마 해협대교를 이미지한 왕관을 쓰고 있다. 이마바리는 타월 산업과 조선업이 활발하다. 바리상은 배에 타월을 두르고 있고 손에는 배 모양의 지갑을 들고 있다.

2013년도 우승자 '사노마루'는 개와 사무라이를 모티브로 탄생했다. 장난꾸러기이면서 먹보다. 사노마루의 동그스름한 선한 눈을 보면 누구나 행복해진다. 머리에는 사노 라면의 사발 모양의 모자를 쓰고 있는데 라면 면발 같은 앞머리가 귀엽다.

2014년도 우승자 '군마짱'은 조랑말을 모티브로 탄생했다. 성별이 없고 영원한 7세다.

2015년도 우승자 '슛세 다이묘 이에야스군'은 시즈오카현 하마마쓰시의 마스코트로 도쿠가와 이에야스를 모티브로 탄생했다. 장어로 된 상투와 악기산업이 발달한 하마마쓰를 연

상케 하는 피아노 건반 모양의 하카마를 입고 있다.

2016년도 우승자 '신쬬군'은 고치현 스사마시 강에서 목격된 일본 수달과 냄비라면을 모티브로 탄생된 캐릭터다. 아쉽게도 마지막 목격된 후 절멸종으로 지정되었다는 설정으로, '신쬬군'은 오늘도 친구를 찾아 여행을 떠난다. 여행을 하면서 고치현 홍보활동을 열심히 한다. 보자로 쓴 냄비는 다른 캐릭터와 친구가 되었을 때 벗어서 씌워 준다고 한다. '신쬬군'은 배꼽이 매력 포인트로 신쬬군의 배꼽을 만지면 행복해진다고 한다.

'우나리군'은 2017년 우승자로 우나기장어와 비행기를 모티브로 탄생했다. 성별은 알 수 없으며 온화한 성격으로 누구와도 금방 친구가 된다. 우나기별에서 왔으며 멋진 공항이라 생각하고 내리고 보니 나리타공항이었다. 우나리군의 테마송 '우나리군, 나우!'는 2014년 7월 1일부터 JR 나리타역 발차 멜로디로 사용되고 있다.

2018년 우승자는 '가파루'이다. 물속에서 사는 상상의 동물인 갓파를 모티브로 탄생하였다. 갓파가 좋아하는 오이를 '가파루'도 좋아

하지만 맥주와 물고기 뼈에 붙은 살도 좋아한다. 다른 캐릭터에게 오이를 대접하는 것을 보람으로 여기고 있다. 테마송으로는 ‘가파루체조’, ‘가파루온도’, ‘가파루대행진’이 있다. 게임 어플리케이션, 관광지명 소개 어플리케이션도 있다.

2019년 우승자는 나가노현의 ‘아루쿠마’이다. 곰과 사과를 모티브로 탄생했고 장점은 행동력이 있다는 것, 곰이면서 추위를 잘 타는 것이 단점이다. 그래서인지 머리에는 늘 뭔가를 쓰고 있다. 아루쿠마 컴퍼니의 홈페이지를 보면 사과 외에도 감, 와인, 송이버섯, 밤, 일본 알프스 등 다양한 두건을 쓴 아루쿠마를 볼 수 있다. 취미는 신슈 나가노현의 옛 지명 여행인데 여행하면서 신슈 자랑하는 것을 좋아한다. ‘아루쿠마’는 유루캬라 그랑프리 2회 대회부터 매년 참가하다가 2019년 드디어 우승했다.

2020년에는 이와이현 리쿠젠타카타시의 ‘다카타노유메짱’이 우승했다. 머리에 있는 별은 희망의 빛으로 넘쳐나고 아이들을 안전한 곳으로 이끈다. 등에는 날개가 있어 자유롭게 날아다니며 동백꽃 모양의 가방에는 꿈과 행복이 들어 있어 모두에게 꿈과 행복을 배달한다.

유루캬라의 결혼과 출산

유루캬라가 결혼을 하고 출산까지 한다? 믿지 못할 이야기지만 실제로 일어나고 있다. 2012년 효고현 아와지시의 마스코트인 아와진あわ神과 아와히메あわひめ가 결혼했고 이듬해인 2013년에 쌍둥이를 출산했다. 이란성 쌍둥이가 탄생했는데 이름을 공모한 결과 나기なぎ, 나미なみ로 정해졌다. 이로써 캐릭터 가족이 탄생되었다. 나기는 남자아이로 아카시해협의 문어를 머리에 이고 있고 나미는 여자아이로 아와지섬의 귤로 머리를 장식하고 있다. 가족 모두 곡옥으로 된 목걸이를 하고 있으며, 아와지시를 전국에 홍보하기 위해 애쓰고 있다.

2013년에는 사이타마현 아게오시의 마스코트인 앗피アッピー와 후쿠시마현 모토미야시의 마유미짱이 결혼했고, 2014년에는 가고시마현 홍보 캐릭터인 구리브ぐりぶー와 소꿉동무였던 사쿠라さくら가 결혼했다. 2020년 유루캬라 그랑프리 우승자 '다카타노유메짱'이 축구 J1 가와사키 프론탈레의 마스코트인 '가브레아'와 2022년 4월에 결혼식을 올렸다. 둘의 인연은 동일본 대지진 때 재해를 입은 리쿠젠 다카타시와 축구 J1 가와사키 프론탈레가 교류하게 된 것에서 시작되었다. 가와사키 시립초등학교에서 사용하던 부교재인 《프론탈레 산수 드릴》을

목사의 주례로 교회에서 결혼하는
가브레아군과 다카타노유메짱

전해준 것을 계기로 이후 축구교실, 일본주 '아오쓰바키' 판매 등을 함께 했다. 결혼식에는 하객이 오는데 캐릭터의 결혼식에도 각 지역에서 많은 캐릭터가 참석해서 축하해 준다. 또한 결혼식 하면 의례 행해지는 축사, 결혼반지 교환, 케이크 커팅, 기념촬영 등으로 결혼식이 진행되며 결혼식은 유튜브 등 SNS, 신문기사 등을 통해 알린다.

유루캬라 그랑프리 막을 내리다

이렇게 인기가 많던 '유루캬라 그랑프리'가 2020년 대회를 마지막으로 막을 내리게 되었다. 인기가 많아지자 한 지역에서 여러 개의 유루캬라가 난립하게 되었고 매년 열리는 유루캬라 그랑프리에서 수상하기 위해 여러 형태의 부정행위가 문제가 되었기 때문이다. 유루캬라 그랑프리에서 우승하면 인기가 높아져 경제효과를 기대할 수 있다. 예로 2010년 우승한 '구마몬'의 경우 우승한 이후 전국적으로 알려져 2021년 관련 상품 누계 매상이 1조 원을 넘었다고 한다. 우승에 대한 욕망이 부정행위를 낳았고 이런 현실은 대회에 대한 불신으로 번져 참가자의 수가 점차 줄어들어 결국 막을 내리게 된 것이다.

우리나라의 대표 지역 캐릭터

지역을 대표하는 캐릭터는 그 지역의 특징을 반영하여 탄생하기 때문에 캐릭터에 대한 이미지를 통해 그 지역을 간접적으로 느낄 수 있다. 우리나라에도 각 지역을 대표하는 캐릭터들이 있다. 우리나라의 대표 지역 캐릭터를 소개해 본다.

우리나라의 대표 지역 캐릭터

번호	캐릭터명	지역
1	해치	서울특별시
2	부기	부산광역시
3	패션이	대구광역시
4	애이니, 등대리, 버미, 꼬미	인천광역시
5	빛돌이	광주광역시
6	한꿈이, 꿈돌이	대전광역시
7	해울이	울산광역시
8	젊은 세종 충녕	세종특별자치시
9	블루링	경기도
10	범이, 고미	강원도
11	고드미, 바르미	충청북도
12	충청이, 충나미	충청남도
13	신나리	경상북도
14	경이, 남이	경상남도
15	로복이	전라북도
16	남도, 남이	전라남도
17	돌이, 소라	제주특별자치도

'해치'는 서울특별시 캐릭터다. 상상의 동물 '해치'를 형상화했는데 정의와 안전을 지켜주고 꿈과 희망, 행복을 가져다준다는 이미지에서 서울의 비전을 전달하고자 이미지화했다. 2008년 탄생한 '해치'는 크게 인기를 끌지 못하다가 2020년 좀 더 부드러운 이미지와 이전에 못

했던 한국어도 배워 종결어미인 '-치'를 사용하면서 귀여움을 자아내고 있다. '해치TV'를 시작하면서 시민들에게 한 걸음 더 가까이 다가선 해치는 '시민바라기 해치'의 줄임말인 '시바해치'라는 별명도 생겼다.

세종특별자치시는 한국의 행정중심복합도시로 국무총리실을 비롯하여 중앙행정기관이 있는 만큼 캐릭터도 '젊은 세종 충녕'이다. 젊은 도시와 성장하는 도시의 의미를 담고 있으며 세종대왕의 이름과 정신을 이어받은 이미지를 담고 있다. 세종시 전역을 환상형으로 연결하는 B0 노선 전기굴절버스 차량에 '젊은 세종 충녕'을 다양한 스토리로 디자인해서 시민에게 친근하게 다가가고 있다.

이와 같이 한국에도 지역과 도시 혹은 상품을 이미지한 지역 캐릭터나 상품 캐릭터가 수없이 많다. '유루캬라'와 같은 인형은 아니지만 캐릭터를 스토리텔링하여 소비자에게 다가가고자 한다. 성공한 예로 에쓰오일s-oil의 구도일Goodoil이 있고, 뽀로로의 친구 루피는 MZ세대에게 인기가 많아 버거킹이나 도미노 피자와 같은 기업과 손을 잡고 있다. 국내 제주항공의 경우 대표모델이 송중기에서 동방신기, 현재는 루피다. 최근에는 룹덕루피의 덕후이 생길 정도로 루피가 인기를 끌고 있는데 루피의 잔망스러운 매력이 20~30대가 좋아하는 이유라고 한다. 또 코로나19로 집에 있는 시간이 길어지면서 '집밥'과 '혼술'을 즐기는 사람을 겨냥하여 오비맥주에서 선보인 랄라베어 캐릭터를 활용한 다양한 상품은 좋은 반응을 얻고 있다.

창출하는 경제효과

캐릭터의 경제효과가 어느 정도인지 예를 들어 보자. 일본에서 2022년 시행된 설문조사[1]에 따르면 중학생 이하의 어린이가 가장 좋아하는 캐릭터 인기 순위는 1위가 '귀멸의 칼날', 2위는 '도라에몽', 3위는 '포켓몬'이다. 한국에서는 최근 포켓몬 빵을 구입하기 위해 개점하기 전부터 줄을 서 있거나 탑차를 기다리고 있는 모습이 화제가 되었다. 포켓몬 빵을 구입하고자 하는 이유는 빵을 먹기 위해서가 아니라 빵 봉지 안에 든 다양한 포켓몬 캐릭디를 수집하기 위해서다. 이 캐릭터를 수집하기 위해서 먼길도 마다하지 않고 편의점을 순례하는 사람이 있는가 하면, 손주를 위해 자녀를 위해 이른 아침부터 줄을 서는 사람도 많다. 포켓몬은 일본 게임회사인 '닌텐도'가 게임으로 만든 캐릭터로 이후 만화와 애니메이션, 영화로 만들어졌으며 이후 다양한 캐릭터 상품으로 개발되었다. 일본에서 '포켓몬'의 시장 규모는 약 4조 원으로 추산하고 있다. 모바일 게임인 '포켓몬 GO'가 개최되면 그 지역 사람뿐 아니라 전 세계에서 참가자가 모여들어 숙박, 교통, 식사, 음료, 쇼핑 등에 소비하는 금액은 어마어마하며 일자리 창출로도 이어지고 있다.

한국의 캐릭터 시장에서 빠질 수 없는 것이 '뽀로로'이다. 뽀로로는 2003년 제작된 유아용 애니메이션 〈뽀롱뽀롱 뽀로로〉의 주인공으로 이후 뮤지컬, 영화, 뽀로로 파크, 유아용 교재, 게임, 장난감 등 수많은 영역을 키워 왔다. 현재 130개국에 수출하고 있고 뽀로로 테마파크는 국내에 제주 등 13지점이 있고 해외 테마파크로는 중국, 싱가폴, 사이

---

1 ARINA 주식회사, おうち教材の森, 2022년 3월 2일

판, 필리핀에 있다. 어린이 대통령 뽀로로의 브랜드 가치는 8000억 원, 부가가치 유발 효과는 8700억 원, 경제적 효과는 5조 7000억 원에 달한다고 한다2015, 자유경제원 기업가 연구회. 한류 붐은 드라마나 영화뿐 아니라 캐릭터도 인기를 끌고 있다. 해외 한류 콘텐츠 소비자들이 좋아하는 한국 애니메이션 캐릭터로 '뿌까'가 1위를 차지했고 2위가 '뽀로로'이다. '뿌까'는 1999년 '부즈VOOZ'라는 한국 캐릭터 디자인 회사가 만든 캐릭터로 '뽀뽀해 버릴까'를 경상도 사투리로 발음하면 '뽀뽀 해뿌까'인데 '뿌까'라는 이름은 여기에서 기원했다. 처음부터 어린이만을 대상으로 한 것이 아니라 10대, 20대 여성을 타깃으로 기획하여 국제 캐릭터 박람회 참가, 세계적인 월트 디즈니 컴퍼니나 워너브라더스 등과 라이선스를 맺어 국제적으로 입지를 단단하게 굳힌 결과 세계적인 수출이 가능해져서 현재의 인기를 누리게 되었다. 특히 브라질에서는 여성들에게 최고의 인기 캐릭터라고 한다.

코로나19 이후 캐릭터 산업도 예전보다 규모가 줄어들었기는 하지만2020년 콘텐츠산업 통계조사 여전히 사람들이 많은 관심을 보이고 캐릭터가 활약하는 영역도 넓어지고 있다. 앞으로 캐릭터나 이모티콘은 그 특유의 친근함으로 우리가 사는 생활 공간뿐만이 아니라 유튜브 등 SNS, 가상의 메타버스 세계에서 더욱 활약할 것으로 기대한다.

일본 다도와 일좌건립

박순희(차문화 비교연구가)

일본인과 다도

나노는 일본의 전통문화이고 종합예술이기도 하다. 지금과 같은 와비차는 센 리큐에 의해 400년보다 더 이전에 정립되었는데, 계절감이란 그 당시부터 일본인에게 줄곧 중요한 요소 중 하나였다.

일본인은 사계절이 뚜렷하고 풍부한 자연 변화와 함께 생활을 영위해 왔다. 설날정월을 축하하고, 세쓰분節分, 절분 밤에는 콩을 던져 귀신을 쫓아내는 쓰이나의식追儺儀式을 하고 3월 3일에는 여자 어린이날을 맞아 히나인형을 장식하는 히나마쓰리雛祭り가 있고 5월 5일에는 남자 어린이날단오/단고노셋구, 端午の節句을 축하하는 등 계절마다 행사가 다양하게 있다. 또 1년을 24절기, 72후 등으로 세분화하여 각 계절의 다양한 특징을 표현하는 계어季語가 있는데 다회에서는 계절감을 나타내는 표현으로 빈번하게 사용한다. 그 예로 초봄 움트는 새싹을 '시타모에下萌'로, 벚꽃이 흐드러지게 피어 멀리서 보면 마치 꽃안개를 보는 듯하다는 표현으로 '하나가스미花霞'를, 그리고 다음 해에 열매가 많이 열리기를 기원하면서 나무에 남겨 두어 겨울 하늘에 덩그러니 매달려 있는 감이나 귤 등을 '기마모리木守り'라고 표현한다. 또한 초겨울 차가운 날씨에 내렸다 갰다를 반복하며 쓸쓸히 내리는 비를

조안 복원다실

'시구레時雨'라 한다. 이렇듯 수많은 언어가 자연의 풍요로움과 함께 다도를 통해 일본인의 감성을 표현하고 있다. 눈으로 보는 것만이 아니라 꽃향기를 느끼고, 새와 벌레의 소리에 귀를 기울이고, 계절의 식재료를 즐기며, 시각·청각·미각·후각·촉각이라는 오감으로 자연을 느껴왔다.

다회의 목적은 일좌건립

오감을 이용한 일본의 다도는 그 목적이 다회를 여는 것이다. 그리고 다회가 추구하는 최종적인 도달점은 일좌건립一座建立에 있다. 즉, 다도는 다회를 열기 위한 수련이 되는 것이고, 그러한 몸으로 익혀가는 수련을 일본어로는 '게이코稽古'라고 한다. 매일의 수련을 쌓아 손님과 하나가 되는 연습을 하는 것이라 볼 수 있다. 매일 똑같은 법식을 연습하지만 매일의 자세와 모습은 달라진다. 점점 발전해 가기 때문이다. 그러므로 게이코 과정을 통해 깨달음을 얻어가는 것이라 할 수 있다. 이러한 부분에서 차와 선을 하나로 보는 것이 일본의 다도다.

차와 선은 하나

가마쿠라시대 선승들이 차를 약으로 이용하기 시작하면서 차를 마시는 습관이 퍼지게 되었다. 이처럼 보양의 측면도 있지만 정신적인 측면에서도 차는 선종과 깊은 연관성이 있다. 옛날 일본불교에서는 국가의 안위를 기원하는 것이 중요했는데, 가마쿠라시대가 되면서 몇 명의 승려들이 중국 송나라에 유학을 갔다가 국가나 사회가 아닌 인간 그 자체에 무게를 둔 선종을 배워 왔다.

이들 승려 중 히에이잔比叡山에서 천태종을 배웠던 에이사이가 있었다. 그는 유학 중에 차를 마시고 사람들에게 차를 베푸는 것을 체험하고 귀국했다. 귀국하면서 선종과 말차를 덴모쿠天目다완에 넣어서 마시는 음다법을 전했다. 그 이후 일본에서는 건강을 위해 차를 마시게 되었고, 선종에 귀의한 무사나 승려 사이에서 차를 음용하는 문화가 성행했다. 에이사이가 열었던 겐닌지建仁寺 등 선종사원에서는 '요쓰가시라사레四頭茶礼'가 행해졌는데 이는 지금까지도 이어져 오고 있다.

무로마치시대에는 명나라와의 무역을 통해 가라모노唐物, 중국 수입품를 즐기는 화려한 차노유茶の湯가 아시카가 장군가를 중심으로 성행했다. 그 이후에 선종이 확산되면서 차노유에 선禪의 정신이 도입되었고, 고가의 도구보다도 높은 정신성을 추구하는 움직임이 생겨났다. 이 정신성을 중시하는 차를 현대사회에서는 '와비차'라고 부른다.

특히 8대 장군 아시카가 요시마사에게 차를 지도하고 가르쳤던 무라다 슈코라는 차인이 있었는데 그로부터 와비차가 시작되었다. 슈코 이후 와비차를 심화시켰던 사람은 다케노 조오였고, 조오는 산죠니시 사네타카[1]에게 와카를 배우고, 다이린 소토에게 참선 수행을 했다.

그리고 일본 다도를 완성시킨 센 리큐는 조오의 소개로 만난 기타무키 도친이나 인세쓰에게 차를 배우고, 다이린 소토를 시작으로 쇼레소

교토 건인사 내 가래이산스이 정원

1 산죠니시 사네타카(三条西実隆, 1455~1537)는 무로마치 후기의 구게(公家)이자 가인(歌人)으로 내대신(内大臣)까지 올라갔다. 출가해서 소요원(逍遥院)에서 지냈으며 교쿠(尭空)·초세츠(聴雪)라는 호를 사용했다. 아스카이 마사치카(飛鳥井雅親)에게 와카를 배우고, 이이오 소기(飯尾宗祇)로부터 고킨와카슈(古今) 전수를 받고, 렌카(連歌)·서도(書道)·有職故実(헤이안시대 이후 귀족사회에서 중요시되는 귀족의 교양의 하나) 등 와칸(和漢)의 학(学)으로 통한다. 가집《再昌草》,《雪玉集》,《聴雪集》, 일기《実隆公記》가 있다.

킨, 고케소친, 슌오쿠 소엔 등에게 참선 수행을 했다.

그 후에도 리큐의 손자인 센 소탄은 대덕사의 슌오쿠 소엔, 세이간 소이에게서 선을 배웠다. 이후 '차노유는 단순한 유예가 아니라, 차와 선이 하나가 된 인간 형성의 길, 즉 다도다'라는 다선일미의 생각을 심화시켜 갔다. 차인들에게 다도의 정신성은 중요했고 와비, 사비라는 경지에 이르기 위해 차인들은 수행에 중점을 두었다.

다도의 관점에서 '와비'는 조신하고 조심스러우며 뭔가 부족하고 조촐함에서 정취를 느끼는 마음 상태를 말하는 것이며, '사비'는 시간의 경과에 따라 드러나는 아름다움이다. 사물의 이치가 시간이 흐르면 이지러지고 녹이 생긴다. 그러한 현상을 의연히 받아들이고, 그 변화가 만들어 내는 다양한 모습에서 아름다움을 발견해 내는 것이 사비다.

이러한 경지를 추구하는 차를 와비차라 하며, 와비차의 완성과 깊은 관계에 있었던 것이 선禪이고, 선의 최대 특징은 불립문자에 있다. 교외별전, 불립문자라는 것은 책에 써 있는 지식, 문자 안에 그 깊은 뜻이 있는 것이 아니라, 스스로 자신에게 묻고 자신이 깨달음을 열어 가도록 수행해 가는 것이다. 거기에는 신분의 높고 낮음도 재산의 유무도 관계없이 매일 매일의 생활 속에서 수행을 실천해 가는 것이 추구되었다. 그리고 그와 같은 정신수양 속에서 사물에 집착하지 않는 자유활달한 심경을 터득해 가는 것이었다.

리큐 때부터는 도코노마床の間에 당일 다회의 주제로 걸어 두는 족자 중 가장 소중하게 취급하는 것이 선어가 쓰여진 묵적墨蹟이었다. 다회에 자주 사용하는 묵적을 보면 끽다거喫茶去, 본래무일물本來無一物, 호중일월장壺中日月長, 간각하看脚下 등을 들 수 있다. 이 선어들의 내용을 살펴보면, '끽다거'는 차나 마시고 가라는 의미의 고사성어이고, '본래무일물'은 모든 것은 본디부터 실재하지 않고 빈 것空이라는 말로서, 우주의 진상은 우리의 분별 망상으로 볼 수 있는 것이 아니고 집착할 만한 물건도 없다는 것을 뜻한다, 그리고 '호중일월장'이라는 선어의 내용은 항아리 안의 별세계, 즉 깨달음의 묘경을 의미하며, 일월장은 시간에 쫓기는 일 없이 유유자적하게 인생을 보낸다는 의미다. '간각하'는 자신을 돌아보라는 뜻이다. 이와 같은 선어를 족자에 걸어두고 다도를 진행하는데 이 선어들은 《벽암록碧巖録》이나 《무문관無門關》 등 선승의 화두에서 가져온 것으로서 차와 선의 관계를 말해준다.

문예활동에서 좌의 성립

다회의 최종적인 목적인 '일좌건립'이란 말은 회합의 예술이라고도 하는 중세문예의 정신을 나타내는 말이다. 중세문예라고 하면 와카를 들 수 있는데, 그 전수방법을 보면 《고킨와카슈古今和歌集》의 독해와 답습을 통하여 진행된다. 그리고 전수의 형태는 4명씩 2개 조로 나누어 진행되었다고 한다. 전수과정에서 자신의 의견을 덧붙이기도 하기 때문에 풍류를 즐기는 가단歌壇의 모든 사람들이 와카의 주석에 참여하는 형태로 되어 있다. 중세 때는 1대 1의 비전으로 전해지다가 무로마치시대 산죠니시 사네타카 때부터 집단적으로 학문을 닦는 데 정진해 가는 형태로 갖추어진다. 물론 소규모의 형태도 있었다. 그룹의 형태를 이루면서 가회歌會라는 모임을 통해 학습 부분을 확인받는 과정이 있다. 가회에 참석할 때는 가이시懐紙나 단자쿠短冊를 각자 준비해온다. 먼저 단자쿠에 노래를 써서 제출한다. 모인 단자쿠 위에 구멍을

뚫어 끈으로 묶어 두고, 그것을 나중에 깨끗하게 정서하는 방식으로 하는데 적어도 20~30매의 다발이 된다. 20~30명의 사람이 모이는 자리를 만들 경우는 종장宗匠 격으로 그 모임의 중심이 되는 사람이 있다. 가회를 하기 전에 미리 주제를 발표한다. 당일에 실수해서는 안 되기 때문에 사전에 유력자에게 편지로 알려 준다. 그렇게 해서 시구를 먼저 읊는 순서나 첨삭 등을 하는 것이다.

이 좌座라는 모임에 들어간다는 것은 신분도 묻지 않고 세속도 멀리하기 때문에 좌 안에서만큼은 지적으로 대등하다고 여겼다. 여기서 읊었던 것이 렌가의 형태라 볼 수 있는데, 렌가는 가마쿠라시대에 유행하기 시작하여 남북조시대부터 무로마치시대에 걸쳐서 대성한 일본 전통적 시의 한 형태다. 많은 사람이 함께 이어 가며 만들어 내면서도 엄격한 규칙을 바탕으로 전체적인 구조를 가진다. 이것은 와카의 강한 영향 아래에 성립되었고, 이후 하이카이 렌카俳諧連歌, 홋쿠発句, 하이쿠俳句로 파생되기도 했다.

그중 와칸렌구和漢連句라는 것은 상당한 교양을 요구하는 어려운 형태였다. 7, 5, 7 또는 7, 7의 일본어구와 5음 또는 7음의 한자어구를 섞어서 이어가며 만드는 것이다. 이런 형태는 혼동하여 잘못 사용하는 경우가 많았다. 그리하여 전거典據를 이해하는 공통의 교양이 요구된다. 이것을 간단하게 공부할 수 있는렌카에서 이용되는 말을 모은 편리한 책을 서로 공유했다 것이 있었다. 이를 통해 볼 때 모두가 공유해야 하는 말이 있을 때 좌의 일체감을 형성할 수 있다. 이러한 구조가 다도에 그대로 도입되어 다도의 프로세스가 되었다.

다도와 일좌건립

와카의 세계에서는 아무리 좋은 표현이라도 역사적으로 인식하는 노랫말이 아니면 사용할 수 없다. 역으로 《고킨와카슈》에 들어 있는 표현은 보증이 되는 말이었다. 이처럼 다도에서도 그와 유사한 현상이 나타나는데, 그것은 유명한 차인, 다이묘 등이 소지하고 있었던 차도구들을 어떻게 증명해 줄 것인가 하는 부분이다. 물론 센 리큐 시대에는 이러한 자료들이 필요하지 않았겠지만 리큐 이후 이러한 자료가 필요해졌다. 그것이 하코가키[2]라는 문화가 생겨난 배경이기도 하다. 아무리 오래되고 멋진 도구라고 해도 하코가키가 없는, 즉 출처가 분명하지 않은 도구는 차의 세계에서 소중하게 여겨지지 않는다. 모든 가치를 하코가키가 보증해 주는 것이라 할 수 있다. 이러한 유래가 있는

마츠모토 다도 선생님 다실

2 도구의 유래를 쓴 상자

이야기를 패치워크처럼 짜맞춤에 따라 새로운 세계가 만들어지는데 그것이 차노유에서 '도구 세팅'의 의미라 할 수 있다. 도구 세팅을 새로이 하면서 이야기를 재구성하는 것이 차의 세계가 가진 즐거움이며 다도의 표현방식이다. 그 표현을 통해 '일좌건립'이 이루어진다. 일좌건립은 모든 사람이 공유하는 기반주제, 족자 위에 자신을 희생시켜 함께 하고, 타인에게는 없는 재미있는 부분을 표현하는 '재치'라는 순발력도 필요하다. 모두가 일정한 형다법을 동시에 배운다 해도, 제각각 그 형을 다르게 받아들여서 자신의 것으로 만들어 간다. 같지만 다른 것이 이러한 이유일 것이다. 그것이 곧 일본적인 표현 방법이며, 개성 존중과 독창성이 강조되는 부분이다.

결론적으로 일본의 다도는 '일좌건립'을 이루어 내기 위해 계절감을 살린 차정원 로지, 손을 씻는 쓰쿠바이, 숙여서 들어가는 니지리구치, 그날의 주제를 알려 주는 족자, 차도구의 셋팅이 필요하다. 그리고 가장 중요한 것이 주인과 손님이 하나가 되기 위해 노력하는 마음가짐이다. 타인과 적극적인 관계를 맺음에 따라 공명하기도 하고 반발하기도 하면서 동조하는 즐거움, 즉 공감을 말하는 것이 '일좌건립'이고 곧 조화와 질서를 중시하는 일본의 정신인 '화和'인 것이다.

신도神道와 동행하는 일본 - 영화 〈너의 이름은〉에 나타난 신도의 세계

한정미(도쿄대학 Visiting Professor)

일본에는 야오요로즈노 카미八百万神라는 말이 있다. 이는 일본의 셀 수 없을 만큼 많은 신神을 빗댄 말이다. 일본인들은 어느 곳, 어느 것에도 영혼이 있어 그곳, 그것을 지배한다는 생각을 갖고 있다. 즉, 모든 것, 모든 곳에 신이 있다는 것으로 간단히 말하자면 신도神道는 그 신들을 모시는 종교다.

2016년도에 개봉된 신카이 마코토 감독의 〈너의 이름은〉은 일본 고전문학 텍스트뿐만 아니라 일본 신도와도 깊은 관련이 있는데, 종교학자 시마조노 스스무島薗進는 '이 영화에는 신도 용어가 새겨져 있으며 민속학에도 연결되는 묘사가 보인다. 그런데 이 작품에서 그려져 있는 신도의 세계는 고대 일본을 형상화하고 있는 것으로 여겨진다'라고 말한 바 있다. 여기서는 영화 〈너의 이름은〉에 나타난 신도의 세계를 살펴봄으로써 신도가 일본인의 생활 속에서 어떻게 동행하고 있는지 주목하고자 한다.

미야미즈 신사宮水神社

여자 주인공 미쓰하가 무녀로 섬기는 미야미즈 신사는 가공架空의 신사이나, 미쓰하가 '내세에는 도쿄의 미남으로 태어나게 해 주세요.' 라고 외치는 신사 입구의 도리이鳥居 장면은 기후현 다카야마시에 있는 히다산노구 히에 신사飛騨山王宮·日枝神社가 모델이 된 것으로 알려져 있다. 또한 남자 주인공 다키가 미쓰하를 찾다가 들른 신사의 돌 계단과 등롱灯篭은 게타와카미야 신사気多若宮神社가 모델이 되었다.

일본에서 신들의 주거 공간인 신사는 예부터 '야시로社'라 불렀다. 옛날 일본에서는 신은 신의 나라인 도코요常世에 거하며 마쓰리 때만 인간 세계에 강림한다고 생각되었다. 그 때문에 임시로 신령을 맞이하는 작은 집을 만들었는데 그 작은 집을 위한 토지를 '야시로屋代'라고 했다. 나중에 이 작은 집이 상시에 남겨져 신도 여기에 진좌하게 되었고 그 장소나 건물을 '야시로'라고 부르게 된 것이다. 헤이안시대794~1185의 수필집 《마쿠라노소시枕草子》 243단에는 '야시로는'이라는 장단章段이 나오는데 여기에 언급되고 있는 것은 일정한 신역神域 안에 신사의 건물을 갖춘 오늘날의 신사와 거의 같은 야시로로 묘사되어 있다.

히다산노구 히에 신사(기후현 다카야마시)

신체神体

미쓰하의 집인 미야미즈 신사의 신체는 바위다. 이 바위에서 다키는 구치카미자케口噛み酒를 마시고 몸이 바뀌는 경험을 한다. 《고지키古事記》에서 일본 최초의 남신인 이자나기와 여신 이자나미는 이승과 저승의 경계에 있는 큰 바위를 사이에 두고 이야기한다. 죽은 사람과 산 사람 사이의 통신 장치가 바로 이 바위인 셈이다. 또한 고대에 신에게 제사 지내는 의례는 바위에서 춤을 추는 제의를 통하여 신들과 연결되었다.

앞에서도 언급했듯이 신도에서 신이란 평상시는 우리 인간이 사는 세상인 '현세'에 있지 않고 영구히 변하지 않는 신역인 도코요에 있는 것으로 생각되었다. 신은 현세에서 제례가 행해질 때마다 도코요에서 찾아와 민중에게 축복을 가져다준 후 다시 도코요로 돌아간다고 생각했다. 즉, 신은 마쓰리가 열릴 때만 강림하는데, 그때 신령이 깃든 물체를 이른바 '신체神体'라고 불렀던 것이다. 또한 신체는 그것만으로는 신이 아니라 신령이 거기에 머물러야 비로소 신이 되기 때문에 신의 '요리시로依り代' 또는 '미타마시로御霊代'라고도 불렀다.

고대 자연숭배의 시대에는 산, 수목, 바위, 폭포 등의 자연을 신체로 여겼으나, 신사의 건물이 갖추어지자 본전 내에 안치되는 것도 신체로 숭배했다. 신사에 따라 신체는 다양하며 신사의 역사적 변천에 따라 많은 변화를 이루었다.

무녀

작품에서 여자 주인공 미쓰하는 이토모리 마을에서 대대로 신에게 제사지내는 의례를 담당하는 무녀로 등장한다. 예부터 무녀는 가구라 神楽, 신사의 제례 의식에서 연주하는 가무 춤을 추거나 기도, 점, 신탁을 받아 사람들에게 전하거나, 자신의 몸에 신이나 영을 내리는 신내림을 하는 신성한 존재였다. 무녀에는 신사 무녀와 신내림을 받는 무녀가 있는데, 〈너의 이름은〉에 등장하는 것은 신직 神職 의 보조자 역할을 담당하는 신사 무녀로, 미쓰하가 구치카미자케를 만드는 상면과 미쓰하가 방울을 들고 여동생 요쓰하와 가구라 춤을 추는 장면이 나온다.

먼저 미쓰하가 구치카미자케 미인주, 쌀과 같은 곡물 등을 입에 넣고 씹은 뒤 도로 뱉어내서 모은 것을 발효시켜 만드는 술 를 만드는 장면에서는 술과 구치카미와의 관련에서 일본 신화의 중첩을 엿볼 수 있다. 왜냐하면 태양의 여신 아마테라스 오노카미와 남동생 스사노오노 미코토는 서로 소지품을 교환하며 씹어 도로 뱉는데 여기에서 신들이 태어나기 때문이다. 아마테라스가 스사노오의 검을 씹어서 내뱉자 술의 여신 3명이 태어나고, 스사노오가 아마테라스의 옥 장신구의 목걸이를 받아 씹어서 뱉자 벼 재배의 남신 5명이 태어난다. 아마테라스는 술의 여신을, 스사노오는 그 재료가 되는 벼의 남신을 낳는다는 점, 즉 신이 각자의 소지품을 씹어 술과 인연이 있는 신이 태어난다는 점에서 구치카미자케의 원형을 엿볼 수 있는 것이다. 현재 이 방법으로 술을 제조하는 일은 거의 없으나, 이처럼 신화에 등장하는 구치카미의 행위는 구치카미자케로 이어지며 신도와 결부되어 무녀가 만들어 신에게 바치는 신성한 공물로 여겨졌다.

다음은 미쓰하가 방울을 들고 여동생 요쓰하와 가구라 춤을 추는 장면인데, 이 미야미즈 신사의 가구라 춤은 용이 똬리를 튼 모습의 장식에 빨간 가늘고 긴 천이 달린 방울을 손에 들고 춤을 추는 모습을 엿볼 수 있다.

가구라 춤의 기원은 일본 최고最古의 문헌인 《고지키古事記》, 《니혼쇼키日本書紀》로 거슬러 올라간다. 일본 신화에는 태양신 아마테라스 오미카미가 남동생 스사노오노 미코토의 난폭한 행동 때문에 두려워서 아마노이와토天の岩戸를 열고 안에 숨어 버리는 사건이 기록되어 있다. 이후 천상계는 완전히 암흑 속에 빠지고 지상 세계도 영원한 어둠이 계속되었다. 이렇게 되자 여러 신들이 모여 상의한 뒤 힘이 장사인 아메노타지카라오노 미코토는 바위 문 옆에 숨어 있게 하고 아메노우즈메노 미코토는 이와토석실 문 앞에서 춤을 추게 했는데, 신들린 듯이 추다 보니 젖가슴이 드러나고 허리띠가 음부까지 흘러내렸다. 그러자 천상계가 떠나갈 듯이 모든 신들이 일제히 웃어 대더니 아마테라스

〈너의 이름은〉의 가구라 춤 장면

가 궁금하여 이와토를 살짝 열고 밖을 내다보았다. 그러자 힘센 아메노타지카라오노 미코토가 그 틈을 노려 문틈에 손을 집어 넣고 바위문을 열어젖히고 아마테라스의 손을 잡아 끌어냈다. 그러자 천상 세계와 지상 세계에 모두 태양이 비치면서 밝은 세상으로 돌아왔고 신들은 천상계로부터 스사노오노 미코토를 추방해 버린다는 내용이다.

이 아메노우즈메가 무녀의 기원이며 무녀에 의해 신사 의식에 춤을 추게 되는데, 아메노우즈메의 자손인 사루메노키미猿女君에 의해 춤이 의식화되어 신에게 봉납하는 가구라로 이어졌다고 일컬어진다.

마쓰리祭り

〈너의 이름은〉에는 이토모리에서 마쓰리가 행해지고 유카타를 입은 미쓰하가 마쓰리로 향하는 장면이 나오는데, 일본의 마쓰리는 신의 강림에 임해 신을 받들고 신에게 봉사하는 것에서 유래하기 때문에 신앙인 신도와 분리해서 생각할 수 없다.

앞에서 살펴봤듯이 아마노이와토에 숨은 아마테라스를 밖으로 나오게 하려고 여러 신들이 이와토 앞에서 춤을 추거나 노래를 부르는데, 이 '연회'가 마쓰리의 기원이 되었다고 일컬어진다. 마쓰리에서는 신사에 상주하지 않는 신을 맞이하기 위해서 강림의 증표가 필요했다. 이런 이유로 마쓰리 때는 반드시 사카키榊, 신사 경내에 심는 상록수의 총칭, 그 중 비쭈기 나무는 예부터 신성한 나무로서 그 가지를 신전에 올렸다나 고헤이御幣, 신령이 깃든 종이를 세우고, 신이 강림한 곳에는 그 표시로 금줄을 쳤다. 또한 마쓰리 제례는 지역공동체 전체의 행사일 뿐만 아니라 화려한 분위기를 연출하기 때문에 많은 사람들이 모여드는데, 이러한 제례의 모습은 매우 다양하며 동일본과 서일본 지역 간에도 차이가 크다.

도소신道祖神

미쓰하와 다키가 만나 미쓰하가 마을 사람들의 안전을 위해 아버지를 설득하러 향하는 장면에서 도소신이 세워져 있는 것을 볼 수 있다. 도소신은 도로의 악령을 막고 행인을 수호하는 신으로 마을의 안팎의 경계에 세워져 있는 경우가 많다. 주로 돌로 마을의 경계를 나타내거나 교차로 등에 세우는데 이 도소신을 마을 신으로 받들고 나쁜 액운이 마을로 들어오지 못하거나 길 가는 나그네의 안전을 비는 신앙의 대상으로 삼았다. 도소라는 단어는 헤이안시대부터 보이기 시작했으나 도조신이라는 말은 13세기의 설화집 《우지슈이모노가타리宇治拾遺物語》에 보인다.

스가 신사 입구(도쿄도 신주쿠구)

〈너의 이름은〉의 마지막 장면에서 미쓰하와 다키가 만나는 장소는 도쿄 요쓰야에 있는 스가 신사로, 스가 신사의 제신은 스사노오노 미코토이다. 이즈모出雲의 스가 지역에 있는 스가 신사는 '일본 최초의 신사'로 불리며 스사노오노 미코토와 여신 구시나다히메櫛名田比売가 맺어진 곳으로 안쪽에 위치한 신사에는 바위가 있다.

이와 같이 〈너의 이름은〉은 다양한 일본 신도의 세계가 중층적으로 나타난 작품임을 알 수 있는데, 이는 신도가 단순히 종교가 아니라 실생활에서 동행하는 요소임을 여실히 보여 준다고 하겠다.

《국화와 칼》, 외부인의 눈으로 본 일본 문화론의 출발점

이주영(번역가, 자포니즘 연구가)

한국에서 가장 많이 팔린 일본 문화 책 《국화와 칼》

2021년 4월 16일자 KBS 월드라디오 일본어 방송을 듣다가 나도 모르게 피식 웃고 말았다. 〈아사히 신문〉 기자 출신으로 한국에서 영화를 공부한 나리카와 아야 칼럼니스트가 이런 말을 한 것이다. "주변에 일본학을 전공하는 학생이나 연구자 분들이 많은데요, 이 분들이 모두 루스 베네딕트의 《국화와 칼》을 읽고 있어요. 그런데 사실 일본 사람들은 별로 잘 안 읽지 않나 하는 생각이 드는데요."

《국화와 칼菊と刀》을 필독서로 읽은 한국인 일본학 전공자 중에는 나도 포함되어 있었다. 물론 일본에서도 《국화와 칼》은 일본 문화론의 고전, 외국인이 쓴 일본 문화론의 원류로 소개되는 유명한 책이다. 다만 이제 《국화와 칼》은 일본에서는 주로 외국인이 본 일본, 미일관계의 역사, 혹은 영어 학습에 관심 있는 사람들이 읽는 것 같고 오히려 한국에서 대중적으로 더 많이 읽히는 스테디셀러가 된 것 같다. 실제로 우리나라에서 《국화와 칼》은 2019년 이후에도 새로운 번역판이 꾸준히 출간되어 여전히 판매가 잘 되는 책이다. 2019년 8월 23일자 〈문화일보〉의 기사에 따르면 교보문고의 판매 집계를 기준으로 지난 10년간 가장 많이 팔린 일본 역사·문화 관련 책은 《국화와 칼》이라고

한다. 현재도 한일관계와 관련된 이슈가 있거나 일본인의 행동이 궁금할 때마다 국내 독자들이 가장 먼저 찾는 책 중 하나라 여전히 스테디셀러로 자리 잡은 일본 문화론 도서다.

우리나라에서 《국화와 칼》은 비록 옛날 책이지만 여전히 '일본과 일본인에 대해 가장 잘 쓴 책'이라는 평가를 받고 있어서 국내의 여러 일본 문화론 책에서도 인용되곤 한다. 나 역시 자료 분석을 활용한 일본학 연구 방법론에서 《국화와 칼》에게 매우 큰 영향을 받았기에 한국에서 주로 어떤 사람들이 《국화와 칼》을 읽는지를 알고 싶었다. 온라인 서평을 탐색해 보니 다양한 계기로 일본·일본인과 인연을 맺게 된 사람들, 일본 문화를 즐기다가 '왜 일본 사람들은 저렇게 행동하지?'처럼 일본이라는 나라에 깊은 호기심이 생긴 사람들, 한일관계와 역사 문제로 일본과 일본인을 본질적으로 탐구하고 싶어 하는 사람들이 주로 《국화와 칼》을 읽는다는 것을 알았다.

외부인의 시선으로 바라본 일본 문화론의 원류 《국화와 칼》

태평양전쟁이 발발한 1941년에서 3년이 지난 1944년, 미국의 루스 베네딕트는 그해 6월에 미국 정부의 의뢰를 받아 일본을 연구하기 시작했다. 미국은 지금까지 전면전으로 싸워 본 적 중에서 일본만큼 행동과 사상이 '가장 이질적인 적'을 본 적이 없었다. 미국에게는 일본을 이해하는 것이 전략적으로 매우 중요했다. 일본은 어떤 국민인지, 일본인의 사상과 문화를 구성하는 틀이 무엇인지를 알아야 했다. 일본의 행동에 대처하기 위해 일본인의 본성을 이해해야 했던 미국 정부는 군사 전문가가 아닌 문화인류학자의 입장에서 분석한 일본 연구서가 필요했다. 그 적임자가 당시 유명한 인류학자 루스 베네딕트였다. 루스 베네딕트는 전쟁에서 일본인이 보여 준 행동을 군사적 시각이 아니라 문화적 시각으로 보기로 한다. 그런데 한 가지 문제가 있었다. 문화인류학 조사를 하려면 현지답사가 필수였으나 당시 미국과 일본은 전쟁 중이라 루스 베네딕트가 일본에 갈 수 없는 상황이었던 것이다. 결국 루스 베네딕트는 미국 안에서 가능한 모든 방법을 동원해 일본인 다수에게 공통적으로 나타나는 독특한 행동과 정서를 세밀하게 분석하기로 했다. 이를 위해 루스 베네딕트는 《일본서기》, 《고사기》, 《겐지 이야기》, 중세의 군기물, 에도시대의 읽기물, 《가나데혼 주신구라》, 메이지시대 외국인 유학생들의 에세이, 니토베 이나조의 《무사도》, 나쓰메 소세키의 소설 《도련님》, 당시 일본의 일상이 소개된 신문과 잡지 등 매우 방대한 자료를 읽고 일본인들이 나오는 영화와 다큐멘터리를 봤으며 미국에 있는 일본인들을 인터뷰해 분석했다. 이렇게 현지에 가지 않고 국내에서 원격으로 타문화를 연구하는 기법으로 탄생한 《국화와 칼》은 처음에는 보고서 형식으로 완성되었다가 1946년에 책으로 출간되었다. 일본을 문화인류학 관점에서 분석한 최초의 책이 《국화와 칼》이다.

《국화와 칼》은 국화와 칼로 상징되는 일본인 특유의 '모순성', '양면성'을 포착한 제목이다. 책의 도입부에 나오는 '미국은 지금까지 전면전으로 싸워 본 적 중에서 일본만큼 행동과 사상이 가장 이질적인 적을 본 적이 없었다'와도 통하는 제목이다. 물론 모순성과 양면성은 인간의 기본 속성이어서 일본인만의 특징은 아니지만 일본인에게서는 이런 부분이 극단적이라고 할 정도로 두드러지면서도 복잡한 양상으로 나타난다고 루스 베네딕트는 본 것이다. '탐미적이면서도 호전적인 일본인, 공격적이면서도 유순한 일본인, 불손하면서도 예의 바른 일본인, 완고하면서도 적응 능력이 뛰어난 일본인, 용감하면서도 비겁한 일본인, 보수적이면서도 새로운 것을 잘 받아들이는 일본인, 타인의 시선에 신경을 쓰면서도 들키지만 않으면 죄책감 없이 나쁜 일을 할 수 있는 일본인…' 루스 베네딕트가 생각보다 복잡하다고 본 일본인의 세계관이 '국화와 칼'로 비유되어 있다.

현대 일본 문화에도 적용되는 《국화와 칼》의 키워드

《국화와 칼》이 여전히 일본학의 고전으로 확실히 자리를 잡은 데는 이유가 있다. 적국인 데다가 문화와 정서가 매우 이질적인 타국을 차분하고 냉철하게 탐구하기란 결코 쉬운 일이 아니다. 일반 사람들이라면 이해할 수 없는 대상은 '역시 이상해!'라고 하며 마냥 혐오하거나 외면하려고 할 것이다. 그러나 루스 베네딕트는 자국의 가치관과 여러 부분에서 충돌하는 나라, 자국을 위협하는 나라, 한 번도 직접 경험해 보지 못한 나라 일본을 미국인으로서가 아니라 문화인류학자로서 감정과 편견을 가능한 배제하고 객관적이고 포용적인 자세로 분석하려고 했다. 저자는 일본도 다른 나라처럼 보통 사람들에게 일정하게 발견되는 비슷한 사고방식과 생활습관이 있다는 사실을 알고 있었고 특정 국가나 조직의 구성원들이 보여 주는 행동은 일상생활 속에서 학습될 때가 많으며 가족 구성, 정치적 행동과 경제적 행동, 종교적 의식은 서로 연결되어 있다고 본 것이다.

루스 베네딕트의 《국화와 칼》은 온恩, 은혜, 기무義務, 의무, 기리義理, 의리, 하지恥, 수치심라는 서로 연결되는 키워드를 통해 일본인의 가치관을 설명한다. 루스 베네딕트가 역시 일본인의 특징으로 본 '계층적 위계질서에 대한 존중'과 '각자에게 알맞은 자리'와도 통하는 키워드다. 루스 베네딕트에 따르면, 일본 사람들은 자신이 속한 계층에 알맞은 행동을 요구받는다. 지금도 일본 사회에서 상대방의 위치에 따라 언어 사용법이 다른 것이 대표적인 예다. 하지만 이러한 부분은 나이와 지위에 따른 서열에 민감한 한국에서도 발견되는 현상이어서 일본만의 특징이라기보다는 동북아시아에서 두드러지게 나타나는 특징인 듯하다. 어쨌든 계층제도를 신뢰하는 사회 구조 속에서 일본인은 주위로부터 다양한 '온'을 입는다. 이러한 '온'은 은혜이면서 동시에 갚아야 하는 빚이다. 이렇게 입은 온을 갚은 것은 기무義務와 기리義理로 나눌 수 있다. '기무'는 충, 효와 같이 아무리 해도 다 갚을 수 없는 빚과 같고 '기리'는 받은 만큼만 주면 되는 빚이다. 일본인은 기무나 기리를 제대로 실행하지 못하면 '하지'를 느끼게 된다. 왜 일본이 타인의 평판과 시선에 신경을 많이 쓰는 사회처럼 비춰지는지 이해가 되는 부분이다. 최유리 저자의 《루스 베네딕트의 국화와 칼》에 넷플릭스에서 방영된 2019년도 영국 드라마 〈기리 / 하지〉가 소개되었다. 흥미를 느끼고 해당 드라마의 넷플릭스 홈페이지를 방문해 봤다. 야쿠자의 전쟁으로 몸살을 앓는 도쿄가 배경으로 주인공인 일본인 형사는 암살자인 동생을 쫓고 있다. 경찰로서의 의무와 형으로서 동생을 지켜야 하는 의무 사이에서 갈등하는 주인공의 이야기는 그야말로 《국화와 칼》이 키워드로 소개한 일본인의 정서를 현대판으로 잘 살려낸 드라마다.

일본 사람들과 다양하게 교류하면서 소소한 선물을 주고받을 때가 많다. 일본식 매너를 알고 싶어서 선물과 관련된 일본의 문화에 대해서도 공부했다. 상대방에게 무엇인가를 받으면 일정 기간 내에 과하지

않은 범위 내에서 비슷하게 답례를 하는 것을 의무라고 생각하는 경향이 있는 일본 사회의 정서도 《국화와 칼》을 읽었기에 납득되었다. 일본의 발렌타인데이에는 여성들이 연인이 아닌 남성 직장동료들에게 예의상 돌리는 500엔대 미만의 '의리의 초콜릿 義理のチョコレート'이 있다. 그런데 최근에는 변화의 바람이 있는 것 같다. 2018년 2월 11일자 〈아사이 신문〉 온라인 기사 '의리의 초콜릿 그만두자 義理チョコやめよう'에 따르면 의리의 초콜릿이 스트레스라며 반기를 든 일본 여성들의 움직임이 있다고 한다. 일본인이 자주 사용하는 말이라면서 《국화와 칼》에서 소개된 '기리 의리 처럼 쓰라린 것은 없다'가 떠오르는 순간이었다.

국내에서 〈고양이의 보은〉이라는 제목으로 소개된 모리타 히로유키 감독의 스튜디오 지브리 애니메이션은 일본어 원제가 〈猫の恩返し〉다. 은혜를 갚는 고양이의 이야기를 환상적으로 그린 작품이다. 《국화와 칼》에서 읽은 '온'의 개념이 자동적으로 떠오른다.

일본의 인형 문화와 탐미주의로 본 《국화와 칼》 이야기

국화와 칼은 대조적인 의미라기보다는 일본의 미의식이라는 관점에서는 서로 묘하게 연결되어 있다고 생각한다. '이케바나'라고 불리는 꽃꽂이를 즐기는 일본 사람들, 그리고 일본도를 단순한 칼이 아니라 예술적으로 승화시킨 일본 사람들은 서로 따로 움직이는 것이 아니라 《국화와 칼》에서 묘사된 '탐미적인 일본인'이라는 표현으로 연결된다. 실제로 서구권의 외국인들이 떠올리는 '일본적인 것' 중에도 국화 문양과 일본도가 들어간다.

《국화와 칼》 원서, 히나 인형 그리고 제임스 티소의 그림

일본 그 자체를 상징하는 대표적인 표현으로 '와和'가 있다. 일본의 전통 종이 '와시', 기모노를 가리키는 또 다른 명칭 '와후쿠', 일본 음식을 뜻하는 '와쇼쿠', 일본 전통 과자 '와가시 한국에서는 '화과자'로 부른다' 등 '일본적인 것'에는 어김없이 '와'라는 표현이 앞에 붙는다. 일본어로 '조화'를 뜻하는 '와和'는 집단의 질서와 어우러짐을 중시한다. 와和의 영향으로 일본 사회에서는 자연스럽게 예의범절이 세밀하게 발달한다. 그런데 와和 정신은 일본의 인형 문화에도 고스란히 드러난다. 바로 3월 3일 여자 어린이날인 '히나마쓰리'다. 2월 말에서 3월 초에 일본을 여행하다 보면 히나 인형이 장식된 히나단을 볼 수 있다. 히나단에는 인형을 올리는 순서가 정해져 있다. 맨 윗단에는 천황과 황비의 인형을 올리고 아랫단에는 세 명의 궁녀 인형, 다섯 명의 악사 인형, 두 명의 대신 인형, 세 명의 시종 인형을 장식한다. 이처럼 장식되는 자

리가 정해진 인형들은 조화와 질서의 미학을 보여 준다. 19세기 인상파 화가 제임스 티소의 그림 〈일본 문화를 구경하고 있는 숙녀들〉에도 히나 인형이 등장한다. 국화가 황실의 문장이라는 것을 증명하듯 히나 인형의 소품인 일본도에는 '국화' 문양이 새겨져 있다. 한국인 관광객들에게도 친숙한 도쿄 메이지신궁에도 국화 문양이 보인다. 간혹 히나단 곁에 앞머리 내린 단발머리의 여자 어린아이 모습을 한 이치마쓰인형市松人形이 장식되기도 한다. 엽서 속에 있는 이치마쓰 인형 주변에 국화가 장식되어 있다. 루스 베네딕트는 '국화'를 전반부에서는 아름다움을 사랑하는 일본인의 탐미주의, 후반부에서는 내면의 자유를 애써 누르는 의지를 상징한다고 봤다.

일본에서 5월 5일은 남자 어린이날이다. 이 날에는 소년 무사인형인 '오월인형', 혹은 모형 갑옷과 투구가 장식된다. 오월인형의 투구에

오월인형

국화 문양이 있다. 히나 인형에게서 빌려 온 미니 일본도에도 국화 문양이 있다. 현대 일본 사회는 더 이상 무사계급이 통치하는 나라는 아니지만, 일본의 문화에서는 여전히 무사와 관련된 이미지가 활용될 때가 적지 않아서 외국인 입장에서 일본은 '사무라이의 나라', '무사도의 나라', '칼의 나라'로 비춰진다. 마침 최근에 전 세계적으로 인기가 많은 일본 만화와 애니메이션도 혈귀를 물리치는 신비한 칼을 다룬 〈귀멸의 칼날〉이다. 루스 베네딕트도 일본 문화를 파악하기 위해 일본에서 유명한 《가나데혼 주신구라》, 니토베 이나조의 《무사도》를 참고하기도 했다. 루스 베네딕트는 '칼'을 전반부에서는 무력을 존중하는 일본인의 성향, 후반부에서는 자기 행동에 책임을 지는 이상적인 인간의 모습을 상징한다고 봤다.

《국화와 칼》의 효과: 출판으로 한국-일본-미국-프랑스를 넘나든 인연

《국화와 칼》과의 인연은 일본학을 전공하기 전부터 시작되었다. 일본학과에 들어오기 전에는 프랑스어를 전공해 한국에서 프랑스어 통번역 일을 주로 했다. 그리고 일본학을 전공하면서부터는 다국어 일본학도로서 번역가와 외서 기획자로 일하고 있다. 업무상 다양한 프랑스 사람들, 불어권 유럽 사람들과 만날 일이 많았다. 이들은 나처럼 일본 문화 애호가가 매우 많아서 이야기가 잘 통했다. 그러던 어느 날, 우키요에의 영향을 받은 19세기 유럽의 인상파 화가들이 일으킨 자포니즘에 관한 프랑스어의 책과 자료를 번역하는 일을 점점 자주 하면서 고흐, 마네, 모네, 로트레크 등 익숙한 화가들의 그림이나 사진 속에 나

일본인과 한국인 집필진의 공저로 탄생해 화제를 모은 한국의 일본 문화론 《알면 다르게 보이는 일본 문화》 시리즈, 미국의 일본 문화론을 대표하는 《국화와 칼》과 《일본의 굴레》 원서. '일본적인 것' 하면 떠올리는 다색 목판화 우키요에(浮世絵)가 표지에 등장한다는 공통점이 있는 일본 문화론 책들이기도 하다. 우키요에는 19세기에 고흐, 마네, 모네, 로트레크 등 유럽 인상파 화가들 사이에서 자포니즘을 일으켰고, 이어서 클림트 등 아르누보(Art nouveau, '새로운 예술'을 뜻하는 프랑스어) 화가들에게도 영향을 끼쳤다.

오는 기모노, 일본 인형, 일본 부채, 일본 도자기, 우키요에 등 일본 문화에 호기심을 가지고 공부를 시작했다. 서구권 문화 속에 나오는 일본풍은 이미 10대 청소년 때부터 미국 영화, 이탈리아 오페라 〈나비부인〉을 계기로 죽 관심을 가져온 주제이기도 했다. 아직 일본어 실력이 부족했기 때문에 일본 문화를 다룬 도서를 영어와 프랑스어로 찾아서 읽기 시작했다. 이때 읽은 영어 원서 한 권이 《국화와 칼》이었다. 누가 들어도 바로 일본 문화를 떠올리는 탁월한 제목 '국화와 칼'과 부제인 '일본 문화의 유형 패턴'에 강하게 끌려 읽었던 것이다. 이 책을 읽으면서 맨 먼저 눈에 들어왔던 내용은 '탐미적'이라고 묘사된 일본인의 특징이었다. 서구권에서 탐미주의로 유명한 나라가 프랑스라면 아시아에서 탐미주의로 유명한 나라는 일본이었던 것이다. 자포니즘의 영향을 받은 프랑스의 19세기 미술, 그리고 이후 20세기와 21세기의 프랑스 예술에 일본 문화가 왜 그토록 탐미적으로 묘사되었는지 그 '실마리'를 《국화와 칼》에서 처음으로 찾게 되었다.

일본학과에 들어온 이후에도 《국화와 칼》과의 인연은 계속되었다. 일본학 전공과목에서 《국화와 칼》이 언급되거나 추천도서 목록에 나왔다. 그리고 프랑스어 전공과 일본학 전공을 융합하는 번역 일을 늘려 나갔다. 기억에 남는 번역 작업물 중 하나가 《인간증발》이다. 《인간증발》은 프랑스의 기자와 사진작가 부부가 버블경제 붕괴 직후의 일본을 취재하며 쓴 르포인데, 스스로 '증발'하는 일본 사람들이 품고 있는 특유의 의무감과 수치심이라는 정서를 설명하면서 《국화와 칼》의 대목이 인용되었다. 실제로 《국화와 칼》은 일본을 연구하는 서구권 사람들에게도 한 번은 읽어야 할 책으로 꼽힌다. 《국화와 칼》과 맺어진 인연은 생각지도 못한 기회로 이어졌다. 평소 일본 문화에서 가장 관심을 가진 테마인 일본의 미의식과 일본의 인형 문화, 일본과 서구권의 문화교류를 대표하는 자포니즘을 출발점으로 삼고 연구를 시작했다. 국내파 일본학도였던 나에게 맞는 연구 방법은 《국화와 칼》에서 찾았다. 저자 루스 베네딕트처럼 내가 가진 자료들을 최대로 활용하고 관심 분야의 테마를 중심으로 일본 사람들의 이야기를 직간접적으로 들었다. 그리고 연구 대상인 일본학 분야를 한국과의 연결고리로 확장해 보는 연구를 해보기로 했다. 결과물은 2021년 5월과 2022년 5월에 출간된 교양도서 《알면 다르게 보이는 일본 문화》 시리즈에 공저자 중 한 명의 글로 실렸다. 한국인과 일본인 집필진이 참여한 《알면 다르게 보이는 일본 문화》 시리즈는 국내 언론뿐만 아니라 〈도쿄 신문〉, 〈주니치 신문〉, NHK 한국어 라디오 방송 〈하나카페〉와

NHK 영어 라디오 방송 〈Friends around the world〉 등 일본 언론에 소개되기도 했다.

여전히 매력적인 탐구 대상인 일본 문화: 국내 스테디셀러 《국화와 칼》, 《일본의 굴레》

일본 문화론은 국내외에서 많이 다루는 인기 출판물의 테마에 속한다. 그만큼 일본 문화는 매력적인 탐구 대상이라는 의미일 것이다. 국내에서 '일본을 알고 싶다'라고 생각하며 일본 문화론 책을 찾을 때 대표적으로 언급되는 스테디셀러 외국 도서가 두 권 있다. 국내에서 번역서로 출간된 이 두 권의 책 모두 미국 도서이며 일본의 과거와 현재를 보고 일본의 미래를 그려나가는 일본 문화론이라는 공통점이 있다. 아무래도 미국은 현재 한국과 일본이 공통적으로 가장 중요하게 생각하는 나라이자 한일관계에서도 중요한 역할을 하는 나라이기에 미국인 저자들이 집필한 진지한 일본 문화론은 한국인 독자들의 관심을 끌기에 충분하다. 첫 번째 책은 지금까지 소개한 미국인 인류학자 루스 베네딕트의 《국화와 칼》이다. 외국인이 쓴 일본 문화 관련 책 중에서 《국화와 칼》만큼 방대한 자료 분석과 문화인류학적인 시각에서 일본 문화 특유의 패턴을 포착해 설득력 있는 예시를 소개하며 체계적으로 정리한 책은 드물기에 여전히 '낡지 않은 일본 문화론의 고전'으로 남아 있다. 하지만 1946년에 출간된 책이어서 현대의 일본 사람들과는 맞지 않는 부분도 일부 있고 예를 들어서 아이를 많이 낳았던 1930년대의 일본과 저출산 문제를 앓고 있는 지금의 일본 사이에는 많은 변화가 있다 다양한 계층과 위치의 일본인들 사이에 존재하는 차이를 무시하고 다같은 일본인으로 뭉뚱그려 파악해 일반화한 점도 일부 있어서 비판받기도 한다. 두 번째 책은 태가트 머피의 《일본의 굴레》다. 일본에서 40여 년을 산 미국인 교수인 저자는 외부자이자 내부자의 시선으로 일본의 역사, 정치, 경제, 문화, 사회를 하나의 스토리처럼 연결해 일본을 다면적으로 분석하고 있다는 장점이 있다. 2021년에 국내에서 번역출간되어 화제를 모은 《일본의 굴레》는 《국화와 칼》에 이어 일본의 본질에 다가가 통찰력 있게 바라보려고 한 21세기 일본 문화론이라고 비유할 수 있다. 모순을 모순으로 생각하지 않고 자연스럽게 받아들이는 일본인의 특성을 포착했다는 점에서 루스 베네딕트의 《국화와 칼》과 태가트 머피의 《일본의 굴레》는 서로 통한다. 하지만 미국인 저자들이 집필한 《국화와 칼》과 《일본의 굴레》는 한국을 비롯해 다른 동아시아 국가들과 일본을 깊게 연계해서 보는 부분이 약하기 때문에 정도나 방식의 차이일 뿐 동아시아에서 공통적으로 나타나는 특성을 간과하고 일본만의 고유 특성으로 생각하는 경향이 있다는 약점도 지니고 있다. 《국화와 칼》과 《일본의 굴레》를 비롯해 그 외 국내에 소개된 다양한 일본 문화론 책들 모두 나름의 장점을 지니고 있으나 일본을 가장 객관적이고 정확히 바라본 책이란 존재하지 않을지도 모른다. 인간은 누구나 불완전하기 때문에 아무리 학자나 전문가라도 자신의 경험과 지식을 중심으로 바라보기 마련이다. 따라서 일본 문화론을 다루는 저자들마다 인간으로서 이러한 한계를 인정하고 '내가 보거나 경험한 일본이 전부가 아닐 수 있다'는 점을 항상 의식하는 겸손한 마음과 쉽게 일반화하지 않는 다양하고 열린 시선으로 일본 문화를 바라보려는 노력을 지속할 때 일본 문화론은 더 풍부하게 발전하지 않을까?

리큐백수利休百首로 보는 차의 마음

조용란(다도 전문가)

교토에서 우라센케다도전문학교裏千家学園茶道専門学校에 다닐 때의 일이다. 우라센케裏千家는 다도의 다성인 센 리큐千利休의 혈통을 잇는 일본의 정통 다도가문으로서, 일본 국내뿐만 아니라 해외에 일본 다도를 발전시키는 데 큰 역할을 했다. 또한 다도학교를 세우고 엄격한 커리큘럼으로 다도계의 정통을 잇고 있으며 주요한 인재를 육성시키고 있다. 이 곳은 전원 기숙사 생활을 하며, 기모노를 입고 수업을 한다. 모든 수업 준비나 일정은 선후배 간에 당번을 정해 철저하게 이루어졌다. 특히 저녁 점호할 때 학교의 전달사항을 듣고 간단한 스터디가 있었는데, 이때 언제나 하루를 마무리짓는 루틴처럼 《리큐백수》를 두세 수 암송하곤 했다. 유학시절 졸린 눈을 비비며 기계적으로 외우던 《리큐백수》의 의미를 다시 생각해 보고자 한다.

일본인이 차를 마신다는 행위는 그 자체가 예술이며 일종의 종교라는 생각이 든다. 차를 준비하고 대접하는 행위에는 일정한 형식이 있다. 이를 노래의 형식을 빌려 다도의 정신과 작법 등을 알기 쉽고 기억하기 쉽도록 다도의 수칙을 읊은 교훈가를 만들었다. 이를 센 리큐의 이름을 따서 《리큐백수》라고 부른다. 센 리큐가 만들었다기보다는 스승인 다케노 조오에게서 전수받은 도가道歌를 리큐가 고쳐 쓰고 또

도쓰토쓰사이 호고부스마(咄々斎の反古襖)

출처: 『裏千家今日庵』, 2014(平成 26), p.17.

후대 다인들이 가필하여 전해졌으며, 현재는 다도를 배우는 초심자를 가르치는 글이라고 할 수 있다.

즉, 차에 대한 마음가짐과 대접하는 일련의 과정인 형型에 관해 규정한 노래다. 크게 다도에 임하는 마음가짐과 구체적으로 다도구를 취급하는 방법, 그리고 다도가 지향하는 경지 등으로 대별할 수 있다. 그 중 다도의 마음에 관한 노래라고 생각되는 부분을 몇 수 들어 그 의미를 살펴보겠다.[1]

1. 그 길에 들어서려고 생각하는 마음이야말로 내 자신이 이미 스승이 된 것이네(その道に入らむと思ふ心こそ 我身ながらの師匠なりけれ)

이 노래는 다도의 수련을 시작하려는 이의 마음가짐에 대해 말하고

1 각 노래는 참고문헌 『利休百首』, 淡交社編集局, 2013. 중에서 해당 교훈가의 내용을 번역한 것임.

있다. 무엇보다도 그 길에 들어가 배우려고 하려면 우선 의지가 필요하다. 의지를 가지지 않고 그 길에 들어가는 것은, 목적도 없이 길을 걷고 목적도 없이 여행을 계속하는 것과 같다. 예를 들어, 딸의 장래를 생각해서 본인의 의사와 관계없이 무리하게 수련을 받게 하는 부모가 있다고 하자. 물론 그 자체는 나쁜 일은 아니지만, 예도藝道는 스스로 자진해서 배우려고 하지 않으면 잘할 수 없는 길이라는 것은 말할 것도 없다.

자발적으로 배우려고 하는 마음이 있으면 이는 그 사람 자신의 마음에 이미 훌륭한 스승이 생긴 것이다. 이것은 다도에만 한정된 얘기가 아니다. 학문이나 다른 예도에서도 그 길에 들어서려 할 때 잘 새겨야 할 말이라고 할 수 있다.

2. 배워 가면서 보며 익혀야 한다 배우지 않고 좋다 나쁘다 말하는 건 어리석은 일이다(ならひつつ見てこそ習へ習はずに よしあしいふは愚かなりけり)

'먹어 보지도 않고 싫어한다食わず嫌い'라는 말이 있다. "다도는 너무 엄격해서…"라면서 경원하는 사람들 중에는 이와 같이 해보지도 않고 싫어하는 이가 있는 것 같다. 소위 평론가라는 직업을 가진 사람들은 자신이 생각하는 바를 때로는 상대를 꺽소리도 못하게 하고 맹렬하게 비평하는 경우가 있다. 그러나 비판은 가능해도 자신이 실제로 해보면 쉽게 되는 일은 아니다.

비평하려면 우선은 그 대상이 되어 스스로가 깊이 파고들어야 한다. 그렇지 않으면 진정한 비평을 할 수 없다. 건성으로만 하는 비평은 사람들을 납득시키지 못한다.

3. 마음가짐이 깊은 사람은 몇 번이라도 어여삐 여겨 상세히 가르쳐라 (こころざし深き人にはいくたびも あはれみ深く奥ぞ教ふる)

국문학자 모토오리 노리나가는 고학古學 연구를 진행하던 중, 가모노 마부치의 《간지코冠辞考》를 읽고 그 식견의 깊음에 감명받아 마부치의 문하생이 되었다. 노리나가가 《고지키古事記》일본 신화를 포함한 역사서 주석을 하고 싶다고 하자, 마부치는 그 열성에 감동하여 '학문의 길은 낮은 곳에서 점점 높은 곳으로 올라가지 않으면 안 된다. 낮은 곳을 모르는데 높은 곳에 올라가려는 것은 위험한 일이다. 즉, 만엽万葉을 조사하고 나서 고언古言을 알고, 고언을 알고 나서 그 후에 신전神典을 해석하는 순서를 밟아야 한다'라고 타이르며 가르쳤다고 한다. 그 후 마부치는 고향인 이세 마쓰자카에 돌아간 노리나가의 질문에 대답하며 7년간 편지로 여러 가지를 가르쳤다. 이 노래와 같이 자기 자식에게 가르치는 것처럼 자애롭고 상세하게 가르쳤다고 한다. 열심히 하는 제자에게 친절한 스승이어야 한다는 것은 이 마부치와 노리나가의 이야기에서도 알 수 있다.

4. 창피스러워도 다른 이에게 물어 배워야 한다 이것이야말로 잘하는 근본이 된다(はぢをすて人に物とひ習ふべし 是ぞ上手の基なりける)

'모르는 것을 알고 아는 사람에게 묻는 것을 부끄러워 말라'라는 말이 있다. 모르는 것을 창피하게 생각하지 말고, 스승이나 선배에게 질문하면 되는 것이다. '여기를 모른다. 다음 게이코날에 선생님께 물어봐야지'라고 생각하면서 막상 선생님 앞에 서면 '이 정도를 모르나 하고 웃으시지는 않을까. 다른 게이코 받는 사람들도 있고…'라며 입까지 나오려던 질문을 하지 않고 포기한 경험이 있을 것이다.

분명히 부끄러운 면은 있다. 그래도 한번도 도전하지 않고 모르는 채 있는 것은 커다란 손실이다. 반대로 한 순간의 창피함을 참으면 일생의 득이 되는 것이다. 또 모르는데 아는 척 하는 사람도 있다. 게다가 아는 것 같은 얼굴을 하고 다른 이의 의중을 떠보려고 하는 사람도 있다. 이 모습이 가장 비겁하게 보인다는 선인들의 말도 있다.

5. 능숙하려면 좋아힘과 재주와 공적을 쌓고 이 세 가지를 갖춘 사람은 참 잘 안다(上手にはすきと器用と功積むと この三つそろふ人はぞ能くしる)

무슨 일이나 명인 고수가 되기 위해서는 필요한 조건이 3가지 있다고 한다. 첫 번째는 좋아하는 일, 두 번째는 재주가 있을 것, 세 번째 필요한 것은 끊임없는 수련과 수행이다.

좋아하고 싫어하는 것은 자기 마음이지만 싫어하는 일도 익숙해지면 좋아지기도 하고, 좋아하는 일도 사소한 일로 싫어지기도 한다. '좋아하는 것이야말로 숙달의 첩경好きこそ物の上手なれ'이라는 말대로 다른 이가 추천해서 마지못해 배우거나 의무적으로 배워서는 언제까지라도 숙달되지 못한다. 두 번째 '재주'에 대해서는 각각의 천성이므로 바뀌지 않겠지만, 이것도 익숙해지면 재주가 없는 사람은 없는 대로 재주가 있는 사람에게 없는 맛이 나오므로 결코 실망해서는 안된다. 그리고 세 번째 '공적을 쌓다'는 예도 수행상 가장 중요한 일이다. 끈기 없는 급한 성격은 역시 예도의 숙달을 방해한다.

6. 차노유를 마음에 물들여라 보지도 말고 귀를 기울여서 들을 것도 없느니(茶の湯をば心に染めて眼にかけず 耳をひそめてきくこともなし)

이심전심以心伝心, 교외별전教外別伝, 불립문자不立文字라는 선어禅語가 있다. 다도도 마찬가지로 오의奥儀는 가르치려고 하지도 않고 또 배우려고 하지도 않는 것이다. 그러므로 어떻게라도 스스로 구하고 스스로 얻지 않으면 안 된다.

요곡謡曲 '호카조放下僧'의 일절에 다음과 같은 말이 있다. "우리들이 종체宗体라고 말하는 것은 교외별전으로 말도 하지 않고 설명도 하지 않는다. 말로 뱉으면 가르침이 되고 글자가 되면 종체에 거스르게 된다. 그저 하나의 잎이 나부끼는 바람의 행방을 보거라."

불교에서 말하는 불조仏祖, 다도에서 말하는 유조流祖가 각각 세워둔 법칙은 있으나, 그 법칙에만 의존해서는 오의에 도달하지 않는다. 스스로가 깨우침을 얻으려고 해야 하므로 수동적이 아닌 능동적으로 얻는 것이 선도禅道의 본지本旨이며, 또 다도의 본의이기도 하다.

7. 눈으로 봐라 귀로도 들어봐라 향을 맡고서 작법을 물어가며 잘 납득하도록 해라(目にも見よ耳にもふれよ香を嗅ぎて ことを問ひつつよく合点せよ)

6번 노래와 정반대의 내용같이 생각되지만, 이것은 앞 노래에서 말하는 이심전심의 경지에 도달하기까지 수행의 노래이다. 작법과 규칙을 배워 익히고, 다른 유파의 데마에点前를 배우고, 또 다른 유파의 책 등을 읽고, 다도는 물론 향도 그 밖의 수양에 투자하여 얻을 수 있는 것

은 어느 것이든 모두 배워서 '필요할 때 마음대로 이용할 수 있도록 하라自家薬籠中の物とせよ'라고 가르치고 있다.

8. 배우는 것을 티끌이나 먼지로 생각한다네 책자는 무용하니 덧종이로나 하게(習ひをばちりあくたぞと思へかし 書物は反古腰張にせよ)

아무리 기억력이 좋아도 잊어버리는 경우도 있다. 그런 때 필기했던 것이나 참고서를 보는 것은 나쁜 일은 아니지만, 그런 것에 너무 의지하는 사이 다도의 묘경에는 도달하지 않는다고 말하고 있는 것이리라.

옛날 어느 다인의 자식이 아버지로부터 배운 것만으로는 충분치 않다고 생각하여 다른 지방의 다인에게 수련하러 갔다. 거기에서 3년간 게이코를 하고 돌아왔다. 아버지가 '3년간 무엇을 배우고 왔느냐?'고 묻자, '이것입니다.'라며 짐꾸러미에 가득 찬 필기록과 메모를 내어 보였다. 그러자 아버지는 '아직 수련이 부족하다. 한 번 더 수련하고 와라.' 하고 명했다고 한다.

자식이 3년간 더 수업을 받고 다시 귀가했을 때는 짐도 가지고 오지 않고 아버지 앞에 나섰다. 아버지가 시험삼아 몇 가지 질문을 하자, 자식은 거기에 정확하게 대답했기 때문에 아버지는 '이번이야말로 수련하고 온 보람이 있구나.'라며 기뻐했다고 한다.

9. 차는 사비로 마음은 따뜻하게 대접하여라 도구는 언제나 그 자리에 있는 걸로(茶はさびて心はあつくもてなせよ 道具はいつも有合にせよ)

차노유는 검소하게 화려하지 않고 사치하지 않도록 하라. 이것이

'차는 사비로'라는 것이다. '마음은 따뜻하게 대접하여라'는 초대한 손님에게 특별한 것은 없어도 마음은 만족스럽게, 불쾌한 느낌이 일어나지 않게 성심껏 대접을 한다면, 도구는 고가나 진기한 기물이 아니어도 이미 있는 물건으로 자기에 어울리는 도구로 대접하는 게 좋다는 것이다.

고가의 도구나 산해진미로 차회를 개최하고, 데마에는 드나들던 차 선생이나 도구 가게의 지배인에게 맡겨두고, 자신은 그저 도구 자랑만 위해 자리에 얼굴을 내밀고 있는 사람이 있다는 얘기가 귀에 들어오는 일도 있을 것이다. 이 노래는 그러한 것을 경계하고 있는 것이다.

10. 가마 하나만 있으면 차노유가 될 수 있음을 많은 다도구 갖는 것은 어리석구나(釜一つあれば茶の湯はなるものを 数の道具をもつは愚な)

가마 하나만 있으면 차노유를 즐길 수 있다는 의미가 아니다. 물론 차이레, 차샤쿠, 다완처럼 차를 타는 데 필요한 도구는 대개 갖추어 놓을 필요가 있는 것은 말할 것까지도 없다. 하지만 여분의 도구는 필요하지 않고 무리하게 구할 것도 없다. 차는 도구로 타는 것이 아닌 마음으로 타는 것임을 가르치는 노래다.

11. 다도구를 많이 갖고 있는 사람이 이를 감추고 없는 것처럼 하는 것도 어리석은 일(かず多くある道具をも押しかくし 無きがまねする人も愚な)

10번과 11번은 백수 이외의 노래이지만 이것도 리큐의 작품이라고 전해지고 있다. 10번의 노래를 단적으로 해석하면, 가마 하나 있으면 차노유가 가능하다, 수많은 도구를 가지는 것은 어리석은 일이다. 자기 상응이라는 점을 잊지 않으면 그것으로 충분하다는 뜻이 될 것이다.

그러나 수많은 도구를 갖고 있으면서 이를 감추고 도구를 갖고 있지 않은 듯한 얼굴을 하고 있는 사람도 어리석다. 가지고 있는 사람은 그것을 충분히 활용해서 차노유를 하면 좋다고 가르치고 있다.

12. 차노유에는 매화 한국에 노란 잎 떨어지고 청죽 마른 나무에 새벽에 내린 서리(茶の湯には梅寒菊に黄葉み落ち 青竹枯木あかつきの霜)

차노유에는 음과 양의 조화가 필요하다는 점을 가르치는 노래다. 매화와 한국寒菊이 추운 기후에도 굴하지 않고 꽃을 피우는 것은, 음의 기후에도 불구하고 양의 꽃을 피우고 있는 것이 된다. 은행나무 잎이 누렇게 변해 떨어지는 것은 음에 해당하지만, 그 낙엽의 모습은 아름다우므로 이 아름다움은 양이 된다.

청죽은 양이며, 고목은 음이다. 구치키리口切 차회는 음력 10월, 현대라면 11월 상순경이다. 그때 로지露地의 나무들은 메말랐지만, 대나무 울타리나 미닫이문 등은 청죽의 새로움으로 변한다. 음양 조화의 아름다움을 절절히 느끼게 되는 것은 이러한 때일 것이다.

밤은 하루에서 양의 시작이지만, 서리는 음이다. 이러한 음양의 조화는 외관뿐만 아니라 다실 안 도구의 배합이나 주인의 마음의 준비, 그 밖의 경우에도 잊어서는 안 된다. 그것을 지금까지의 노래로 가르치고 있다.

13. 다도란 그저 더운물을 끓이고 차를 만들어 마실 뿐이란 것을 알아야 할 것이네(茶の湯とはただ湯をわかし茶をたてて のむばかりなる事と知るべし)

차노유란 오래된 것이고 답답한 것이라도 또 결코 기묘하게 어려운 것은 아니다. 한마디로 말하면 아무것도 아닌 것이나, 말로는 그렇게 한마디로 할 수 있어도 실제로 해보면 꽤 하기 어려운 것도 있다. 버들이 초록이고 꽃이 붉은 것은 누구나 안다. 그래도 왜 버들은 초록이고 꽃이 붉은지 누군가에게 질문을 받으면, 우리들은 바로 대답할 수 있을까.

차노유란 그저 물을 끓이고 차를 타서 마시는 것뿐이고 그 정도의 것이라면 수련도 공부도 불필요한 것이라고 생각해 버리면 그뿐인 것이다. 하지만 무아무심無我無心으로 차를 탈 수 있는 사람이 도대체 얼마나 있을까. 자주 자문자답 해보고 싶은 문제다.

물을 끓이고 차를 타서 마시는 것은 어려운 일이 아닐지는 몰라도 적절하게 그 소임을 다하기란 어려운 일이다. 당연한 것의 어려움에 대해 읊은 와카다. 이 노래에서는 다도의 일상성을 강조하고 있으며, 이것은 사치스러운 도구를 갖추고 형식으로만 치우치기 쉬운 다도를 경계하는 것으로도 볼 수 있다.

14. 규칙 작법을 힘을 다해 지키고 어길지라도 떠날 때는 더욱 근본을 잊지 마라(規矩作法守りつくして破るとも 離るるとても本を忘るな)

규칙은 지키지 않으면 안 되지만, 그 규칙을 어겨도 규칙에서 벗어나도 '기본本'을 잊어서는 안 된다는 가르침이다. 자주 '수파리守破離' 라는 말로 표현되는 배움의 단계에 대해서 서술한 것이다. 숯을 피울 때 그 규칙과 작법을 잘 지켜서 피우는 것은 물론이지만, 그렇다고 해서 물이 끓지 않는 숯 피우기 방법으로는 아무런 도움이 되지 못한다. 깃초毬打를 몇 개 쓸지, 도즈미胴炭를 어디에 둘지는 규칙이지만, 시타비下火의 경우 그 규칙을 깰 필요가 생기는 경우도 있다. 규칙은 규칙, 작법은 작법으로 납득해 두고, 주인이 되거나 손님이 된 경우 임기응변으로 규칙을 어겨야 될 필요가 있다. 그렇기 때문에 항상 규칙 작법을 충분히 공부해 두지 않으면 안 되는 것이다.

이상을 정리하면, 차는 배우려는 자발적인 마음으로 모르는 것을 물어보며 익히고, 좋아하며 부단히 노력하고 업적을 쌓고 오감으로 느끼며 수련해야 한다. 지식과 도구에 연연하지 말고 자신에게 어울리는 도구로 마음을 다해 상대를 접대한다. 차에는 음양의 조화가 필요하며, 때로는 응용이 필요한 경우라도 기본을 지켜야 한다.

완벽할 수 없는 일상생활에서 아름다움을 느낄 수 있게 하는 훈련이 다도라고 생각한다. 《리큐백수》에는 틀인 '가타型'에 관한 노래가 많지만, 오랜 세월 무던히 반복하다 보면 여기에 자기다움이 더해져 '가타치形'가 되는 것 같다. 다도를 말하고 있지만 결국은 삶을 대하는 마음가짐의 자세라고도 할 수 있겠다.

기모노,
사람이 입어서 완성되는 예술

이노세 요시미 [전직 기모노 재봉사(和裁技能士)]

기모노의 이미지

사람들은 '기모노' 하면 어떤 이미지를 떠올릴까? 한국에서 기모노라고 하면 영화 〈게이샤의 추억〉을 떠올리는 사람들이 있다. 그런데 이 영화에 나오는 기모노는 실제 일본에서 입는 스타일이 아닌 변형된 스타일이라는 사실을 아는 사람은 그리 많지 않을 것이다. 영화 〈게이샤의 추억〉은 미국에서 제작되었으며, 원작 소설의 작가와 영화감독도 미국인이다. 의상은 일본에서 만들어진 기모노가 아니라 이 영화만을 위해 배우들의 허리와 가슴의 라인이 돋보이도록 특별히 제작된 기모노다. 의상감독 콜린 앳우드는 일본에서 직접 기모노에 대해 배우고, 일본 전통을 많이 훼손하지 않으면서 새로운 것을 창조하도록 노력했다고 한다. 영화를 본 일본인 중에서는 기모노뿐만 아니라 배우들의 걷는 모습도 일본인의 스타일과 달랐고 '일본스러운 분위기는 있지만 실제 일본과는 전혀 다른 가공의 세계'라고 지적하는 의견이 있었다.

전북대학교 패션디자인 전공 염혜정 교수는 논문 〈1990년대 패션에 나타난 기모노 이미지 디자인의 분석〉에서 다음과 같이 서술했다. "기모노가 서양에 알려진 것은 17~18세기 동인도 회사를 통해 서양

가와세 하스이(川瀨巴水) 〈가는 봄(ゆく春)〉
출처: 일본 국립국회도서관 디지털 컬렉션

남성의 실내복으로 착용된 것을 시점으로 하나, 본격적으로는 19세기 이국 취미를 배경으로 수용되었다. 그리고 당시 서양 세계에서 형성된 오리엔탈리즘과 에로티시즘, 여성해방운동과 의복개량운동과 결부되면서 순종적인 여성과 관능적인 이미지를 갖는가 하면 신체의 자유와 정숙하고 고결한 이미지를 갖는 등 모순된 부가적 의미를 상징했다."

일본인이 알고 있는 기모노에는 관능적인 이미지가 전혀 없다. 그럼 기모노를 입을 때 왜 목덜미를 드러낼까? 실제로 기모노를 입을 때 목덜미 부분에 주먹 한 개가 들어갈 정도로 깃을 아래쪽으로 당겨 입는 것이 기본이다. 그 이유는 옛날 머리 스타일에 있다고 한다. 에도시대 1603~1868 에는 머리 스타일을 다듬을 때, 유채기름과 사라시모쿠로 晒木蝋, 검양옻나무의 열매 껍질이 재료인 왁스 에 향료를 섞어서 만든 기름이나 녹은 초에 송진을 섞어서 만든 정발제 등을 썼다. 그 당시 여성의 머리 스타일은 아래쪽에 상투처럼 머리카락을 부풀게 만들었기 때문에 깃이 쉽게 더러워졌다. 또한 부드럽지 않은 기모노 깃이 머리카락에 자꾸 닿으면 스타일이 망가질 수도 있기 때문에 기모노를 입을 때 목덜미를 드러내게 된 것이다. 기모노 모습은 그 목덜미 부분이 포인트가 되어 아름답게 보이기 때문에 머리 스타일이 바뀐 지금도 그 전통은 바뀌지 않고 있다.

기모노는 직선미를 강조한다. 일부러 몸매가 드러나지 않도록 웨스트 등에 2~7장의 수건을 돌돌 감고 몸을 기둥 모형처럼 만들어 입는다. 그렇게 해야 주름도 생기지 않고 기모노가 아름답게 보이기 때문이다. 몸을 감싸고 몸의 곡선을 숨기는 이유 중 하나가 순결을 지키기 위해서라고 들은 적이 있다.

무사의 아내는 위험이 닥치면 상대와 싸우거나 자신의 정조를 지키기 위해 자결하도록, 한국의 은장도처럼 보신용 단도를 오비 기모노의 넓은 허리띠에 꽂고 있었다고 한다. 1899년에 영어로 출판된 《무사도》라는 책에 '정조는 사무라이의 아내에게는 가장 귀한 덕목으로 생명을 걸어서라도 지켜야 할 것으로 여겨졌다.'라는 내용이 실려 있다.

재미있는 것은 지금도 일본 전통 혼례식 때 신부의 기모노와 오비 사이에 칼 같은 것이 꽂혀 있다는 점이다. 결혼식에 칼이라는 단어는 그냥 들으면 불길하게 여겨진다. 하지만 고운 흰 끈으로 장식된 칼 주머니 속에 실제로 들어가 있는 것은 단도가 아니라 단도 크기의 종이다.

칼은 예부터 신이 깃든 물건이라는 믿음이 있어서 부적으로도 사용해 왔다. 실물은 아니지만 그런 의미에서 부적으로서 가짜 단도를 지니게 된 것 같다.

일본인은 형식을 중요시하고 형식 속에 많은 의미를 부여한다. 이런 에피소드도 있다. 복잡한 사정이 있어서 10년 동안 소통하지 못한 어느 모녀가 있었다. 딸과의 소통 때문에 고민하고 있었던 어머니는 예식장 측 권유로 전통 혼례식 당일에 시집가는 딸에게 오비를 매주는 이벤트를 준비했다. 그 이벤트가 좋은 소통의 자리가 되어서 마음의 응어리가 녹아내리고 모녀 사이가 좋아졌다는 감동적인 실화다. 형식은 형식일 뿐이 아니라는 생각이 든다.

전통 혼례식 직전에 친정어머니가 새 인생을 걷기 시작하는 딸을 갖가지 재앙으로부터 지켜달라고 딸의 행복을 빌면서, 새하얀 기모노와 오비 사이에 가짜 칼을 꽂는 의식도 있다. 그런 이미지가 실제 기모노의 이미지인지 일본의 어떤 이데올로기를 통해 만들어져 미화된 이미지인지는 알 수 없다. 하지만 분명한 사실이 하나 있다. 일본인에게 기모노는 자랑스러운 전통 옷이며 절대로 관능적인 이미지와 연결할 수 없다는 것이다.

사치 금지령이 만든 염색기술

'유젠友禅'이라는 염색기술이 유명하다. 겐로쿠 시절1688~1704, 부채 그림 전문 화가 미야자키 유젠宮崎友禅이 부채 그림의 화풍을 기모노 문양에 응용하여 염색한 것이 유젠 염색기술의 시작이 되었다는 설이 있다. 그런데 유젠 염색이 생긴 계기가 재미있다.

17세기에 이상 기후로 인해 대기근이 발생하자 정부는 사치 금지령1683을 내렸다. 금사, 자수, 홀치기 염색 등의 기모노가 금지되자 부유한 사람들은 이를 대신할 만한 화려한 기모노를 원하게 되었다. 그 결과 기모노 염색기술과 그림을 그리는 기술을 쓴 화려한 무늬의 '유젠'이라는 새로운 기술이 탄생했다.

사치금지령이 내려졌지만 점점 이를 지키지 않는 사람들도 많아졌다. 봉건사회의 구조와 '충'을 중시하는 유교적 정신문화 속에서는 아랫사람이 윗사람한테서 보상으로 받은 기모노를 입는 경우 모른 척하고 눈감아 줄 수밖에 없었기 때문이다.

기모노의 가치를 안 미국인의 멋진 배려

여기서 소개하고 싶은 유젠 기모노가 있다. 베니몬 치리멘지 타바노시 모양紅紋縮緬地束熨斗模様의 기모노다. 18세기에 제작된 부유한 조닌 일본 근세의 사회계층의 하나로 도시에 거주하는 상공업자 집안의 아가씨가 입었던 것으로 추측되는 전통혼례복이다. 그 당시의 염색기술이 얼마나 대단했는지를 알 수 있는 귀한 기모노이며 중요문화재로 지정되어 있다.

이 기모노는 전체에 노시 모양이 크게 그려져 있다. '노시'란 전복 살 측면을 사과 껍질을 깎듯이 얇게, 끊어지지 않게 깎은 다음에 누르면서 늘려 말린 것인데, 옛날부터 귀한 선물로 사용되었다. 지금은 그 형상을 종이로 만든 것이나 그림을 노시라고 한다. 축하 선물이나 축의금 봉투 등의 오른쪽 위에 붙이거나 인쇄되어 있다. 깎은 전복 살을 늘려 놓았기 때문에 장수를 상징하기도 한다. 많은 노시가 묶여 있는 것은 사람과 사람 사이의 좋은 관계를 뜻하며, 경사스러운 의미가 있기 때문에 기모노 문양으로도 사랑받아 왔다.

베니몬 치리멘지 타바노시 모양의 기모노
18세기 제작된 쵸닌 여성의 전통 혼례복

출처: 《七緒》 president Inc.

이 기모노의 가치를 알아보는 서양인이 있었다. 어떤 경유로 구한 것인지 알 수 없으나 염색과 직물 전문 고미술상인 노무라 쇼지로野村正治郎가 이 기모노를 소유하고 있었다. 1921년 미국의 록펠러 센터로 유명한 자본가이자 자선가인 록펠러 2세가 일본을 방문해 그 기모노에 관심을 보이며 구입하려고 했으나, 노무라는 교토의 염색·직물업체가 참조해야 하니 절대로 팔 수 없다고 완강히 거절했다. 그러나 놀라운 일이 일어났다. 당시 안감도 뜯겨 없는 등 상태가 그리 좋지 않았던 그 기모노가 그 후에 깔끔하게 수리된 상태로 교토 국립박물관에 보관되어 있었던 것이다. 도대체 어떻게 된 일일까?

기모노를 구입하려 했으나 거절당한 록펠러 2세가 미국으로 귀국할 때 "그 기모노가 정말 마음에 들어서 교토를 위해 선물하고 싶다."라는 메시지와 함께 고액의 수표를 노무라에게 보냈기 때문이다. 그 마음가짐에 감동받은 노무라가 유젠역사회友禅史会에 기모노를 기증한 것이다. 록펠러 2세의 그런 멋진 배려가 없었다면 그는 기증할 생각도 없었을 것이고 그 기모노는 세상에서 잊혔을지도 모른다.

기모노와 유카타

기모노란 일본 전통 옷을 가리키는 말이며 원래 '입는 것'이라는 뜻에서 온 이름이다. 후지와라쿄藤原京 시기694~710에 축조된 나라시의 다카마쓰즈카 고분 벽화의 여성 옷을 보면, 5세기 후반에 축조된 북한의 수산리 벽화남포직할시 강서구역의 고구려 귀족 여성의 색동주름치마와 매우 흡사하다. 그 당시 고구려를 비롯한 대륙의 영향을 받았던 일본의 의복이 시대와 사회, 문화가 바뀌면서 일본 고유의 의복으로 변화해 왔다. 기모노와 비슷한 복장이 생긴 시기는 무로마치시대1336~1573였지만, 지금처럼 넓은 오비를 맨 기모노의 형태가 정착된 시기는 에도시대였다.

시치고산 기념사진

기모노에는 격이 있기 때문에 때에 따라, 나이에 따라 입는 기모노의 종류가 다르다. 특히 여성의 기모노는 그 종류만 해도 열 가지가 넘고 종류에 따라 단계별로 격이 확실하게 분류되어 있다.

오늘날 기모노는 값이 비싸고, 활동하기 어렵고, 혼자서 입을 수 없다는 등의 이유로 입는 기회가 줄었다. 특히 기모노를 좋아하는 사람이 아니면 시치고산남자아이는 다섯 살과 일곱 살, 여자아이는 세 살과 일곱 살 때, 신에게 감사하며 성장을 기원하는 축하 행사, 성인식, 여름 축제 때를 제외하고 기모노를 찾지 않게 되었으며, 기모노를 구입하기보다 대여하는 경우가 많다.

현재 기모노를 입는 남성은 일본 전통 혼례식의 신랑, 기모노 관련 업체에 근무하는 남성, 스모 선수 등이며, 그 외에는 가끔 여름 축제 때 기모노를 입고 있는 남성을 볼 수 있는 정도다. 남성이 여성보다 기모노를 입는 경우가 훨씬 더 적다.

1980년대부터 〈1/2 성인식〉이라는 예전에는 없었던 새로운 행사가 생겼다. 학교 교사가 고안한 '감동, 부모에 대한 감사, 장래의 꿈'을 주제로 한 행사이며, 남녀 구별 없이 만 10세 주인공들이 기모노를 입고 기념사진을 찍기도 한다.

유카타는 기모노의 한 종류이며 주로 여름에 입는 평상복이다. 에도

시대보다 훨씬 전부터 비슷한 것이 있었으나 현재의 유카타처럼 된 것은 목욕탕이나 면직물이 보급되었던 에도시대부터다. 오랫동안 면으로만 제작되었지만 요즘은 통풍성이 좋은 마직물, 관리하기 쉬운 폴리에스테르로도 제작된다. 일본식 여관에서나 여름 축제 때 흔히 볼 수 있는 유카타는 다른 기모노보다 관리하기 쉽고 저렴하기 때문에 기모노 체험에도 많이 사용된다.

기모노 문화체험

교토시가 외국인 관광객 대상으로 하는 2018년 교토관광종합조사에 따르면, 전통 문화 체험 중 '산책 투어' 다음으로 인기가 많은 것이 '기모노 체험'이었으며 전체 문화 체험 중 20%를 차지했다. 필자는 개

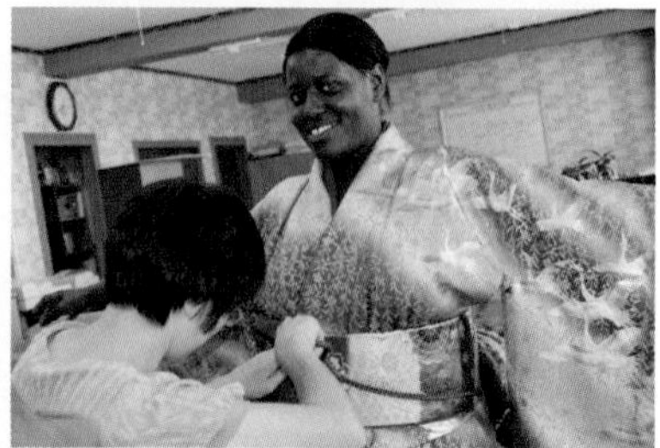

미국인 원어민 강사 후리소데 체험

성인식 후리소데 기념사진

배경을 편집한 유카타 체험 사진

인적으로 만난 일본어 학습자, 미국인 원어민 강사 등 초등학교 1학년부터 어른까지를 대상으로 기모노체험 이벤트를 수차례 진행해 왔다.

기모노의 장점 중 하나가 어느 정도까지 크기 조절이 가능하다는 점이다. 최근에는 유행색의 변화로 아주 드물지만, 어머니가 성인식 때 입은 후리소데振袖, 폈을 때 소매 길이 세로로 100~115cm 정도의 정장 기모노를 수선하지 않고도 딸이 입을 수 있는 경우도 있다. 작은 사이즈의 어른용 유카타라면 최소 7살 어린이에게도 맞추어서 입힐 수 있다. 소매 길이가 너무 길면 원래는 바느질을 해야 하지만, 옷핀으로 어깨 부분을 잡아 주고 기모노 길이는 허리를 감는 끈으로 조절하면 된다. 사진편집 앱 등으로 배경을 지우고 일본 풍경으로 바꾸면 일본에서 찍은 사진 같아서 좋아하는 사람도 있다.

후리소데를 펼쳐보면 전체의 그림이 왼쪽부터 오른쪽으로 물 흐르듯이 연결되어 한 폭의 병풍을 보는 것 같다. 기모노를 그리는 화가는

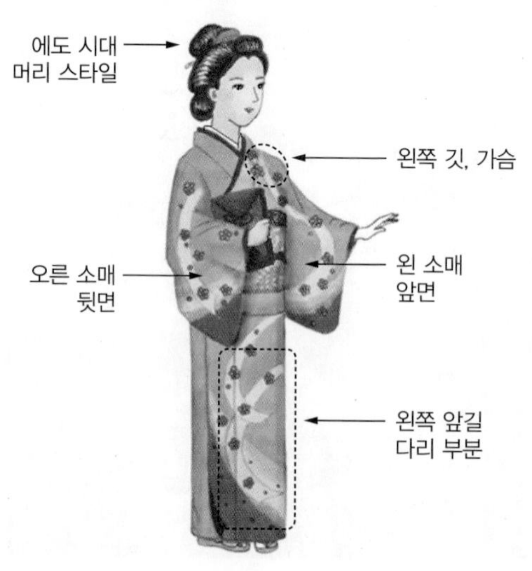

기모노 모양의 중요 포인트(앞모습)

일반적으로 뒷길의 그림은 물론이고 특히 왼쪽 가슴 부분과 왼쪽 앞길 다리 부분, 왼 소매는 앞면, 오른 소매는 뒷면의 그림을 중요시한다. 그런데 오른 소매는 왜 뒷면을 중요시하는 것일까?

대부분 오른손잡이인 일본인이 물건을 가슴 앞에서 들면 소매 뒷면이 보이는 경우가 많기 때문이다. 그런 식으로 기모노는 보관할 때는 평면이지만 사람이 입은 모습, 입체를 생각해서 만들어진 예술품이다.

기모노는 사람이 입어야 처음으로 완성품이 된다고 생각한다. 기모노를 입어서 사람이 더 아름답게 보이지만, 기모노도 사람이 입어야만 더 아름답게 돋보인다. 특히 기모노는 장식적인 요소가 큰 화려한 오비가 필요하기 때문에 사람이 입기 전에는 '앙꼬팥소 없는 찐빵'이나 다름없다. 기모노를 입으면 동작에 제한이 생기기 때문에 저절로 등을 세우고 종종걸음으로 걷거나 얌전하게 행동하게 된다. 기모노는 입는 여성을 더욱 더 여성스럽게 연출해 주는 특별한 전통 옷이다. 기모노 체험의 기회가 생기면 자신이 직접 예술의 일부가 되어 미를 즐기길 권하고 싶다.

검댕이, 이 사소한 것에 대한 일본 대중문화 작품의 관심과 애정

홍남희(홍클로버 법률사무소 대표 변호사)

작고 보잘것없으며 중요해 보이지 않는 검댕이

검댕이는 그을음이나 연기가 맺혀서 생긴 검은 빛깔의 물질이다. 나무나 석탄 등을 태우면 나오는 검댕이는 불결을 상징하며 속히 청소해서 없애버려야 하는 것으로 취급받는다. 사람들은 대부분 검댕이가 어떻게 생겼는지 자세히 들여다보거나 검댕이의 존재 이유를 생각하지는 않는다. 그런데 일본의 애니메이션과 소설에서는 검댕이를 조연이나 주연으로 등장시켜 독특한 개성을 부여할 뿐 아니라 검댕이를 통해 감동적인 메시지를 전달하기도 한다.

애니메이션 〈이웃집 토토로〉 속 검댕이

미야자키 하야오 감독이 1988년에 선보인 일본 애니메이션 〈이웃집 토토로〉는 건강이 좋지 않은 엄마의 요양을 위해 도시를 떠나 시골로 이사 온 자매가 우연히 숲속에 살고 있는 신비로운 생명체 '토토로'를 만나 신기한 모험을 함께 한다는 내용이다.

주인공인 사츠키와 메이, 아버지인 타츠오 세 사람이 이사 온 오래된 집에는 검댕이가 대규모로 살고 있었는데 집을 청소해서 햇빛이 들

〈이웃집 토토로〉의 포스터와 검댕이가 등장한 장면들

어오자 어두운 2층 벽의 틈새 등으로 숨어 버렸다. 검고 둥글며 아이 주먹만 한 크기의 보풀 모양을 한 검댕이는 가운데에 두 개의 눈이 달려 있다.

이 집의 관리를 맡고 있던 할머니는 검댕이에 대해서 "그렇게 무서운 것은 아니야. 나쁜 것은 아니니까."라고 하면서 자신도 어릴 적에는 검댕이가 보였다고 말한다.

검댕이 무리는 이상하게 생겼어도 특별히 해를 끼치지 않는 존재지만 인간과 공존하는 것을 그리 즐기지는 않는 듯하다. 아무도 모르는 사이에 어느새 없어져 버린다는 할머니의 말처럼 검댕이 무리는 어느 날 밤에 어디론가 천천히 날아가 버렸다.

애니메이션 〈센과 치히로의 행방불명〉 속 검댕이

미야자키 하야오 감독이 2001년에 선보인 일본 애니메이션 〈센과 치히로의 행방불명〉은 시골로 이사를 간 치히로의 가족이 길을 잘못 드는 바람에 신령의 세계로 들어가게 되어 엄마와 아빠는 돼지로 변하고 치히로는 마녀가 운영하는 온천장에서 일하면서 신기한 경험을 한다는 내용이다.

이 애니메이션에서는 마녀 유바바가 운영하는 온천장의 보일러 담당인 가마 할아범 밑에서 여러 검댕이들이 허드렛일을 하고 있다. 검댕이들은 철사처럼 가는 팔다리가 난 거미처럼 생겼는데 석탄 등의 물건을 운반할 수 있으며 별사탕을 먹고 산다.

검댕이들은 일하지 않으면 생명을 빼앗기고 평범한 검댕이로 돌아가게 되어 가마 할아범의 고함 소리에 따라 일사분란하게 움직이며 일한다.

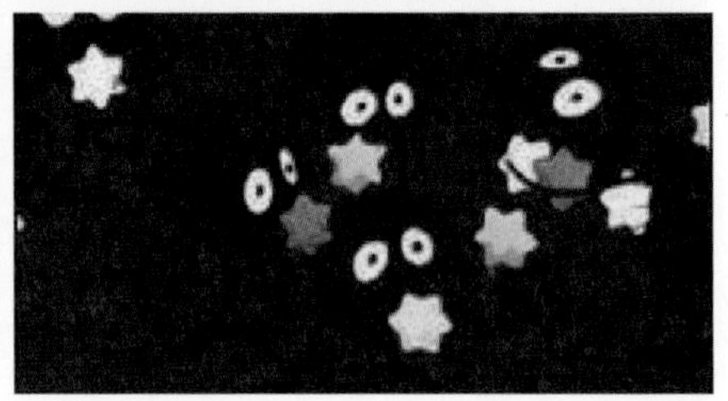

〈센과 치히로의 행방불명〉의 포스터와 검댕이가 등장한 장면들

소설《안주》의 검댕이

일본의 소설가 미야베 미유키는 1980년대 후반부터 사회문제를 다루는 추리소설을 다수 발표하여 일본뿐만 아니라 우리나라에도 팬이 굉장히 많다. 미야베 미유키는 사회문제를 다루는 추리소설 외에 에도 시대를 배경으로 하는 미스터리 소설도 여러 편 발표하였는데 소설《안주あんじゅう》도 그중 하나다.

오랜 세월 버려진 집에 은퇴한 무사 부부가 이사를 오면서 그 집에 사는 '검은 덩어리'를 알게 된다. '검은 덩어리'는 이상한 소리만 낼 뿐 사람을 해치거나 괴롭히지는 않는다. 다만 때때로 사람의 말을 알아듣는 것 같기도 했다. 무사 부부는 이 '검은 덩어리'에 애정을 가지게 되어 '구로스케'라는 이름을 지어 주고 '검은 덩어리'가 무엇을 좋아하고 싫어하는지도 알게 되며 마치 어린아이를 대하듯이 '검은 덩어리'를 돌본다. '구로스케'는 '검다'는 의미인 '구로くろ'와 사람의 이름을 나타

소설《안주》의 표지에 등장한 검댕이

내는 접미사 '스케すけ'가 합쳐진 말인데 한국어로는 '검돌이'나 '검순이' 정도로 번역할 수 있다.

구로스케는 외로움이 너무 큰 나머지 요물이 되었으나 막상 사람의 손이 닿으면 몸이 상한다. 구로스케는 무사의 아내가 나무상자에 맞아 다칠 위험에 처했을 때 자신의 몸을 던져 무사의 아내를 구하지만 자기 몸의 일부를 잃고 만다. 구로스케를 위해 무사 부부는 집을 떠나고 구로스케는 외로움을 대신하여 무사 부부에 대한 그리움을 간직한 채 홀로 빈집을 지킨다는 내용이다.

검댕이가 많이 생기는 일본의 가옥 구조

우리나라는 철근 콘크리트 구조인 아파트에 거주하는 사람들의 비율이 높고 단독주택의 경우에도 건축 소재가 목재보다는 벽돌이나 시멘트 등의 비율이 월등히 높다. 이에 반해 지진이 자주 발생하는 일본에서는 목조주택의 비율이 높은데 목조주택은 단위 중량당 인장강도引張強度, 잡아당기는 힘에 견딜 수 있는 능력, 압축강도가 콘크리트에 비해 뛰어나고 유연성도 좋아서 지진에 대한 저항력, 충격흡수율 등이 우수하다는 특징을 가지고 있기 때문이다.

또한 일본에는 이로리囲炉裏라는 전통 난방방식이 있는데 농가나 전통 음식점 등에서 방바닥의 일부를 네모나게 잘라내고, 그곳에 재를 깔아 취사용, 난방용으로 불을 피워 놓아 실내를 따뜻하게 하는 방법이다. 건축 소재가 목재이며 이로리를 통해 요리를 하고 난방을 하기 때문에 다른 소재로 건축한 건물에서 가스나 전기 등을 이용해 요리하고 난방하는 경우보다 검댕이가 많이 발생하게 되는 것이다.

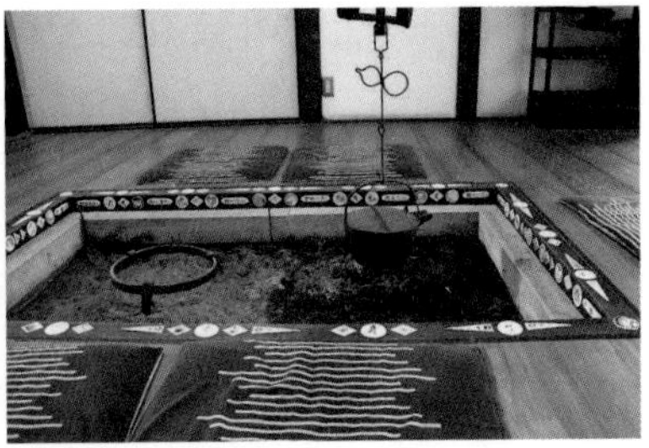

일본의 전통 난방방식 이로리의 모습

생명과 감정 그리고 개성을 가지고 있는 검댕이

〈이웃집 토토로〉에 등장하는 검댕이는 어린아이의 눈에만 보이며 인간과 공존하는 것을 즐기는 성향은 아닌 듯하고 〈센과 치히로의 행방불명〉에 등장하는 검댕이는 별사탕을 먹으면서 노동을 해야 생명을 유지할 수 있다. 《안주》에 등장하는 검댕이는 검댕이인지가 명확하게 서술되어 있지는 않고 '검은 덩어리'로 묘사되는데 외로움과 그리움 등 감정을 가진 존재다.

검댕이 캐릭터를 이용한 상품들

작고 보잘것없으며 중요해 보이지 않는 검댕이라는 존재에 관심과 애정을 불어 넣어 그 어떤 생물체보다도 더 감성적이고 개성적인 존재로 만드는 것이 일본 예술가들의 힘이라 생각된다.

한편 일본인들은 작고 귀여운 것을 좋아하고 상술이 대단하기로 유명한데 대중들에게 인기가 많은 검댕이 캐릭터를 활용하여 머리끈, 열쇠고리, 과자 등을 만들어 판매하고 있다.

4

배우면 좋을 일본의 강점

한국의 부동산 문제, 일본의 전철을 밟을 것인가? / 일본 경제의 실상과 전망
일본, 일본인 샐러리맨, 나의 일본 비즈니스 / 세계 최장수 국가, 일본의 노령화 대책
초고령사회 일본의 경험이 주는 교훈 / 모두가 행복해지는 개호복지서비스를 위하여
일본이 강한 첨단 분야, 로봇 산업 / 장보기 혜택이 세상을 구하다? 일본 서민의 쇼핑혜택
'존엄한 노후'와 '지역포괄 케어 마을 가꾸기'

한국의 부동산 문제, 일본의 전철을 밟을 것인가?

강창희(트러스톤자산운용 연금포럼 대표)

2021년 7월 한국은행에서 주요국의 구매력평가PPP 환율 기준 가구당 순자산을 발표한 일이 있다. 이 자료에 따르면 2020년 말 기준 우리나라의 가구당 순자산은 59만 4,000달러였다. 미국91만 7,000달러, 호주78만 4,000달러, 캐나다60만 6,000달러는 우리보다 많았다. 그런데 프랑스57만 2,000달러, 일본50만 달러은 우리보다 적었다. 두 나라 모두 우리보다 선진국이고 또 몇십 년 앞서 자본축적을 시작한 나라들이다. 그런데 아무리 구매력평가 환율 기준이라고 하지만 이 나라들보다 우리나라의 가구당 평균 순자산이 많다는 것이다.

가구당 순자산은 한국이 일본보다 많다는데

하지만 가계자산 구조면에서 문제가 있다. 통계청 자료에 따르면, 우리나라는 가계자산의 78%가 부동산이고 금융자산 비중은 22%에 지나지 않는다2021년 말 기준. 반면 미국, 일본과 같은 선진국의 경우에는 60~70%가 금융자산이고 부동산 비중은 30~40%에 지나지 않는다.

어찌 보면 우리나라는 가계자산의 대부분이 부동산인데 이 부동산 가격이 비싸기 때문에 가계자산이 많은 것처럼 보인다고도 할 수 있다. 이 점은 이웃나라 일본과 우리나라의 토지자산 가치를 비교해 보면 더 명확해진다. 현재 우리나라 남한 넓이는 10만 400km^2, 일본 열도의 넓이는 37만 8,000km^{2}이다. 남한 넓이가 일본 열도의 26% 정도인 것이다. 그런데 일본의 토지자산은 2019년 기준 한국 원화로 환산해 1경 2501조 원, 남한의 토지자산은 2020년 기준 9679조 원이다 한·일 국민 순자산 통계. 한국 땅 한 평은 일본 땅 세 평 가격이다. 지난 2년 동안 우리나라의 땅값 상승을 감안하면 양국의 평당 가격 차이는 훨씬 더 커졌을 것으로 추정된다.

1980년대 말 필자가 도쿄에서 근무할 당시 도쿄 시내의 왕궁이 있는 지요다구서울 종로구에 해당만 팔아도 캐나다 땅을, 도쿄를 팔면 미국 전체를 살 수 있다는 말을 듣고 놀란 일이 있다. 실제로 1990년 말 일본 열도의 토지자산 가치는 2경 3653조 원으로 지금의 두 배 가까운 금액이었다. 그랬던 일본의 토지자산 가치가 지난 30년 사이에 절반 수준으로 줄고 가계자산에서 차지하는 부동산 비중도 60%1990년 말에서 37%2021년 말로 줄어들었다. 줄어든 이유는 다음과 같이 정리해 볼 수 있겠는데, 앞으로 10~20년 사이에 우리나라에도 이런 변화가 나타나지 않을지 냉정하게 생각해 봐야 한다.

첫 번째 이유는 부동산 가격의 장기 하락이다. 그 지표의 하나라고 할 수 있는 '일본 3대 도시도쿄, 오사카, 나고야의 택지 지가지수 추이'에서 잘 나타난다. 1982년을 100으로 했을 때, 1991년 피크 때는 290까지 상승했던 것이 2012년에는 102까지 하락했다. 이후 2020년 120까지 약간 상승을 하기는 했지만, 지난 2년 동안 코로나19 사태로 해외 관광객이 유입되지 않으면서 다시 하락세를 보이고 있다는 언론 보도가 나오기도 했다.

두 번째 이유는, 첫 번째 이유의 원인이라고도 할 수 있는데 부동산에 대한 일본인들의 인식이 바뀌었다는 것이다. 현재 일본인들은 우리처럼 집에 한이 맺혀 있지 않다. '집 없으면 어때? 빌려 살면 되지.'라는 인식이 강하다. 예를 들어 몇억 원의 금융자산이 있는데 집은 없다면 은행에서 융자를 받아 내 집을 마련할 것인가, 아니면 집은 빌려 살고 그 돈을 다른 곳에 활용할 것인가를 냉정하게 따져본다. 내 집을 갖고 있을 경우 세금, 수리비 등 유지비용이 만만치 않다는 생각을 하기 때문이다. 반면 최근 몇 년 사이 우리나라 분위기는 어땠는가? 가진 돈이 없더라도 은행에서 융자를 받을 수만 있다면 무조건 집을 사야 한다고 생각하는 분위기가 지배적이었다.

일본의 가계자산 중 부동산 비중의 저하가 한국에 시사하는 것은?

1980년대 필자가 일본에서 근무할 때는 일본인들도 내 집, 내 땅에 대한 집착이 지금 우리나라 못지않았다. 우리나라나 일본처럼 한 곳에 정착해 사는 농경문화를 가진 나라 사람들은 이동을 전제로 하는 유목민국가나 해양국가와 달리 내 집, 내 땅에 애착이 유난히 강하기 때문이다. 2차 세계대전 후에 태어난 베이비붐 세대가 내 집 마련을 시작하고, 도시화 과정에서 농어촌에서 도시로 이주한 사람들이 내 집 마련을 하면서 주택가격을 장기간 상승시킨 것도 양국에서 공통으로 나타난 현상이다. 그런데 일본에서는 1991년을 정점으로 부동산 가격이 급락국면으로 바뀌면서 내 땅, 내 집에 대한 집착이 약해지기 시작했다. 도시화 과정도 끝나 도시에서 지방으로 역류현상까지 나타나고 있다. 베이비붐 세대의 내 집 마련 러시도 끝났다. 이런 과정을 겪으면서 부동산에 대한 인식이 바뀐 것이다.

이 점에서 우리나라는 어떤가? 최근 수년 동안은 부동산 투자 붐에 가려져서 일본에서 나타난 것과 같은 변화 상황이 부동산에 대한 인식이나 부동산 가격에 그다지 영향을 준 것 같지 않다. 그러나 부동산 붐이 소강상태나 하락국면으로 들어서면 많은 사람들이 부동산을 둘러싼 환경 변화에 눈을 뜨게 될 것이다. 도시화율은 이미 91%2020년 말 기준로 싱가폴, 홍콩과 같은 도시국가를 제외하면 세계 1위 수준이다. 2차 베이비붐 세대의 내 집 마련 러시도 조만간 끝날 것이다. 저출산, 고령화 또한 과거의 일본보다 훨씬 더 빠른 속도로 진행되고 있다.

물론 올해 또는 내년의 부동산 시장을 전망하기는 쉽지 않다. 그러나 10~20년 후 노후대비 관점에서 부동산과 관련하여 투자의 원칙을 지키려는 노력은 꼭 필요하다. 투자의 원칙이 무엇인가? 투자에는 리스크가 따른다. 따라서 자산이 한 곳에 집중되어 있으면 안 된다. 그런데 우리나라 가정의 경우에는 평균 78%가 부동산에 집중되어 있다. 따라서 부동산 가격이 오를 때 오를 망정 부동산 비중을 줄이고 금융자산의 비중을 높여 가는 노력을 해야 할 것이다. 그리하여 환갑 나이쯤 되면 선진국 수준까지는 안 된다 하더라도 부동산과 금융자산의 비중이 반반 정도는 되게 해야 할 것이다. 그래야 부동산 가격이 오르든 떨어지든 하우스푸어가 되는 상황을 피할 수 있다.

선진국에서는 부동산 투자 방식이 상당 부분 직접투자에서 간접투자로 바뀌어 있다는 점 또한 참고할 필요가 있다. 세입자의 권리가 세지고 세법 등 관련 규정이 복잡해지면서 개인이 직접 부동산 임대를 하기가 너무 힘들어졌기 때문이다. 따라서 보통 사람들은 실물로 부동산에 투자하기보다는 리츠, 부동산펀드와 같은 간접투자 중심으로 바뀌어 있다. 그런데 리츠나 부동산펀드는 금융자산에 포함된다. 이것이 선진국의 가계자산 중 금융자산의 비중이 높은 또 하나의 이유인 것이다.

개인이 임대주택을 보유하고 있는 경우에도 우리나라처럼 개인이 직접 임대 운용하기보다는 전문 임대관리회사에 위탁 임대하는 경우가 대부분이다. 관리회사는 대기업, 상장기업인 경우가 많다. 관리회사는 '30년 임대수입 보장' 등과 같은 방법으로 연금처럼 매월 임대료를 안성적으로 받게 해준다. 임대주택을 소유하고 있는 개인은 이 방법을 통해 가격 하락이나 공실 리스크를 줄일 수 있다.

노년에 대형 고층 아파트 문제는 없는가?

지금과 같은 100세 시대에는 노후에 어디서 누구와 어떻게 살 것인가에 대해서도 현역 시절부터 미리미리 생각해 보고 준비하지 않으면 안 된다. 자녀들이 부모하고 같이 살다가 독립해서 나가면 대부분의 가정이 부부 둘만 남게 되기 때문이다. 부부 둘만 살다가 한 사람이 아플 수도 있는데 이를 부부 간병기라고 한다. 그러다 한 사람 떠나고 혼자 남는다. 나중에는 혼자 남는 사람도 아프다가 떠나게 된다. 30~40년 사이에 그런 일이 생기는 것이다. 그 과정별로 나는 어디서 누구와 어떻게 살 것인지를 미리미리 생각해 봐야 한다.

그런데 많은 우리나라 부모 세대들의 생각은 다른 것 같다. 자식이 결혼할 때쯤 되면 큰 집으로 이사가려고 한다. 그래야 사돈네들 보기에 폼도 나고 대형 아파트가 재테크 수단이 되었다는 이유 때문일 것이다. 그러나 최근 들어서는 대형 아파트에 대한 생각도 많이 바뀌고 있다. 왜 그럴까? 통계청 발표에 따르면 2021년 말 기준 우리나라 가구 수는 2145만 가구였다. 그중 1인 가구와 2인 가구를 합친 비율이 1980년도만 해도 15%밖에 안 되었다. 이것이 2021년에는 62%로 늘었다.

이웃 나라 일본도 이미 오래전에 이 비율이 60%를 넘었다. 우리나라도 일본도 대부분의 가정이 혼자 아니면 둘이 사는 시대가 오고 있는 것이다. 그런데 아직도 재건축한다 하면 몇 평 늘어나는지부터 물어보는 습관이 있다. 앞으로도 과연 그럴 필요가 있을 것인가?

노년에 고층 아파트에 사는 문제도 신중하게 생각해 봐야 한다. 유난히 고층 아파트를 좋아하는 사람들이 많기 때문이다. 8년 전쯤 일이다. 오하라 레이코라는 일본의 국민 탤런트가 사망했는데 사흘 만에 발견되었다는 기사가 보도된 적이 있다. 이른바 고독사다. 일본이 발칵 뒤집혔다. 어느 현도의 뉴타운 단지 하나를 조사해 봤더니 그 전 3년 동안에 고독사한 사람이 25명이었다. 그 사람들이 사망 후 발견될 때까지 걸린 시간은 평균 21.3일이었다고 한다. 얼마나 비극인가?

일본에서는 고독사에 대한 공식발표는 없지만 매년 3만 명 정도가 고독사하는 것으로 추정되고 있다. 우리나라도 2010년경부터 고독사가 사회문제화되기 시작했는데 보건복지부의 고독사실태조사에 따르면 2021년 고독사 수는 3,378명으로 늘어난 것으로 나타났다. 왜 이런 일이 생기는가? 사람이 들락날락하는 데 살지 않기 때문이다. 자녀들과 같이 살지 않으면 이웃집만한 복지시설이 없다. 그런데 30층이나 40층에 혼자 아니면 둘이 살고 있을 경우 누가 자주 찾아오겠는가?

사회문제가 되고 있는 아파트의 슬럼화

아파트의 슬럼화 문제에 대해서도 한번쯤 생각해 봐야 한다. 일본의 니혼대학 시미즈 지히로 교수가 쓴 '빅데이터를 통해서 본 일본 부동산 시장의 미래'라는 자료에 따르면, 일본의 노후화된 아파트들이 재건축을 못해서 슬럼화되어 가고 있다고 한다. 아파트를 구분소유 주택이라고 부르는데 구분소유 주택을 재건축하려면 주민의 80%, 완전철거를 하려면 100%의 동의를 얻어야 한다. 그런데 그만큼 동의를 얻는 게 불가능에 가깝기 때문이다. 재건축의 경제성, 소유주의 고령화, 상속된 아파트일 경우 상속자들 간에 합의의 어려움 등이 그 이유다. 재건축에 성공하기 위해서는 2가지 조건이 충족되어야 한다. 첫째는 위치가 좋아야 하고, 둘째는 저층이어야 한다. 고층으로 만들면서 비용을 빼야 하기 때문이다. 그런데 위치가 좋지 않거나, 위치가 좋다고 하더라도 이미 고층이면 재건축이 어렵다. 오죽하면 지금까지 재건축에 성공한 아파트의 80%는 지진으로 붕괴되어 저절로 주민들의 동의를 얻을 수 있었던 아파트일 정도다. 재건축을 못한 아파트들은 슬럼화되고 빈집 예비군이 될 수밖에 없다. 이들 노후화된 아파트는 그 자체의 문제만으로 끝나는 게 아니라 주위 지가에도 영향을 미친다. 한 조사자료에 따르면, 어느 지역에서 건축된 지 20~25년 정도 지난 아파트가 1% 증가하면 그 지역 지가를 4% 정도 하락시키는 것으로 나타났다.

그런데 문제는 우리가 지금 일본의 아파트 슬럼화 문제를 걱정할 때가 아니라는 점이다. 왜 그런가? 아파트의 슬럼화가 문제라고는 하지만 일본은 전체 주택 중 높이 6층 이상인 아파트의 비율이 10% 정도에 지나지 않는다. 반면에 우리나라는 어떤가? 2020년 통계청 인구주택 총조사 결과에 따르면 전체 주택 중 아파트의 비율이 63%에 이르는 것으로 나타났다. 이 비율은 앞으로도 계속 높아질 것으로 예상된다. 형편만 되면 아파트에 거주하고 싶어하는 사람들이 많기 때문이다. 지방도시를 지나면서 벌판에 고층 아파트가 서 있는 걸 보면 10년, 20년 뒤에 우리 손주들이 그 아파트들을 처리하는 문제로 얼마나 고생할까 걱정이 되기도 한다.

늘어나는 빈집 어떻게 할 것인가?

2019년 3월 자료 수집차 일본 도쿄의 서점에 들렀다가 쇼킹한 제목의 책을 한 권 구입한 일이 있다. 《負빚동산시대 - 마이너스 가격이 되는 주택과 토지》라는 제목의 책이다. 가격이 제로0가 될 수는 있겠지만 어떻게 마이너스가 된다는 건가? 주택이나 토지소유주가 관리비, 세금 등을 내는 게 싫어 팔려고 내놔도 팔리질 않기 때문에 오히려 한화로 500만 원 정도를 얹어서 내놓고 있다는 것이다. 일본 〈아사히 신문〉이 1년 동안 그런 사례들을 취재, 연재한 내용을 엮어 출판한 책이다. 책 내용 중 특히 주목되는 부분은 가격을 산정할 수 없는 빈집이 계속 늘고 있다는 것이었다.

2018년 9월 말 기준 일본의 빈집은 846만 채로 전체 주택 수의 13.6%에 이른다. 빈집을 종류별로 보면 임대용주택이 431만 채50.9%, 매각용주택 29만 채3.5%, 별장과 같은 2차적 주택 38만 채4.5%, 임대용도 매각용도 아닌 방치되어 있는 기타 주택이 347만 채41.1%이다. 그중 가장 큰 문제가 되는 것은 방치되어 있는 빈집이다. 물론 임대가 안 되고 팔리지도 않아 비어 있는 임대용 빈집이나 매각용 빈집도 문제이지만, 이런 주택들은 소유주가 나름대로 유지·관리할 가능성이 높다. 그러나 그 외 빈집은 제대로 관리가 되지 않고 방치되어 있기 때문에 언젠가 범죄나 화재발생 등과 같이 주거환경에 영향을 미치는 '문제적 빈집'으로 바뀔 위험성이 크다. 그런 빈집이 347만 채나 된다는 것이다. 그런데도 주택공급은 계속 늘고 있다. 일본 노무라종합연구소는 2033년이 되면 일본의 주택 3채 중 1채가 빈집이 되는 주택과잉사회가 될 것이라는 예측 자료를 내놓기도 했다.

보통 빈집이라고 하면 농촌지역이나 지방도시의 인구가 줄면서 생기는 것이라고 생각하기 쉬운데 그렇지 않다. 도쿄 수도권에도 빈집이 늘고 있다. 예를 들어, 도쿄에서 30km 정도 떨어진 타마신도시는 1970~1980년대에 신도시붐을 일으켰던 위성도시다. 도쿄 접근성과 도로, 학교, 공원 등의 기반시설이 완비된 점을 장점으로 내세워 홍보한 데다가 저금리와 주택경기 부양책에 힘입어 인기리에 분양되었다. 그런데 40년이 지난 지금은 이 도시가 노인들만 남아 있거나 한 집 건너 비어 있는 빈집 타운이 되었다.

인구감소, 인구고령화 등으로 이렇게 빈집이 늘어나고 있는데도 구미 선진국에서와 같은 기존 주택의 공동화 방지대책은 없이 매년 90만 채 이상의 주택이 신축되고 있다. 이른바 신축편중 정책이다. 주택건설업자는 속성상 핑계만 있으면 신규주택을 지으려 하고 주택구입자 또한 인식이 많이 바뀌었다고는 하지만 아직도 주택은 자산이라는 생각으로 '내 집 마련'에 애착을 갖고 있기 때문이다.

그렇다면 우리나라의 빈집 문제는 어떤 상황인가? 한국토지주택공사 산하 '토지주택연구원'이 발표한 자료에 따르면 2020년 기준 전국의 주택 1,843만 채 가운데 빈집은 8.2%에 해당하는 151만 채로 집계되었다. 2015년 106만 9,000채와 비교하면 무려 41%가 늘어난 물량이다. 빈집 문제가 남의 이야기가 아니라는 뜻이다. 빠른 속도로 일본의 뒤를 따라가고 있다. 빈집이라고 하면 농가주택 빈집을 연상하기 쉬운데 꼭 그렇지도 않다. 도심에도 빈집이 생기고 있다. 신도시 개발 등으로 젊은층들이 원도심에서 신도심으로 이주하면 원도심의 인구가 줄어들게 된다. 원도심을 떠나지 않은 주민들은 고령층이나 고령 1인 가구인 경우가 많다. 이들이 사망한 후 상속인이 주택을 물려받지 않으면 빈집이 되는 경우도 적지 않다.

이처럼 늘어나는 도심 내 빈집은 지역 경관을 훼손시키는 등 적잖은 부작용을 낳고 있다. 문제는 빈집이 매년 증가하는 추세인 데다 고령화와 인구감소 등을 감안할 때 지속적으로 늘어날 가능성이 높다는 점이다. 민관이 협력해 도심 빈집을 적극적으로 활용할 수 있는 방안 마련이 시급하다는 지적이 나오고 있는 이유다.

고령화시대, 1인가구시대 바람직한 주택의 형태는?

고령화시대, 1인가구 시대에는 주택의 형태가 달라져야 한다고 주장하는 건축가가 있다. 2009년에 입주한 판교타운하우스를 설계한 일본인 건축가 야마모토 리켄이다. 야마모토 리켄은 사람들이 '내 집'을 꿈꾸는 동안 주택은 밀실이 되고, 주변 환경은 황폐해졌으며, 지역사회는 이기적인 집단으로 변해 버렸다고 진단하고 지역사회권, 이른바 '동네공동체 형성'을 제안해 왔다. 동네공동체란 각 개인이 최소한의 전용공간과 최대한의 공유공간을 갖는 공동체를 말한다. "개인의 취미나 특기를 다른 사람을 위해 활용할 수 있는 환경을 만들어야 한다. 주거공간이 변화하면 이웃이 아이를 잠깐 맡아주거나, 주말 목수가 되거나, 외국어 강의를 진행하는 등의 일을 할 수 있는 환경이 자연스럽게 만들어질 수 있다. 그러기 위해서는 주택단지, 뉴타운, 공영주택 등 집합주택에 개방공간이 더 늘어야 한다."라는 게 그의 주장이다.

"원래 한국의 전통가옥도 외부에 개방된 부분과 사생활을 지키는 부분으로 나뉘어 있었다. 그런데 그런 주택이 사라지고 모두 밀실 같은 주택이 되었다. 고령화시대, 1인가구시대에 그런 밀실 같은 주택은 더는 바람직하지 않다." 판교타운하우스 설계를 요청받고 한국의 주택사정을 살펴본 뒤 그가 내린 결론이다. 그리하여 모든 주택현관 사방을 유리로 설계했다. 그러나 그의 생각과는 달리 판교타운하우스는 분양 당시 큰 어려움을 겪었다. 밀실에 익숙해 있어서 개방형을 꺼렸던 주민들의 반발을 샀기 때문이다. 하지만 시간이 지나면서 점차 주민들의 생각이 바뀌어 갔다. 주민들은 그에게 감사메일을 보내기도 하고 입주 10년 후에는 그를 초청하여 파티를 열기도 했다. 입주하여 10년을 살아 보니 이웃과 함께 하는 삶이 너무나 행복했기 때문이라고 한다.

2013년 준공, 입주한 강남구 자곡동의 강남 보금자리 주택지구도 우리의 주거문화에서 사라진 마당과 사랑방을 새로운 형태로 만들어 함께 공유하자는 목적으로 야마모트 리켄 건축가가 설계한 곳이다. 그런데 여기 또한 처음에는 입주민들에게 외면을 당했다가 시간이 지나면서 이해를 얻게 된 사례로 알려졌다. 이들 두 사례 모두 고령화시대, 1인가구시대에 노년을 보낼 주거형태를 결정하는 데 참고해야 할 사례라고 할 수 있다.

일본 경제의 실상과 전망

국중호(요코하마시립대학 교수)

전후戰後 세 시기로 구분한 일본 경제

경제성장률 시계열 데이터에 기초하여 일본 경제의 전개는 크게 세 시기로 구분할 수 있다. 일본은 1차 오일쇼크가 있었던 1973년까지 한동안 고도 경제성장을 이루지만, 그 후 1990년대까지 중간성장기를 거쳐 1991년 거품경제가 붕괴하고 나서 지금까지는 아주 낮은 경제성장률을 기록하고 있다. 평균 실질 국내총생산GDP 성장률로 보았을 때 일본의 경제성장 시기를 세 시기로 구분할 수 있음을 보다 구체적으로 살펴보기로 하자.

1945년 2차 세계대전에서 패전으로 국토가 피폐했던 일본이 한국전쟁1950~1953을 계기로 경제성장의 발판을 마련했다는 점에서 보면, 한반도로서는 비극이었던 한국전쟁은 공교롭게도 일본에는 경제발전의 기회로 작용했다. 1956년이 되면 일본 경제기획청이 발행한 《경제백서》에서 "더 이상 전후戰後가 아니다."라는 말이 나올 정도로 경제 상태를 회복하게 된다. 이는 일인당 실질 국민총생산GNP, 당시에는 GNP를 사용이 1955년에 2차 세계대전 이전일본에서는 이를 전전戰前이라 함의 수준을 넘었다는 의미에서 사용하는 말이다.

일본은 1950~1960년대 괄목할 정도로 성장해 왔다. 다음의 그림에

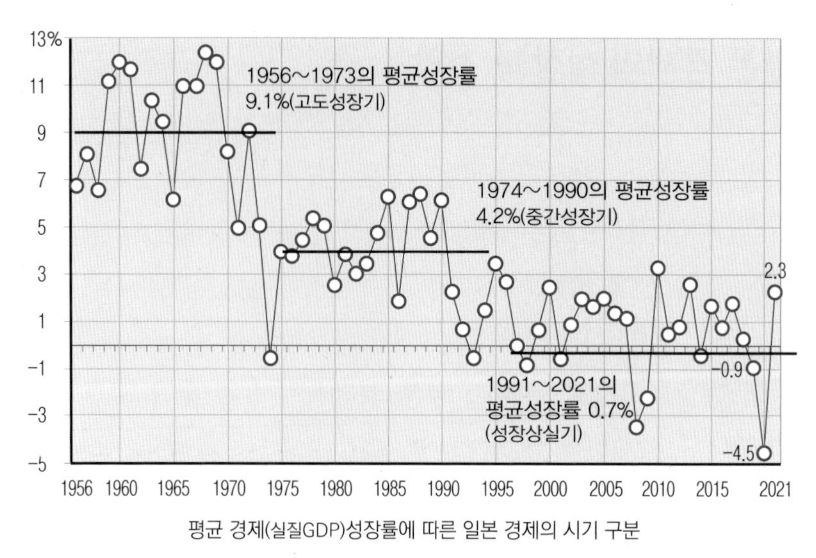

평균 경제(실질GDP)성장률에 따른 일본 경제의 시기 구분

주: 1) 평균 실질성장률은 단순평균임. 연도 기준(당년 4월 1일부터 다음년 3월 31일까지).
2) 1980년도 이전은 63SNA, 1981~1994년도는 93SNA, 그 이후는 2008SNA 기준.

출처: 内閣府, 『国民経済計算』(各年度)를 기초로 작성.

서 나타내고 있듯이, 1956~1973년 동안 일본의 평균 실질경제GDP 성장률은 9.1%로 매우 높은 성장률을 보이고 있다. 이 시기를 '고도성장기'라 할 수 있는데, 일본의 고도성장은 1973년 1차 석유위기oil shock를 계기로 막을 내리게 된다. 그렇다고 해서 그 이후의 성장률이 급속하게 내려간 것은 아니다. 일본에서 1980년대 후반을 거품경제기라고 하는데 1차 석유위기 이후 거품경제 시기까지인 1974~1990년 동안 일본의 평균 실질 경제성장률은 4.2%를 기록한다. 이 시기는 고도성장과 저성장의 중간 정도의 성장률을 보인다는 뜻에서 '중간성장기'라 할 수 있다.

일본은 1991년 거품경제 붕괴 이후 매우 낮은 경제성장률을 보이는 시기를 성장을 '잃어버린 시기'라 표현해 왔다. 1990년대와 2000년대를 합하여 '잃어버린 20년'이라는 할 수 있지만, 2013년 3월부터 시행된 아베노믹스 아베 신조 정권의 경제정책 실시기에도 높은 성장률이 실현된 것은 아니다. 2023년까지도 낮은 성장률이 계속되고 있다는 점에서 보면 '잃어버린 30년'이란 표현이 들어맞는다. 아베노믹스가 높은 경제성장을 가져온 듯한 뉘앙스를 내비치기도 하지만, 뒤에서 언급하듯이 아베노믹스가 일본의 경제 위상을 낮추었다는 점을 간과해서는 안 될 것이다.

일본인들은 높은 소득을 받고 불안하게 일하기보다는 소득이 많지 않더라도 안정적으로 오랫동안 일하는 쪽을 선호한다. 아베노믹스로 고용률 일본에서는 '취업률'이라는 용어를 주로 사용 상승이 있었다는 점에서 보면 아베노믹스는 일본인의 심리를 능란하게 이용한 정책이었다고 할 것이다. 어쨌든 낮은 경제성장률이었다는 점을 근거로 하면 1991~2021년까지 30년의 기간을 '성장상실기'라 명명命名할 수 있다. 이 성장상실기의 평균 실질 경제성장률은 0.7%에 불과하다.

주요 경제 지표와 1970~1980년대 경제 실상

주요 경제변수를 기초로 하여 보다 구체적으로 일본 경제의 실상을 보기로 하자. 여기서는 실질 및 명목 국내총생산GDP 성장률, 실업률, 소비자물가지수CPI, consumer price index 상승률, 가계저축률, 국가채무의 통계치를 선정하고 있다. 다음의 표는 1970년대 1971~1980부터 2000년대 2001~2010까지 40년간을 십 년 간격으로 나누어 각 기간마다 해당 변수의 평균을 제시하고, 2011년부터 2021년까지는 1년 단위로 각 변수의 산출 결과를 보인 것이다 일부 연도는 생략.

일본의 주요 경제지표 추이

	GDP 성장률 (실질)%	GDP 성장률 (명목)%	실업률 %	CPI 상승률 %	가계 저축률 %	국가채무의 GDP비율 %	국가채무 규모 (조 엔)	명목 GDP (조 엔)
1970년대	**4.4**	**12.8**	**1.7**	**9.1**	**20.4**	**24.1**	**38.3**	**158.9**
1980년대	**4.7**	**6.2**	**2.5**	**2.0**	**15.0**	**50.1**	**169.3**	**337.7**
1990년대	**1.1**	**1.3**	**3.2**	**0.7**	**11.8**	**71.9**	**355.6**	**494.4**
2000년대	0.7	−0.5	4.6	−0.3	3.5	159.8	792.3	495.7
2011년	0.5	−1.1	4.6	−0.2	2.0	222.1	1,133.3	491.4
2012년	**0.9**	**0.2**	**4.3**	**−0.1**	**2.7**	**229.1**	**1,171.0**	**495.0**
2013년	2.6	2.6	4.0	0.4	0.3	232.5	1,210.1	503.2
2015년	1.2	2.7	3.4	0.8	0.8	231.3	1,262.3	530.1
2019년	**−0.9**	**0.3**	**2.4**	**0.5**	**2.8**	**236.1**	**1,318.8**	**558.5**
2020년	**−4.5**	**−3.7**	**2.8**	**−0.0**	**11.8**	**259.0**	**1,393.8**	**538.2**
2021년	**2.3**	**0.8**	**2.8**	**−0.3**	**9.6**	**263.1**	**1,426.0**	**541.9**

주: 1970~2000년대 국가채무의 GDP 비율(%)은 가중평균이고 나머지는 단순평균임.
출처: 財務省, 內閣府, 厚生勞動省,日經マクロ經濟データ(CD-ROM).
OECD *Economic Outlook*. IMF, *World Economic Outlook Databases*.

표에서 보듯이 1970년대는 실질 경제GDP 성장률은 4.4%를 기록하지만, 특징적인 점은 이 시기 명목 경제성장률이 12.8%로 실질 경제성장률에 비해 월등히 높게 나타난다는 점이다. 그 이유는 1970년대 물가상승률이 매우 높았기 때문이다. 표를 보면 1970년대 평균 소비자물가 상승률은 9.1%라는 높은 수준을 보이고 있다. 예를 들어 1차 석유위기의 영향으로 소비자물가CPI 상승률은 1973년 15.6%, 1974년 20.7%로 매우 높은 수준이었다. 일본에서는 이 시기의 물가를 '광란물가'라 부르고 있다.

1980년대 일본 경제 실상을 보면, 실질 경제GDP 성장률은 4.7%, 명목 경제성장률은 6.2%로 모두 높으며, 평균 실업률은 2.5%로 낮게 나타나고 있다. 물가도 안정되는 시기로 1980년대 소비자물가CPI 상승률은 2.0%에 머물고 있다. 1980년대에는 나카소네 야스히로 정권 1982년 11월~1987년 11월에서 재정재건을 내세웠고 사회보장 급부의 억제 및 국고부담 삭감으로 이어져1981년 아동수당법 개정, 1982년 노인보건법 제정, 1984년 건강보험법 개정, 1985년 기초연금 창설 등, 국민소득 대비 평균 재정적자 부담률은 4.4%로 1970년대의 5.7%보다 낮아졌다표에는 나와 있지 않음.

1980년대 후반 '거품경제'의 진행은 일본을 착각에 빠지게 했다. 실제 경제의 '기초여건fundamentals'보다 부풀려진 거품경제로 인해 조세 수입이 증가하면서 1980년대 후반 공채의존도도 낮아졌으나, 이 시기 일본은 미래 성장산업 육성을 위한 경제구조 전환에 대비한 정책이 추진되지 못했다.

거품경제 붕괴 이후 일본 경제의 실상

1991년 거품경제가 붕괴되면서 1990년대는 '잃어버린 10년'으로 자리매김되고 있다. 앞의 표에도 나와 있듯이 1990년대의 실질 경제GDP 성장률은 1.1%, 명목 경제성장률은 1.3%로 모두 낮은 성장률을 기록하고 있으며, 평균 소비자물가CPI 상승률도 0.7%에 머물고 있다.

1990년대부터 저출산·고령화라는 사회구조 변화가 표면화되면서 사회보장관계비가 크게 늘어났고 국가채무 비중이 크게 상승했다. 1990년대 GDP 대비 평균 국가채무 비율은 71.9%를 보이고 있으나 시계열적으로 보면, 1991년 47.8%에서 2000년 106.5%로 두 배 이상이나 상승하여 우려할 수준으로 진행되었다표에는 싣지 않고 있음. 거품경제가 붕괴하면서 금융기관은 거액의 불량채권을 안게 되었고 공적자금이 투입되는 사태를 맞이했다는 것이 그 배경에 자리하고 있다.

2000년대에는 일본의 간판산업이었던 전자산업이 한국과 대만으로부터 추격을 당하는 시기이며, 중국과 동남아시아 경제의 부상과 함께 대량생산에 의존하던 제조업의 쇠퇴도 두드러졌다. 2000년대 전반에는 고이즈미 준이치로 정권2001년 4월~2006년 9월에서 경제구조 개혁을 통해 경제 기반을 안정시키려는 노력이 있었다. 그 노력이 어느 정도 성과를 거두었으나 지속성을 갖지는 못했다.

일본에서 2000년대는 디플레이션 문제가 본격화된 시기다. 앞의 표에서 보듯이 2000년대의 평균 명목 경제성장률은 -0.5%로 실질성장률보다 낮게 나타나고 있다. 이 시기 들어 일본의 국가채무 비율은 더욱 심각한 수준으로 악화되었다. 2000년대 GDP 대비 국가채무비율은 1990년대 71.9%의 두 배가 넘는 159.8%에 이르고 있다.

2009년 9월부터 2012년 12월까지 3년 3개월 동안의 민주당 정권다른 소수 정당과의 연립정권이 무너지고 2차 아베 내각이 들어섰다2006년 9월~2007년 9월까지가 1차 아베 내각. 한국에도 잘 알려져 있듯이 아베노믹스는 대담한 금융완화통화량 확대, 기동적인 재정출동지출, 민간투자를 유도하는 성장전략이라는 세 축으로 되어 있다. 일본에서는 이들 세 가지 정책의 축을 목표 과녁을 쏘는 '세 화살矢'로 비유하여 표현하고 있다.

아베노믹스의 특이점은 2013년 3월부터 이루어진 엄청난 규모의 이차원異次元적 금융완화다. '디플레이션으로부터의 탈출'이 아베노믹스에서 금융완화를 추진한 주된 이유였다. 아베노믹스가 치적으로 내세우는 두 가지 대표적 지표가 '주가 상승'과 '실업률 하락 취업률 상승' 이지만, 대담한 금융완화는 달러 표시 소득수준을 크게 하락시켜 일본의 경제위상을 낮추는 결과를 초래했다. 1인당 GDP 수준을 보면 아베노믹스 실시 전인 2012년 49,175달러에서 2022년 34,358달러로 10년 동안 14,817달러나 줄어들었다 IMF통계.

아베노믹스의 금융완화 정책이 의도한 통화량 money stock 증대도 그 의도대로 전개되지는 않았다. 기업이나 개인의 대출 수요가 많지 않은 상황에서 대출처를 찾지 못한 민간 금융기관은 국채를 매각하여 얻은 자금을 다시 일본은행에 맡기는 '일은 日銀 당좌예금'의 증대로 이어졌기 때문이다. 2022년 9월 말 일본의 국채잔액 1066조 엔 가운데 일본은행의 국채 보유비율은 무려 50.3%에 이르고 있다 일본은행 〈자금순환통계〉. 현재는 코로나19와 러시아의 우크라이나 침공 사태와 맞물리며, 소득수준이 늘어나지 않는 상태에서 물가상승으로 인해 실질소득의 감소 효과를 초래하고 있는 실정이다.

일본 경제의 과제와 전망

향후 일본 경제가 답보 상태 또는 정체에서 벗어날지는 거시적인 면에서 '출구전략'에 성공할 것인가, 미시적인 면에서 '디지털화'에 제대로 대응할 수 있을 것인가에 달려 있다고 할 것이다.

우선, 출구전략은 현재의 대담한 금융정책 완화에서 벗어나 정상적인 금융정책으로 되돌리는 정책을 말한다. 일본이 언제까지라도 대담한 금융완화를 계속할 수는 없다. 자국 통화에 대한 국제적인 신용 실

추가 생기면 엔화 약세가 초래되고 장기적으로 경제 위상이 실추되기 때문이다. 일본의 거시적인 주요 과제는 국가채무 축소로 이어지는 출구전략과 경제구조개혁이 관건이라 할 것이다.

다음으로, 미시적인 면에서 일본 경제의 과제는 디지털화 대응의 지연이다. 1990년대 초반까지 세계를 이끌었던 일본 전자산업은 지금은 세계경쟁에서 밀려났고 반도체와 정보통신기술ICT 등의 디지털 분야에서는 다른 선진국에 비해 한참 뒤처져 있다. 디지털 산업은 실패도 많고 리스크도 크지만 성공하면 아날로그 산업보다 부가가치가 높다는 특징이 있다. 위험회피 성향이 강한 일본 기업은 디지털화 추진을 위한 적극적인 대응보다는 기존의 아날로그 산업에 머무르려는 경향을 보여 왔다. 향후 부가가치가 높은 디지털화 대응에 계속 뒤처지면 파이소득를 키우는 힘이 약해져 일본 경제의 입지는 상대적으로 저하될 것이다.

현 기시다 후미오 정부로서도 디지털화 추진이 성장을 높여 줄 것이라는 인식을 갖고 있다. 2022년 5월 31일 선보인 '새로운 자본주의 실현 회의' 실행 계획에도 DX디지털 트랜스포메이션와 스타트업 육성을 담고 있으나, 일본이 디지털화 촉진과 적응에 얼마나 속도를 낼 수 있을지가 주목된다.

일본, 일본인 샐러리맨,
나의 일본 비즈니스

박오영(아성무역 대표)

77세에 은퇴한 일벌레 오다하라 씨

일본 주재원 시절에 한국의 자동차 부품을 일본 시장에 수출하는 비즈니스를 하면서 해외 지인들과 많은 인맥을 쌓았다. 덕분에 귀국한 지 오래되었으나 일본에서 비즈니스를 하면서 사귀었던 해외 지인들과 지금까지도 연락을 주고받고 있다. 전화통화를 할 때도 있고 내가 일본에 가거나 해외 지인들이 한국에 올 때도 있다. 참으로 오랫동안 이어지고 있는 소중한 인연이다. 세월이 많이 지났기 때문에 이제는 은퇴하신 분도 있고 아직도 현역으로 굳건하게 활동하는 분들도 많다. 모두들 예전처럼 매일 연락하는 것은 아니지만 고마운 친구들이 바다 건너 일본 어딘가에서 잘 살아가고 있을 것이라고 생각하며 지내고 있다.

그런 인연 중에 가끔 전화로 연락하던 오다하라 씨가 있었는데 얼마 전부터 전화 연락이 되지 않았다. 웬일인가 궁금하기도 했고 어디 멀리 여행이라도 떠났나 싶기도 했다. 집으로 찾아갈 수도 없는 노릇이고 해서 언젠가 연락이 오겠지 하고 있었다. 그러던 어느 날 정말로 오다하라 씨에게 전화가 왔다. 내가 남긴 메시지를 보고 연락해 온 오다하라 씨는 그동안 뇌경색 진단을 받고 병원에 입원해 있었다고 했다. 오다하라 씨는 77세가 되던 해 은퇴했지만 몸담았던 회사에서 더 일하고 싶어 했으며 80세까지라도 회사에서 받아만 주면 더 일하고 싶어 했다.

비즈니스를 떠나 오랜 친분을 유지한 오다하라 씨는 친구라고는 해도 나보다 연배가 훨씬 많은 대선배였다. 오사카에 있었을 때 오다하라 씨와 술자리도 자주 했는데, 퇴근할 무렵이면 회사로 전화가 걸려 왔고 그를 만나면 저녁 식사를 하고 밤늦게까지 가라오케에서 이야기를 나누면서 비즈니스를 하면서 쌓인 스트레스를 풀기도 했다. 얼마 전 문을 닫은 '홀인원 스낵바'에는 오다하라 씨와의 추억이 담겨 있다. 그가 언제나처럼 보관해 놓은 위스키 병에 그의 이름이 걸려 있었는데, 오다하라 씨는 자신이 곁에 없어도 자유롭게 나보고 그 위스키로 술 한 잔을 해도 좋다고 했다. 세월이 지난 지금 그때를 떠올려 보면 오다하라 씨에게 받은 배려가 정말로 많았다. 세월이 흘러 오다하라 씨도 은퇴를 했다. 그가 회사 한 곳에서 보낸 세월만 반세기에 가까운 55년이었다. 긴 시간 동안 한 회사에서 근무한 오다하라 씨는 퇴직 후에도 회사를 위해 마지막 봉사를 하고 싶다고 했다. 그는 나에게 자동차 부품 비즈니스를 하자고 요청했으나 안타깝게도 특별히 진행되고 있는 일이 없어서 많은 도움을 줄 수는 없었다. 한평생을 샐러리맨으로 살아온 오다하라 씨였기에 은퇴 후에도 일을 하지 않고 유유자적하면서 인생을 보내는 것은 생각도 하지 못하는 것 같았다.

비단 오다하라 씨만의 이야기는 아니다. 실제로 은퇴하는 마지막 그 순간에도 메모를 하고 지위의 높낮이를 따지지 않고 직접 서류를 챙겨 대표에게 결재를 받는 것이 일본인의 습관이다. 70세가 훨씬 넘은 노장들이 회사에서 일하는 마지막 그날까지 직접 계획서를 작성하는 것을 보면 감탄이 절로 나온다. 일벌레 일본인이라는 말이 전혀 낯설지 않고 수긍이 간다. 이것이 오늘날 일본이 경제대국이 된 이유인가 싶기도 하다. 한 개인이 일을 대하는 자세, 오랫동안 동일한 일을 해 왔어도 조금도 느슨해지지 않는 정신력을 보면 일본은 개개인의 맨파워가 세계 최강임을 부인할 수는 없어 보인다. 내가 만나 본 일본인들은 자신을 회사의 부품처럼 생각하고 그것에 일평생 만족하며 살아갔다. 누군가에게 돋보이지 않아도 자신에게 부여된 운명이라 생각하고 소박하게 살아가는 것이다. 그런 일본인이 모여 사회와 국가를 떠받치고 있다. 일본이 세계 최강의 경제대국이 된 비결이 여기에 있다고 생각한다. 머지않아 뇌경색을 치료받고 퇴원할 오다하라 씨가 나에게 또다시 같이 일을 하자고 제안해 올 것이다. 그때는 어쩌면 오다하라 씨와 함께 할 수 있는 마지막 비즈니스가 될지도 모른다. 그런 생각을 하니 오다하라 씨가 건강을 회복하면 함께 비즈니스를 하면서 그의 마지막 염원을 이룰 수 있도록 도와야겠다고 다짐하게 된다.

신용과 신뢰가 기본인 일본의 비즈니스

처음부터 잘되는 길을 가야 한다. 궤도를 수정하면 그때마다 새롭게 일을 시작해야 하기 때문에 일이 번거로워질 수밖에 없다. 일본과의 비즈니스가 오랫동안 지속되어 온 이유는 비즈니스에 대한 일본인의 일관된 자세 덕분이다. 일본인은 처음 맺었던 거래선과의 약속을 웬만하면 바꾸지 않고 원래 방식대로 그대로 지속해 간다. 변함없이 신뢰를 쌓는 일본의 방식이다. 일본과 우리나라의 기술과 문화 경제는 수십 년의 격차가 난다고 한다. 경험해 본 바로는 비즈니스에 임하는 자세와 신용도는 일본인을 따라갈 수가 없다. 비즈니스의 시작을 일본과 하게 되어서 다행스럽다고 생각하는 이유다. 전 세계 어디에서든 일본인은 비즈니스를 할 때 신용을 우선시한다. 계약서 한 장 없이 사업을 진행하는 경우가 허다하지만 아무런 문제도 일어나지 않는 이유가 아닐까 한다. 주위 사람들에게 일본인과 비즈니스를 할 기회가 생기면 해보라고 적극 권하는데, 일본인들은 신용과 의리를 무엇보다 소중하게 여긴다는 사실을 오랫동안 일을 하면서 몸소 체험했기 때문이다.

전반적으로 일본인은 비즈니스뿐만 아니라 개인적인 친분에서도 성성을 다해 의리를 지킨다. 수십 년 된 나의 일본인 친구들 역시 비즈니스를 통해 만났지만 여전히 잊지 않고 좋은 관계를 지속해 가고 있다. 매년 때만 되면 바다 건너 일본에서 소소하지만 정성 가득한 선물과 엽서가 온다. 한 번 인연을 맺으면 그 인연을 소중히 간직하는 일본인의 정서가 잘 드러나는 부분이다. 나 역시 일본인에게 정성을 다하는 것이 최소한의 기본이라고 생각하고 있다. 일본과 거래하면서 서로 주고받은 정성이 살아가는 즐거움과 보람이 된다. 과거 일본은 우리에게 문화와 기술, 학문을 많이 배워 갔지만 지금은 역전되었다. 일본은 한 해에만도 기술, 과학, 문화 분야 등에서 명망 있고 세계적인 상을 수도 없이 받아간다. 조용한 가운데 필요한 실력을 갖추며 기록을 남겨 놓는 것이 습관화되어 있다. 기록을 남기는 이유는 사람의 기억력은 한계가 있기 때문이고 후일을 대비하기 위해서이기도 하다. 신용과 신뢰가 기본인 비즈니스를 하는 일본인들이 있는 한 일본의 비즈니스는 꾸준히 힘을 발휘할 것이다.

일을 대하는 일본인의 자세

자동차 부품을 수출하다 보면 자주는 아니더라도 가끔 불량이 발생할 때가 있다. 그럴 때면 지속적인 대책을 마련하는 의미로 불량 예방 대책서를 작성해 보낸다. 6개월쯤 지난 후 다른 일 때문에 일본의 공장을 방문하게 되었는데 회의 도중에 검사과의 구로키 씨가 나를 찾는다고 했다. 내가 구보타사를 방문하면 그 큰 회사의 컴퓨터에 내가 일본에 왔다는 방문자 사인이 뜬다. 나의 이름과 방문 목적을 고객사의 직원 수만 명이 들여다보고 있다는 이야기다. 회의를 마치고 구로키 씨가 보내준 차를 타고 생산 현장으로 갔다. 단 한 개의 불량이 발생했을 뿐이고 대책 보고서까지 살뜰히 작성해 보냈는데도 구로키 씨는 불량이 발생한 지 이미 오랜 시간이 지났는데도 잊어버리지 않고 또다시 불량이 발생할 소지가 있지는 않은지 예의 주시하고 있었다. 마치 의사가 환자를 진단하고 있는 느낌이 들었다. 회사 일이지만 자기 마음에 찰 때까지 확실하게 확인하고 동일한 실수가 반복되지 않을 때까지 확인하고자 하는 일본인의 습성이 그대로 나타나는 순간이었다. 내가 생산라인에 도착하자마자 구로키 씨가 먼저 확인해 보자며 트랙터 밑으로 들어갔다. 나는 넥타이까지 맨 양복 차림이었지만 기계공학을 전공한 엔지니어로서 함께 들어가지 않을 수 없었다. 고객이 부품 확인을 위해 차 바닥에 기어서 들어가는데 혼자 밖에 우두커니 서 있는 것은 예의도 아니고 일에 임하는 자세는 더더욱 아닌 것 같았기 때문이다. 구로키 씨와 함께 부품을 확인한 후 회의를 하며 부적합이 발생할 수 있는 모든 원인에 대해 논의했고 문제가 없다는 것을 재확인했다. 마지막 불씨까지 끈 셈이었다.

나는 구보타사의 미국 현지 공장에도 수출하고 있다. 미국 현지 공장 담당자는 여성인 나쓰키 씨인데 일에 임하는 자세와 방법은 남성인 구로키 씨와 전혀 차이가 없고 똑같다. 나쓰키 씨를 보면서 여성에 대한 편견도 깨졌다. 실제로 일본에서는 일하는 방법과 자세에 대해서는 남녀를 구분하지 않는다. 오히려 여성이 남성보다 더 치밀하고 분석력이 뛰어날 때도 많다. 태평양 건너 미국에 있는 현지 공장에서도 남녀 구분 없이 일에 임하는 일본인의 자세가 어떻게 그렇게 똑같은가 싶어 그저 놀라울 따름이다. 마지막 순간까지도 혹시 남아 있을지 모를 불씨를 소멸시키기 위해 거듭 확인하고 완벽하다는 확신이 있어야 인정한다는 일본인들의 직업 자세를 보면서 대단하다고 느낄 때가 많다.

금수저라도 소박한 일본인

일본에는 부자들도 정말 많다. 일본에서 부동산 가격이 비싸기로 유명한 도쿄 한복판에 큰 집을 두고 리모컨으로 차고 문을 열고 드나드는 부자들도 많이 있다. 특수강 사업을 하는 회사의 대표이자 친구인 나카가와 요이치로 사장도 이러한 일본인 부자에 속한다. 그 정도로 부자다. 나카가와 도쿄 본사 사옥을 방문할 일이 있었다. 엘리베이터를 타고 7층에서 내려 주위를 둘러보니 저 멀리서 서류를 뒤적이다가 나와 눈이 마주친 백발의 노신사가 있었다. 순간 '아, 역시 일본은 종신고용제여서 나이를 잊고 모두들 일을 열심히 하고 있구나.'라고 생각했다. 영업부장의 안내를 받아 회의실로 들어갔다. 나카가와 요이치로 사장과 인사도 하고 직원들과 회의를 계속했다. 저녁 늦게 회의실로 직원이 들어와 회식 장소에 가야 하는데 택시를 타고 가도 되느냐며 물었다. 나는 흔쾌히 좋다고 했다. 직원의 말을 들어 보니 내가 입구에서 만났던 백발의 신사가 회장님이었고, 회장님이 차가 없어서 회사의 공용차를 타고 출퇴근을 하니 우리는 택시를 타고 회식 자리로 가야 한다는 것이었다. 입구에서 마주친 84살의 회장님이 직접 서류를 챙기고 일반 직원들과 똑같이 사무실 한구석에 책상만 두고 일을 하고 있었다니! 도쿄 시내 한복판에 건물을 여러 채 가지고 있고 일본 전국에 걸쳐 지점이 없는 곳이 없을 정로도 큰 기업의 회장님이 그토록 소박하다니! 그저 놀라울 뿐이었다.

일본은 여전히 세계 최고의 기술력과 지적 자원을 가지고 있으며 전 세계 도처에서 약진하고 있다. 화려하지 않고 조용하고 천천히 움직이고 있지만 어떤 분야에서든 세계 최고를 지향하고 있고 그만큼 치열하게 노력하는 나라가 일본이다. 기본적으로 내가 같이 일해 본 일본인들은 자신이 주장하고 싶은 생각이 있어도 개인보다는 조직을 우선시하며 잘나건 못났건 모두 소시민처럼 소박하게 살아간다. 요란스럽게 떠들지도 않고 스스로를 내세우는 사람도 없지만 세계 최대의 경제대국이 되어 있다. 어떻게 보면 일본은 내실을 갖추고 있는 나라라고 할 수 있다.

인생의 지혜를 알려준 흙수저 일본인

오랜 세월 동안 나는 비즈니스를 하기 위해 수없이 많은 기업을 방문했고 그곳에서 거래도 성사시키고 많은 친구들을 만나기도 했다. 한번은 특장차의 부품을 납품하기 위해 모리타사를 찾아갔다가 사토 부장을 만났다. 사업을 하다 보면 거래만 하는 것이 아니라 자연스럽게 개인 이야기도 하기 때문에 서로에 대해서도 알게 된다. 이런 과정을 통해 많은 일본 친구들을 사귈 수 있었고 지금까지 연락을 주고받으며 새로운 정보와 인생의 지혜를 알려 주는 사람들도 있다. 일본에서 살았을 때 가끔씩 일본인 친구들의 집에 초대되어 가족들과 저녁식사를 함께 하곤 했다. 일본 사람들은 자기 집에 다른 사람을 잘 초대하지 않는다고 하지만 사람에 따라 다르다. 그중 모리타의 사토 부장의 집에도 초대받아 갔던 일이 기억에 남는다.

사토 부장은 얼핏 생활이 윤택해 보였다. 골프 회원권과 온천 회원권도 갖고 있고 이를 주변 사람들에게 빌려주는 모습을 본 적이 있어서다. 나는 막연히 사토 부장이 부유한 집안 출신이라고 생각했다. 어느 날 사토 부장이 집에 초대하고 싶다고 해서 흔쾌히 응했다. 그의 집에 가기 위해 전차를 탔다. 역시 사토 부장도 다른 일본 친구들과 마찬가지로 집 근처 전차 역 입구에서 나를 기다리고 있었다. 일본 사람들은 지인을 집에 초대할 때 집에 앉아서 기다리는 것이 아니라 항상 전차 역 출구까지 나와서 집으로 데려가 준다. 골목 입구에 들어서자 사토 부장은 저기 막다른 집이 자신의 집이라고 알려 주었는데 도무지 집이 보이지 않았다. 그때까지도 나는 사토 부장이 단독주택에 살고 있을 것이라 생각했으나 아무리 눈을 씻고 봐도 단독주택은 전혀 보이지 않았다. 사토 부장이 가리킨 집은 크고 튼튼한 아파트 같은 건물이었다. 사토 부장이 직접 지은 집이라고 한다. 나는 깜짝 놀랐다. 아파트 한 동이 집이라니 이런 사람도 있구나 싶었다. 한참을 골목길을 걸어가서야 사토 부장의 집에 닿을 수 있었다. 계단을 걸어 올라가 5층에 위치한 그의 집에 들어서자 다다미방이 눈에 들어왔다. 사모님이 고양이 한 마리와 함께 반겨 주었다. 안내를 받으며 응접실로 들어가자 사토 부장이 집에 대해 설명해 주었다. 자신은 5층에 살고 있고 아래층은 전부 임대를 주어 월세를 받고 있다고 했다. 그러고 차 한 잔을 하면서 사토 부장은 아파트를 처음 건축할 때 사용했던 건축도면을 보여 주었다.

놀라움은 여기서 끝나지 않았다. 사토 부장은 내 생각과 달리 유복한 가정이 아니었다. 부친을 일찍 여윈 그는 기모노를 만드는 일을 하던 어머니와 둘이서 어렵게 생활했다고 한다. 어려운 살림에 겨우 고등학교를 무사히 졸업한 그는 회사에 입사했고 어머니와 함께 은행에서 30년 동안 상환하는 론loan을 빌려 땅을 사 아파트를 지었다고 했다. 그렇게 자신은 한평생 빚을 갚는 일에 최선을 다했고 이제는 이렇게 큰 건물을 가질 수 있게 되었다고 했다. 처음에 그는 어머니와 함께 은행 빚을 갚아 나갔고 결혼한 후에는 부인, 나중에는 아들딸까지 합세해 모두 힘을 합해 은행 빚을 전부 갚았다고 했다. 그의 이야기를 들으며 샐러리맨을 하면서도 건물을 지을 수가 있구나 싶어 감탄스러웠다. 사토 부장은 회사 일도 중요하지만 그 못지않게 건물 관리도 중요하다고 생각해 자신이 직접 신경 써서 건물을 관리한다고 했다. 그뿐만 아니라 사토 부장은 자신의 건물에 세 들어 사는 사람을 고객이라고 하면서 항상 소중히 여긴다고 했다. 휴가철이 되면 모두 여행을 떠나지만 사토 부장은 건물을 관리해야 해서 한 번도 휴가를 간 적이 없다고 했다. 사토 부장은 샐러리맨으로 살면서 평생을 바쳐 아파트 한 동을 지었고 회사에서 퇴직한 후에도 큰 어려움 없이 말년을 보냈다. 지금은 이 세상에 없는 사토 부장이지만 일평생 나에게 많은 영향을 끼친 인물이다. 척박한 환경 속에서 평생을 소시민으로 살면서도 주어진 환경에 절망하지 않고 많은 것을 이룬 사토 부장을 생각하면 감동이 밀려온다. 사토 부장의 호탕한 웃음소리와 목소리가 아직도 귀가에 쟁쟁하다.

세상은 혼자서 살 수 없고 모든 일을 한 사람이 다 처리할 수 없다. 한 사람의 성공에는 항상 누군가의 도움이 있기 마련이다. 사토 부장도 그렇고 나도 그렇다. 사토 부장의 도움이 있었기에 오늘의 내가 있다고 생각한다. 내가 그를 잊을 수 없는 이유다.

작은 도서관을 소유한 일본인 샐러리맨

오사카에 살면서 비즈니스 할 때 만났던 친구들이 있다. 지금도 가끔 그 일본인 친구들에게서 연락이 온다. 일본인들에게 나는 외국인 친구이기 때문에 집 초대를 자주 받았다. 오사카에서도 마찬가지다. 덕분에 일본인들의 생활방식을 직접 접한 적이 많았다. 오사카 출신의 친구 우치다 씨의 집도 여러 번 갔다. 우치다 부부는 미국에서 만났다고 한다. 부부는 미국생활에 익숙한 일본인들이었다. 우치다 씨의 집은 깔끔하고 단정했다. 우치다 씨 못지않게 사모님도 살림, 취미활동, 가게에서 하는 아르바이트까지 무엇 하나 대충하지 않았다.

집에는 우치다 씨의 단독 공간인 도서관이 있다. 부인이 단독주택 2층에 작은 도서관을 만들어 주었다고 한다. 도서관이라고 부르기에는 2평도 채 되지 않아 보이는 좁고 긴 공간이어서 엄밀히 말하면 작은 서재였다. 우치다 씨는 종합상사에서 근무했으나 인문학을 좋아했다. 작은 문고판으로 가득 채워진 책꽂이가 인상적이었다. 집에 도서관을 갖추고 사는 우치다 씨가 부럽다는 생각이 들었다. 이후로 우치다 과장을 우치다 도서관장으로 바꿔 부른 지 오래되었다. 오늘도 우치다 도서관장으로부터 메일이 왔다. 내가 좋아하는 일본의 장아찌인 나라

즈케를 보냈다고 한다. 소박한 일본 장아찌로 일본 친구와 우정을 나눌 수 있어서 행복하다. 이제 우치다 씨는 은퇴해서 비즈니스 관계가 아니라 친구 사이이다. 벚꽃이 활짝 핀 봄이 되면 오사카에 가서 어느 작은 식당에서 우치다 씨 부부와 함께 식사라도 하고 싶다.

비즈니스와 취미로 맺어진 일본인과의 인연

마쓰다 자동차에는 해외사업부가 있었다. 해외 비즈니스 파트너인 포드 자동차와 기아 자동차와의 원활한 업무추진을 위해 해외사업부를 별도로 두고 있었는데 우리 회사에서도 업무의 많은 부분이 해외사업부를 통해 연결되거나 개발되었다. 마쓰다 자동차의 해외사업부는 비즈니스를 하는 데 필요한 창구로서 파트너 사들과 상호보완을 위한 도움을 주고받기 위한 부서였다. 내가 일본에 주재할 당시 해외사업부를 총괄하는 담당부장이 구로다 부장이었다. 구로다 부장은 해외사업부 부장답게 영어도 곧잘 하고 친절했다. 어느 날 구로다 부장이 집으로 초대해 주었다. 아담한 정원이 딸린 2층 단독주택이었다. 거실에 들어서니 사모님이 주방에서 달려나와 나를 반겨 주었고 차를 대접받았다. 그리고 구로다 부장은 곧바로 나에게 베게 하나를 건네주었다. 처음엔 의아했지만 구로다 부장은 나에게 오늘 하루 종일 마음 편하게 놀다 가라면서 베개를 옆구리에 끼고 누워서 같이 TV를 보자고 했다. 나는 생각지도 못한 자세로 온종일 그의 집에 누워서 차도 마시고 점심 식사도 하면서 시간을 보냈다. 많이 마시지는 않지만 술을 즐기는 그의 취향대로 맥주와 정종도 마시고 바둑도 두면서 온종일 누워 뒹굴다가 저녁 늦게서야 집으로 돌아왔다. 오히려 내 집보다 더 편하게 지내다 왔다. 구로다 부장은 장남이어서 부모님을 모시고 함께 산다고 했는데 며느리와 시부모 사이에도 프라이버시는 철저하게 지켜졌다. 오래전의 일이지만 일본인의 생활상을 또 한 번 직접 접하게 되어 신기하고 재미있었던 기억이 있다.

히로시마에 주재하던 시절에 나는 구로다 부장과 함께 시간을 보낼 때가 종종 있었다. 운동 마니아에 테니스도 잘 쳤던 구로다 부장과 함께 히로시마 시내 곳곳의 테니스장을 함께 찾아다녔다. 테니스 코트 예약은 언제나 그가 담당했다. 단돈 250엔을 내고 퍼블릭 테니스코트를 빌려서 온종일 그와 함께 테니스를 쳤다. 오랜 세월이 지났지만 그와 보내던 즐거운 한때가 지금까지도 즐거운 추억으로 기억에 남아 있다. 대학시절 테니스부 주장을 할 정도로 나도 테니스를 좋아했기 때문에 운동 마니아인 구로다 부장과 의기투합도 잘 되었고 그래서 더 깊은 인연을 맺을 수 있었다. 아쉽게도 구로다 부장과의 인연은 내가 히로시마를 떠나 오사카로 부임지를 이동하면서 끊어졌다. 그 후 그와 특별히 연결되는 업무도 없었고 오사카에서 그야말로 전쟁 같은 비즈니스를 치르느라 세월이 눈 깜짝할 사이에 지나가 버렸다. 이제는 세월이 너무 많이 흘러 연락을 갑자기 하기에도 어색해져서 안타깝다. 하지만 언젠가 다시 한 번 구로다 부장과 만나볼 수 있었으면 좋겠다.

혼네와 다테마에를 허무는 우정

자신의 마음을 털어놓을 수 있는 상대가 있다는 것은 행복한 일이다. 그래서 친구가 좋다고 하는 것이다. 흔히들 비즈니스 하는 사람들과 어떻게 친구가 될 수 있느냐는 질문을 받는다. 하지만 비즈니스

관계도 절친한 친구 관계가 될 수 있다는 것을 일본과의 비즈니스를 통해 경험했다. 일본 주재원으로 처음 나갔을 당시에는 일본인 친구는 단 한 명도 없었다. 하지만 일을 하면서 많은 일본인 친구들이 생겼다. 내가 먼저 다가가서 일본인 친구들을 만들었고 오랜 시간이 지난 지금까지도 연을 이어가고 있다.

장점이라면 장점일 수 있는 나의 성격이 누구에게나 속마음을 잘 털어놓는다는 것이다. 속마음을 다 드러내다 보면 혹시 손해가 될까 주위에서 걱정하기도 하지만, 내 경우에는 특별히 감출 것도 꺼릴 것도 없기 때문에 크게 주저함이 없다. 그동안 이렇게 살아와서 억지로 바꿀 수 있는 것도 아니다. 내가 먼저 마음을 열어야 상대가 나의 마음에 들어올 수 있다고 생각하기 때문에 어쩌면 잘하는 일일 수도 있다. 세계 어디를 가든 사람의 기본 성향은 크게 다르지 않다고 생각한다. 피부색이 다르고 언어가 달라도 생각하고 느끼는 것이 대부분 비슷하다. 항상 배려하고 진심으로 다가가면 누구든 오래도록 변하지 않는 친구가 될 수도 있다고 생각한다.

일본에서 영업을 할 때도 늘 그렇듯 변함없이 마음을 털어놓고 다녔다. '혼네와 다테마에 본심인 속마음과 배려차원에서 겉으로 보이는 말과 행동'에 익숙한 일본 사람들에게는 어쩌면 그런 내 모습이 생소하게 비춰졌을 수도 있다. 그러나 나는 개의치 않고 내 방식대로 그들에게 다가갔다. 다만 어떤 상황에서건 형식적인 것이 아니라 진심을 담으려고 애썼다. 그렇게 특별한 과정을 거쳐 인연을 맺게 된 일본 친구들은 나의 든든한 우군이자 지원군이 되었다. 그 가운데에는 지금은 돌아가신 분도 계시고 여전히 가까운 친구로 현해탄을 건너 서로의 안부를 주고받는 사람들도 있다. 그분들 덕분에 오늘의 내가 존재한다. 비즈니스로 만났지만 친구 이상이 된 소중한 사람들이기 때문이다. 지금까지 들려준 에피소드 속 일본인들을 포함해 초창기 어려운 시절에 나를 도와주며 희망을 준 마루야마 씨와 모리타사의 공장장 시미즈 씨 두 사람 모두 지금은 고인이 되었다, 쓰쿠바 공장 창고에서 75세까지 근무하며 나에게 많은 비즈니스 도움을 준 네기 씨, 운동이라는 취미가 비슷해 친해졌고 내가 오랫동안 사업을 할 수 있도록 기반을 다져준 오랜 고객이기도 한 구보타사의 아타카 씨 등 귀한 인연이 많다.

세상을 살아가면서 받은 은혜의 크기는 정해져 있지는 않다. 작은 도움을 받더라도 큰 은혜로 받아들이면 큰 은혜가 되는 것이고 큰 도움을 받은 것 역시 두말할 필요 없는 큰 은혜를 입은 것이기 때문에 이 또한 큰 은혜가 되는 것이다. 비즈니스 관계로 시작했어도 진심을 다하면 우정의 관계가 될 수 있다는 것을 몸소 경험했다. 일은 언젠가 은퇴를 한다. 은퇴 이후의 시간은 그동안 자신이 쌓아온 과정의 거울이다. 은퇴와 동시에 끝나는 사람과의 관계는 두 번 다시 돌아볼 필요가 없었던 비즈니스 관계였을 것이다. 은퇴하면 그때부터 끝나는 관계가 아니라 새로운 인연을 시작할 수 있어야 진실한 관계라고 할 수 있다. 일본에서 살던 수년간의 시간을 생각해 보면 오랜 일본 친구들이 음으로 양으로 나에게 엄청난 영향을 끼친 것은 두말할 나위가 없다. 일본인들을 이야기할 때 속마음과 겉마음이 다르다는 말을 하지만 일본에서 살던 7년 동안 단 한 번도 일본인들이 이중적이라고 생각해 본 적이 없다. 그저 예의 바르고 진실하고 정직한 친구들이라는 생각만 했을 뿐이다. 내가 만난 일본인들은 생의 마지막 순간까지 일하면서 소박한 즐거움을 찾아가고 싶어 했다. 이것이 내가 일본인들과의 인연에서 배운 인생의 지혜였다.

세계 최장수 국가, 일본의 노령화 대책

최현림(경희대학교 의과대학 명예교수, 전 대한노인병학회 회장)

세계의 최장수 국가 일본

2018년 유엔이 발표한 세계 인구 현황보고서에 따르면 2015~2020년의 세계 각국의 평균수명에서 세계 196개 국가 중 일본이 단연 1위이다. 세계 각국의 평균수명이 69.6세 남 67.4세, 여 71.8세 인 데 비해 일본은 평균 84.7세 남 81.0세, 여 88.2세 로 무려 15년이나 높다. 2021년 일본 후생노동성이 발표한 100세인 100살이 넘는 노인 만 하더라도 8만 5,000명이 넘으며 51년째 증가하고 있다. 평균수명이 증가한다는 의미는 노인 인구가 늘어난다는 뜻이다. 65세 이상이 전체의 7% 이상이면 고령화사회, 14% 이상이면 고령사회, 20% 이상이면 초고령사회로 분류하는데, 일본은 1970년에 이미 고령화사회로 접어들었고, 1994년에 고령사회로, 2005년에는 초고령사회로 접어들었다, 저출산과 평균수명의 상승으로 서구 유럽이 고령화사회에서 고령사회로 가는 데 걸리는 기간이 40~70년이었던 것에 비해 일본은 단지 24년밖에 걸리지 않았고, 서구 유럽이 고령사회에서 초고령사회로 가는 데 걸리는 시간이 25~50년 걸린 데 비해 일본은 12년밖에 걸리지 않았다. 그만큼 고령화가 빠른 속도로 진행된 것이다. 2060년에는 고령화율이 39.9%에 이르러 2.5명 중 1명이 65세 이상, 75세 이상 인구가 총인구의 26.9%

로 4명 중 1명이 75세 이상이 될 것으로 추산하고 있다.

노인인구 증가에 따른 의료계의 대처

저출산과 인구 고령화는 많은 사회적 문제를 일으킨다. 단지 오래 사는 장수가 좋은 것이 아니라 건강하게 오래 사는 건강 장수가 중요하다. 1900년도에 들어오면서 일본 의료계도 체계적으로 대처하기 시작했다. 고령자에 대한 일차의료의 제공, 노인병에 관한 기초적·임상적 관점에서 연구가 시작되었고, 1959년에는 일본노년의학회가 창립되었다. 일본노년의학회는 1995년에는 문부과학성으로부터 사단법인으로 인가를 받았으며, 2004년에는 노인병 전문의 표방이 가능해졌다. 1973년에는 70세 이상 고령자특정 장애를 가진 65세 이상의 고령자 포함에 대한 노인의료비 무료화 정책을 실시했고, 1982년에는 고령자 의료비 부담의 공평성과 장년기부터의 종합적인 보건대책에 따른 고령자의 건강 확보를 위해 '노인보건법'을 제정했다. 다음 해인 1983년에는 '장수과학조직검토위원회'를 설립하여 노화의 기전을 규명하고, 고령자에 특유한 질환의 원인을 규명하고 진단, 치료와 예방법을 발견하고 고령자의 사회적·심리적 문제 등을 연구할 것을 제언했다. 2000년도에는 '간병보험제도'를 만들어 고령화 친화사업을 크게 확대하는 계기가 되었고 우리나라의 '노인장기요양보험법'의 제정에도 큰 영향을 끼쳤다. 2008년도에는 75세 이상의 후기 고령자와 특정 장애를 가지고 있는 65세 이상 75세 미만의 전기 고령자를 동일한 건강보험에 가입시켜 의료급부의 증가를 억제하기 위한 '후기 고령자 의료보험제도'를 실시하고 있다.

일본에는 수많은 장수센터가 있다. 장수를 연구하는 센터는 지역별로 공공기관별로 있고, 사업가들도 뛰어들고 있다. 국립장수의료연구센터는 2004년 발족되어 2015년 일본 노동후생성 산하의 국립개발연구법인으로 전환되었다. 고도의 전문의료에 관한 연구를 비롯하여 고령에서 일어나는 질병에 대한 조사, 연구, 기술 개발, 의료 제공, 기술자 연수 등을 수행한다. 장수의 절대적 목적은 '어떻게 하면 인간의 수명을 연장할 수 있을까'가 아니다. 만약 아무런 준비 없이 수명만 연장된다고 한다면 노령 인구의 증가는 전 지구적으로 큰 재앙이 될 것이다. 노인들이 건강한 삶을 유지하면서 동시에 사회의 구성원으로서 역할을 수행할 수 있도록 하는 것이다.

고베시의 행복촌

1999년 서울에서 제6차 아세아·오세아니아 국제노인학학술대회가 개최되었고, 이를 계기로 2000년부터 일본노년의학회와 대한노인병학회는 매년 일본과 한국의 두 지역을 번갈아 오가면서 한일노인병학연합심포지엄을 열고 있다. 나는 2010년 6월 일본 고베시에서 열린 제52회 일본노년의학회 학술대회 기간 중 대한노인병학회 회장 자격으로 한일노인병학 연합심포지움에 초청을 받아 일본노년의학회 임원들과 대화를 나누고 고베에 있는 행복촌을 둘러볼 기회가 있었다.

1977년 미야자키 가쓰오 고베 시장이 시정 100주년을 기념해 노르웨이의 복지타운을 본받아 행복촌しあわせのむら을 짓기로 결정했다고 한다. 1989년에 개장한 행복촌은 이름 그대로 고베시의 야심 찬 복지플랜이 집약된 곳이다. 고베시가 구상에서부터 완공까지 20년에 걸쳐

행복촌 지도

행복촌 입구

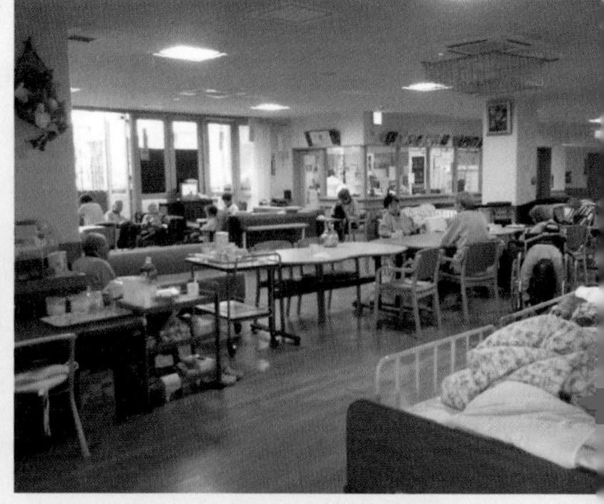

행복촌의 치매전문병원

총 4,000억 원을 투입해 건설했다. 운영은 고베시민복지진흥협의회에서 맡고 있으며 연간 이용자는 1백만 명이 넘는다. 205ha의 아름답고 광활한 녹지가 펼쳐진 이곳엔 34개의 복지 관련 시설이 들어서 있다. 고베노인대학, 재활병원, 치매노인병원 등 노인시설을 비롯해 장애인 직업훈련센터, 장애인 주간보호센터, 정신지체인시설 등 장애인시설과 고령자를 위한 복지센터, 주부교류센터 등 복지시설이 자리 잡고 있다. 또 한편으로는 16개의 테니스코트, 크고 작은 골프장, 온천과 숙박시설, 승마장, 운동장, 활터, 캠프장 등 고베시의 모든 시민들이 이용할 수 있는 레저시설도 확보하고 있다.

2008년 경기도 화성시에 조성된 다양한 복지서비스가 확충된 신개념 종합복지타운인 '웰빙타운'도 고베시의 행복촌이 모티브가 되었다.

노년 관련 국제 학술대회에 적극 참여

일본의 보건의료계는 지구촌 전체가 노령화되어 가는 추세에 발맞추어 전 세계에서 가장 먼저 겪은 고령사회와 대처방법의 경험을 전 세계 여러 국가들과 공유하고 지혜를 구하기 위해 적극적으로 학회도 참석하고 유치하고자 노력하고 있다.

2023년 요코하마에서 개최 예정인
아세아 오세아니아 국제노인학학술대회 포스터

2013년 6월에 서울 코엑스에

서 '디지털 고령화 세대: 노인의료와 활동적 노년의 새로운 지평'을 주제로 열린 제20차 세계 노년학·노인의학대회IAGG, International Association of Gerontology and Geriatrics에는 많은 노년학과 노년의학을 전공하는 일본 학자들이 대거 참석하여 그들이 겪고 있는 상황과 대처 방법을 발표하면서 서로의 경험과 애로점을 토론했다. 2023년에는 아세아·오세아니아 국제노인학학술대회를 유치하여 요코하마에서 개최할 예정이다.

일본의 재택의료

일본에서 2022년 6월에 개봉한 영화 〈플랜 75プラン75〉은 가까운 미래의 일본 사회를 그리고 있다. 영화에서는 '75세 이상 국민 중 죽고 싶은 분은 국가가 지원합니다. 오늘 바로 문의하세요.'라며 75세 이상 국민에게는 안락사를 권장하는 장면이 있다. 공무원의 안내에 따라 노인들은 죽을 날을 고른다. 안락사가 확정된 사람들에게는 격려금 10만 엔약 95만 원을 주고, 더 고민해 보겠다는 주인공에게 담당자는 마음이 바뀌면 알려 달라고 한다. 장수대국을 자랑하던 나라가 국민에게 사회의 미래를 위해 죽음을 권한다. 영화를 본 관객들은 말도 안 된다는 혹평보다 현실과 견주어 보니 섬뜩하다는 반응을 더 많이 보였다고 한다. 2022년도 일본 정부 예산 107조 6000억 엔약 1022조 원 중 33.7%가 사회보장비다. 일반세출 증가분의 90%가 사회보장비다. 생산가능인구는 점점 줄어들고 있는데 의료비와 연금 등 사회보장비용은 치솟고 있는 것이다.

일본은 일찍이 1981년부터 재택의료에서 커뮤니티 케어를 시작했다. 이후 인슐린의 재택 자기주사 지도 관리료를 도입하고 긴급왕진 수가를 추가했고, 1986년에는 방문진료 개념이 도입되었다. 1986년에 시설입소를 중심으로 진행된 고령자 대책을 가정의 돌봄 기능을 강화하는 관점에서 재택서비스를 확장하는 방향으로 나아갔다. 1992년에는 재택의료 포괄점수의 원형이 도입되었고, 1994년에는 건강보험법 개정에서 재택의료에 관한 각종 지도료, 관리료의 신설과 함께 재택의료가 정식으로 요양급여로 인정되었다. 1998년에는 진료보수 개정에서 낙상이나 질병으로 거동이 불편해 주로 누워서 생활하는 '와상 노인'을 위한 재택 종합진료와 24시간 연계 체제 가산이 신설되었으며, 2006년 개정에서는 주치의 제도와 재택의료를 제공하기 위한 시설인정기준이 확립되어 재택 요양 지원 진료소가 진료 보수상의 제도로 정비되었다. 2008년에는 고령자 의료제도 신설에 따른 재택의료의 충실과 평가방법이, 2012년에는 기능강화형 재택요양진료소와 재택 요양 병원제도가 정비되었다. 진료보수 개정에서는 지역에서 생활을 지원하는 일상적 진료와 임종 돌봄을 강화하는 쪽으로 바뀌었고 복수의 진료과에 의한 방문진료도 가능해졌다. 현재 일본의 재택의료 체계는 퇴원 지원, 일상의 요양 지원, 긴급시 대응, 임종 돌봄으로 나뉘어 있다.

최근의 일본 동향을 보면 우리나라보다 병원에서의 사망이 정체되고 시설이나 가정에서의 사망률이 조금씩 증가하는 추세다. 평소에 지내던 지역에서 최후의 순간까지 지내며 가족들이 있는 집에서 임종을 맞이할 수 있는 체계를 만들자는 것이 커뮤니티 케어의 궁극적인 지향점이다. 우리나라에서도 2021년도부터 심장질환자와 재활환자 등을 대상으로 재택사업을 실시할 의료기관을 선정하여 시범 실시하고 있다.

고령자 기준의 재설정

2013년 일본노년학회와 노년의학회는 고령자의 기준에 대한 공동 연구그룹을 구성하고, 2017년 8월 그동안의 연구 결과를 발표했다. 국제사회에서는 고령자의 기준은 엄밀하게 정의하고 있지는 않지만 일반적으로 만 65세 이상을 지칭한다.

이 연구 결과 발표에서는 고령자 기준을 만 75세 이상으로 상향 조정하자고 제안했다. 2013년부터 의사·심리학자·사회학자를 중심으로 일본인의 심신 건강 상태에 관한 각종 조사 결과를 검토한 결과 65세 이상에서 뇌졸중 등으로 치료받는 비율이 낮아지는 것을 확인했기 때문이다. 신체 능력을 판단하는 지표인 보행 속도도 향상되었다. 생물학적 연령은 10~20년 전과 비교해 5~10세 젊어졌다. 암기력과 판단력 등 지적 능력도 크게 개선된 것으로 나타났다. 70대 남녀의 지적 기능 검사에서 평균 득점이 10년 전 60대에 해당한다는 결과가 나왔다. 일본노년학회 등은 이와 같은 자료를 토대로 고령자의 기준을 10세 올려 만 75세로 조정하자고 주장했다. 급속한 고령화로 일손 부족이 심각한 만큼 나이 든 사람들이 보다 적극적으로 취업하거나 봉사 활동에 나설 수 있는 환경을 만들자는 취지다. 또 65~74세를 '준고령자'로 분류하고, 75~89세를 '고령자', 90세 이상을 '초고령자'로 부르자고 제안했다.

우리나라도 일본의 고령사회를 따라가고 있기 때문에 노인 또는 복지 관련 단체들에서도 비슷한 논의를 하고 있고, 2017년 12월 한국노인과학학술단체연합회에서 주최한 제29회 고령사회포럼 '고령사회를 맞아 다시 생각하는 노인 연령 기준'에서도 용어의 사용이나 분류에 대해 비슷한 주장을 하고 있다.

초고령사회 일본의 경험이 주는 교훈

류재광[간다외국어대학교(神田外語大学) 준교수]

눈앞으로 다가온 고령자 1000만 명 시대

통계청에 따르면 우리나라의 65세 이상 고령자 수는 2022년 기준으로 901만 명이다. 2017년에 고령자 수가 처음으로 유소년0~14세 인구를 추월했고 2025년에는 그 수가 1000만 명을 돌파해 전체 인구의 20%를 넘을 전망이다. '고령자 1000만 명 시대'가 바로 눈앞으로 다가온 것이다.

역사상 경험하지 못한 초고령사회가 성큼 다가오고 있지만 고령사회에 대한 우리의 대응은 그리 적극적이지 못하다. 고령화로 인해 사

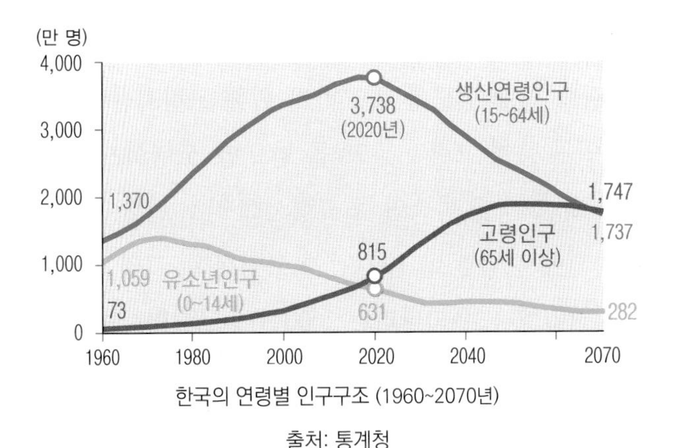

한국의 연령별 인구구조 (1960~2070년)

출처: 통계청

회경제가 어떻게 변하는지 그리고 그 변화가 개인의 삶에 어떤 영향을 주는지 깊이 생각해 볼 필요가 있다. 행복한 노후를 보내기 위해서는 이제부터라도 초고령사회에 대비해 무엇을 준비해야 할지 구체적으로 고민하며 행동으로 옮겨야 한다. 그런 면에서 우리보다 먼저 초고령사회를 경험하고 있는 일본의 사례는 우리에게 많은 시사점을 준다.

우리보다 20년 앞서가는 일본의 고령화

먼저 일본의 고령화 현황에 대해 살펴보자. 일본 인구는 2022년 기준으로 1억 2471만 명인데, 그중 65세 이상 고령자가 3627만 명으로 전체 인구의 29.1%를 차지한다. 선진국 중에 최고 수준의 초고령 국가다. 더 놀라운 것은 80세 이상이 1200만 명을 넘어서 서울 인구보다 많다는 점이다. 80세 이상이 되면 몸이 아프거나 거동이 불편해지는 경우가 많다. 치아도 부실해지고 치매 유병률도 높아진다. 이러한 고령인구는 어떤 음식을 먹고 무슨 돈으로 생활하며 거동이 불편해지면 누가 돌볼까? 초고령사회 일본의 모습이 궁금해진다.

먼저 일본의 고령화가 우리보다 얼마나 앞서가고 있는지 살펴보자. 국가 간 고령화 진행 정도를 비교하기 위해 고령화율이라는 지표가 있다. 전체 인구 중에 고령자가 7%를 넘으면 '고령화사회', 14%를 넘으면 '고령사회', 20%를 넘으면 '초고령사회'라고 한다. 일본은 1970년에 고령화사회에 진입했고, 1994년에 고령사회, 그리고 2005년에 초고령사회에 진입했다. 우리나라는 2000년에 고령화사회, 2018년에 고령사회에 진입했고 2025년에는 초고령사회에 진입할 예정이다. 고령화사회 진입 시기는 한일 간에 34년의 차이가 있었고 고령사회는

한국과 일본의 고령화 차이

구분	일본	한국	차이
고령화사회	1970년 (7.1%)	2000년 (7.2%)	30년
고령사회	1994년 (14.1%)	2018년 (14.3%)	24년
초고령사회	2005년 (20.2%)	2025년 (20.6%)	20년

출처: 한국 통계청, 일본 통계국

24년, 초고령사회는 20년의 격차가 생긴다. 이는 우리나라의 고령화 속도가 너무 빨라 일본과의 고령화 격차를 계속 줄이고 있기 때문이다. 고령화사회 7%에서 초고령사회 20%에 도달하는 데 일본은 35년이 걸렸지만 우리나라는 불과 25년밖에 걸리지 않을 것으로 예상되고 있다.

그동안 일본은 선진국 중에서 가장 빠른 고령화로 주목받았지만 우리나라가 그것을 능가하고 있다. 우리나라가 초고속으로 고령화가 진행된 이유는 소득 수준이 올라가면서 건강관리에 대한 관심이 높아졌고, 전 국민을 대상으로 한 건강보험제도 덕분에 의료기술 발달의 혜택이 수명 증가로 이어졌기 때문이다. 반면 세계 최저 수준의 저출산으로 유소년 인구가 줄어들면서 전체 인구에서 차지하는 고령자 인구 비중이 급격히 증가했기 때문이다.

한편 2005년에 초고령사회에 진입한 일본에서는 그동안 어떤 일들이 나타나고 있었을까? 일본 사례 분석을 통해 향후 우리나라에도 나타날 수 있는 사회 현상에 대해 생각해 보자. 먼저 일상 생활용품 중 기저귀 시장의 변화를 볼 수 있다. 일본에서는 아기 기저귀보다 어르신용 기저귀가 더 많이 팔린다. 아기는 3~4살이면 기저귀를 떼지만, 거동이 불편해진 고령자는 사망할 때까지 수년간 기저귀를 사용한다. 게다가 저출산으로 아이는 줄고 있는데 고령자는 계속 늘고 있어 기저귀 수요의 역전 현상이 나타난 것이다.

기저귀뿐만 아니라 몇 년 전부터는 고령 남성의 요실금에 대응한 패드도 많이 팔리고 있다. 여성 생리대와 유사해 팬티에 탈부착하는 형태로 역삼각형 모양을 하고 있다. 아직 우리나라에서는 판매되고 있지 않아 낯설지만 일본에서는 광고도 종종 볼 수 있고 대형 슈퍼에서 손쉽게 구할 수 있다. 요실금은 출산을 경험한 여성이 겪는 현상으로 생각하는 경우가 많지만 실은 고령 남성들도 본인 의지와 관계없이 소변이 새기도 해서 말 못 할 고민을 하는 경우가 많다. 그것을 포착한 기저귀 회사가 오랜 연구를 통해 상품화한 것이다. 요실금 때문에 외출을 꺼리던 일본의 중고령 남성들도 이 제품을 사용하면서 더 활동적인 노후생활을 보내고 있다.

둘째, 중고령자의 '혼활婚活, こんかつ' 파티가 전국 이곳저곳에서 열리며 인기를 끌고 있다. 혼활은 결혼을 하기 위한 다양한 활동을 줄여서 부르는 말이다. 나이 들면 외로움이 삶의 큰 도전 과제인데 혼자 사는 고령자가 늘어나면서 파트너를 찾는 수요가 급증한 것이다. 일본에서는 일생에 한 번도 결혼하지 않은 중고령 독신자가 계속 증가했고 황혼이혼이나 사별 등으로 혼자 노후를 보내는 중고령층도 많다. 그러다 보니 중고령자 전용 결혼 중개회사가 우후죽순처럼 생겨났고 전국적으로 비즈니스를 펼치고 있다. 이런 중개회사는 50세 이상만 회원으로 받아 주고 곧바로 만남을 주선하기보다는 중고령 싱글 남녀 인

원 수에 맞춰 파티를 열어 여러 상대와 얘기를 나누며 파트너를 찾게 한다. 고령자 3600만 명이 만들어 낸 새로운 시장이라고 할 수 있다.

셋째, 조금 오싹한 느낌이 들 수 있지만 몇 년 전 일본에서 새로운 형태의 호텔이 생겨 충격을 주었는데, 바로 '시신 안치호텔'이다. 사망 후 화장할 때까지 대기 기간이 길어지자 그동안 시신을 안치보관할 곳이 없어 대안으로 만들어진 호텔이다. 이런 호텔이 등장한 배경을 잠시 생각해 보자. 고령화 초기 단계는 기대수명이 증가하면서 오히려 전체 사망자 수가 줄어든다. 하지만 고령화가 성숙단계에 들어서면 사망자 수가 급격히 증가하기 시작하는데 일본은 고령사회에 진입한 1990년대부터 사망자 수가 꾸준히 증가했다. 사망자가 증가하면서 화장터 수요가 폭발적으로 증가했지만 혐오 시설인 화장터를 짓기가 쉽지 않았다. 그러다 보니 사망 후 화장까지 대기 기간이 많게는 5~7일까지 걸리며 '안치 난민'이라는 신조어까지 생겨났다. 결국 사망 후 화장할 때까지 시신을 보관하는 시신 안치호텔이 등장한 것이다. 일부 상조회사는 화장 대기 기간 중에 고인과 가족을 데리고 리무진 차량을 이용해 고향 방문 서비스를 제공하는 사례도 나타나고 있다.

참고로 우리나라 사망자 수 추이를 보면 수년간 25만 명 정도였는데, 2010년경부터 증가세로 전환해 2021년에는 31만 명이 사망했다. 통계청 추계에 따르면 중장기적으로 지금의 두 배가 넘는 70만 명까지 사망자 수가 증가할 전망이다. 화장터 부족과 봉안시설 부족 문제는 심각한 사회문제가 될 가능성이 높다. 일본 경험을 교훈 삼아 우리 사회도 미리 대책을 세워야 한다. 지금까지 초고령사회 일본에서 나타나고 있는 몇 가지 사회 현상에 대해 알아보았는데 이번에는 시니어 사이에 유행하고 있는 새로운 트렌드를 소개하겠다.

일본 시니어 사이에 유행하는 새로운 트렌드

일본에서는 액티브시니어 사이에 '시니어 유학'이라는 새로운 라이프 스타일이 유행하고 있다. 1990년대부터 등장하기 시작한 시니어 유학은 해외 대학이나 대학원에서 학위를 받기 위한 유학이 아니라 간단한 어학 공부와 함께 여행을 즐기는 1~3개월의 해외 단기유학이다. 오전에 간단한 어학공부를 하고 오후에 맛집이나 현지 관광지를 돌며 즐기는 라이프 스타일이다. 물론 일부는 본격적으로 공부하기 위해 어학원이나 대학에 유학을 가는 경우도 있다.

우리나라보다 먼저 해외여행 자유화를 경험한 일본 시니어들은 학창시절 해외 배낭여행이나 직장에 근무하면서 여름휴가를 이용해 해마다 해외여행을 즐겼다. 그러다 보니 길어야 2주 정도밖에 되지 않는 해외여행이 항상 아쉬움이 남았다. 좀 더 천천히 박물관도 돌아보고 현지에서 여유 있는 시간을 보내고 싶은데 시간이 허락하지 않았다. 이런 시니어들이 조기 희망퇴직을 하거나 정년퇴직을 하고 나서 시니어 유학을 즐기는 것이 하나의 트렌드가 된 것이다. 코로나19 발생 이전에 필자는 한국에서 시니어 유학을 즐기는 일본 여성을 만난 적이 있다. 퇴직 전부터 한국어 공부를 꾸준히 해오다 퇴직 후 곧바로 서울로 시니어 유학을 온 것이다. 오전엔 한국어를 배우고 오후엔 한국 맛집과 관광지를 돌아다니며 행복해했다. 이런 수요가 늘다 보니 어학원이나 여행사에서도 시니어 유학은 새로운 비즈니스 기회가 되었다. 다만 지금은 코로나19 때문에 비즈니스가 거의 멈춘 상태다.

시니어 유학 이외에도 '해외 롱스테이'가 새로운 트렌드로 자리 잡았다. 해외 롱스테이는 시니어 유학을 경험했거나 외국에서 한번 살아

보고 싶어 하는 시니어들이 6개월에서 1년 정도 해외에서 장기 거주하는 것을 말한다. 추운 겨울엔 동남아에서 보내다가 4월 벚꽃이 필 무렵 잠시 일본에 귀국해 친구도 만나고 손주 용돈도 준다. 현지에서는 언어도 배우고 현지인들과 교류하며 골프도 치고 여행도 하며 여유로운 생활을 즐긴다. 워낙 인기가 많다 보니 해마다 도심에서 '해외 롱스테이 박람회'가 열리고 있는데 최근에는 코로나19 때문에 온라인 형식으로 개최되었지만 그 인기는 여전히 식지 않고 있다.

이런 시니어 유학이나 해외 롱스테이가 가능한 것은 든든한 연금소득이 있기 때문이다. 일하지 않아도 죽을 때까지 국내나 해외에서 정기적으로 생활비를 받을 수 있는 연금은 노후생활의 가장 큰 버팀목이다. 일본은 우리보다 연금제도를 일찍 도입해 운영하다 보니 지금의 고령층은 충분한 연금을 받고 있다. 일본 고령사회 백서에 따르면 65세 이상 고령세대의 연평균 소득은 315만 엔약 3100만 원인데 그중 63%가 공적 연금소득이다. 315만 엔은 어디까지나 평균적인 소득이기에 공적연금뿐만 아니라 퇴직연금과 개인연금까지 받는 시니어들은 더 풍요로운 노후를 보내고 있다. 그런 여유가 있는 중고령층이 시니어 유학과 해외 롱스테이를 즐기고 있는 것이다. 일본 사례와 같이 나이 들어 정기적으로 연금을 받을 수 있는 '연금 수급권'은 매우 큰 의미를 갖는다. 물론 노후에 목돈도 필요하지만 목돈만 갖고 있는 경우 사용할수록 계속 줄어들기 때문에 심리적 불안감이 생기기 쉽다. 반면 연금은 이번 달에 다 써도 다음 달에 또 나오는 평생월급이다. 그래서 연금이 목돈보다 심리적 안정에 도움이 된다. 다른 무엇보다 연금 수급권을 확보해 두는 것을 독자들에게 추천한다.

시니어 유학, 해외 롱스테이에 이어 2000년대 이후 새로운 트렌드

로 '종활しゅうかつ'이 있다. 종활이란 삶을 아름답게 마무리하기 위한 모든 활동으로 죽음을 대비하는 여러 활동을 지칭한다. 자서전을 쓰거나 증여, 상속 준비, 유언장 작성, 건강할 때 간병에 대비한 집 구조 변경, 요양시설 사전 견학, 수목장이나 해양장 견학, 희망하는 장례 방법 찾기, 영정사진 촬영, 입관 체험, 묘비에 쓸 문구 작성 등이 있다. 혼자서 준비하기 어려운 중고령자를 위해 전국적으로 종활 세미나도 열리고 있고 한번에 다양한 정보를 얻을 수 있는 '종활박람회'도 매년 개최되고 있다. 종활이 다소 어색하게 느낄 수 있지만 그 배경을 알고 나면 납득이 갈 것이다.

앞서 언급한 바와 같이 일본의 사망자 수는 100만 명에서 130만 명까지 꾸준히 증가했다. 사망자가 증가한다는 것은 장례식에 갈 기회가 많아진다는 것을 의미한다. 장례식에 가면 돌아가신 90대 부모 앞에서 60대가 상주 역할을 하고 조문객도 주로 60대가 온다. 60대에 반복되는 장례식 참석을 통해 삶과 죽음을 생각할 기회가 많아지게 된다. 그뿐만 아니라 장례 형식이나 절차와 관련해 형제간 다투는 모습이나 장례를 치른 후 상속 문제로 싸우는 모습을 종종 보면서 자연스럽게 미리 죽음을 준비해야겠다는 인식이 생겨난 것이다. 이런 배경으로 종활이 중고령층 사이에 하나의 트렌드로 자리 잡았고, 그 활동을 기록으로 남기는 엔딩노트도 큰 인기를 얻고 있다.

지금까지 중고령층 사이에 유행하고 있는 시니어 유학과 해외 롱스테이, 종활에 대해 살펴봤다. 마지막으로 일본에서 중산층이 노년기에 빈곤층으로 전락하는 경우가 있어 그 사례를 살펴보면서 개인 관점에서 노후준비를 할 때 무엇을 주의해야 할지 교훈을 얻고자 한다.

일본 중산층이 노후빈곤에 빠진 5가지 이유

노후빈곤은 대부분의 국가가 고민하는 문제로 우리나라도 매우 심각한 상황이다. 안타깝게도 우리나라 노인빈곤율은 OECD 국가 중 가장 높은 수준에 해당한다. 반면 일본은 그동안 중산층이 두터운 국가로 유명해서 노후빈곤도 그다지 큰 사회문제가 되지 않았다. 그러나 1990년 이후 버블경제가 붕괴되면서 오랜 기간 경기 침체가 이어지자 다양한 분야에서 불협화음이 나타나기 시작했다. 연금을 받아가며 시니어 유학과 해외 롱스테이를 즐기는 고령자가 있는 반면 일부 고령층은 중산층에서 빈곤층으로 전락하는 경우도 나타나고 있다. 우리나라의 기초생활수급자에 해당하는 생활보호대상자를 보면 2000년에 고령 대상자가 34만 세대였는데 현재는 90만 세대까지 증가했다. 전체 생활보호대상자 중 고령 세대 비중이 45%에서 55%까지 증가했다.

그렇다면 노후준비를 하지 않아서 노후빈곤에 빠진 것일까? 물론 그런 경우도 있지만 평범한 중산층이 노후에 빈곤층으로 전락하는 경우도 있어 경계할 필요가 있다. 몇 년 전 《하류노인下流老人》이라는 책이 일본 사회에 큰 충격을 주었는데 저자인 후지타 다카노리는 빈곤노인과 고령 노숙자를 상담하며 중산층에서 빈곤노인으로 전락한 사례를 심층 분석하고 있다. 책에서는 중산층이 빈곤노인으로 떨어진 이유를 다음과 같이 5가지로 유형화해 소개하고 있다.

첫 번째로 히키코모리 자녀를 둔 고령 세대가 노후 빈곤에 빠질 수 있다고 소개한다. 히키코모리ひきこもり란 은둔생활자를 의미하는 용어로 외부와의 접촉을 끊고 집에 칩거하며 생활하는 사람을 말한다. 1990년대 버블 붕괴 후 경제가 어려워지자 젊은 층의 취업이 매우 힘

들어졌다. 기업 수십 군데에 지원서를 내도 취업이 되지 않자 사회에서 버림받았다는 마음의 상처를 안고 일부는 집에 칩거하기 시작했다. 대인 기피증이 생기기도 하고 우울증이나 정신질환에 걸려 고생하기도 했다.

문제는 이런 젊은 히키코모리가 20~30년이 지난 지금은 40대 이상 중년층이 되어 버렸다는 것이다. 사회활동도 하지 못하고 경제능력도 없는 이들을 돌보는 것은 그들의 부모, 즉 70~80대가 된 고령의 부모이다. 40대 이상 중년이 된 히키코모리 자녀를 부양하며 정신질환에 대한 진료비도 마련해야 한다. 그래서 회사 정년퇴직을 하고도 쉬지 못하고 아르바이트 등으로 생계를 유지하면서 자녀를 계속 부양한다. 중년의 히키코모리에 대한 심각성을 인식한 일본 정부는 2019년에 처음으로 실태조사를 했는데 조사 결과 40~60세 히키코모리가 놀랍게도 61만 명이나 되어 충격을 주었다.

최근 우리나라도 대졸자의 취업률이 크게 낮아졌다. 전체 실업률은 3~4%이지만 젊은 층 실업률은 7%를 넘는다. 자녀가 공무원이나 대기업처럼 안정적인 곳에 취업하면 좋겠지만 그렇지 않을지라도 빨리 사회생활을 시작해 독립할 수 있도록 부모가 정신적, 물질적으로 적극 지원하는 것이 필요하다. 자녀의 독립이 실제적으로 부모의 노후준비에 아주 중요한 요소라는 것을 잊지 말자.

두 번째는 나이 들어 과도한 의료비 지출로 노후빈곤에 빠지는 경우다. 일본이나 한국 모두 전 국민이 가입하는 공적 건강보험이 있어 뜻밖이라고 생각할 수 있다. 하지만 질병에 따라서는 치료비와 의약품이 비급여에 해당되어 가계에 큰 부담을 준다. 주사 한 방이나 한 번의 약 처방이 보험 적용이 되지 않아 수백만 원에 달하는 경우도 있다. 실례로 일본에서 어떤 60대 초반 남편이 퇴직 후 질병으로 인해 수술과 입원을 반복한 경우가 있었다. 아내는 결국 일을 그만두고 남편 간병에 힘을 쏟았다. 하지만 노화가 진행되면서 완치는 되지 않고 수술과 입원을 반복하며 20여 년간 의료비와 간병비를 지출하게 되었다. 의학기술이 발달했지만 완치는 안 되고 결국 수명만 연장하며 과다한 의료비 지출을 가져온 것이다. 남편 사망 후 80세가 된 아내는 그동안 목돈을 남편 의료비로 다 써버리고 절대 빈곤자가 되어버렸다. 본인이 아파도 돈이 없어 병원도 못 가는 신세가 된 것이다.

우리는 60대에 퇴직을 해서 100세까지 살게 된다. 40년 가까운 기간을 더 보내야 하고 60대 중반이 넘으면 노화로 인해 각종 질병에 시달리게 될 확률이 높다. 그렇기에 60대가 넘으면 의료비 지출이 큰 폭으로 증가한다. 따라서 젊은 시절 소득이 있을 때 노후 의료비를 미리 준비하는 것이 매우 중요하다. 목돈으로 준비하기보다는 자신의 상황에 맞는 보험상품을 찾아 활용하는 것이 더 현명하다. 질병은 언제 찾아올지 모르기 때문이다.

세 번째는 황혼이혼을 당한 남성이 노후빈곤에 빠지기 쉽다는 것이다. 우리나라도 최근 황혼이혼이 늘고 있는데 일본도 황혼이혼이 전체 이혼자의 20% 정도를 차지한다. 황혼이혼을 하면 재산과 연금을 반으로 나눠야 하는데 결국 이혼으로 인해 가지고 있던 집 한 채를 매각해서 나누고, 월세 생활을 해야 한다. 일본은 전세 제도가 없기 때문이다. 연금소득도 반으로 줄어들기 때문에 임대료와 생활비에 턱없이 부족해진다. 그래서 재산분할을 하고 난 목돈으로 생활비를 충당할 수밖에 없다.

문제는 황혼이혼을 한 남성들이 주로 외식을 하고 술을 마시면서 건강을 해치는 경우가 많다는 것이다. 이는 과다한 의료비 지출로 이어져 결국 목돈을 다 써버리고 나이 들어 절대 빈곤에 빠지게 된다. 일본 사례를 교훈 삼아 중년 남성들은 현재 자신과 배우자의 관계에 대해 깊이 생각해 볼 필요가 있다. 지금까지의 라이프 스타일을 되돌아보고 삶의 동반자인 배우자와 함께 노후를 행복하게 보낼 방법에 대해 진지하게 고민해 보자.

네 번째로 독거노인이 치매에 걸린 상태에서 사기를 당해 빈곤에 빠지는 경우다. 일본 후생노동성 추계에 따르면 일본의 치매환자는 2020년에 631만 명으로 전체 고령자의 18%에 해당한다. 문제는 혼자 사는 독거노인은 본인이 치매에 걸린지 잘 모른다는 것이다. 평소 행동하는 모습을 가족이 지켜보면서 이상한 점을 체크해 주지 않으면 스스로 치매라고 인식하기는 어렵다. 치매에 걸린 어르신만 노려서 친절하게 다가가 교묘하게 재산을 훔치는 사례가 일본에서 늘고 있다. 인감도장을 받아내어 독거노인 소유로 되어 있는 토지나 주택을 매매해 전 재산을 빼앗아 버리는 경우도 있었다. 우리는 이를 교훈 삼아 부모님이 혼자 생활하고 계신다면 평소에 자주 연락하고 사기를 당하지 않도록 관심을 기울여야 한다. 그리고 보건소에 가면 치매 검사를 무료로 받을 수 있기에 해마다 정기적으로 검사를 받을 수 있도록 부모님을 잘 챙기는 것도 필요하겠다.

마지막으로 부모의 과도한 간병비 지출로 자녀 세대가 노후빈곤에 빠지는 경우다. 과거에는 거동이 불편해지면 오래 살지 못하고 돌아가시는 경우가 많았다. 하지만 의학기술이 발달한 지금은 완치는 힘들지만 수명은 연장되는 경우가 많다. 거동이 불편하면 누군가가 돌봐주어야 하는데 가족이 없다면 돈을 내고 간병인을 쓰거나 요양시설에 입소해야 한다. 일본의 경우 한국과 달리 건강할 때 입주해 생활하다가 거동이 불편해지면 같은 시설에서 간병 서비스를 받을 수 있는 시설이 많다.

그런데 문제는 비용이다. 요양시설에 들어가면 건강상태를 매일 챙겨 주기에 근본적인 건강회복은 안 되지만 그렇다고 크게 악화되지도 않아 예상보다 오래 살게 되고, 그에 따라 비용지출이 커져 예상을 뛰어넘는 금액이 될 때가 있다. 필자가 예전에 일본 요양시설을 방문해 조사한 적이 있는데, 요양시설 관리팀장에게 시설을 운영하면서 가장 힘들 때가 언제냐고 질문했는데 뜻밖의 답변이 돌아와 놀랐다. 요양보호사가 최선을 다해 어르신을 돌봤는데 자식이 찾아와서 '우리 엄마가 더 이상 오래 살면 곤란하다'며 비용 문제로 하소연할 때라고 했다. 그리고 필자의 일본 지인 중에 어머니가 한 달에 40만 엔약 400만 원 정도 하는 요양병원에 계신데 의사가 길면 3~5년 정도 사실 것이라고 했다. 하지만 어머니는 현재 10년째 살아계셔서 본인의 노후자금까지 어머니 간병비로 다 쓰고 있다고 했다.

인생 100세 시대에는 간병비에 대해서도 다시 생각할 필요가 있다. 특히 여성들은 이 문제를 더 심각하게 고민해야 한다. 대부분 나이 많은 남편이 먼저 거동이 불편해지고 사망하게 된다. 남편은 보통 아내가 간병하지만 아내 자신은 누가 돌볼지 한번 생각해 봐야 한다. 자녀가 없다면 누가 나를 간병할 것인가, 요양시설에 들어간다면 충분한 자금은 마련하고 있는지 이번 기회에 꼭 점검해 보고 미리 대책을 세우길 바란다.

지금까지 초고령사회 일본의 다양한 사회 현상과 새로운 트렌드, 그리고 중산층이 노후빈곤에 빠지는 5가지 이유와 교훈에 대해 살펴봤다. 앞에서 언급한 바와 같이 2025년이면 우리나라도 초고령사회에 진입한다. 노후에 대한 막연한 불안감만 가지고 있을 것이 아니라 구체적인 행동으로 옮겨야 할 시점이라는 것을 잊지 말자.

모두가 행복해지는 개호복지서비스를 위하여

민은숙(학교법인 순유국제의료비즈니스전문대학)

일본어에 자주 등장하는 단어 중에 카이고介護가 있다. 한국식 한자로 읽으면 '개호'다. '개호'란 무엇일까? 한국어로 번역하면 '간호', '병수발', '보호', '돌봄'이라고 한다. 여기서는 일본의 제도를 설명하려고 하므로 일본식 용어인 '개호'를 사용하려고 한다. 일본의 개호介護란 무엇인가? 개介는 사람이 중간에서, 고護는 보호한다는 의미다. 한자 그대로 사람이 중간에서 보호하는 역할을 하는 것이다. 개호에서 중요시하는 것은 무엇일까?

일본의 개호복지사법에 따르면, 개호란 노령과 심신장애 등의 원인으로 일상생활에 지장이 있는 사람에게 일상생활, 집안살림, 건강관리, 사회활동 등의 신체적·정신적 지원을 해주는 것을 말한다.

일본의 개호복지 역사

후생노동청의 '일본 공적개호보험제도의 현재와 앞으로의 역할'을 보면 일본 개호복지의 역사를 대략 알 수 있다. 일본의 개호복지는 1960년대부터 시작되었다. 현재의 개호보험제도의 기본이 되는 노인복지법이 만들어진 것이 노인복지 정책의 시작이다. 노인의료비는 무료로 책정되었다. 그러나 일본이 고령화사회가 되면서 의료비는 점차 부담이 되었다.

이러한 이유로 1982년에 노인의료비의 일정 금액을 도입하는 노인보험법이 만들어졌다2022년 3월 폐지. 그리고 2000년 개호보험법이 시행되어 고령자의 개호를 사회 전체가 지원한다는 취지에서 현재의 개호보험제도가 완성되었다. 개호복지보호법이 만들어지기 전까지 고령자에게 필요한 개호복지서비스와 시설 등을 결정하는 것은 시, 구 등 자치단체였고 이용자 본인의 선택으로 결정하는 것이 가능한 계약 제도였다.

일본의 개호복지

일본에는 개호의 기본 방침이 있다. 첫째, 자립지원은 개호를 필요로 하는 고령자의 일상생활을 돌보는 것은 물론이고, 고령자가 스스로 할 수 있도록 지원한다. 둘째, 이용자의 선택에 따라 다양한 주체로부터 보건 의료서비스, 복지서비스를 종합적으로 받을 수 있다. 셋째, 사회보험방식은 혜택과 부담의 관계가 명확한 개호보험방식을 채용한다. 참고로 개호복지종사자는 개호복지보험법에 준하여 지원이 필요한 고령자들에게 필요한 서비스를 제공한다.

일본에서는 개호 업무를 할 때 중요한 것이 있다. 일명 '개호의 삼원칙'으로 요약할 수 있다. 개호의 삼원칙은 노인복지가 발달한 덴마크에서 1982년에 제창한 케어의 이념에서 나왔다.

첫 번째 원칙은 지금까지 살면서 익숙해진 자신만의 생활방식을 유지하는 것이다. 되도록이면 생활환경과 생활습관을 유지하며 지금까

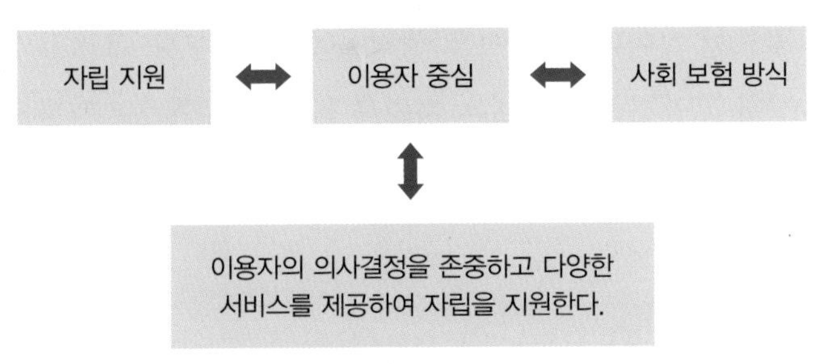

일본 개호의 기본 방침

지 살아온 생활방식을 바꾸지 않고 유지하는 것이다.

두 번째 원칙은 당사자의 결정을 존중하는 것이다. 이용자 본인이 원하지 않는 생활방식과 개호서비스는 하지 않는다. 가능한 당사자의 의사존중을 중요시한다.

세 번째 원칙은 당사자 스스로 하도록 환경을 만들어 주는 것이다. 아직 신체적으로 움직일 수 있는 부분은 최대한 활용하고, 이용자의 일상생활에서 할 수 있는 활동은 되도록이면 당사자가 직접 할 수 있게 한다.

이 세 가지 원칙은 개호의 기본으로 세계적으로도 돌봄을 중요시 여기는 시점에서 매우 존중되고 있다. 물론 일본도 마찬가지다. 개호를 담당하는 사람이 알아야 하는 중요한 생각과 행동이자 절대 지켜야 할 부분으로, 개호 담당자는 고령자의 존엄성을 지켜주고 고령자가 스스로의 능력에 맞는 자립적인 일상생활을 보낼 수 있도록 지원해야 한다.

특히, 이용자의 신체기능의 유지를 생각한다고 무리하게 강요해서는 안 된다. 이용자의 의견은 관계없이 아직 기능하는 신체 능력을 유지시키는 것이 목적이 되어 재활을 강요하거나 고통스럽지 않도록 주의가 필요하다. 이용자가 원하지 않는 자립지원을 하지 않도록 세심한 주의가 필요한 것이다. 이용자의 생각을 존중하는 것, 그리고 일상생활을 안심하고 안전하게 보내는 지원을 하는 것이 개호복지를 담당하는 사람의 중심 역할이라는 것을 잊어서는 안 된다.

일본의 개호복지사

일본의 법률에는 사회복지사법과 개호복지사법은 동일시되어 있다. 개호복지사의 역할은 개호를 하는 중심부에서 이용자를 직접 돌보며, 동시에 개호와 연결된 각각의 전문직과 연락 상담, 가족과 연락 및 상담, 개호를 하는 사람을 지도하는 리더 역을 맡을 수 있는 역할이다. 물론 직접적 개호를 제공하는 케어플랜까지 작성할 수 있다.

일본에서 사회복지사가 되려면 사회복지학과 4년제 대학졸업 후 국가자격시험을 통과해 자격을 취득하면 된다. 개호복지사도 개호복지에 관련된 전문적 지식과 기술을 개호복지전문대학에서 2년간 공부하고 졸업과 동시에 국가자격시험에 합격해야 될 수 있다.

● 개호복지사가 될 수 있는 또 하나의 과정 (실무자연수과정)

초임자연수헬퍼 자격증을 소지하고 시설에서 3년을 근무한 경력을 가진 사람은 실무자연수과정에서 개호복지 관련된 수업과정 450시간을 공부하고 의료 케어 50시간을 이수하면 개호복지사 국가자격시험을 치를 수 있는 자격을 얻을 수 있다.

개호복지에서 말하는 의료 케어란 치료행위가 아니라 개호복지사가 행하는 의료적 일상생활 지원으로서 일상생활에서 필요한 객담 배출과 경관주입 식사 등의 의료행위를 말한다. 2015년부터 추가로 도입된 개호복지 현장에서 실시 가능한 의료행위로서 전문대 과정에도 의무교육으로 포함되어 있다.

일본에서 경험한 개호복지사 배움의 현장

순유국제의료비지니스전문대학은 개호복지사를 양성하는 전문대학이기 때문에 매년 개호복지에 관련된 전문과목과 실습450시간을 이수하고 졸업 후에 일본국가자격시험을 통해 자격증을 취득하는 과정으로 이루어져 있다. 현재 일본에는 개호복지전문대에서 공부하려 하는 일본인 학생들은 매년 줄어들고, 반대로 외국인 유학생들이 늘고 있다. 일본인 학생들만으로는 초고령 시대에 필요한 개호 인력을 충당하기에는 한계가 있어서 외국인 학생들에게 의지를 하고 있는 것이 현실이다. 2017년에는 '개호 비자'라는 취업비자의 종류가 새로 신설되었다. 일본의 고령화사회가 진행되어 가는 과정에서 개호 인력 부족을 보충하는 것을 목적으로 만들어졌다.

내가 담당하고 있는 반에는 네팔, 방글라데시, 베트남, 스리랑카, 인도네시아 등 유학생 30명 정도가 있다. 대체로 20대 초반에서 30대 초반의 학생들로 일본의 개호복지를 공부한 후 자격증을 취득해 일본의 노인복지, 장애인복지시설 등에서 일하고 싶어 한다. 유학생들 중에는 자국에서 4년제 대학을 졸업하거나 대학원까지 마친 인재들도 많다. 자국에서는 생활이 어렵기 때문에 일본에 와서 각종 전문대학을 졸업한 학생들도 많지만 결국 취업의 문제로 재입학을 하는 일도 있다.

사실 유학생들은 개호복지서비스 자체에 관심이 있다기보다는 개호복지 분야는 비자가 나오기 쉽고 일본에서 생활하기에 충분한 월급이 보장되기 때문에 일본 개호복지전문학교에 입학하는 경우도 많다. 여기에 일본 개호복지전문학교는 여러 장학금 제도가 있어서 학비 부담이 덜하다는 메리트도 있다.

학생들이 대부분 혜택을 받는 장학금 종류에는 두 가지가 있다. 첫째, 일본의 국가 장학금이다. 단, 일본 정부가 제공하는 전액 장학금을 받는 경우에는 5년간 일본의 현립 지역 복지시설에서 근무해야 한다는 조건이 있다. 둘째, 시설에서 제공하는 장학금이 있다. 전액 장학금을 받을 경우에는 5년, 일부 장학금을 받는 경우에는 최저 3년간 현립 지역 복지시설에서 근무해야 하는 조건이다.

물론 전액 자비로 공부하는 유학생은 본인이 원하는 일본 지역의 시설을 선택해서 근무할 수 있다. 대부분의 학생들은 2년간 열심히 공부하고 졸업을 하면 100퍼센트 취업을 한다. 최근에는 매우 좋은 조건을 제시하는 시설들이 늘어나고 있어 유학생들이 공부에 전념할 수 있는 좋은 기회라고 생각한다.

기본적으로 개호복지전문학교에서 2년간 공부를 한 후 국가시험을 치르고 국가자격증을 취득하는 것이 일반적이지만 2023년 기준 일시적으로 2027년까지 전문대 2년 졸업 후 5년간 시설에서 근무하는 조건으로 개호복지사 자격증을 발급해 주고 있다. 만약에 5년을 채우지 못하면 자격증을 받을 수 없다. 유학생들에게는 졸업 후 취업과 동시 취업비자, 개호복지사 자격증도 받을 수 있기에 대부분이 만족하고 있다. 개호복지사 자격증을 취득하면 취업비자 발급이 가능하므로 자기 나라에 있는 가족을 일본으로 불러 함께 생활할 수 있기에 모두 졸업과 동시에 국가자격증을 취득하려고 노력한다.

일본의 개호복지 분야의 업무 방식

일본의 개호복지 개념은 기본적으로 사람의 존엄성에 대한 존중이다. 돌봄을 받는 사람도 중요하지만 돌봄을 하는 사람도 중요하다고 생각한다. 일본의 개호복지에서는 개개인에게 맞는 서비스를 중시하기 때문에 똑같은 방식의 돌봄은 존재하지 않는다.

사람을 소중하게 여기는 기본적 생각에 개인마다 필요로 하는 돌봄을 찾아서 제공하는 것이다. 돌봄은 혼자서 하는 업무가 아니다. 반드시 다른 직종의 연관성을 중요시하며 팀과 협력하는 조직적인 개호를 중요시한다. 그렇기 때문에 일본에서는 개호복지 분야도 다른 비즈니스 분야와 마찬가지로 '호, 렌, 소보고, 연락, 상담, 기록'를 기본적인 업무 자세로 중요시한다.

조직적인 연동을 위해서는 전달하고 전달받는 자세, 메모를 하고 지시사항은 되풀이하여 확인하는 것, 업무지시가 끝나면 보고하는 것, 대화를 할 때는 상대방의 눈높이에 맞추어 서로 전달되고 있는지 확인해야 한다. 소리로 대답을 하고 눈으로 확신시켜 주며 확실하게 알아들었음을 인식시키는 것도 매우 중요한 커뮤니케이션으로 자리 잡고 있기 때문이다. 분까지 계산하는 등 시간을 지키는 것은 일본인들의 특성으로 매우 정확하게 이어진다. 시간과 책임감이 동시에 연결되고 있는 것이다. 철저한 메뉴얼 시스템대로 잘 움직이고 있는 것이다. 진담 반 농담 반으로 일본인들이 가장 곤란해 하는 것 중 하나는 외국인들이 '괜찮다'라고 하는 대답이라고 한다. 무엇이 괜찮은지, 이해가 되었는지 모르는 채 대답하고 있는 것처럼 보이기 때문에 반드시 대화의 내용을 확인하는 습관을 들이도록 교육하고 있다.

일본의 개호복지 분야에서 일을 할 때는 다음의 두 가지 원칙을 기억하면 좋다.

1) 문제가 생기면 숨기는 것보다는 보고하는 것이 중요하다고 교육시킨다. 질책보다는 두 번 다시 같은 실수를 하지 않기 위해 분석하고 대책을 세운다. 사람은 누구나 실수를 하기 때문에 사람의 실수에 대한 질책은 하지 않는다. 그 대신 누구도 같은 실수를 되풀이하지 않도록 철저한 분석해서 사고예방에 노력하도록 하는 교육을 함께 하고 있다. 참으로 쉬운 것 같은데 어려운 일이다. 한 번의 커다란 사고예방을 위해서는 299번 실수할 수 있는 부분을 예방하고 29번의 작은 사건을 해결하면 1개의 커다란 사건을 방지할 수 있다는 히야리 하토 법칙을 항상 인식하게 한다.
2) 언제 어디서든지 '수고하셨습니다', '감사합니다' 등 웃는 얼굴로 인사를 하는 것도 중요하다.

일본에 와서 일본어학교에서 1년 반 정도 공부하고 전문대 2년 동안 공부해도 유학생들은 일본어가 완전히 터득하지 않은 상태로 졸업하게 된다. 그렇기 때문에 일본어가 부족해도 최소한 업무가 유지될 수 있도록 앞에서 언급한 부분만큼은 철저하게 지킬 수 있도록 하고 있다. 일본시설에서 원하는 것은 언어도 중요하지만 일본 사회 속에서 살아 남기 위한 최소한의 기본이라고 해도 과언이 아니다.

일본에서 보고 배운 것

일본에서 개호를 공부하게 된 계기는 2005년에 한국에서 발표된 내용이었다. 2008년부터 한국에도 요양보험제도가 실시된다는 발표였다. 그 당시에는 개호라는 단어조차 낯선 시대였기에 개호가 먼저 시작된 일본에서 개호를 배우고 싶었다. 한국 대학에서 사회복지학을 전공했고 사회복지 현장에서 5년간 근무를 한 경험이 있었기에 말도 통하지 않는 일본이었지만 나름 자신감을 가지고 겁 없이 생활을 시작했다.

지인의 소개로 지바시 마쓰도 시청에서 소개를 받아 근무를 하게 된 곳은 노인복지 시설이었다. 일본에서 2000년에 시작된 개호보호시설의 모델로 선정되었을 정도로 호텔 같은 시설을 갖춘 곳이었다. 갖추어진 시설과 행해지는 시스템이 우수했는데 일본개호복지가 시작되면서 시범용으로 일본 제일이라는 사회복지재단과 생명보험회사가 함께 만들어 건설된 곳이었다. 지금은 좋은 노인복지시설이 많이 있지만 초창기에는 다인실 시설이 많이 있던 상태이기에 호텔식으로 만들어진 노인시설은 모든 시설의 기준이 될 정도였다.

또한 내가 근무했던 시설은 일본 관동지방에서는 각 시설들의 리더 연수 시설로도 유명했다. 개인을 존중하는 개호란 아직 일본에서도 낯선 단어였고 개인실보다 다인실, 시설보다 의사와 간호사가 현존해 있는 시스템이 당연시되던 때였기에, 그때 배운 개호에 대한 생각과 실천방식 등은 10년이 지난 지금도 매우 정석으로 학교에서 가르칠 때 유용하게 사용한다.

2005년 7월부터 일본복지시설에서 근무를 시작했다. 말이 안 통한다는 것만으로 그저 관찰하거나 손짓 눈짓으로 전해 받은 일만 하고 있을 뿐이었다. 일본의 복지시설에서 일한 지 3개월 정도 되었을 때의 일이다. 함께 근무를 하던 담당 간호사로부터 "월급을 받으면 그에 합당한 일을 해라. 언어가 부족하면 행동으로 노력하는 모습을 보여라."
라는 충고를 들었다. 생각해 보니 일본어가 안 된다는 이유로 그저 겉돌기만 했다. 간호사의 충고를 받은 후부터 정신이 번쩍 들어 일본어 공부를 포함해 업무 태도를 적극적으로 바꿔 가기 시작했다. 당시에는 하루에 일본어로 한 줄 기록하는 것도 어려웠던 때였으나 사용자의 가족에 연락을 기록할 때 문장이 짧아서 지도를 받은 적도 있고 써 놓은 것을 보고 그대로 적기도 했다. 그리고 일별 공부표를 만들어 일이 끝난 후 퇴근하기 전 회사에서 쓰기, 문법, 독해, 읽기 등을 반복하며 공부를 하고 낮에는 이용자들과 대화하며 지냈다. 그러다 보니 어느덧 나는 기본적인 일본어가 나도 모르는 사이 늘어가고 있었다. 1년 후, 용기를 내어 이용자 케어 플랜을 작성하고 싶다고 요청했고, 아주 많은 사람들의 케어 플랜을 읽으면서 단어 문장에 익숙해져 갔던 것 같다.

칭찬이 능력을 키운다

일본에서 근무해 본 사람이면 누구나 공감할지도 모르겠다. 일본에서는 업무 현장에서 서로에게 칭찬을 많이 해주는 편이다. 정작 내가 할 수 있는 것은 매우 작은 일부분이었는데도 함께 근무했던 상사를 포함해 동료들이 나에게 매우 따뜻한 말들을 건네 주었다. 작은 일에도 "민은숙 씨, 대단해요. 최고입니다. 정말 잘하시네요." 등 끊임없이 칭찬의 말을 해준 것이 어느덧 자신감으로 연결되었다. 학교에서 근무하고 있는 지금도 마찬가지다. 함께 근무하는 여러 교수님들과 각 시설의 담당자, 간호부장 등 어쩌면 각 분야의 훌륭한 사람들이 많은데 항상 건네는 말이 "열심히 노력하는 사람은 보기 좋다. 우리는 노력하는 사람을 좋아한다."였다. 그 칭찬을 들으면서 스스로 성장했다고 생각한다. 그래서 나도 가르치는 사람의 입장이 된 후에는 타국에서 생활과 학업을 병행하고 있는 유학생들의 기분을 이해하고 격려하고 반드시 인정받는 사람이 될 수 있도록 격려하고 있다.

개호복지는 전문직 업무

흔히 사람들은 '개호'라고 하면 단순히 이용자들을 화장실에 데려다 주고 목욕을 시켜 주고 식사를 챙겨 주는 것이라고 생각한다. 하지만 개호란 정확히 말해 자기 스스로 몸과 마음의 유지가 되지 않는 이용자들이 정상적인 사람들과 똑같이 몸과 마음, 일상생활을 유지할 수 있게 신체적·심리적 부분을 지원하는 중요한 업무이다. 개호복지를 배울 학생들뿐만 아니라 개호복지를 모르는 사람들, 앞으로 개호복지를 이해하고 싶은 사람들은 사회복지의 중요함과 보람을 이해했으면 좋겠다. 내가 근무하는 학교에서는 개호복지를 공부하는 학생에게 이용자들로부터 '감사합니다'라는 인사를 듣는 것이 최고의 가치라고 가르친다. 특히 개호를 받는 사람과 개호서비스를 하는 사람 모두가 웃으며 감사하며 행복을 누릴 수 있는 기쁨을 중시한다.

일본에서도 사회복지학과를 졸업하고 노년학을 공부하며 개호복지만 18년 동안 전념해 왔지만 아직도 일본의 개호복지의 기본적인 사고방식과 업무에 대해 배울 것이 많다고 생각한다. '인간의 존엄성을 존경하고 그 사람이 살아온 인생을 존중하면 그 사람이 죽는 순간까지 존엄성을 존중하며 유지될 수 있도록 지원하는 것이 일본의 개호복지

개념이다.' 지금도 매우 좋아하는 말이다. 덕분에 학교에서도 현장에서도 이용자들과 함께하는 시간을 매우 행복하게 생각한다. 감사하다는 말 한마디를 듣는 순간, 개호서비스를 하는 사람들은 개호에 대한 자부심을 느끼며 더욱 노력할 것이다. 한국의 어느 교수님이 해 주신 말씀이 지금도 기억에 남는다. "민 선생님은 한국에서 일본 사회에 파견된 개호 민간 외교관과 같습니다. 민간 외교관으로 하시는 일에 최선을 다하는 모습이 너무 멋지고 아름답습니다." 이렇게 응원해 주고 성원해 주는 한국이 있어서 오늘도 일본에서 자부심을 가지고 내가 할 일에 충실할 수 있다.

일본이 강한 첨단 분야, 로봇 산업

양승윤(유진투자증권 애널리스트)

일본에서 10여 년간 시간을 보내면서 좋은 의미로든 나쁜 의미로든 일본은 변하지 않는 나라라고 생각했다. 디지털보다 아날로그적 감성을 선호하는 일본에게 과연 급변하는 환경에서 미래를 이끌어갈 동력이 있을까 궁금증을 가지기도 했다. 이에 대한 답은 의외로 우리나라로 돌아와 로봇 산업을 분석하는 애널리스트가 되고 나서야 깨달을 수 있었다. 일본이 디지털 첨단 분야에서는 한국 등 디지털 강국에 뒤처진 것처럼 보이는 것은 잘 알려진 사실이나, 놀랍게도 최첨단 산업으로 꼽히는 로봇 산업에서는 항상 앞서는 나라가 바로 일본이다. 로봇이라고 하면 대표적으로 떠오르는 아톰이나 도라에몽과 같은 유명한 캐릭터도 일본이 원조이지만, 현실 세계에서도 일본의 로봇 산업은 무시할 수 없는 존재감을 뽐내고 있다.

산업용 로봇 강국 일본

로봇 산업은 크게 산업용 로봇과 서비스 로봇, 그리고 부품 분야로 크게 나눌 수 있다. 그중 로봇 산업의 상당 부분을 차지하는 산업용 로봇은 1960년대부터 자동차 산업과 전기전자 산업 등 제조현장에서 운

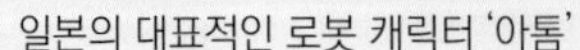
일본의 대표적인 로봇 캐릭터 '아톰'

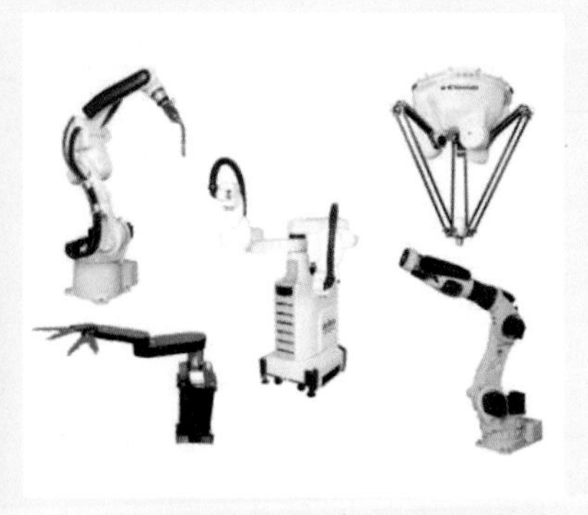
다양한 종류의 산업용 로봇

출처: (좌) https://tezukaosamu.net/jp/manga/291.html
(우) https://kawasakirobotics.com/jp/industrial-robots/

반이나 용접, 조립 용도로 활용되며 인간의 단순 반복 작업을 대체하고 생산성 향상에 이바지해 온 존재다. 2021년 기준 세계 산업용 로봇 시장 규모는 약 연간 48.7만 대 가량의 수요를 기록했는데, 일본에서 생산된 로봇의 수는 무려 26만 대 수준으로 세계 시장에서 산업용 로봇 시장 점유율 50% 이상을 차지하고 있다.

일본의 산업용 로봇 역사는 1969년으로 거슬러 올라간다. 세계 최초의 산업용 로봇 유니메이트Unimate를 만든 미국의 유니메이션Unimation사와 일본의 가와사키 중공업Kawasaki Heavy Industries이 협력해 탄생한 산업용 로봇인 '가와사키 유니메이트 2000'이 그 시초다. 이후 일본은 화낙Fanuc과 야스카와 전기공사Yaskawa Electric 등 유수의 로봇 제조 기업들을 다수 배출했고, 이 회사들이 만드는 산업용 로봇들은 과거 일본의 자동차 산업과 전기전자 산업의 고속 성장을 뒷받침해 왔다. 지금은 반도체와 전기차, 배터리 등을 제조하는 데 핵심적인 역할을 수행하고 있다. 일본은 고도 성장기에 인력 부족 문제를 해결하고자 하는 사회경제적 요구에 따라 로봇 산업을 키웠고, 남들보다 앞서 로봇에 투자한 결과 반세기가 넘는 세월 동안 로봇 강국으로서 지위를 유지해 올 수 있었다.

일본의 대표적인 로봇기업으로는 황색 로봇 군단으로도 잘 알려져 있는 화낙이 먼저 떠오른다. 후지산 산기슭에 위치하고 베일에 가려져 자세한 사항은 잘 알려져 있지 않지만, 시가총액이 무려 4.6조 엔에 달해 한국 기업과 비교했을 때 네이버와 카카오보다도 크고 한국의 현대자동차와 버금가는 수준을 자랑하는 우량 기업이다. 동사의 매출액은 2021년 기준 7,330억 엔으로 실적 규모는 크지 않지만 영업이익률이 25%로 제조업 기준 매우 높은 수익성을 자랑한다. 화낙이 창출하는 부가가치와 우수한 기술력은 자본 시장에서도 많은 주목을 받고 있다. 첨단의 끝을 달리고 있는 미국의 테슬라도 전기차 생산에 이 화낙의

후지산 산기슭에 위치한 화낙 본사

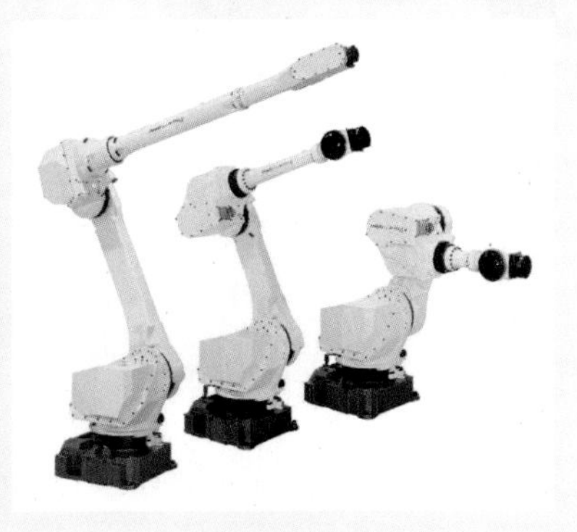
화낙의 산업용 로봇

출처: (좌) https://www.fanuc.co.jp/ja/profile/production/index.html
(우) https://www.fanuc.co.jp/ja/product/robot/f_r_arc.html

로봇을 도입해서 사용하는 것으로 알려져 있다. 첨단 산업을 뒷받침하는 핵심 기업인 것이다.

급변하는 세상에서 일본이 살아남을 수 있는 이유

최근 일본뿐 아니라 미국과 중국 등에서도 로봇 산업이 차세대 산업으로 주목받으며 다양한 연구개발이 이루어지고 있다. 로봇 기술이 나날이 발전하며 제조 현장에 한정되었던 로봇의 활동 영역은 점차 우리의 일상생활로 다가오고 있다. 앞서 강조한 바와 같이 일본은 산업용 로봇 분야에서 강한 면모를 보이고 있지만, 이족보행 로봇인 아시모Asimo를 끝으로 로봇 산업에서 주목할 만한 혁신은 보여 주지 못한 것

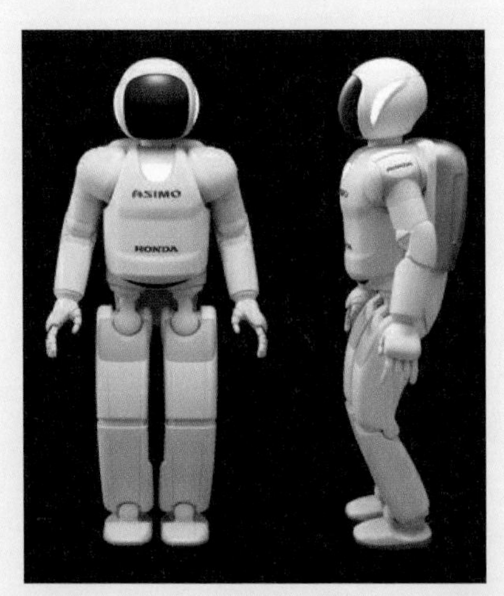

일본의 미래였던 아시모

미국 보스턴 다이내믹스의 아틀라스 로봇

출처: (좌) https://www.honda.co.jp/ASIMO/about/
(우) https://www.bostondynamics.com/atlas

도 사실이다. 오히려 상대적으로 로봇 기술력에서 뒤처져 있던 미국과 중국 등 후발주자들이 새로운 로봇 분야를 이끌어 가고 있는 형국이다. 로봇은 이제 단순히 사람이 입력한 프로그램에 기반해 동작하는 수준이 아니라, 스스로 인지하고 판단하여 수행하는 지능형 로봇으로 발전해 가고 있다. 이에 따라 AI, 5G 등 첨단 기술들이 다양하게 접목되고 있는 가운데, 휴머노이드 로봇과 같은 차세대 지능형 로봇 분야에서도 여전히 일본 로봇 기업들은 중요한 역할을 맡고 있다.

앞서 일본의 산업용 로봇 완성 제조에 대해 알아보았고, 이번에는 로봇에 들어가는 부품을 이야기해 보자. 로봇에 들어가는 핵심 부품은 어떠한 동력 전기, 유압, 공압 을 사용하는가에 따라 달라지나, 일반적으로 사용되는 전기 동력을 기준으로 보면 모터와 제어기기, 센서, 감속기 부품의 중요도가 매우 크다. 로봇의 힘의 원천이 되는 모터, 모터의 약한 힘을 증폭시켜 주는 감속기, 모터를 정밀하게 제어하는 제어기기 모두 일본 기업들이 세계 시장을 휩쓸고 있는 상황이다. 모터와 제어기기는 일본의 야스카와 전기공사와 미쓰비시 전기 Mitsubishi Electric, 파나소닉 Panasonic 이, 감속기는 하모닉 드라이브 시스템스 Harmonic Drive Systems 와 나브테스코 Nabtesco 가 시장을 주도하고 있다. 일본의 로봇 부품 산업은 산업용 로봇 시장의 확대와 함께 성장해 왔고, 후발주자들과는 기술과 신뢰도 측면에서 큰 격차를 벌려 놓고 있다. 특히 여러 로봇 부품 중에서도 가장 핵심 부품으로 꼽히는 감속기의 경우 소형 정밀 감속기 분야에서 일본의 하모닉 드라이브 시스템스가 차지하는 글로벌 시장 점유율은 무려 70%에 달한다. 중대형 감속기 분야에서는 나브테스코가 60%의 시장 점유율을 자랑하고 있다.

첨단 기술을 접목한 로봇이라고 하더라도 전기 동력을 사용하는 한

자동화의 쌀이라고 부르는 서보모터

빠질 수 없는 로봇 핵심 부품인 감속기

출처: (좌) https://www.yaskawa.co.jp/product/servomotor
(우) https://www.hds.co.jp/development/hd_skill/c_w_musser/

일본의 부품을 중용할 수밖에 없다. 로봇 안에는 모터와 감속기 등이 사용되고, 이 부품을 잘 만드는 국가는 일본이기 때문이다. 앞서 서두에서 일본은 디지털 첨단 분야에서 뒤처지는 모습을 보이고 있다고 이야기했으나, 첨단 기술은 오랜 기간 쌓아온 기본 위에 새로움을 더하는 것일 뿐이라고 생각한다. 일본은 첨단 중에서도 가장 첨단 분야로 꼽히는 로봇 분야에서 그 기본을 아주 잘 다져왔기 때문에 앞으로도 무시할 수 없는 영향력을 미칠 것으로 예상된다.

다시 정리하자면, 일본의 산업용 로봇 기업들이 성공할 수 있었던 데는 높은 품질의 로봇 부품이 있었고, 일본의 로봇 부품 기업들이 성공할 수 있었던 배경에는 전방에 일본 로봇 기업이 있었기 때문이다. 즉, 산업의 가치사슬에서 상류부터 하류까지 균형 있게 발전해 온 덕분에 튼튼한 기초를 쌓을 수 있었던 것이다. 한국은 이미 반도체와 전기차 등 새로운 산업 분야에서 일본을 앞서기 시작했다. 그럼에도 일본에게 배울 점은 분명히 있다. 한국의 기업들이 오랜 시간 세계 시장을 주도해 가기 위해서는 나날이 변화하는 흐름을 뒤처지지 않고 쫓아가는 것도 중요하지만, 변화 속에서도 강함을 보일 수 있는 기초를 잘 닦을 필요가 있다는 점이다.

장보기 혜택이 세상을 구하다?
일본 서민의 쇼핑혜택

오구라 스미요(한국방송통신대학교 강사)

소량만 구매해도 혜택을 받는 일본 서민 쇼핑

"저렴하게, 한 푼이라도 싸게." 소비자가 원하는 것은 어디든 똑같다. 서민들은 조금이라도 저렴하게 구입하려고 한다. 그렇기 때문에 사람들이 사는 각각의 지역에 맞는 생활 소비 혜택이 생긴다. 이웃나라 일본에서도 유니크한 쇼핑 혜택이 있다.

먼저 큰 차이점은 일본 소비자들은 '양보다 질', 즉 한꺼번에 많은 양을 구입하는 것보다는 자주 사더라도 작은 사이즈를 고르는 경향이 있다. 한국에 오는 일본 사람들은 1+1 세일을 보고 깜짝 놀란다. 일본에 없는 판매 스타일이라서 그렇다. 그 이유 중 하나로 소비자 지향이 다르기 때문일 것이다. 특히 수도권은 혼자 또는 가족 인원수가 적은 가정이 많다. 그리고 주택이 비교적으로 좁고 수납 공간이 많지 않다. 그럼 대량구매를 하지 않아도 혜택을 받으려면 어떻게 할까? 아주 사소한 혜택부터 주식이나 세금 시스템을 이용한 사회적으로 의의가 있는 혜택까지, 일본의 서민에게 잘 알려진 쇼핑의 혜택을 소개한다.

장보기로 받는 혜택

일본 가게 앞을 지나가면 눈에 잘 띄는 것은 'ポイントセール포인트 세일'이라는 현수막이다. 포인트 카드는 100엔 구입하면 보통 1%, 즉 1엔을 그 가게에서 이용할 수 있는 포인트로 돌려주는 할인제도를 말한다. 그런데 포인트 세일 때는 포인트를 3배, 5배, 때로는 10배를 돌려준다. 1,000엔 구입하면 평소에는 10엔만 받을 수 있는 포인트가 100엔이라면 많이 번 것 같은 느낌이 난다. 이런 세일 스타일은 '드럭스토어ドラッグストア'라고 불리는 약국 겸 잡화점에서 자주 실시한다.

식자재슈퍼業務スーパー도 다양하게 진화하고 있다. 원래는 도매용 슈퍼마켓이었는데 요즘에는 1개부터 구입할 수 있다. 그리고 유통기한이 다 된 상품이나 구 디자인, 구 규격 상품을 모아서 싸게 판매하기도 한다. 그래서 저렴한 물건을 찾아 다니는 동네 주부들의 주목을 받고 있다.

최근에는 유통기한이 지난 상품만 모아서 판매하는 가게나 온라인

가게 앞에서 포인트 세일을 알려 주는 간판

식자재 슈퍼에서 유통기한이 임박한 상품이 싸게 판매하는 모습

몰이 많아졌다. 유통기한이 지났기 때문에 버리는 식품이 사회문제가 되자 드디어 판매자도 행동에 나섰다. 전부터 폐기 식품이 많다고 알려진 편의점에서도 상품관리 AI를 활용하기 시작했다. 사람이 직접 작업하면 생길 수 있는 실수나 불균형 없이 할인 가능한 시스템이다. 앞으로는 편의점에서도 타이밍이 맞으면 식품을 저렴하게 구입할 수 있는 재미도 생길 것이다.

주주우대와 백화점 적금으로 혜택을 받다

기존의 슈퍼마켓, 대형마트도 여전히 치열한 경쟁을 하고 있다. 자본이 큰 슈퍼라면 장보기를 더욱 저렴하게 할 수 있다. 주식을 사면 된다. 이온 슈퍼와 이온몰로 유명한 이온 그룹의 주식은 비교적으로 싸게 구입할 수 있다.

이 주식을 100주 정도만 사도 30만 엔 정도밖에 안 된다. 구입 목적

株主さまご優待カード(オーナーズカード)について

イオンオーナーズカードは、イオン株式会社の株式を100株以上お持ちの株主さまに発行している株主ご優待カードです。

特典1 まいにちのお買い物がおトク! 3・4・5・7%のキャッシュバック

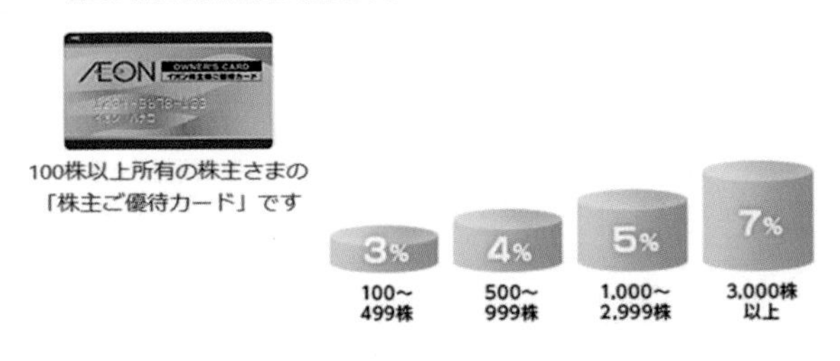

출처: https://www.aeon.info/ir/stock/benefit/

보유한 주식 수에 따라서 할인율이 높아진다

은 바로 주주우대 주식을 가진 사람들만 받을 있는 혜택이다. 구입할 때마다 3% 할인되고 현금으로 돌려받을 수 있다. 쿠폰도 받을 수 있고 주식 자체의 배당도 기대할 수 있다.

백화점도 이온 그룹 못지않게 좋은 혜택을 실시하고 있다. '도모노카이 쓰미타테 友の会積み立て'라는 백화점 적금이 유명하다. 한 달에 최소 5,000엔씩 적금식으로 지불하면 1년 후에 1달치 보너스를 포함해서 13개월만큼의 금액에 해당되는 상품권을 받을 수 있다. 은행에 맡겨도 이자가 1%도 안 되는데 연리 약 15% 정도라는 놀라운 이익을 얻을 수 있다.

회원 가입은 구매실적 제한 없이 매월 적립만 가능하다면 누구나 가입할 수 있다. 구매액이 많은 고객만을 위한 혜택이 아니다. 일본 백화점은 시민들에게 친숙한 존재다. 고도성장기에 백화점은 지역의 랜드마크이고 일요일에 온 가족이 즐길 수 있는 쉼터, 레저시설의 일종이기도 했다. 지금까지도 그 이미지가 계속되어 시민들이 고급 상품이나 답례품을 살 때 먼저 가까운 지역 백화점에 간다. 백화점은 가까우면서도 브랜드 신뢰감이 있는 곳이라고 인정되어 있다.

쓰레기, 세금까지 이득으로

생활 쓰레기는 반드시 나오고 세금도 내야 한다. 그런 것조차 수익으로 변환시키는 방법이 있다. 주택지에는 폐지 수집업체가 와서 신문지를 새 화장지로 바꿔 주는 서비스가 있다. 자전거 가게에서도 새 자전거를 사면 그때까지 타던 자전거를 무상으로 수집해 준다. 큰 금액이 아니더라도 쓰레기가 이익을 주는 것이고 처분 수수료도 절약된다.

세금을 줄이고 특산품을 받는 방법도 있다. '후루사토 납세ふるさと納税'다. 기부한 금액에 따라서 답례품으로 특산물을 받을 수 있다. 자신의 고향이 아니더라도 전국 어느 지자체든 되고 해산물, 과일, 술 등 골라서 우편으로 받을 수 있다. 답례품 목록을 보기만 해도 재미있다. 직접 가지 않으면 못 사는 상품도 있어서 답례품을 받을 목적으로 기부하는 사람도 많다. '납세'라는 문구는 기부한 금액 중 일부분을 자신이 거주지역의 세금공제로 대체할 수 있기 때문이다. 절세도 되고 특산품까지 받을 수 있어서 인기가 많다.

후루사토 납세는 원래 인구가 적은 지방지역을 경제적으로 후원하는 목적으로 생겼다. 시골에 있는 지자체는 세금수익을 늘이려고 보다 좋은 답례품을 준비한다. 그 결과 지역간 경쟁이 심해져서 눈에 띄는 비싼 특산물이나 다른 지역에서 생산된 상품, 전국공통상품권을 주는 경우도 생겼다. 그래서 2019년부터 일부 답례품 종목이 제한되었다.

2023년 기준으로 여전히 후루사토 납세는 높은 인기를 유지하고 있다. 코로나19 이후에는 여행을 떠나지 못한 사람들 위해서 손쉽게 특산품을 받을 수 있는 방법이 되기도 했다.

소비를 나눔과 친환경으로 발전시키는 도전

2020년부터 심해진 코로나19 사태. 그 와중에도 인터넷을 효과적으로 이용하여 사회적 나눔이나 친환경을 위한 노력을 하는 구매시스템이 있다.

먼저 마스크다. '소셜 마스크주식회사シクミーズ'에서 인터넷 광고를 보면 마스크 2장을 무료로 우편으로 받을 수 있는 서비스를 시작했다. 기업이 낸 광고비로 마스크를 대량구매해서 소비자에 제공하는 아이디어다. 공급부족이었던 마스크를 받을 수 있다고 한때 주목받았다.

기업이 광고비를 투자하고 시민들이 가장 필요한 마스크를 전달하는 시스템은 사회적인 나눔이 되는 것이고 의미 있는 프로젝트라고 할 수 있다. 그러나 지금 마스크 유통량이 복구되고 광고주도 줄어들어 이 서비스는 더 이상 운용되지 않는다. 앞으로도 이 나눔 시스템을 발전시키고 지속가능한 상호부조가 된다면 작은 혜택뿐만 아니라 보다 좋은 사회가 만들어질 수 있을 것이다. 이런 꿈까지 보여 준 이 프로젝트에 큰 박수를 보내고 싶다.

코로나19로 마음대로 외출을 할 수 없게 되자, 최근 일본에서는 빵 주문 배달 서비스인 빵스크주식회사 빵포유 운영가 신종 업체로 각광받고 있다고 한다. 신종 바이러스 코로나19로 전 세계가 몸살을 앓고 있는 마당에, 일본에서는 홋카이도에서 오키나와까지 전국 50개 제빵 업소가 빵스크에 동참함으로써 코로나19 불황을 슬기롭게 이겨 내고 있다고 한다.

회원이 되면 사전에 밝혀지지 않은 빵집으로부터 냉동 빵을 섞어 담아 제공하지만 배송비 포함 1회 3,990엔, 빵치고는 비싼 서비스임에도 불구하고 전국에서 주문이 쇄도한다. 텔레비전에 소개된 것이 계기가 되어 최근 3개월 대기라고 하는 상황이다. 최근 이용자는 수도권을 중심으로 8,000명 이상이 서비스에 참여하고 있는 빵집은 홋카이도에서 오키나와까지 30개소이다. 이 서비스는 2020년 2월 말에 시작하자마자 코로나19 영향으로 순조롭게 성장했다. 2021년 1월에는 하루 평균 신규 등록자 수가 전달 대비 약 5배로 늘어났고, 2022년에는 전년 대비 3배인 1만 5,000명이었으며, 2023년 1월 기준 3만 명을 돌파했다. 인터넷으로 회원 등록하면, 빵스크와 제휴하고 있는 일본 전국의 빵집 어디선가 냉동 빵이 자택으로 배달된다. 한번에 받을 수 있는 빵의 개수는 6~10개이고 특별한 포장방식 덕분에 포장 그대로 1개월 정도 냉동실에 보관할 수 있다.

이 서비스의 매력은 전국 어디서든 소문난 빵집의 제품을 맛볼 수 있는 것이다. 각 빵집에 배달시키려고 해도 기업 규모가 작아서 안 되는 경우도 있을 것이다. 이 서비스라면 교통비를 내지 않아도 여러 인기 빵집 제품을 한꺼번에 받을 수 있다.

게다가 그 날에 판매되지 못한 빵을 바로 냉동하고 한 곳으로 배송하는 시스템을 만들면 신선함을 유지하면서 좋은 제품으로 활용할 수 있다. 앞으로 전국에 새로운 팬이 생겨서 코로나19 사태 종결 이후에는 직접 사러 오게 될 수도 있다. 소비가 잘 안 되는 시기라도 아직 보지 못한 새로운 팬들을 불러오는 기회라고 생각하면 소규모 가게 주인들에게도 희망을 보여 줄 수 있을 것이다.

빵스크 배달상품

맛있는 빵도 활용되고 구매한 소비자에게 맛과 즐거움을 제공하며 빵집에게 새로운 판매방법을 제공하는, 일석이조도 아닌 일석삼조인 시스템이다.

여기까지 본 쇼핑혜택은 소비자에게는 작은 이익이다. 그래도 티끌 모아 태산. 조금 부풀어진 개인 주머니가 지역 경제를 활성화하고 쓰레기도 줄이면서 친환경을 추진하고 있다. 앞으로 코로나19로 멈춘 경제활동을 부활시키기 위한 원동력이 될 수도 있다. 우리 서민의 동전 주머니가 보다 살기 좋은 미래를 위한 힌트를 가지고 있다.

'존엄한 노후'와 '지역포괄 케어 마을 가꾸기'

노미애(아마추어 번역가, 아마추어 사진작가)

'존엄사'보다 '존엄한 노후'를 꿈꾸며

'존엄사'보다 '존엄한 노후'를 생각한다. 한국 드라마 〈무브 투 헤븐-나는 유품정리사입니다〉에서 노인 부부가 동반자살한다. 그들은 무연고자다. 사회복지사가 와서 지자체에 무연고자 장례식 지원 사업이 있다며 장례식을 치러 준다. 죽은 뒤에 장례식이 무슨 소용이 있나 싶다. 살아 있을 때 사회가 그들을 좀 더 품어줬다면 자살까지는 안 했을 것 같다. 남편은 자기가 죽고 나면 병약한 부인을 돌봐줄 사람이 없다고 생각했다. 그것은 사회 불신이다. 사회 불신은 이웃, 더 나아가 우리 모두의 책임이다.

죽음은 인간의 영역이 아니다. 그러나 죽기 직전까지 삶은 인간의 영역이다. 인간의 힘으로 '건강수명'을 연장할 수 있다. 건강수명이 연장되면 다음은 삶의 질이다. 삶의 질이 높아야 존엄한 노후를 보낼 수 있다. 그런데 대체 '존엄한 노후'란 어떤 삶일까. 주변에 물었다. 대답은 간단했다. 대다수가 스스로 일상생활을 할 수 있는 삶이 바로 '존엄'한 삶이라고 했다.

2021년 한국 평균 수명이 여성은 86.6세 남성은 80.6세이고, 100세 이상 노인 인구는 6,582명이다. 2000년 이후로 해마다 0.3~0.6세 늘어나고 있다. 이런 추세라면 약 20년 뒤에 평균 수명 100세 시대가 된다. 100세까지 살아야 한다면 건강수명과 삶의 질 향상은 필수라고 할 수 있다. 100세 시대에 대비하려면 지금까지의 생활방식도 사회제도도 변해야 한다. 긴 노후를 '존엄'하게 보낼 방법을 적극적으로 모색해야 할 때다.

한국정부는 2020년에 제4차 저출산·고령사회 기본계획을 발표했다. 앞으로 5년 동안 시행될 정책이다. 먼저 지난 제3차 기본계획은 시대 변화에 적절히 대응하지 못했다고 반성한 후, 제4차는 노인이라는 대상에서 100세 노인이 되기까지 전 생애로 초점을 맞췄다. 그에 따라 모든 세대를 아우르는 대책들을 세웠다. 고령화의 문제는 결국 모든 세대의 문제여서 사회 전반에 끼치는 영향이 크기 때문일 것이다.

제4차 기본계획에서 노인과 관련된 핵심 키워드는 노인들이 불안해하는 소득, 건강, 돌봄, 사회참여다. 이에 맞춰 '고령자 복지주택'과 '지역사회 통합돌봄' 제도가 가동하기 시작했다. 이 두 제도에서 노인에 대한 새로운 시각을 엿볼 수 있다.

2020년부터 본격적으로 태동한 고령자 복지주택은 11평 정도의 배리어 프리가 설치된 노인 공동체 임대주택이다. 노인이 자립 생활을 하게끔 한다는 취지다. 지금 현재 여러 곳에서 건설 중이고 입주자를 모집하고 있다. 실제로 노인이 자기 집을 나와 임대료를 내면서 살만큼 좋은지 계속 모니터링을 해야 할 것이다.

'지역사회 통합돌봄'이란 자기 집에서 노후를 '존엄'하게 보낼 수 있도록 지자체를 중심으로 의료관계자나 요양관계자 등 여러 분야 관계자가 협력하여 돌보는 제도다. 지역사회 통합돌봄은 영국이 1990년에, 일본은 2005년에 시작되었다. 한국에서는 2019년부터 8개 지자체에서 실시하고 있다. 이 제도가 도입된 지 3년이 지났지만 실시하고 있는 지역은 아직 극소수에 불과하다.

일본의 100세 시대 준비

우리보다 먼저 초고령화시대로 진입한 일본에서는 100세 시대를 어떻게 준비하고 있을까. 일본은 2017년 '인생 100년 시대 구상회의'를 수상관저에 설치하고 사회 인프라를 재정비했다. 2018년에는 '사람 만들기 혁명 기본구상'을 발표했다. 요약하면 다음과 같다. 100세 시대는 고령자와 젊은이가 건강하게 공생하는 사회이어야 하는데 그러기 위해서는 사람 만들기, 즉 인재 양성이 필요하다. 구체적으로 대응안은 유아교육의 무상화, 대기 아동 해소, 돌봄 인재의 처우 개선과 재교육, 고령자 고용촉진 등을 강구한다.

2021년 일본 평균 수명은 남성 81.47세, 여성 87.57세이다. 100세 이상 노인은 8만 6,510명이다. 역시 일본도 매년 과거 최고치를 바꾸고 있다. 이러한 상황에서 일본 노인은 100세 시대를 어떻게 생각하는지 60세 이상 노인 34명에게 질문했다.

답변을 정리하니 공통된 단어들이 눈에 띄었다. 그 단어들은 공교롭게도 지금 일본 사회가 당면한 문제점이었다. 돌봄의 어려움, 고독사, 건강수명, 의료비 부담, 사회활동, 노인의 노동조건, 청년과 노인의 공생, 서비스 지원형 고령자 주택, 저출산, 대기 아동, 교육비, 소멸지역, 고령자 재취업, 정년제 연장, 고령자들의 코로나19 감염, 복지와 도쿄올림픽, 지역사회 통합돌봄 등이다. 여기서도 100세 시대는 모든 세대를 아울러야 한다는 것을 알 수 있다.

그중 대다수가 지적한 것은 의료비 부담이었다. 2021년 6월에 의료제도 개혁 관련 법안이 통과되었다. 2024년에 시행되면 75세 이상 단독 세대 중에서 연금을 포함해 200만 엔약 2000만 원 이상의 소득이 있는 노인은 지금보다 10% 더 많이 병원비를 내야 한다. 65세 이상 노인 인구 비율이 30%에 육박하는 일본 정부가 국가재정상태를 생각하여 내놓은 고육지책이다. 그러나 생활비에서 비중이 가장 높은 병원비가 늘어나는 것은 노인에게 부담이 크다.

일본은 의료제도 개혁 관련 법안과 함께 국가공무원 정년을 연장하는 개정안도 통과시켰다. 정년이 65세로 높아진다. 평균 수명이 늘어나 일할 나이가 젊어진 이유도 있겠지만 세금을 낼 국민이 필요한 것이다. '사람 만들기 혁명 기본구상'의 대응안 중 하나인 '고령자 고용촉진'의 일환이다. '인재 양성'이다.

이렇게 일본 노인들이 환영하든 안 하든 일본은 100세 시대를 향해 여러 정책을 구상하고 있다. 그중 한국에서 한창 시동을 걸고 있으며 '존엄한 노후'와도 직결되는 고령자 복지주택과 지역사회 통합돌봄에 대해 일본 상황을 살펴보자.

우리나라의 '고령자 복지주택'과 '지역사회 통합돌봄'은 일본의 '서비스 지원형 고령자주택サービス付き高齢者向け住宅'과 '지역포괄 케어시스템地域包括ケアシステム'과 흡사하다. 일본에서 지역포괄 케어시스템은 2005년, 서비스 지원형 고령자주택은 2011년에 시행되었다. 우리보다 10년 이상 더 빠르다.

일본의 서비스 지원형 고령자주택 입주자격은 60세 이상이다. 반드시 배리어 프리 구조이어야 하며 안전 확인과 생활상담서비스가 필수이다. 이용자는 해마다 가파르게 증가하고 있다. 인기가 많다는 증거다. 전용면적은 13m²부터인데 40m² 이상도 가능하다. 2020년 현재 상황을 보면 25m² 이하의 전용면적이 21.5%, 그 이상이 78.5%를 차지한다. 전용 실내에는 화장실, 세면대 수납공간이 거의 설치되어 있고, 부엌과 욕실까지 완비된 곳은 20%이다. 식사 제공은 필수가 아닌데 96.1%가 신청하여 서비스를 받고 있다. 목욕 돌봄은 48.6%, 그 외 돌봄 서비스는 8.1%가 신청해 받고 있다. 주택 입주 평균 연령은 85세 이상이 57.3%이고, 75~84세가 30.8%로 75세 이상이 90% 정도다. 입주자 중 돌봄이 필요한 노인은 40%라고 한다. 가장 중요한 임대료와 관리비를 합한 월 입주비는 지방이 평균 8.9만 엔, 대도시는 12.5만 엔이다. 대도시의 경우 최하 6만 엔 미만에서 최고 30만 엔까지인데 그 격차가 크다.

이 정도만 되어도 '존엄'한 노후가 가능하다고 볼 수 있다. 그런데 문제는 임대료가 만만치 않다는 점이다. 노인이 자기 집에서 계속 살 수만 있다면 임대료라는 별도의 경비가 나가지 않아도 된다. 늙어서 자기가 살던 집과 마을을 떠나 낯선 곳에 다시 적응하기란 쉽지 않다. 검토해야 할 문제다.

일본은 2040년이 지나면 65세 이상 인구가 약 40%를 차지할 것으로 추정하고 있다. 저출산으로 생산인구는 줄어드는 데 반해 비생산 인구는 늘어나니 비생산 인구에 해당하는 노인을 생산인구로 돌려야 사회가 돌아갈 것이다. 그런 배경과 원인이 있어 노인에게 병원비 부담률도 늘리고 정년제도도 65세로 연장했다. 혹자는 입주자 노인이 임대료를 내는 서비스 지원형 고령자주택도 그런 이유라고 한다. 국가 재정으로는 시설비를 지원해 줄 수 없어 노인에게 '임대료'라는 명목으로 부담시키고 있다는 것이다. 젊은 시절 열심히 일하며 세금을 낸 노인, 그러나 이제는 소득이 줄어든 노인에게 부담을 지우는 것은 공평하지 않다. 질문에 응답해 준 34명 노인 중 일부가 그렇게 불평을 토로했다. 바로 이 점이 젊은이와 노인이 공존할 수 있는 100세 시대 대책이 빨리 나와야 하는 이유다.

일본 노인 34명 대부분이 자식에게 부담을 주지 않고, '자기 집'에서 '존엄'하게 살다가 임종을 맞고 싶다고 했다. 이에 가장 적합한 제도로 몇몇이 '지역포괄 케어시스템'을 꼽았다.

'지역포괄 케어시스템'의 향방

일본은 앞에서도 언급했듯이 2005년부터 지역포괄 케어시스템을 시행해 왔다. 이 제도는 의료, 재활, 돌봄, 예방, 주거, 생활 지원 등을 지역에서 해결하는 것을 목표로 한다. 현재 일본은 전후 세대인 단카이 세대가 75세 이상을 점하게 될 2025년을 앞두고 지역포괄 케어시스템을 보완해 줄 대안 마련에 박차를 가하고 있다. 그중 하나가 '재택의료 돌봄제도'를 갖춘 '지역포괄 케어 마을 가꾸기'다.

'지역포괄 케어 마을 가꾸기'는 모든 세대가 공생하며 살기 좋은 지역을 가꾸자는 의도에서 출발했다. 24시간 재택 의료 돌봄이 가능한 지역, 노인이 자립할 수 있는 지역, 안심하고 아이를 키울 수 있는 지역, 청년과 노인이 상생하는 지역으로 가꾸자는 것이다. 이것이 잘 돌아가면 노인은 굳이 임대료를 내는 고령자주택에 들어가지 않고 자기 집에서 건강을 지키며 사회활동을 할 수 있다.

지바현 가시와시 도요시키다이 지역 프로젝트가 '지역포괄 케어 마을가꾸기'의 대표 모델로 좋은 성과를 내고 있다. 한국을 비롯해 세계에서 벤치마킹을 위해 끊임없이 방문하고 있다고 한다. 도요시키다이 지역은 도쿄의 베드타운 단지였는데 초고령화시대로 진입하면서 주민 중 40%가 마을을 떠났다. 심각성을 깨달은 가시와시는 2009년 UR 도시기구, 도쿄대학 고령사회종합연구기구와 협력하여 이 프로젝트를 수행했다.

도요시키다이 지역에서 실시했던 프로젝트를 간략하게 소개하면 다음과 같다. 목표는 모든 세대가 활동하며 안심하고 살 수 있는 지역 실현이다. 구체적으로 첫째, 지역의료 연계센터를 설립해서 의사와 간호사가 24시간 순환 근무하고 있다. 둘째, 취업의 발판을 제공하고 있다. 노인은 허약하여 청년처럼 장시간 일하거나 사회활동을 할 수 없다. 노인의 마음은 노인이 잘 안다는 점에 착안해 노인에게 노인시설에서 파트타임으로 일할 수 있게 했다. 셋째, 생활과 건강, 돌봄을 지원하고 있다. 연구와 실천 두 부문으로 나누어 대안을 내고 있는데 주민, 시민단체, 영리기업 등 관계자들이 협력하고 있다. 그 예로 마을 전체에 유모차나 휠체어가 쉽게 다닐 수 있도록 장애물을 없앴다. 또 휴경지 경작을 지원하고, 육아를 지원해 주는 보육서비스센터, 세대 불문 다 같이 모여 식사하는 커뮤니티 식당, 건강 단련을 위한 공원, 시설, 생활을 지원해 주는 서비스센터, 노인시설, 고령자주택 등등이 마련되어 있다.

가시와시 도요시키다이 '지역포괄 케어 마을 가꾸기' 프로젝트 성공의 일등공신은 '재택 의료 돌봄'이다. '재택 의료'가 도입되니 노인의 건강수명이 늘어나 사회참여가 가능해졌다. 그에 따라 노인이 젊은이의 육아에 도움을 주고 있다. 이로써 일본이 당면한 저출산과 초고령화 문제들이 하나씩 해결되고 있다. 고무적인 일이다. 그러나 일본도 아직 '재택 의료 돌봄'이 포함된 '지역포괄 케어 마을 가꾸기'가 전국적으로 확대된 상황은 아니다. 그래도 세계가 칭송하는 만큼 기대가 큰 것은 사실이다. 이것이 확대된다면 익숙한 자기 집에서 일상생활을 영위하다 임종하는 '존엄한 노후'가 실현될 것이라는 희망이 보인다.

역사가 깊지 않은 한국의 '지역사회 통합돌봄'은 아직 갈 길이 멀다. '지역사회 통합돌봄'을 시행하고 있는 한국 지자체의 홈페이지에 들어가면 '재택 의료'를 갖추고 시작한 곳이 없다. 그래도 우리 사회에 민간 의료복지사회적협동조합이나 건강공동체들이 증가하고 있어 기대가 크다. 앞으로 그들과 지자체가 연계해 나간다면 진척 속도가 빨라질 수 있다. '지역사회 통합돌봄'이 단단해져 한 지역에서 나, 너, 우리, 모두가 서로를 돌보며 '존엄'하게 살다가 잘 죽을 수 있는 100세 시대를 기대해 본다.

5

일본을 관광대국으로 만든 매력

왜 도쿄가 아니고 교토인가?

이승신(손호연단가연구소 이사장)

교토의 명소 동지사대학과 '니지마 조' 묘소

일본은 우리와 비슷하면서도 묘한 차이점이 있는 나라다. 4개 각 지역의 지자체는 각각의 매력이 있다. 사람마다 다르겠지만 일본을 대표할 수 있는 곳 바로 교토에는 뭔가 다른 것이 있다. 윤동주 하면 일본 동지사대학이 떠오른다. 동지사대학 창립자인 니지마 조1843~1890의 기일은 1월 23일이지만 대학 창립일인 11월 29일에도 그를 기리려 성묘를 한다. 우리나라에서는 찾아보기 어려운 풍경이다. 그날은 재학생은 물론 많은 졸업생이 교토 동지사대학에 모인다. 창립을 기념하는 여러 행사들이 있고 니지마 조의 묘소가 있는 산에는 학생들, 그리고 니지마 조를 흠모하는 이들이 오른다. 동지사대학에 니지마 조에 대해 따로 가르쳐 주는 과목은 없지만 100년도 훨씬 넘은 예배당이나 건물들이 우리에게 시사하는 바는 크다.

니지마 조는 막부시대에 항거한 이유로 비자를 받을 수가 없었으나 어느 미국 선장의 도움을 받아 태평양을 건너 1875년 미국에 도착한다. 150여 년 전, 여러 사람의 도움을 받아 미국의 명문인 필립스 아카데미 앤도버와 애머스트 칼리지, 앤도버 신학교를 졸업한 니지마 조는 졸업 후 미국 러틀랜드의 선교사회의에서 일본에 크리스천 스쿨을 세우고 싶으니 도와 달라는 연설로 호소하게 된다. 연설에 감동한 관중석 사람들의 도움으로 니지마 조는 세계적으로 유명한 불교 도시 교토에 마침내 크리스천 학교를 세웠다. 당시 니지마 조는 많은 기부금을 받았으나 그중에서도 회당 바깥에 서 있던 어느 농부가 기차 비용으로 사용하라며 기부한 2달러에 가장 감동했다는 기록을 보고 나도 감동을 받았다. 그렇게 동지사대학에서 세운 건물이 붉은 벽돌의 채플, 해리스 과학관, 이화학관理化学館, 쇼에이칸彰栄館, 클라크 기념관 등으로 대학 캠퍼스에 일본 중요문화재가 5개나 된다. 한매관寒梅館이란 이름은 특히 창립자 니지마 조를 생각나게 한다. '엄동설한 겨울을 견디어 피어나는 첫 봄꽃 매화처럼 진리도 혹독한 과정을 통해 그처럼 피어나라'라는 뜻의 그의 시 한 줄이 채플 앞 시비에 친필로 새겨져 있어 늦은 공부가 어렵기만 하던 시기에 그 의미를 가슴에 새기며 힘을 얻기도 했다.

니지마 조는 아시아인으로 첫 미국 학사를 했고 1889년 미국 애머스트 칼리지의 첫 명예박사를 받았으며 1950년 일본 우표에 오른 격조 높은 입지전적 인물이다. 교육에 헌신한 교육가로서 존경받는 것으로 그치지 않고 일본 전국에서 존경을 받고 있다. 동지사대학 캠퍼스에서 만난 사람들에게서 니지마 조의 자취를 따라 걷는 전국 순례 길과 해외 순례까지 다녀왔다는 이야기를 듣고 니지마 조가 얼마나 사람들에게 깊이 존경받는지 알 수 있었다. 책도 읽고 예배당 옆에 있는 해리스 과학관에 전시된 니지마 조의 글과 말을 보며 그가 십대에 새긴 비전과 발상에 놀랐다. 그리고 대학의 전 총장 무라다 고지村田晃嗣에게서 미국 애머스트 칼리지의 제일 중요한 자리에 니지마 조의 초상화가 걸려 있다는 인상적인 이야기도 들었다. 특히 해마다 초상화들의 자리가 바뀌는데 니지마 조의 초상화만은 변함없이 같은 자리에 있다는 이야기가 기억에 남는다. 전에 애머스트 칼리지에 갔을 때는 대통령, 노벨상 수상자를 냈지만 과연 유명한 인문학 대학답게 '가보지 않은 길The Road Not Taken'의 시인 로버트 프로스트 동상만이 캠퍼스에 세워져 있어 가슴 깊이 감동을 받았다. 그때까지는 니지마 조의 이름도, 그의 초상화가 그 대학 예배당에 걸려 있다는 사실도 몰랐다. 다시 가보니 과연 들은 대로였다. 교토 동지사대학 예배당에서 기도할 때 늘 앞 우편에서 나를 바라다보던 초상화와는 약간 다르나, 무게 있는 초상화가 애머스트 칼리지 예배당 우편 벽에 그의 시 한 줄과 함께 돋보이게 자리하고 있다. 이미 세상을 떠난 인물의 정신이 지금까지 이어져 동양과 서양이 교통하고 있다.

예배당 양옆과 뒤로 초상화 20여 점이 보인다. 초상화가 걸리는 기준은 '동문과 세상에 얼마나 영향을 끼치는가'라고 한다. 헌신과 기여로 보낸 초상화 주인공들의 일생을 생각하면서 마음이 숙연해져 옷깃을 여몄다. 인문학으로 시작한 역사 깊은 애머스트 칼리지는 지금은 여러 과가 있지만 도서관 입구부터 문학회와 시 모임 알림이 붙어 있다. 인문학 중시의 교육이다. 150년 전 일본 학생 한 사람의 인연으로 지금은 그 대학에 일본 교수들이 있고 일본 외무성과 기업에서 그리로 연수를 오고 있다. 우치무라 간조內村鑑三는 유명한 일본 신학자로 우리나라에도 알려진 그의 초상화도 도서관에서 좋은 자리에 걸려 있었다. 자연스럽게 그 대학과 학생들도 일본에 대한 관심이 커지기 마련이다. 창립일이어서 니지마 조를 기리는 11월 29일은 교토의 성숙한 단풍 시즌이어서 기억하기도 쉽다. 동지사대학에 발을 들여놓지 않았더라면 몰랐을 니지마 조의 정신과 만났고 그 불굴의 신앙과 사랑의 정신은 나에게 좋은 멘토가 되어 주었다. 그래서 그날이 오면 교토로 가 학생들과 함께 '철학의 길' 끄트머리에서 가파른 산 중턱으로 올라 그 묘 앞에 서곤 한다.

막부에 총부리를 겨루어서 '일본의 잔 다르크' 라고 불리우며 남편보다 더 유명했던 아내 '야에八重'의 묘도 가까이 있다. 2013년 아야세 하루카 주연의 NHK 대하드라마 〈야에의 벚꽃八重の桜〉으로 화제가 된 인물이다. 그 무렵이면 주위엔 빨갛고 하얀 동백꽃이 예쁘게 피어 있다. 남다른 발상과 용기로 나라와 세상을 바꾼 그 묘 앞에 서면, 그 정신이 150년 전 200년 전 이야기로만 지나칠 것이 아니라 이제부터 누구라도 그런 자세를 지닌다면 앞으로도 100년 200년 300년의 세월이 지나도 그 결과는 반드시 오리라는 생각이 든다. 윤동주가 드나들던 옛 도서관과 유슈칸有終館 앞 현판에 매주 바뀌는 니지마 조의 글귀에 가슴이 뭉클하다. 니지마 조가 직접 지은 고택에서 본 큼직한 서예 족자도 떠오른다.

수이란, 아라시야마를 가보지 않고 교토를 논하지 말라

교토의 동지사대학을 다녀온 후 거의 매달 교토를 찾았다. 하지만 2022년에는 코로나19 팬데믹으로 무려 3년째 동지사대학에 가지 못했다. 한국 관광객보다 적던 중국 관광객이 몇 년 전엔 압도적으로 많아졌는데 보나마나 교토도 팬데믹 기간 동안 한산해졌을 것이다. 교토 지인이 어서 와서 교토에 돈 좀 써 달라는 편지를 보내기도 했다.

크지 않은 도시 교토에 아름다운 곳들을 소개해 보고자 한다. 시내 버스로 가던 아라시야마도 생각이 난다. 교토 시내는 서울 같은 대도시에 비해 아주 작아 시내 어디를 가도 금방이다. 아라시야마는 시내 중심에서 버스를 타고 30여 분을 가야 한다. 교토에 있는 장소치고는 그리 가까운 거리는 아니다. 아라시야마 산 앞으로 가쓰라강이 흐르고 그것을 건너는 다리 이름은 '도게쓰쿄渡月橋', '달이 건너가는 다리'라는 뜻이다. 실제 그 위로 달이 뜨면 마치 강을 가로질러 달이 그 다리를 살살 건너는 듯하니 잘 어울리는 시적인 이름이다. 사람 이름도 그러하나 도시나 다리도 작명이 중요하다는 생각은 그 다리를 건너갈 때면 늘 떠오른다. 풍광이 좋아 옛 귀족들 별장이 있던 마을인데 그 일대에 사람이 엄청 많다. 인파에 휩쓸려 바로 앞의 물과 산을 제대로 볼 겨를도 없이 좌지우지 양쪽을 둘러보다 4시면 어둑해지니 소위 가이드북에 올라 있을 세계문화유산인 덴류지天龍寺와 대나무 숲인 죽림竹林을 인파 따라 걷고 그곳의 명물 두부 요리 먹다 보면 어느새 하루가 훌쩍 가버린다. 덴류지 큰 사찰은 4월 초, 늘어진 벚꽃과 매화가 일품이고 단풍철만 여는 바로 그 곁의 보물 같은 숨기고만 싶은 정원, 호공잉寶嚴院은 교토 단풍 중에도 최고봉이다. 아라시야마를 이미 여러 번 와 본 사람은 해가 어스름해 가는 4시쯤 와서 인적이 적어진 가쓰라 강가를 걸으며 볼 수 있는 많은 곳 중 두어 군데를 여유로이 들르면 최고의 여정이 된다.

그중 하나가 스이란翠嵐이다. 좌측에는 가쓰라 강이요 우측으론 단아한 정원이 있는 고급 식당 몇 개가 강을 바라보고 있는데 그 길을 끝까지 강 따라 죽 걸어가면 호텔 스이란 교토가 보인다. 우아한 입구 간판에는 'A Luxury Collection Hotel'이라고 쓰여 있다. 세계적 호텔 잡지에서도 전망이 가장 좋은 호텔로 꼽히는 곳이다. 1박 숙박 비용은 3,000달러 정도이며 지은 지 얼마 되지 않는 웨스턴 스타일의 호텔이다. 아무리 웨스턴 스타일의 호텔이라고 해도 일본 특유의 분위기가 스며들어 있다. 스이란 교토에 처음 갔을 때, 입구에 있던 유니폼 차림의 남자 직원이 예약하지 않으면 입장이 안 된다고 했다. 그래서 왼쪽 강 앞에 따로 떨어져 있는 찻집에서 커피라도 마시고 가겠다고 하니 그것도 예약 없이는 안 된다 했다. '융통성 없는 일본이구나' 생각하며 발길을 돌린 기억이 있다. 할 수 없이 그 뒤쪽을 돌아 살짝 오르막에 중국인들이 꼭 찾는 주은래 시비를 대신 보았다. 이후에 스이란 교토의 남자 직원과 안면을 익혀 간곡히 부탁해 찻집에 들어갈 수 있게 되었다. 직접 보니 과연 '전망이 좋다'는 것이 어떤 의미인지 와 닿았다. 바로 코앞에서 바라보는 4시 반의 야경 아라시야마 산 보랏빛 조명이 짜릿하고 그 앞 내 발아래 알맞은 폭의 강물은 보드랍게 흐르고 있다. 삼면 창을 통해 찻집과 물 사이, 우아한 굵은 소나무들이 산과 함께 보였다. 우측으로 정원을 끼고 들어가는 방이었는데 최고의 전망이란 바로 이런 것이 아닐까?

삼 면의 유리로 보이는 것이나 물 앞 외부 의자에서 보이는 전망은 어느 쪽을 바라보아도, 대낮이나 어둑해지는 저녁 언제라도 매번 갈 때마다 감탄사가 나온다. 미국의 뉴욕, 매사추세츠, 워싱턴의 좋은 곳을 한 달이나 본 직후였다. 우아한 찻잔에 담긴 커피 값은 일반 커피값의 두 배 반이나 되는 3,000엔이었다. 커피값이 비싸도 아무렇지도 않다는 듯 손을 꼭 잡고 호텔 쪽으로 향하는 젊은 중국인 커플도 있으니 커피가 비싸다고 불평할 수도 없다. 더구나 예약으로만 받는 찻집에 직원의 배려로 예약도 없이 들어올 수 있었으니 이 자체로도 감사한 일이었다. 세계에는 먹을 것과 마실 물이 없어 굶어 죽기 직전의 사람들도 있지만, 반대로 돈이 넘치는 사람들도 있다. 어쨌든 스이란 교토 호텔은 돈이 있는 사람들을 위해 최고로 멋진 전망을 제공한다. 이런 전망을 볼 수 있는 순간 자체에 감사했다. 차 한 잔에 그런 고급 분위기를 접하는 것도 좋은 일이다. 그런데 정작 더 감동한 장면이 있다. 오후 5시면 닫는 그 찻집을 나오다가 입구 잔디에서 가는 대나무로 만든 가리개를 발견한 것이다. 있는 둥 마는 둥 둥글게 세워진 불과 몇 센티미터밖에 안 되는 가리개로 누구나 그냥 지나쳐 버리기 쉽지만, 신비로운 단풍 조명이 눈에 들어올 때 새로운 세계가 펼쳐졌다.

디테일에 강한 교토, 보이는 안 보이는 듯 자연스럽게

서울에서 태어나 오래 살면서 구청·시청 직원과 안면이 조금 있다. 서울을 걸으며 힐 뒤꿈치가 끼어 억지로 빼내야 하는 보도블럭, 아름다움과는 거리가 먼 굵은 스테인리스 스틸 손잡이, 투박한 시멘트 가리개 등 눈에 거슬리는 부분에 대해 기회 있을 때마다 공무원에게 말했다. 내가 "이렇게 눈에 띄게 하지 말고 보이는 안 보이는 듯 꾸미는 게 좋은 것입니다."라고 말하면 공무원은 "그렇게 하면 돈이 많이 듭니다."라고 대답한다. 그러면 나도 이렇게 여러 번 말한다. "그건 돈 문제가 아니라 보는 눈, 그러니까 안목의 문제입니다. 창조된 자연에 겸손히 인간의 손을 아주 조금 대는 것이기 때문에 오히려 돈이 덜 듭니다." 이 비싼 최고급 호텔에 어마어마한 돈만을 들여 만들었을 것이라고 생각할 수도 있으나 이 자그마한 규격도 없이 살풋 꽂아 놓은, 별것도 아닌 대나무 가리개를 보며 다시 또 저들의 세밀한 디테일을 느낀다. 아라시야마에 북적북적 줄 서 다리를 건너는 이들에게 해가 진 저녁 이 구석의 이런 자잘한 것이 보일 리 없다. 내가 아는 공무원이 아라시야마에 간다고 해도 이런 것이 보일 리 없다. 언젠가는 서울의 공무원들도 디테일의 중요성을 보았으면 좋겠다. 작은 도시 교토의 구석구석에 살아 있는 아름다운 디테일을 보면 저절로 감탄이 나온다. 그리고 잠시 마음을 가라앉히고 '우리는 언제 이렇게 하나'라고 생각한다. 한숨에 좌절에 절망보다는 이제라도 한 걸음 한 걸음 앞으로 나아가야 후대에라도 세계와 어깨를 나란히 할 것이 아닌가. 세계 어디에서나 '하니 된다'라는 그런 자신감 자부심을 우리 후대는 가지고 살아야 할 것 아닌가. 이제라도 시작을 한다면 말이다. 캄캄해진 오후 5시에 걸어 나오며 수이란 호텔에서 느낀 신비한 매력을 떠올리며 앞으로의 미래를 꿈꾼다.

일본 전통 여관에서 경험한 일본 전통과 문화, 오모테나시의 정신

김경란(온천여행전문가), 이기성(한의사)

나에게 일본은 한일관계도 그렇고 역사교육에서 배운 것도 그렇고 그다지 가까워지고 싶지 않은 나라였다. 그래서인지 먼 외국을 중심으로 여행을 다니다가 어느 순간 일본 전통 료칸 여행을 통해 참 재미있는 경험을 하며 일본 문화의 매력에 푹 빠지게 되었다.

가까운 이웃 나라이고 어려서부터 익숙한 일본어를 보거나 들으면 나이가 있어서 그런지 친숙함도 남아 있다. '바케쓰, 쓰봉, 소데나시, 가오다시, 쓰키다시, 사시미, 지리, 쿠사리, 야지, 분빠이, 겐세이, 벤또 등' 재미있는 일본어를 일상에서도 자주 접했던 경험이 있다. 어떤 면에서는 일본어가 더 자연스럽고 우리말로 바꾸면 그 느낌이 안 나는 경우도 있다. 여행으로 힐링이 필요한 어느 날, 멀고도 먼 서구 지역으로만 여행을 다녔던 습관으로 여행지를 찾고 있었다. 몸과 마음이 지쳐 있었던 늦가을이었다. 먼 거리 비행은 피곤할 것 같아서 가까운 일본 여행을 계획하여 급기야 처음 일본으로 여행을 떠났다.

지인의 소개로 일본 전통 료칸에 가서 맛난 음식과 온천을 하며 여유 있는 시간을 보내라는 권유에 흔쾌히 승낙하고, 일본 에치고 지방에 있는 류곤龍言 료칸을 찾아갔다. 한국인에게 잘 알려지지 않은 곳을 일본어도 잘하지 못하면서 떠난 온천여행이다.

그곳은 해발 3,000m가 넘는 산맥 사이에 자리한 에치고의 무사저택과 고민가를 이축한 순수 화和풍의 전통 일본 료칸이다. 200년이 넘는 역사를 간직한 저택은 입구에서부터 주위를 압도하는 기품이 느껴지며 모든 건물이 옛 모습 그대로 보존되어 마치 타임머신을 타고 옛 에도시대로 돌아간 듯한 느낌을 받았다. 그도 그럴 것이 그곳에 있는 모든 객실의 가구들이 에도시대의 물건을 그대로 사용하고 있어서 고풍스러운 분위기에 확 압도당했다. 나중에 알게 된 사실은 그러한 배경으로 인해 일본 대하사극의 배경이 되곤 했다는 것이다. 사계절의 아름다움이 담긴 4,000평의 대정원과 울창한 삼나무숲이 료칸을 둘러싸고 있고 숲속의 노천탕까지 겸비한 곳이었다.

일본의 전통과 의식주 체험은 료칸에서

일본은 온천의 나라라 해도 과언이 아니다. 우리에게 잘 알려진 3대 온천으로 기후의 게로 온천, 고베의 아리마 온천, 군마의 구사쓰 온천을 들지만, 이 외에도 더 좋고 더 오래되고 유명한 온천과 료칸이 즐비하다. 여행하다 보면 누구나 피곤한 몸의 피로를 풀기 위해서 찾는 곳이 온천이고 료칸이다. 일본만의 고유한 숙박 시설인 료칸은 1,300년 전부터 지친 이들에게 쉼과 안식을 제공하는 휴식처로서 오랜 역사와 전통을 간직해 왔다. 료칸의 시작은 나라시대부터 등장한 '후세야'라고 할 수 있는데, 후세야는 교통시설이 미비했던 옛날 먼 길을 오가며 지치고 병든 사람이 쉬어 갈 수 있었던 단순하고 소박한 숙소였다. 이것이 세월이 지나면서 다양한 편의시설을 갖추고 발전하여 전문 숙박시설인 료칸으로 바뀌었고, 오늘날에는 일본 전역에 2만여 곳이 넘는

기모노를 입고 즐기는 교토

료칸들이 운영되고 있다.

료칸旅館의 한자를 우리말로 읽으면 여관이지만 우리가 아는 여관과는 차이가 크다. 우리식 여관이 하룻밤 잠을 자기 위한 단순한 숙박시설이라면 료칸을 일본의 전통과 의식주를 함께 체험할 수 있는 휴식 공간이라 할 수 있다. 우선, 료칸의 객실은 다다미가 깔려 있는 전통객실인 화실이 기본 객실이다. 여기에 지역의 특색에 따라 이로이화로가 놓여 있거나 개인 노천탕이 딸려 있기도 하다. 료칸에는 유카타라는 간편한 전통 복장이 준비되어 있어 료칸 내부를 다니거나 가벼운 산책을 다닐 때 입는다. 료칸에 머무는 동안에 여자 종업원인 나카이상에게 다양한 서비스를 받는데, 각 실 안내와 식사 시중은 물론 이부자리를 펴고 정리하는 시중까지 숙련된 솜씨로 불편함 없이 보살펴 준다. 식사는 기본적으로 아침과 저녁 식사를 제공하며, 저녁 식사는 제철 재료를 호화롭게 차려낸 가이세키 요리를, 조식은 정갈한 일식 조찬을 맛볼 수 있다. 또한 자연과 어우러진 노천 온천탕과 실내 온천탕에서 즐기는 온천 휴식은 료칸 숙박의 가장 큰 매력이라 할 수 있다. 이렇듯 입고 먹고 자는 모든 것에 일본 고유의 전통이 배어 있는 곳, 대대로 이어온 정성스러운 대접과 보살핌을 받을 수 있는 곳, 일상을 떠나 지친 몸과 마음이 가장 편안히 쉴 수 있는 진정한 휴식공간이 바로 전통 료칸이다.

료칸에서 만난 오카미상과 나카이상의 오모테나시

료칸에서 만나는 대표적인 두 사람이 인상적이다. 한 명은 료칸의 주인이자 총지배인 역할을 하는 여성인 오카미女將상이다. 많은 료칸들이 가업으로 운영되기 때문에 오카미의 자리는 그 집안의 안주인이 물려받으며, 할머니에게서 어머니로, 그리고 딸이나 며느리에게로 이어진다. 료칸의 품격과 명성은 오카미가 좌우한다는 말이 있을 만큼 료칸의 모든 것은 오카미의 결정에 따라 운영된다. 사소한 것 하나까지도 손수 살피고 엄격한 서비스 교육을 통해 종업원을 인솔하는 오카미는 전통에 대한 깊은 이해와 교양을 갖춘 품격 있는 지식인으로 일본 사회에서도 높이 인정받는다. 언제나 격식 있는 기모노 차림과 따스한 미소로 숙박객을 맞이하는 오카미는 숙박객이 최고의 휴식을 즐길 수 있도록 모든 노력을 아끼지 않으며, 일본에서 누릴 수 있는 가장 편안한 휴식을 경험하게 한다.

단체 여행을 가서 다다미방에 마련된 식사 앞에 수십 명이 앉아 있으면 오카미상이 연회장에 와서 무릎을 꿇고 식사 전에 하는 인사가 매우 인상적이다. "잘 오셨습니다. 환영합니다. 이 료칸의 오카미 ○○입니다. 오늘 저희 료칸에 왕림해 주셔서 감사드립니다. 천천히 편하

게 쉬시다 가세요 いらっしゃいませ。○○にようこそ、女将の○○でございます。私どもの旅館に足を運んでいただき誠に有難うございます。." 이렇게 말하는 오카미상은 료칸의 최고 서비스인 오모테나시 おもてなし를 몸소 실천하고 있다. 서비스를 최우선으로 여기는 마음은 료칸을 다시 찾아오게 하는 비결이기도 하다. 이는 환영하는 마음에서 돌아갈 때까지 여관에서 편안한 휴식을 취하라는 따뜻한 말이기도 하다. 이처럼 료칸은 친절한 마음과 세심한 배려는 서비스 문화의 꽃이라 해도 과언이 아니다. 전통적으로 오카미는 여성이 맡고 있지만 최근 현대화된 료칸에서는 남자 총지배인을 두는 경우도 늘고 있다.

오카미와 함께 료칸의 서비스를 담당하는 또 다른 사람은 나카이 中居상이라고 부르는데, 우리말로는 여자 종업원이라는 뜻이다. 오카미가 료칸의 경영과 서비스를 책임진다면 나카이는 숙박객이 필요한 모든 서비스를 직접 제공하며 친근한 미소와 숙련된 솜씨로 숙박객을 보살피는 사람이다. 료칸에 도착한 숙박객을 반갑게 맞아주고, 짐을 들고 객실까지 안내하며, 차를 대접하고 여러 시설을 설명해 준다. 저녁 식사와 아침 식사의 시중을 들며, 폭신한 이부자리를 마련해 놓고 편안한 잠자리까지 살펴 주는 나카이의 극진한 서비스는 어느 특급 호텔에서도 느껴볼 수 없는 료칸만의 특별한 감동 서비스이다.

우리가 일본 여행을 예약하다 보면 룸 타입에서 화실과 화양실로 나뉜다. 처음 접할 때 이것이 무엇을 의미하는지 궁금할 것이다. 첫 번째 화실은 료칸의 기본이 되는 객실이고, 화양실은 침대방으로 되는 객실을 말한다. 여기서 전통적인 화실은 바닥에 다다미가 깔려 있고 나무 기둥과 전통 공예품으로 장식된 도코노마가 있는 일본 전통식 방을 말한다. 다다미는 일본식 장판을 말하는데 몇 장의 다다미가 깔려 있느냐에 따라 객실의 크기가 결정된다. 화和는 일본을 뜻하는 한자어로 일본 고유의 것에 두루 쓰이는 말이다. 그래서 료칸의 전통식 객실을 화실이라 부르며, 전통미가 넘치는 가구와 서예작품, 단아한 꽃꽂이와 골동품으로 멋스럽게 꾸며 놓았다. 눈이 많이 내리는 북쪽 지방의 료칸들은 화실에 이로리를 놓아 난방에 쓰기도 하며, 오래된 고민가를 이축한 료칸에서는 굵은 대들보가 그대로 드러난 고풍스러운 화실을 만날 수도 있다. 또한 일부 고급 화실은 작은 정원이나 개인 노천탕이 딸려 있어 보다 사적인 휴식을 즐길 수 있으며, 2~3개의 방과 거실, 온천탕까지 딸린 집을 단독으로 사용하는 별채 화실도 있다. 이러한 공간은 가족 단위 숙박객에게 큰 인기를 얻고 있다. 우리가 주목해서 보아야 할 것은 객실마다 단아하게 장식되어 있는 꽃꽂이와 서예작품이다. 일본의 다도 문화에도 있듯이 소박하며 절제된 선을 중심으로 표현한 아름다운 꽃꽂이는 화려함이 아닌 정갈함으로 우리들의 마음을 평안하게 해주며 일본만의 절제된 아름다움을 발견하게 한다.

다음으로는 료칸 화실과 가장 잘 어울리는 복장은 바로 유카타이다. 유카타는 기모노의 한 형태로 평상시에 입는 간편한 전통 복장을 말한다. 료칸마다 고유의 무늬를 넣은 무명 홑겹으로 지은 유카타를 화실 한쪽에 정갈하게 준비해 두어 료칸 안에서 편하게 입고 다닐 수 있다. 입는 방법은 의외로 간단하나 반드시 알아 둬야 할 것은 왼쪽 앞자락이 위로 올라오게 하고 허리띠를 매는 방식인데, 우리나라의 복장 스타일과 반대이므로 주의가 필요하다. 반대로 오른쪽 앞자락이 위로 올라오게 입는 것은 집안에 상을 당했을 때의 복장이라고 한다. 쌀쌀한 날씨에는 유카타 위에 두툼한 하오리를 겹쳐 입기도 한다. 온천여행에서 유카타만 입고 다니기보다는 하오리를 걸쳤을 때 더 품위 있고 보기가 좋으니 아주 더운 날을 제외하고는 유카타 위에 하오리를 입고 다니는 것을 추천하고 싶다. 또한 일본 버선인 다비와 게다까지 신으면 완벽한 전통 복장이라고 하겠지만 이는 본인의 스타일에 맞게 입고 신으면 된다. 이러한 옷차림으로 온천마을을 산책한다든지 여러 온천을 순례하는 유메구리온천 순례도 즐길 수 있다. 요즘 우리나라에도 외국인을 위한 한복체험을 한복과 가장 잘 어울리는 공간인 고궁에서 외국인에게 색다른 체험을 할 수 있도록 제공하고 있다.

눈으로 보고 가슴으로 먹는 가이세키 요리

우리에게는 익숙하지 않지만 일본 가이세키 요리 하면 두 가지가 있다. 하나는 가이세키 요리会席料理와 가이세키 요리懐石料理로 한자만 다르고 발음은 같다. '会席料理'는 옛날부터 무사들이 손님을 접대하기 위해 만든 요리이기 때문에 오사케를 즐기기 위한 요리라고 할 수 있다. 반면에 '懐石料理'는 차를 즐기기 위한 요리다. 정성스럽게 요리를 준비하여 손님들을 대접하는데 아무리 좋은 차도 공복에는 제맛을 낼 수 없기 때문에 손님에게 먼저 음식을 대접하는 일상생활의 마음가짐에서 나온 예법이다. 전자는 오사케, 후자는 차를 즐기기 위한 것이어서 차를 즐기기 위한 요리인 '懐石料理'에 부수적으로 따라다니는 것이 시각적인 효과이기 때문에 요리의 가짓수가 더 많다. '会席料理'는 관혼상제 등에 이용되는 혼젠요리本膳料理, ほんぜんりょうり를 간략화한 것이다. 따라서 료칸에서 저녁에 제공되는 식사와 술의 요리는 '会席料理'에 가깝지만 료칸에 따라 '懐石料理'로 소개하는 경

우도 많다. 따라서 구별하지 않고 뒤섞여 사용되고 있다고 보아도 좋을 것 같다.

전통 료칸의 화룡점정이라고 할 수 있는 가이세키 요리를 살펴보자. 가이세키는 한국의 궁중요리와 같이 고급스럽고 화려한 일본의 전통요리로, 료칸에서 저녁 식사로 제공하는 전통요리가 바로 가이세키 요리이다. 가이세키는 앞서 말한 것과 같이 쓰인 한자에 따라 결혼식이나 연회에서 대접하는 가이세키와 다도회에서 차를 마시기 전에 대접하는 가이세키로 나뉘는데, 요리 내용에 큰 차이가 없어 료칸에서는 특별히 구분하지 않고 요리장과 지역에 따라 알맞게 내고 있다. 료칸마다 약 10종류의 가이세키 요리를 저녁 식사로 내는데, 섬세한 맛과 고급스러운 식기에 멋스럽게 담긴 모양새가 감탄을 절로 자아낸다. 본래 가이세키 요리가 접대와 연회를 위한 요리에서 발달한 만큼 고급스러운 식재료를 풍성하게 사용하는 것으로 유명하다. 더욱이 많은 료칸에서 섬나라인 일본의 장점을 한껏 살려 신선한 해산물을 듬뿍 사용한 가이세키를 대접하고 있어서 이러한 요리들을 맛보기 위해 료칸에 숙박하는 경우도 많다. 요리들은 해산물 이외에 유명한 브랜드 소고기나 육류, 그 지역에서 자라는 제철 채소, 산나물이 올라오며 코스마다 재료와 맛, 요리법을 달리하여 중복되는 맛이 없도록 정성껏 요리한다. 요리의 차림은 젠사이전채, 스이모노맑은 장국, 사시미회, 아끼모노구이, 아이자까나튀김 또는 찜요리, 니모노조림, 스노모노초무침, 밥과 미소시루, 야채절임, 디저트의 순으로 나오며 먹는 속도에 맞춰 하나씩 요리를 서빙하는 방식도 정성스럽다. 각각의 요리는 계절을 느낄 수 있도록 화려하게 장식하여 담아내며, 계절에 따라 특별한 별미를 내기도 하는데 겨울의 게 요리나 가을의 송이버섯 요리가 대표적이다. 가이세키

요리는 보기 좋고 먹기 좋아야 최고의 요리인 것이다. 각 지역과 계절, 그리고 료칸의 특색에 따라 음식이 다르다. 다다미방에 도코노마의 화병과 그림 그리고 고풍스러운 접시에 정갈한 음식 하나하나가 예술이다. 사계절을 알려 주는 접시의 무늬와 그림은 음식을 더욱 맛있게 해준다.

유네스코 세계문화유산에 등재된 와쇼쿠의 기본인 이치주 산사이一汁三菜가 기본 메뉴다. 이는 시루모노미소시루에 3가지 반찬 그리고 밥이다. 건강에 필요한 현대인의 식사로 이루어진 메뉴에 지역의 특색을 잘 살려 몇 가지 더 첨가한 것이 가이세키 요리인 것이다. 료칸에서 먹는 순서는 술맛을 돋우기 위하여 젠사이, 스이모노, 사시미부터 먹는 것이 일반적이다. 이때 회를 좋아하는 사람은 흰 살의 회를 먹고 나서 붉은 살의 회는 먹는 것이 좋다. 그리고 생선구이 조림인 니모노로 야채, 미소시루, 흰밥 등을 먹으면 된다. 먹는 순서 등은 가게에 따라 지역에 따라 다르다고 할 수 있다.

'이치고이치에'의 정신과 실천

이러한 가이세키 요리와 관련해서 류곤 료칸을 방문했을 때 재미있는 에피소드가 생각나 적어본다. 저녁 시간이 되자 류곤에서 방에서 식사를 하는 서비스인 헤야쇼쿠를 준비해 주었다. 우리 부부는 방에 준비된 상에 앉아 있었으며, 나카이상이 음식을 하나하나 코스대로 준비하여 대접했다. 그 상황을 간략하게 적어보면 음식을 가져와서 방문을 열고 인사 한 번, 방에 들어와서 음식을 놓고 인사 한 번, 다시 방을 나가서 방문 닫기 전에 또 인사 한 번, 이렇게 음식이 나올 때마다 인사를 세 번씩 하다 보니 남편은 우리나라에서 그러한 서비스를 받아보지 못한 상황이라 매우 어색하여 어쩔 줄 몰라 했다. 결국에는 나와 자리를 바꾸는 일까지 벌어졌지만 그곳 특산품인 고시히카리 쌀로 정성껏 차려낸 가이세키 요리를 대접받는 사치스러움을 누렸던 기억이 난다.

마지막으로 료칸의 진정한 안식은 온천일 것이다. 일본 료칸을 생각할 때 가장 먼저 떠오르는 것은 바로 노천 온천. 하얀 안개가 피어오르는 따뜻한 온천수에 몸을 담그면 온몸의 피로가 눈 녹듯 녹아들고, 눈앞에는 싱그러운 숲이나 아름다운 계곡, 푸른 바다의 절경이 펼쳐진다. 이러한 꿈 같은 온천 휴식은 료칸에서 누릴 수 있는 최고의 사치라고 할 수 있다. 로텐부로露天風呂는 이러한 노천 온천을 말하는 일본어이며 일본 고유의 정서와 풍류가 느껴지는 휴식 공간이다. 또한 료칸의 온천시설이 로텐부로만 있는 것은 아니지만, 로텐부로의 분위기가 료칸의 수준과 인기를 결정짓는 중요한 요소이니만큼 모든 료칸들은 더욱 운치 있고 멋스러운 로텐부로를 만들기 위해 온 힘을 기울인다. 그 때문에 대부분 료칸에서 로텐부로는 가장 경치가 좋은 곳에 위치해 있으며, 정원이나 숲, 계곡이나 강 또는 바다를 바라볼 수 있도록 자연에 최대한 가깝게 만들어 놓았다. 이러한 자연 속의 로텐부로는 호쾌한 개방감과 자연의 청명함이 함께 느껴지는 최상의 온천휴식을 제공한다.

류곤 료칸에서 로텐부로와 연결된 긴 복도와 자연이 주는 상쾌함을 이끌고 삼나무로 둘러싸인 고즈넉한 온천에 들어갔을 때는, 숲속에 나 혼자 있는 듯한 고요함에 지금이라도 숲속의 정령이 자연의 소리와 바람을 타고 나에게 금방이라도 나타날 것 같은 원시의 안식을 체험했다. 지금도 가끔은 류곤 료칸을 추억한다. 전통미가 넘치는 고풍스러운 저택에 들어섰을 때 환하게 맞이해 주던 오카미상과 체크인을 기다리는 동안 이로리 앞에서 나카이상이 직접 말차를 만들어 맛있는 모찌와 함께 대접해 주며 환하게 미소 지어 주던 모습이 오랜 시간이 지난 지금도 내 마음속에 남아 있다.

일본이 달리 보이는 이유

예전과 달리 최근에는 일본에 대한 생각이 달라졌다. 한일관계의 어려움, 역사적인 이야기, 일본인의 의식구조, 정치적인 영향 등 넘고 가야 할 길들은 험난하기도 하다. 그러나 한 사람 한 사람 민간인의 교류는 또 다른 면이 있다. 매력적인 부분이 많고 배워야 할 부분도 많다. 일본은 47개의 도도부현의 특색이 다 다르다. 그 지방의 특색을 잘 살려서 어디를 가더라도 볼 것 살 것 먹을 것이 정돈되어 있다. 또 하나 비싸면 비싼 이유가 있고 거기에 수반되는 가치가 있다. '아 속았다', '아이고 이게 아닌데' 하고 실망하는 일이 적은 편이다. 일본 전통 문화와 일본 사람들의 마음가짐, 생활방식, 언어, 역사, 정치가 저절로 궁금해지며 하나하나의 매력에 빠지기 시작했다. 일본 역사극을 찾아보고, 일본 애니메이션을 즐기며, '미야쟈키 하야오' 감독의 팬이 되고 삶의 일부가 일본 문화로 장착하게 되었다. 그 이후 우리 부부는 시간만 나면 일본 여행을 하곤 했다. 그러던 중 남편이 재미있는 말을 했다. "왜, 일본은 쟁반을 들고 축제를 하는 거야? 료칸을 찾으려니 '오봉 축제'라 방이 없다네." 하는 것이었다. 나중에 알게 되었지만 '오봉'이란 단어를 우리나라에서도 예전에 쟁반을 그렇게 부른 적이 있었다. 그러나 일본의 오봉 축제는 그것과는 달리 일본 전통 연중 행사의 하나인 것을 나중에 알게 되었고 우리 부부는 눈물이 날 정도로 허리춤을 붙잡고 얼마나 크게 웃었는지 모른다. 지금도 가끔 '쟁반 축제'라며 웃음을 자아내곤 한다.

일본을 알고 싶고 체험하고자 하는 분들이 있다면 꼭 전통 료칸을 추천한다. 한 번의 체험으로 일본의 전통과 의식주를 알 수 있고 그들의 예절과 전통을 지키려는 정신과 일본 다도에도 있듯이 '이치고이치에 당신과 만난 이 시간은 두 번 다시 오지 않습니다' 정신으로 마음을 다하는 대접을 받는다면 일본 전통 문화의 매력에 반드시 흥미를 갖게 될 것이다. 우리 두 나라의 국민들이 서로 다양한 문화와 전통을 교류하며 서로의 좋은 점을 배우고 함께 즐거움을 나누고 서로를 존중하는 이웃 나라가 되길 소망한다. 남편과 함께 일본 여행을 하면 어디를 가더라도 일본 문화를 체험할 때마다 새로움과 즐거움 그리고 행복함을 느낀다. 남편과 일본 이야기하면서 내린 결론은 일본은 근본이 있고 예의가 있다는 점이다. 우리가 인정해 주면 그들은 우리를 더 인정해 주고 믿어 준다는 것이다. 그러기 위해서는 서로를 존중해 주어야 한다는 것이다. 이러한 민간인의 믿음과 존중이 서로 인정되었을 때 진정한 한일관계가 자연스럽게 이루어질 것이다. 우리의 다양한 장점과 좋은 점을 일본인이 관심 갖게 하기 위해서는 우리의 마음과 의식을 키울 필요가 있다.

일본 관광 인프라의 원천

양주열(㈜골프박사 대표)

직장 생활 30년 중 20여 년을 일본에서 보냈다. 해외 관광객을 국내로 유치하는 여행사를 '인바운드' 여행사라고 하는데, 여행사의 일본 주재원으로 일본인 관광객을 한국으로 보내는 게 주 업무였다. 지금은 일본 규슈에 있는 골프장 책임자로 일하고 있다. 일본 현지에서 일하면서 느낀 일본의 유·무형의 관광자원에 대해 이야기해 보고자 한다.

잘 정비된 교통시스템

그간 일본을 방문하는 외국인 숫자는 몰라보게 증가했다. 10년 전 일본을 찾은 외국인 여행객은 1000만 명이 되지 않았지만, 코로나19 전인 2019년엔 3000만 명을 훌쩍 넘어섰다. 여행객이 급증한 이유는 많다. 그중에서도 일본 특유의 관광 인프라와 이를 잘 버무린 지역사회의 노력이 첫손가락에 꼽힌다. 일본은 4개 홋카이도·혼슈·시코쿠·규슈 의 큰 섬이지만, 이는 작은 섬 6,850개가 모인 것이다. 그야말로 섬나라이지만 큰 섬들끼리의 교통연결망은 대단히 편리하다. 최남단 규슈에서 최북단 홋카이도까지 자가용으로 여행해도 큰 불편이 없다. 고속도로와 지방도는 그야말로 거미줄이며, 섬과 섬의 연결도 차를 배에 태워 옮겨 다닐 수 있다. 그 대신 고속도로 교통요금은 한국보다 비싼 편이지만 교통시스템은 잘 정비되어 있다.

이러한 교통시스템이라는 밥상에 가는 곳마다 천혜의 자연 관광지와 온천, 골프장, 박물관, 유원지 등이 반찬으로 올라와 있다. 어디를 가도 진수성찬이다. 여행의 첫걸음은 바로 교통 인프라이며, 그런 면에서 일본의 관광은 한마디로 '쉽다'라는 말로 정리된다. 어디든 쉽게 갈 수 있다. 여행과 관광은 결국 직접 그곳에 가보는 일이기 때문이다. 가기 어렵다면 구경도 할 수 없다. 일본의 관광자원에서 교통시스템은 첫손에 꼽힌다.

골프도 관광자산이 될 수 있다

일본의 골프는 저렴하다. 일본 골프장은 비용이 저렴할 뿐만 아니라 저마다 개성을 갖고 있다. 중장년층 한국인 여행객이 골프를 일본 여행의 매력으로 꼽는 이유다. 우리 골프장에는 퇴직 후 노후연금으로 생활하는 사람이 있다. 그는 한 달에 열흘 정도 우리 골프장에서 파트타임으로 일한다. 워낙 성실하게 일을 해 '근무 일수를 좀 더 늘려줄 수 있겠냐'라고 제안한 적이 있다. "호의는 감사하지만 정중히 사양하겠습니다." 사양하는 이유를 물으니, 그는 "한 달 중 열흘은 가정을 위해서, 열흘은 골프 칠 돈을 벌기 위해 일하기 때문입니다."라고 말했다. 그러니 하루도 더 일할 수 있는 날이 없다는 것이다.

그의 일당은 많지 않다. 시급 850엔. 보통 하루 8시간 근무하니 일당은 6,800엔, 한화로 약 6만 8,000원이다. 이 돈으로 하루 골프가 가능할까. 답은 그냥 '가능하다'가 아니라 '충분히' 가능하다. 일본도 골프장의 수준에 따라 천차만별이기는 하지만, 전체적인 요금으로는 대략 한국의 절반 이하라고 봐도 무방하다. 일본의 골프는 경제 부진으로 인해 골프 인구까지 줄어들어서 당연히 가격도 더 내렸다. 그래서 시급 8,000원으로 하루 일하면 하루 라운딩이 가능한 것이다.

저렴한 가격을 무기로 골프 여행객 유치를 위해 지자체도 부단한 노력을 하는 중이다. 지자체와 골프장, 골프협회가 하나가 되어 외국인 관광객 유치를 위해 준비 중이다. 특히 한국의 골퍼를 타깃으로 삼고 있다. 저렴한 이용료와 친절한 서비스로 무장한 2,300여 곳의 일본 골프장은 앞으로 한국의 골프장을 위협할 것으로 보인다.

여기서 잠깐 한국 골프와 일본 골프의 차이점을 이야기해 보고자 한다.

첫째, 일본에는 캐디 없는 골프장이 많다. 일본 골프장의 대부분은 캐디 없이 운용하는 셀프플레이가 많다는 것이다. 더러 캐디가 있는 골프장도 있지만 대부분 오랫동안 골프장에서 일한 전문직으로 이들은 '할머니 캐디'라고 불리기도 한다. 한국처럼 젊은 캐디는 찾아보기 어렵다.

둘째, 매너가 다르다. 한국과 일본에서 두루 골프를 경험한 이들은 우선 타수를 헤아리는 셈법부터 다르다는 사실을 알고 있을 것이다. 일본에서 스코어를 속이는 일은 아예 없다. 페널티 구역에서 드롭을 해도 규칙 그대로다. 골프는 '속이려고' 하면 얼마든지 속일 수 있다. 그러나 절대로 속이지 않는 골프가 일본인의 골프다. 일본 특유의 준법성이 골프 매너에서도 그대로 드러난다고 볼 수 있다.

셋째, 돈을 주고받는 내기 골프가 없다. 일본 골프에서는 내기를 하더라도 끝나고 식사를 대접하는 정도가 전부다. 말 그대로 내기일 뿐

'도박'이 아니다.

넷째, 골프 예약 문화가 다르다. 한국에서 골프장을 예약하려면 이용하는 골프장의 홈페이지나 예약 사이트를 통해야 한다. 반면에 일본에서는 온라인으로 예약하는 경우는 드물다. 최근엔 온라인 예약 비율이 점차 늘고 있지만, 아직까지도 전화 예약이 훨씬 많은 편이다. 온라인으로 예약하면 비용을 할인받을 수 있지만 굳이 전화를 걸어 예약한다. 그 이유는 간단하다. 컴퓨터가 없는 집이 의외로 많고 스마트폰을 활용하는 이들이 많지 않아 온라인 접속이 어렵기 때문이다.

다섯째, 일본 골프장엔 점심시간이 있다. 한국에서는 18홀 연속 플레이가 기본으로 9홀을 돌고 클럽하우스에서 잠시 휴식을 취한 후 후반 9홀을 도는 식이다. 일본은 전반 9홀을 플레이 한 후 보통 한 시간 정도의 식사 시간을 가진다. 그러고 나서 나머지 후반 플레이를 한다. 주말엔 한 시간 반가량 기다리는 경우도 있다. 일본에만 있는 골프장 점심시간이다. 어떤 면에서는 느리고 느린 아날로그를 즐기고 있는지도 모르겠다.

1인 예약도 부쩍 늘어

골프는 네 명이 팀을 이뤄 플레이하지만, 최근 일본에선 골프 인구의 감소로 인해 이런 현상이 옛이야기가 되고 있다. 2인 플레이는 흔한 풍경이 되었고, 1인 예약도 부쩍 늘었다. 1인 골프 시장을 노린 예약 사이트도 성행하고 있다. 최초로 예약한 사람이 여성인 경우 그 시간대에 남성 골퍼들이 줄지어 예약해 4명이 한 조를 이루었다면 여성 골퍼에겐 그날 그린피를 면제해 주기도 한다. 이런 시스템은 조만간 한국에서도 현실이 될 수도 있다.

캐디 없는 골프장에서 디봇 수리는 누가 할까. 일본인들은 자신이 공을 친 후에 생기는 페어웨이의 디봇은 각자가 준비해 온 모래주머니로 보수한다. 또 그린 위에 공이 떨어지면서 생긴 푹 패인 볼 자국도 각자 소지하고 있는 그린 보수용 포크를 이용해 깨끗이 복원시킨 후 다음 홀로 이동한다. 이는 모든 이용객이 즐겁게 플레이할 수 있도록 상대를 배려하는 일본인들의 근성이 골프문화로 자리매김했음을 보여주는 사례다.

무형의 관광자원: 일본인은 친절하다

일본 여행이 즐거운 이유 중 하나가 편의점이다. '그래봤자 편의점이지!'라고 생각할 수도 있지만 일본의 편의점에 들어가는 순간 그 생각은 달라진다. 일상용품은 당연히 구비되어 있고 어지간한 업무 처리까지도 편의점에서 모두 할 수 있는 것이 일본이다. 복사기, 팩스기, 은행 ATM까지 있고, 심지어 공공요금도 낼 수 있다.

서비스도 훌륭하다. 여러 종류의 물건을 구입했을 때 음료수와 음식용도의 봉투를 각각 나눠 담아 주는 배려가 있다. 이런 디테일 때문에 편의점 재방문이 당연해진다. 게다가 고객들의 주머니를 저절로 열게 하는 일본 편의점의 최고 노하우는 미소와 친절이다. 겉과 속이 다르다는 비아냥은 굳이 할 필요가 없지 않을까? 어느 나라든 사람들이 겉과 속이 100% 일치하는 곳이 있을까? 고객으로 간 편의점에서 기대할 수 있는 만큼의 배려면 충분하다. 편의점은 그야말로 편의를 위한 곳일 뿐이며 일본의 편의점은 충분히 친절하고 충분히 편리하다.

어느 가게를 봐도 일본인은 대부분 친절하다. 어느 가게에서 본 풍경이다. 도대체 몇 번이나 인사를 할까? 괜히 궁금해졌다. 직원이 손님에게 정확히 최대 열두 번까지 인사하는 모습도 본 적이 있다. 내게 하는 인사는 아니었지만 감동받았다. "어서 오세요, 고맙습니다, 죄송합니다, 또 고맙습니다, 또 죄송합니다."란 인사말이 직원의 입에 배여 있다. 그리고 고객이 떠날 때도 직원은 다시 "고맙습니다, 안녕히 가세요, 또 오십시오."라고 인사한다.

무형의 관광자원: 일본은 청결하다

일본이 가진 무형의 관광자산은 또 있다. 일본인은 항상 청결하다는 점이다. 처음 일본에 도착하면 누구나 느끼는 점 중 하나가 거리가 깨끗하다는 것이다. 한국과 비슷한 건물, 비슷한 거리인데도 일본이 분명히 더 깨끗하고 정돈된 느낌을 준다.

일본 나라현에 있는 덴리天理라는 곳은 '일련정종日蓮正宗'이라는 일본 불교 종파가 탄생한 곳이다. 이 절에는 스님들도 있지만 스스로 수양을 원하는 사람들이 머물 수 있는 템플 스테이를 운영한다. 이곳에 오는 사람들은 어떻게 수양할까? 명상을 하거나 운동을 하거나 산책을 하는 것이 아니다. 절에 있는 모든 사람들은 걸레와 빗자루를 들고 다니며 청소만 한다. 밖을 청소하면 마음도 청소가 된다는 것이다. 함께 갔던 일본 지인이 내게 여전히 먼지가 남아 있을 만한 곳을 직접 찾아보라고 했다. 나는 전등갓, 난간, 창문틀 등을 모두 흰 장갑을 끼고 문질러 봤다. 놀랍게도 숨은 모든 장소에서도 먼지를 찾을 수 없었다. 일본은 청소를 통해 수양하며, 그 습관이 몸에 밴 사람들이구나 생각했다.

일본의 관광 인프라에는 어떤 특별한 매력이 있는 것일까? 답은 간단하다. 남에게 폐를 끼치지 않으려는 사람들이 열심히 쓸고 닦은 결과물이다. 가는 곳마다 깨끗이 정리정돈된 모습을 볼 수 있다. 도시도 농촌도 한결같다. 모든 것이 깨끗이 정돈되어 있다. 상대가 더러움에 불쾌해하기 전에 미리미리 청소하고 정리정돈 할 줄 아는 일본인. 상대를 배려하는 것도 무형의 관광자원이다. 불결하거나 어수선한 곳을 여행하고 싶은 사람은 없다. 청결과 정리정돈은 일본 관광의 자산이다.

무형의 관광자원: 오모테나시

일본인이 손님을 맞는 기술은 일품이다. 일본에서 살면서 가장 인상 깊었던 점은 오모테나시다. '최고의 환대'라는 일본어 오모테나시는 진심으로 손님을 접대한다는 뜻이다. 일본에서 생활한 지 얼마 안 되었을 때의 일이다. 길옆에 '도라구스토아ドラグストア'라고 쓰인 간판이 보였다. 가까이 가서 자세히 보니 '약'을 뜻하는 한자 「藥」이라고 쓰여 있어 그때 일본어 도라구스토아가 '드러그스토어'로 약국을 뜻한다는 것을 알았다. 마침 상비약이 필요해 이곳에서 약을 사고 나중에 쇼핑하면 되겠다 싶어 둘러보니 화장품과 음료는 물론 쌀, 과일, 채소 등 식료품과 술까지 있었다. 드러그스토어에서는 모든 생필품 쇼핑이 가능했다.

계산대의 직원은 아주 치밀했다. 바코드를 찍을 때마다 상품 가격을 일일이 불러가며 찍었다. 손님도 함께 확인하라는 뜻이다. 또 눈높이에 있는 계기판엔 금액이 차근차근 합산되어 표시되었다. 그 모습이 우습기도 하고 놀랍기도 했다. '일본은 참 친절하고 세심한 사회구나' 하고 생각했다.

계산을 마치자 계기판에 '9,946엔'이 찍혔다. 습관적으로 카드를 내밀자 직원은 "카드는 안 됩니다"라고 말하면서 연신 "스미마셍 미안하다"을 반복했다. 이렇게 큰 가게에서 카드가 안 된다고 해서 놀라웠다. 현금 1만 엔권을 내밀자 직원이 다시 뭐라고 한마디했다. 처음엔 못 알아들었다. 그래서 다시 한 번 물었을 때 직원에게 들었던 대답이 감동이었다.

"손님, 혹시 1엔짜리 동전 하나 더 있으면 거스름돈이 55엔이 됩니다."

듣고도 무슨 말인가 싶어 어리둥절했는데, 잠깐 생각해 보니 감으로 알아들을 수 있었다. 거스름돈이 54엔이 되면 잔돈 개수가 늘어나 손님이 불편할까 봐 미리 최소한의 개수로 잔돈을 돌려주고 싶은 마음이었다. 불편한 '1엔짜리 4개'보단 편리한 '5엔짜리 1개'를 받아가라고 권한 것이다. 그 가게에서 여러 번 놀라운 경험을 했지만 그중 가장 인상 깊었던 것은 손님의 '잔돈 사정'까지 살피는 직원의 배려였다. 사소한 에피소드지만 오랜 일본 생활에서 잊히지 않는 기억이다. 당시 구멍 뚫린 50엔짜리 동전과 5엔짜리 동전 하나를 받아 들고 나오는데 뒤에서 큰소리로 인사하는 점원의 목소리가 들려왔다. "감사합니다. 또 들러 주세요."

이렇게 상대를 배려하는 일본인의 섬세한 '오모테나시'는 예나 지금이나 변함이 없다. 오모테나시는 일본의 자녀 교육과도 일맥상통한다. "히토니 메이와쿠 가케나이데! 人に迷惑掛けないで!", 남에게 폐 끼

치지 말라는 뜻이다. 일본에서 자란 우리 아이들도 어릴 때부터 이 말을 귀에 못이 박히도록 듣고 자랐다. 지금 일본의 첫 번째 관광자원이 된 오모테나시는 어쩌면 '남에게 폐 끼치지 말라'는 자녀 교육에서 시작되었을지도 모른다는 생각이 들었다. 줄을 서고 순서를 기다리는 것도 남들에게 폐를 끼치지 않기 위한 교육이다.

여행 가이드를 위해 오사카성에 갔을 때의 일이다. 수학여행 시즌이라 전국 각지에서 수많은 학생들이 동시에 모였지만 무질서란 찾아볼 수 없었다. 나이 드신 지역 자원봉사자들의 지시에 따라 질서 정연하게 순서대로 입장과 퇴장이 이루어졌다. 외국 관광객부터 우선적으로 입장하게 되어 있었으나 이에 대해 이의를 제기하거나 불만을 얘기하는 일본인 학생은 한 명도 없었다. 단체행동에서의 질서 있는 모습을 통해 일본의 학생들은 오모테나시를 체득하고 있었다. 이런 친절의 모습은 결국 외국인들을 다시 불러오는 이유가 된 것이다.

여행은 평화산업이다

일본에서 외국인으로 생활하면서 이삼십여 년 전에는 분명 부러움과 질투의 마음으로 일본 사람들을 마주했다. 돈 많고 부지런하며 기술력 좋고, 그러면서도 사람 심성까지 친절한 나라. 그것이 일본이었다. 그것이 세계의 대부분 나라에서 생각하는 일본이라는 나라였다. 다만 우리나라는 거기에 한일관계와 역사를 끼워 넣을 수밖에 없다. 식민지 시대와 제국주의를 대입할 수밖에 없는 입장에서 일본의 '여행과 관광'을 생각하는 관점은 다른 나라를 여행하고 관광할 때 생각하는 관점과는 다를 것이다. 일본은 그냥 가서 즐겁게 보고 놀다 오면 되는 나라일까? 일본에서 살아온 내가 매번 느끼는 아이러니였다. 여행과 관광은 그야말로 평화산업이다. 평화롭지 않은 곳에서는 여행을 하거나 관광을 즐길 수 없다. 그런데 한일관계의 역사가 얽혀 있는 일본이라면 여행과 관광을 하고 있어도 마음이 복잡해질 수 있다. 한국처럼 일본을 복잡하게 바라보는 나라는 드물 것이다.

최근 코로나19의 여파로 일본 역시 여행과 관광 산업이 큰 타격을 입었다. 지금 이 글을 쓰면서도 여전히 복잡하다. 필자가 코로나19 시대, 일본의 여행과 관광 산업을 언급하는 것은 어쩌면 의미가 없을 수도 있다. 코로나19는 세계의 여행과 관광 산업을 뒤집었기 때문이다.

코로나와 일본의 여행 산업과 관광자원에 대해 설명하면서도 한일 역사를 생각하는 복잡한 심정이었다. 그런데 글을 쓰고 나니 오히려 복잡했던 마음이 어느 정도 정리되었다. 그렇다. 일본도 여행과 관광의 대상일 뿐이다. 그리고 언제나 모든 시기에 모든 곳에서 그러했듯이 여행과 관광은 평화산업이다.

일본을 방문하는 한국 사람들은 이제 이런 마음으로 일본을 다시 찾아오게 되기를 바란다. 이제 일본인들도 한국을 많이 방문할 것이다. 오랫동안 일본을 보면서 일본의 관광자원은 기본적으로 매력적이지만 일본 특유의 친절, 청결, 신용이 관광자원보다도 더 소중하고 감동을 줄 수 있다는 것을 느꼈다. 우리도 이제는 단기적인 이익만 보며 달리지 말고, 천천히 가더라도 우리의 관광자원을 소중히 하면서 일본보다 더 나은 친절한 나라, 청결한 나라, 믿을 만한 나라가 되었으면 좋겠다. 그렇게 될 것이라고 믿고 싶다.

안도 다다오와 그의 건축세계

우창윤((사)한국유니버설디자인협회 회장)

2017년에 도쿄 신미술관의 안도 다다오 건축전시 '연전연패'를 보았고, 2019년에는 안도 다다오 디큐영화미즈노 시게노리 감독를 보았다. 이를 계기로 안도 다다오를 깊이 알아가면서 큰 감동을 받았다. 일본을 대표하는 건축가 안도 다다오安藤忠雄는 자신만의 독특한 건축세계를 창조했다. 안도 다다오는 처음에 인생이 제대로 풀리지 않아 대학도 가지 못하고 스스로 길을 만들 수밖에 없었다. 그래서 선택한 방법이 유럽을 여행하며 건축을 독학으로 공부하는 것이었다. 오사카에 개인 사무소를 낸 이후 거듭되는 실패에도 굴하지 않고 자신만의 건축세계를 개척한 안도 다다오는 마침내 건축계의 노벨상이라 불리는 프리츠커상을 수상했고 도쿄대 교수도 역임했다.

2014년 암 진단이라는 불행 앞에서도 안도 다다오의 도전은 중단 없이 지금도 계속되고 있다. 안도 다다오의 다큐멘터리를 보고 나서 자연스럽게 스티브 잡스가 스탠퍼드대학 졸업식에서 말한 "늘 갈망하고 우직하게 나아가라Stay hungry, stay foolish!"를 떠올렸다. 안도 다다오야말로 스티브 잡스가 말한 방식으로 인생을 살고 있다. 2022년에 서울 마곡에 개관한 LG아트센터를 방문하면 안도의 건축 어휘를 온몸으로 느낄 수 있다.

LG아트센터

안도 다다오가 걸어온 인생

안도 다다오는 1941년 9월 13일 오사카에서 무역상 집안에서 쌍둥이로 태어났다. 어머니 가문의 대를 잇기 위해 외가로 보내져 외할머니 밑에서 독립심을 기르며 성장했다. 공업고등학교에 진학하고 2학년이 되던 열일곱 살에 프로복서에 입문하기도 했다. 고등학교 졸업 후 재능을 살려 아르바이트 형식으로 인테리어를 시작하여 가구, 건축 등으로 점차 범위를 확장했다. 헌책방에서 르 코르뷔지에의 도면집을 구입해 책에 나온 도면을 수없이 베끼면서 독학하기도 했다. 1965년 그는 서구 건축에 대한 호기심으로 해외여행을 떠나 7개월 동안 유럽,

남아공, 인도, 필리핀 등을 돌아보았다. 전통에 기초한 기교나 감성으로 만드는 일본 건축과 달리, 첫 번째 유럽 여행에서 논리적 사고에 기반한 건축 구성의 논리, 단순하고 강력한 구조, 소재와 기능 중시 등을 배웠다. 특히 알바 알토, 아돌프 로스, 르 코르뷔지에, 미스 반 데어 로에 등 당대의 거장들을 통해 많은 경험을 하고 배우면서 자기 것으로 소화하게 된다.

이후 안도 다다오는 작은 공간에서도 많은 꿈을 담은 주거를 만들 수 있는 건축가가 되기로 결심했다. 그것은 사회의 모순, 주거 공간의 빈곤에 대한 불만에서 나온 안도 다다오의 커다란 꿈이었다. 그러나 꿈의 실현을 위해 시작했지만 그 앞길에는 수많은 어려움과 좌절이 반복되었다. 이 시기에 안도 다다오가 쓴 글이 '도시 게릴라 주거'이다. 과밀한 대도시 지역의 협소한 대지 위에 독립 주택의 존재 의미를 부여하고자 쓴 것이다. 이 무렵의 안도 다다오에게는 '살아가는 것=만드는 것=생각하는 것'이었다. 자신의 몸을 걸고 살아가는 게릴라의 삶에 공감했던 것이다. 어떤 상황에서도 자기 신념을 지키고 자신의 발언에 책임을 지며 나약한 소리를 하지 않고 다수에게 의지하지 않으며 개個를 거점으로 삼아 기성 사회와 싸우는, 체 게바라로 상징되는 게릴라의 생활 방식이 홀로 사회에 뛰어든 자신과 겹쳐진 것이다.

안도 다다오는 1969년 스물여덟 살의 나이에 자신이 사는 아파트에 건축사무소를 열었고 첫 데뷔작인 '스미요시 나가야住吉の長屋'부터 노출 콘크리트 건축을 선보인다. 안도 다다오에게 콘크리트란 자신의 창조력 한계를 시험하는 일종의 도전이었다. 안도 다다오는 콘크리트 작업을 하면서도 자연과의 조화, 인간과 삶의 공간, 주거에 대한 고민의 끈을 놓지 않았다.

절제와 단순미로 표상되는 일본의 미의식을 표현하며 도심부의 주택과 상업건축을 넘어 미술관 등 공공건축으로 범위를 넓혀 나갔다. 안도 다다오의 건축은 사람이 사색할 수 있고 미세한 움직임까지도 포착해 낼 수 있는 공간을 만드는 데 초점을 맞추었다. 자연과 예술이 만나는 독특한 경험을 선사하는 외딴 섬 나오시마의 공간, 호텔과 갤러리를 겸한 리조트 베네세 하우스 등 매번 새로운 도전을 한다. 미국의 예일대학교, 컬럼비아대학교, 하버드대학교 객원교수를 거쳐 1997년 도쿄대학 건축과에서 강의를 시작했고, 1995년 건축계의 노벨상인 프리츠커상을 수상하는 등 각종 건축상을 받았다. 안도 다다오의 건축은 여전히 진행 중이며, 세계 곳곳에서 도시와 문화를 연결하는 각종 프로젝트에 참여하고 있다. 40여 년간 한 사람의 건축가가 일관된 조형 세계를 견지한다는 것은 어려운 일이다. 오직 한 가지만을 생각하고 이를 극한까지 밀어붙이는 것, 여기에 안도가 가장 일본적인 건축가의 한 사람으로 주목받고 유명해진 이유가 있지 않을까 한다.

안도 다다오의 건축관

● 개個의 건축

안도 다다오는 주택에 개個의 의지를 강하게 새기고 '개인'을 불어넣음으로써 조금씩이나마 일본에 개인을 뿌리내리고자 했다. 1973년에 발표한 '도시 게릴라 주거'를 통해, 도시에 정착하고자 하는 분명한 의지를 가진 '개인'이 모든 사고의 중심에 '개'를 놓고 개인이 사는 장소, 그 영역을 극적으로 획득하면서 도시에 작은 성을 쌓아 갈 수 있도록 개인 한 사람 한 사람과 함께 주거를 만들어 가려고 했다.

안도 다다오는 풍요로운 개인이 풍요로운 가족, 지역, 국가, 세계를 만들어 간다고 믿고 있다. 그리고 근대의 틀에 담기지 않는 개인이 가진 직감, 몽상, 광기야말로 건축에 생명을 불어넣고, 그곳에 사는 사람에게 활력을 준다고 생각한다. 그러나 오늘날 일본은 경제적으로는 어느 정도 풍요로워졌지만, 한 사람 한 사람이 생활에서 느끼는 면을 보면 조금도 풍요로워지지 않았다고 본다. 어떤 일에서든 마찰을 피하고 타인과 동조하며 살아온 일본인의 사고와 행동방식의 뿌리에는 개인이 존재하지 않기 때문에 생긴 일이다. 획일화 속에서 일본인은 타자와 자기를 가르고 자립을 극히 두려워하면서 매뉴얼이나 관습을 신봉하는 국민이 되었다. 그리고 인간과 자연을 분리된 관계로 파악하는 서양의 근대사상에서 온 풍조에 대해 의문을 제기하고 주거 안에서 인간을 자연의 일부로 다루는 동양의 전통적 사고를 실현하고자 했다.

● 콘크리트 건축

안도 다다오는 가장 적은 비용으로 최대한의 용적을 획득할 수 있는 재료인 콘크리트에 강한 관심을 갖게 되었다. 처음에는 제한된 예산과 대지에서 최대한의 공간을 확보하기 위해 선택한 재료가 콘트리트였으나 작업하다 보니 콘크리트와 이 공법의 매력을 발견했다고 한다. 안도 다다오의 콘크리트 건축에 영향을 끼친 건축가는 르 코르뷔지에와 루이스 칸이다. 안도 다다오는 르 코르뷔지에의 롱샹 교회를 보면서 속박으로부터의 해방과 표현의 자유를 획득하고 무한한 가능성의 세계로 이끌며 매우 거친 소재감을 부여하는 콘트리트 덩어리가, 태양 아래에서 자유자재로 모습을 바꾸어 가면서 빛과 그림자의 드라마를 연출하는 모습에 빠져들었다. 루이스 칸이 콘크리트에 요구한 것은 전체를 관통하는 질서감에 상응하는, 완전한 면으로서의 아름다움이었다. 벽면을 비추는 빛에서부터 다른 구성요소와의 균형과 디테일에 이르기까지 모든 것이 칸의 강한 의지하에 엄격한 질서를 이루었다.

'거푸집을 만들고 시멘트를 넣으면 어떤 형태든 단번에 만들 수 있으며, 자신이 만들고 싶은 공간을 더 원초적인 형태로 표현할 수 있다는 매력.' 그 공간의 이미지를 실현하기 위한 콘크리트의 질감으로서 안도가 추구한 것은 평활하고 촉감도 부드러운 타방의 소재감이다. 부드러운 촉감과 동시에 그 아름다움을 오랫동안 유지하기 위해서는 딱딱한 콘크리트를 부드럽게 치는 것을 요구했다. 철근 간격, 설비 배관의 위치, 거푸집에 페인트를 칠하기 등 기술개량과 시공관리 등에 세심하게 주의를 기울였다. 엄격하고 아름다운 비례를 갖는 볼륨에 어떠한 질과 양의 빛을 도입하여 공간으로서 성립시킬 것인가? 그리고 그 나형裸形의 공간을 감싸는 데 어울리는 콘크리트의 소재감은 어떤 것인가? 그러한 시행착오를 20대 후반에 건축가로 출발했을 때부터 지금까지 변함없이 계속하고 있다.

● 빛의 건축

건축은 역시 자연광 속에서 보아야 한다. 그래야 건축의 외관을 잘 알 수 있을 뿐 아니라 자연이 내부로 흘러 들어가는 모습을 느낄 수 있기 때문이다. 롱샹 교회를 통하여 르 코르뷔지에로부터 받아들인 것은 형태의 문제가 아니라 빛을 추구하는 것만으로도 건축이 될 수 있다는 건축의 가능성이었다. 거의 막혀 있는 어둠 속에서 두터운 벽체에 뚫린 창이나 커다란 벽 사이에 크레바스처럼 갈라진 좁은 틈새 등 온갖

곳에서 여러 종류의 빛이 꽂혀 들어왔다. 결국에는 물질성이 소거된 듯한 빛의 홍수에 몸을 맡길 수밖에 없다. 인식되는 것은 건축의 형태가 아니라 공간의 볼륨 감각과 거기에서 펼쳐지는 빛의 드라마뿐이다. 르 코르뷔지에의 롱샹 교회를 보면, 빌라사보아를 지었던 무렵에 비하면 르 코르뷔지에게 큰 변화가 있었음을 쉽게 알 수 있다. 극히 육감적이고 조소적이지만 빛을 추구하는 것만으로도 충분히 건축을 완성할 수 있다는 것을 가르쳐 준다.

'고시노의 집'에서는 형태적인 장식은 버리고 빛을 공간 구성의 중요한 요소로 삼았다. 서양 건축에 비해 일본 건축에서는 공간의 빛이 옅고 강력함이 없지만, 일본 전통 가옥의 장지문으로 쏟아져 들어오는 빛과 그림자의 조화는 무척이나 아름답다. 인간의 정신을 감싸는 듯 안으로 깃드는 빛이라고 해도 좋다. 이에 비해 서양 건축에서 빛은 직접적이다. 안도 다다오는 일본의 빛 공간과 서양의 입체적 빛 공간을 함께 체험하면서 나름의 빛 공간을 창출하고 싶다는 생각을 했다.

● 자연과 지역주의 건축

자연과의 어우러짐을 강조하며 빛과 그림자, 물, 바람 등의 요소를 창의적으로 적극 이용한 안도 다다오는 빛의 교회, 물의 교회, 오모테산도 힐스, 나오시마 섬 지추 미술관, 제주 본태 박물관, 뮤지엄 산 등 많은 건축물을 남겼다.

이곳이니까 할 수 있는 것에 관심 있는 안도 다다오는 건물이 세워질 장소 주변을 충분히 활용한다. 공원 바로 옆에 짓는 건축물에는 공원과 이어질 수 있도록 하고, 건물 내부에서도 어디가 내 집이고 어디가 공원인지 구분되지 않을 시각을 제공한다. 그 안에는 그곳만의 우주가 있는 것이다.

'자연의 일부로 존재하는 생활이야말로 주거의 본질'이라 여기며 자신에게 설계를 맡긴 건축주에게 '당신도 자연의 냉혹함까지도 받아들이고 완강하게 살아내겠다는 각오를 해 달라'라고 이야기한다. 아이들을 위한 건축을 할 때는 '목적 없이 내버려 두는 장소'를 만든다. 건축가가 정해 주는 용도대로가 아니라 아이들이 상상력을 활용하는 재미를 누리라는 뜻에서다. 자연환경에 매몰되지 않고 인간의 명확한 의사가 자연과 쌍을 이루는 형태로 표현되어야 한다고 생각했다.

예전에 일본에서는 주택을 설계할 때 방이 남쪽을 향하는 것을 가장 중요하게 여기는 경향이 있었다. 그래서 대지의 개성을 살리는 계획보다는 '남향'을 우선시해 왔다. '고시노의 집'에서는 일본 주택에서 상식으로 여기던 남향 중시와 평면 계획의 일본 근대건축에 의문을 제기하고 비판해 보고자 했다. 주거란 쓸데없는 공간이 있어야 정신적 안락을 얻을 수 있고, 흐르는 듯이 동선이 분리되어 이물異物이 비집고 들어가거나 공백이 있어야 자극이 생긴다.

● 일본 미의식 영향

안도 다다오의 작품은 특히 해외 사람들에게 '일본적'이라는 평을 듣는다. '빛과 그림자'의 모노그램 세계, 혹은 콘크리트로 에워싼 간결한 공간에 '무無'나 '사이間'라는 일본적 미학이 숨어 있다고 한다. 안도는 수면 위의 연꽃 속으로 들어가는 콘셉트의 불당인 '혼푸쿠지 미즈미도本福寺 水御堂'가 그런 특징을 가장 잘 담고 있다고 생각한다. 연꽃으로 상징되는 석가와 불교의 정신세계가 있고 신자들은 가운데 계단을 따라 내려가며 그 정신세계로 들어가는 공간체험을 하게 된다.

일반적으로 일본의 건축은 지나치다 싶을 정도로 디테일에 집착한다. 하지만 건축에는 이미 디테일에 필연을 부여하는 건축개념이 견고하게 자리 잡고 있고, 바로 공간 구성에 힘이 잠재되어 있는 것이다. '건축물은 외형보다 내부에서의 체험이 더 중요하다'라고 강조한 안도 다다오의 미의식에 영향을 주고 있다.

안도 다다오의 건축 작품 소개

● 스미요시 나가야: 오사카 1976

스미요시 나가야住吉長屋라고 불리는 이 주택은 세 집이 연결된 나가야의 한가운데를 들어내고 그 자리에 콘크리트 상자를 삽입한 단순한 구성이다. 폭 2칸3.6m, 길이 8칸14.4m의 매우 작은 집이지만 평면을 3등분해서 그 중앙에 중정을 두었다.

창문 하나 없는 외벽을 콘크리트로 마감하여 내부를 소란스러운 바깥으로부터 격리시켰다. 빛이나 바람 등의 자연 요소들을 모두 뜰중정을 통해 들어오게 해 비좁은 공간 속에 커다란 우주를 만들고 싶었다.

스미요시 주택(1975~1976)

다른 사람이 보면 '스미요시 나가야'의 그 작은 1/3을 차지하는 중정이 아주 쓸데없는 공간으로 보일 것이다. 그러나 그 쓸데없는 공간은 작은 우주가 되기도 한다. 주거에는 육체가 사는 것과 동시에 정신도 산다. '스미요시 나가야'에서는 극소極小라고 할 수 있는 대지를 삼등분했고, 그 중앙부를 내부의 뜰중정로 만들어 외부로 개방했다. 인간은 강인한 존재라고 믿어 의심치 않던 안도 다다오의 이 대담한 제안은 건축계를 술렁이게 했다. 비 오는 날 화장실에 갈 때도 우산을 써야 한다는 등 내부 동선이 단절되었다는 데 비판이 집중되었다. 확실히 기능상 관련된 방 사이를 최단 혹은 쾌적한 동선으로 잇는 것은 이른바 당시의 모던 리빙에서는 불문율로 생각되었기 때문이다. 그러므로 그가 만들어 낸, 때로는 가혹한 자연이 주거 안으로 들어간 외부 공간이라고 할 수 있는 중정을 긍정적으로 받아들이는 사람이 적은 것도 무리는 아니었다. 그러나 대지의 1/3을 차지하는 이 뜰중정이야말로 스미요시 나가야의 핵심이자 호흡하는 주거의 심장이며, 주거를 의지를 가진 개인의 도시 아지트로서 성립시킨다.

안도 다다오는 뜰중정이 자연과 물리적으로 직결된 공간이라는 것을 넘어 이곳에 정착해 살겠다는 의지를 표명한 거주자가 이러한 공간을 통해 자신이 자연의 일부임을 재확인할 수 있는 장치가 되기를 바랐다.

- 빛의 교회: 오사카부 이바라키 1989

1987년 오사카부 이바라키 시의 주택가에 예배당 설계를 의뢰받은 안도 다다오는 예산 부족 때문에 고민하다가 개신교 교회다운 소박함과 금욕적인 단순함을 지닌 상자 모양의 공간을 생각해 냈다. 어둠 가운데 십자가의 빛이 비추는 '빛의 교회' 아이디어를 제안한 것이다. 최후까지 비용 문제로 고심하면서도 교회 건설을 바라는 신자들과 건설회사 사람들의 분발로 기적적으로 완성한 교회다.

건물은 5,900mm의 구가 3개 내접하는 직육면체에 15도로 기울어진 벽이 관입하는 단순한 기하학에 의한 구성이다. 그 기울어진 벽에 의해 현관과 분절된 예배당의 어둠 속에서 유일하게 정면 벽에만 뚫린 십자형의 슬릿이 상징적인 십자가를 떠오르게 한다. 게다가 구심성을 높일 의도에서 정면의 벽을 향하여 바닥을 계단 모양으로 낮추고 있다. 또한 소재는 콘크리트와 함께 바닥과 의자의 좌석의 재료는 매우 거친 비계용 발판으로 사용되는 값싼 삼나무를 선택했다. 간소한 실내공간으로 의도한 것은 자연을 빛이라는 요소로 한정하고 자연을 극단적으로 추상화해 얻을 수 있는 인간 정신의 근원에 닿을 듯한 심원한 공간의 표현, 요컨대 요소를 잘라버림으로써 보다 깊은 공간성을 획득하는 것이었다. 십자가 형태로 뚫은 예배당의 벽면 부분에 유리를 끼우지 말자고 제안했다. 십자가를 통해 예배당 내부로 바람과 빛이 비춰 들어오면 기도하는 교인들의 마음이 하나가 될 것이라고 생각

빛의 교회(1987~1989)

했다. 그러나 교인들이 유리가 없으면 춥고 비가 들이친다며 거세게 반발하자 어쩔 수 없이 유리를 끼워 넣었다.

- 혼푸쿠지 미즈미도: 아와지시마 1991

일명 '물의 사원'이라고도 불리는 미즈미도水御堂는 아와지섬 북동부의 오사카만이 한눈에 보이는 작은 언덕 위에 위치한다. 진언종真言宗 인화사파仁和寺派에 속하는 혼푸쿠지本福寺의 본당이다. 여기서는 일상세계에서 비일상적인 성역으로 그 극적인 이행의 시간과 공간에 의한 표현으로 주제를 집약했다. 오솔길을 따라가는 것에서부터 미도로의 접근이 시작된다. 숲속을 우회하면서 올라가면 우뚝 솟은 콘크리트 벽을 배경으로 흰 모래를 깔아 놓은 앞마당이 나타난다. 이 벽에 뚫린 개구부를 빠져나오면 또 하나의 콘크리트 벽이 완만한 호를 그리며 맞이한다. 2개의 벽에 의해 나누어진 푸른 하늘과 흰모래 바닥을 따라 걷다가 끝부분에 이르면 시야가 트이며 타원형의 연못이 나타난다. 연꽃은 불교를 연 석가모니의 상징이라고 전해진다. 그 중앙에 뚫린 계단을 연못에 빨려 들어가는 듯한 느낌을 받으며 내려가면 드디어 본당

혼푸쿠지 미즈미도(1989~1991)

인 미도와 만나게 된다.

원형의 방 안의 모든 것은 주홍색으로 칠해져 있다. 안도가 의도한 것은 등 뒤 격자창이 자연광을 받아 붉게 빛나는, '서방정토'와 같은 빛의 공간이다.

미즈미도는 일본의 전통적 건축의 영향을 받아 성스러운 영역과 세속적인 영역이 전환되는 방법으로 지형을 이용한 배치, 우회하는 접근 방법 등으로 표현했다. 안도 다다오는 최초의 사원 건축 설계에서 형태나 형식이 아니라 그 이면에 있는 정신의 계승으로 전통을 이어야겠다고 생각했다.

● 지추미술관: 가가와현 카가와 2004

지추미술관地中美術館은 세토나이카이해의 작은 섬 나오시마에 만들어진 또 하나의 미술관이다. '땅속 미술관'이라 불리는 건물에는 인상파 화가인 클로드 모네와 미국 현대 미술작가인 월터 드 마리아, 제임스 터렐이라는 세 작가의 작품이 영구 전시되어 있다. 부지는 베네세하우스 뮤지엄 서쪽 600m, 나지막한 언덕 위에 위치한다. 장소의 잠재력과 '공간아트의 영구전시'라는 특수한 프로그램을 바탕으로 '풍경에 녹아드는 건축'이라는 주제로 완전한 '지중 건축'을 제안했다. 건물은 언덕에서 바다로 향하는 남북 축선을 따라 뚫려 있고, 정사각형과 정삼각형 평면을 상징하는 두 개의 공간을 기점으로 구성된다. 바다보다 먼 곳에 위치한 정사각형의 '사각 코트'의 한 변을 따라가는 형태로, 언덕 중턱에서 땅 속으로 파고드는 접근 갱도가 뚫린다. 사각 코트를 둘러싼 계단이 이끄는 한 단계 위의 지하 레벨로 각도를 흔들어 현관 로비가 배치된다. 거기서부터 하늘로만 열린 크레바스 같은 야외

지추미술관(2000~2004)

통로를 거쳐 정삼각형의 '삼각 코트'에 다다른다. 코트의 세 변을 따라 배치된 계단과 슬로프로 인도되어, 다시 지하로 내려가면 그곳이 지하 갤러리존 입구다. 세 작가의 아트 스페이스는 삼각 코트의 두 변을 둘러싼 형태로 각각 고유한 기하학적 볼륨을 지닌다.

아트 스페이스에 이르는 일련의 지중 공간의 주제는 '빛'이다. 지하에 박힌 기하학적 형태의 연속이 생겨나는 어둠의 미로, 이를 비추는 빛의 양감과 질감을 살리고 명암의 변화에 따라 비일상적인 장소를 억양있는 공간으로 만들어 내려는 의도다. 3개의 아트 스페이스는 아티스트와 디렉터의 타협 없는 콜라보레이션을 거쳐 탄생한 것이다. 그 격렬한 대화의 흔적이, 땅속 건축의 윤곽으로서 지표면에 얼굴을 살짝 내비치고 있다.

● 오모테산도 힐스: 도쿄 시부야구 2006

오모테산도 힐스表参道ヒルズ는 도쿄의 중심지에 속하는 아오야마의 오모테산도에 위치한다. 1920년대 관동대지진의 부흥사업으로 건설된 도준카이 아오야마 아파트는 근대적인 생활 스타일의 주춧돌을

오모테산도 힐즈(1996~2006)

만든 일본의 RC조 아파트의 선구였다. 힐스는 이곳을 터전으로 삼아 만들어진 공동 주택과 상업시설의 복합시설이다.

현 상태 그대로의 복구와 재생은 물리적, 경제적으로 불가능했지만 안도는 그 풍경의 정수를 추출하여 새로운 현대 건축으로 번역하는 방법을 시도했다. 기존의 풍경을 지키기 위해서 건물의 높이는 6층으로 제한하고 용적을 확보하기 위해 지하 30m까지 파내려가고, 오모테산도의 느티나무 가로수만큼만 높이를 낮추어야 했다. 그 중심에 예전 아파트가 가지고 있었던 것 같은 풍부한 퍼블릭 스페이스를 내포할 것. 이 둘을 새로이 생겨나는 건축의 전제로 하고, 거기에 더해 구 아파트를 일부만이라도 그대로 둘 것을 제안했다. 건물의 기단부 건축물에서 터보다 한 층 높게 쌓은 단는 약 250m의 연속된 유리 파사드로 구성된 상업시설이 위치하고, 그 위에 주거 기능의 구성을 가진다. 기단 부분은 그 유리 안쪽에 옛 아파트 안뜰과 같은 삼각형의 아트리움을 가진다. 오픈 공간를 둘러싼 나선형 경사로는 오모테산도와 같은 20분의 1 경사 각도를 가지고 있으며, 각 층은 경사로로 자연스럽게 연결된다.

이 건축에서 가장 많은 에너지가 들어간 것은 '기억의 계승'이라는 주제를 둘러싼 수많은 소유자와의 대화 과정이었다. 토지 소유자들은 노후화된 건물을 그대로 남기는 것에 반대했으나, 대화를 거듭하면서 한 채를 원형 그대로 보존하기로 했다. 시장원리가 지배하는 도시에서 건축의 공공성이라는 주제를 특히 깊이 생각하는 계기를 마련해 주었다.

안도 다다오의 도전: 연전연패

안도 다다오의 사무실은 내부 전체를 지켜볼 수 있는 구조다. 그리고 전화는 전부 1층에 있어서 직원이 통화하는 것을 안도 다다오가 같이 듣고 바로 결정할 수 있다. 다시 말하면 모든 설계와 건축 과정에 안도 다다오가 직접 관여하고 컨트롤하고 있는 것이다.

건축은 움직이지 않는 오브제가 아니다. 사회 속에서 사람들이 계속 사용해 준다면 늘 변화하고 성장하는 '생물'과 같다. 사회적 산물인 건축에 이념을 걸고 자신의 의지를 개입시켜 가는 것이 건축가의 작업이므로 건축은 결국 이를 만드는 건축가에서 완전히 벗어날 수 없다고 한다. 그러면 건축가의 개성은 어디에서부터 생겨나는 걸까? 건축가에 따라 그 과정이 다양하겠지만 안도는 아이디어의 원점, 발상의 핵이 되는 부분은 건축가로서 사회적으로 인지되기 이전의 시기를 어떻게 보냈는가에 관련된 것이라고 생각한다. 그 후 건축가가 지향하는 방향성은 바뀌지 않으며, 또 최종적으로는 반드시 거기로 되돌아가는 것이라고 말한다. 그러므로 건축가는 먼저 '자신'을 확실히 확립하는 것이 중요하다. 안도 다다오는 디자인 감각, 통찰력과 더불어 인간으로서의 강한 정신력, 즉 어떻게 살아가는가 하는 삶의 방식이 무엇보다 중요하다고 보았다.

안도 다다오는 결국 힘이 되는 것은 몸으로 느끼며 얻은 육체화된 공간의 기억이라고 말한다. 건축이란 머리만으로 이해할 수 있을 정도로 쉬운 것이 아니다. 건축에 관여하며 살아가는 것은 영원히 여행을 계속하는 일과 같기 때문이다.

안도 다다오는 "이곳이니까 할 수 있는 것을 해보자.", "건축은 안에서의 경험이 중요하다, 나만의 우주를 만드는 것이다."라고 이야기한다. 외형보다 체험을 중요시한 안도 다다오의 건축철학이 그의 작품에 담겨 있다.

'무전여행'처럼 떠난 유럽답사에서 로마의 판테온과 르 코르뷔지에의 롱샹 교회를 보며 "빛을 추구하기만 해도 건축이 된다."라는 확신을 가지게 된 그는 귀국해 자신의 이름을 내건 건축사무소를 열었다. 그리고 그 이후 안도 다다오는 사회의 편견과 몰이해와의 싸움을 하게 되고 거듭되는 패배에도 굴하지 않고 자신의 의지를 관철하기 위해 포기하지 않고 끝까지 노력하는 모습을 볼 수 있다. 별다른 장식 없이 콘크리트 벽을 커다란 십자가 모양으로 잘라낸 '빛의 교회'를 설계하면서 안도는 십자가 틈새를 유리로 덮지 말자고 주장하지만, 목사는 비와 추위를 우려해 반대한다. 건축주의 요구에 따를 수밖에 없었던 그는 카메라 앞에서 단호하게 말한다. "건축은 완공됐다고 끝이 아니다. 언젠가 유리를 빼버리겠다."

좌절의 순간도 있었다. 국제적 관심사였던 영국의 테이트 모던 뮤지엄 현상설계에서 결국 헤어초크에게 밀렸을 때, 프랑스 세갱 섬에 지어질 뻔했던 미술관 계획이 틀어졌을 때 자크 시라크 당시 프랑스 대통령은 '와인을 즐기며 포기하라'고 안도를 위로했다. 하지만 안도

도쿄 화장실(2020)

다다오가 가장 많이 실망했을 때는 뉴욕의 쌍둥이 건물이 9·11테러로 파괴된 뒤 제시한 재건계획이 수용되지 않았을 때이다. 그는 폐허 위에 아무것도 짓지 말고 지하에 명상관을 만들자고 제안했다. 경제 효율성이 없다며 반대하는 '미국인'들을 향해 안도 다다오는 이렇게 호소했다. "왜 이런 일이 일어났는지 모두 생각해 봐야 해요!" 안도 다다오는 2014년 암 때문에 췌장과 비장을 제거하는 수술을 받았다. 그러나 "어차피 한번 사는 인생인데… 포기할 순 없다."라며 건축 작품 설계에 매진하는 모습은 많은 사람들에게 귀감이 되고 있다.

도쿄 시부야 시내 중심가의 공공시설을 업그레이드하기 위해 '도쿄 화장실 프로젝트Tokyo Toilet Project를 추진해 온 비영리재단 '일본재단'은 2020년 안도 다다오가 설계한 화장실을 공개했다. 이 프로젝트의 여섯 번째 완성작에 대해 안도 다다오는 "이 작은 건축물이 공공 화장실의 경계를 넘어 엄청난 공공 가치를 제공하는 도시경관 속 '장소'가 되기를 바랐다."라고 밝혔다.

안도 다다오의 도전은 오늘도 계속된다.

20년 만의 외출, 그리고 오시라이시모치

이경아(한국방송통신대학교 일본학과 튜터)

일본 신앙의 메카, 태양의 여신을 모시는 성지!

2013년 7월 하순 찌는 듯 더운 날, 필자는 이세신궁伊勢神宮의 식년천궁式年選宮 행사에 초대를 받아 미에현 이세시의 아사마초로 갔다. 간사이공항에서 아사마초로 가는 여정은 쉽지가 않다. 여러 번의 환승을 거쳐 조용한 시골 마을에 기차가 도착했다.

일본인들에게 이세신궁은 마음의 고향과 같은 곳이라고 한다. 일본에서 가장 유명한 신도神道 사원이며 아마테라스 오미카미天照大神를 주신主神으로 모신 황실사원이 이세에 있다는 것은, 이세 시민들에게는 자긍심이고 신의 큰 은혜를 받은 것이라 할 수 있을 것이다.

오랜 역사를 가진 식년천궁식은 이세신궁을 새로 지어 20년마다 이사하는 것이다. 내궁과 외궁으로 이루어진 이세신궁은 정궁正宮과 별궁別宮 모두를 새롭게 지어 이사하는데, 20년 주기로 치러지는 이 의식은 9년이라는 긴 시간 동안 총 33번의 식式이 진행되고 있으며 신관神官, 신과 인간의 중재자 역할이 그 의식을 진행한다. 신관이 아닌 일반 대중도 참여할 수 있는 행사가 있다면 독자들은 참석하겠는가. 행사의 주체인 봉헌단奉献団으로서 의식을 치르는 오시라이시모치お白石持ち 행사는 일반인도 참여할 수 있다. 평소 이세신궁의 정궁은 일반인의 출

입을 금하지만 이날만큼은 봉헌단의 자격으로 출입할 수 있으며, 2013년 7월에 진행되었던 제62회 신궁 식년천궁 행사에 봉헌단으로서 참가한 필자의 값진 경험을 독자들과 공유하고자 한다.

식년천궁은 내궁에서 먼저 행사가 진행된다. 내궁 입구에 있는 우지바시宇治橋 다리를 건너 자갈돌이 깔린 긴 참배 길을 따라가면 아마테라스를 모시는 곳이 나오는데, 이 다리조차도 새로 만들어 세울 정도로 그 의식의 규모가 상당하다. 가장 최근에 있었던 제62회 신궁식년천궁은 2005년 5월 산신제를 시작으로 33번의 식을 거치며 9년이 지난 2013년 10월에 천궁을 끝마쳤다. 필자가 참여한 오시라이시모치 행사는 9년간의 의식 가운데 후반부에 속하는 것으로 7월과 8월 약 두 달간 진행되었다.

오시라이시모치 행사와 봉헌단

이 행사의 주체는 유일하게 신사의 신관이 아닌 일반 대중이다. 이세시의 시민인 이세 주민들과 전국에서 공개 모집한 특별 시민으로 구성된다. 오시라이시모치 봉사는 이세 주민의 특권이며, 신을 모시는 신령민이라 하여 천궁에 필요한 경비 조달의 의무에서도 면제되었다. 제62회 신궁 식년천궁식의 오시라이시모치 행사는 2013년 7월 26일부터 이세 주민으로만 구성된 봉헌단이 포문을 열고, 전국에서 모집된 특별신령민 봉헌단이 그 뒤를 잇는다. 필자는 아사마초 봉헌단으로서 이세 주민만 참석하는 행사에 그들과 함께했다. 다음 63회는 20년 뒤인 2033년에 개최되기에 62회 행사에 참여했다는 것은 필자에게 굉장히 큰 의미가 있었다.

봉헌단은 마을 단위나 청·장년단, 노년단, 유소년단 등의 단체로 구성된다. 제62회 오시라이시모치 행사에서는 6,000명이 참가한 후나에 신슈구미船江神習組 봉헌단이 최고의 참가 인원을 자랑했다. 수많은 사람들이 참가하는 이 행사는 이세 시민 모두가 함께하는 공동체 의식과 다음번에 치러야 할 행사의 제반 과정을 배우는 기회를 마련하는 것이다. 20년 주기로 치러지기 때문에 세대교체의 되풀이와 이세신궁의 기원인 '영원하도록よろずよまでも'이 실현되기를 바라는 의미를 갖는다. 그리고 평소 출입이 금지된 신의 영역에 오시라이시를 정전 앞에 봉헌하는 동안 신과 함께할 수 있는 것에 무한한 기쁨과 긍지를 가질 것이다.

오시라이시모치 행사는 미야강宮川의 강가에서 주워 모은 흰 돌, 오시라이시를 수레나 썰매에 싣고 신궁 입구까지 끌고 가 새롭게 지어진 정궁의 마당에 봉납하는 것이다. 수레는 신을 옮기는 도구神具이고 신의 나무神木를 운반한다 하여 오키히키쿠루마お木曳き車라고도 하는데 이세시에만 있는 것이다. 궁을 짓는 데 사용하는 대목大木을 주로 운반하기 때문에 몸체는 느티나무, 바퀴는 떡갈나무로 만든다. 수레 제작은 모두 수작업으로 굉장히 힘들다. 특히 수레가 굴러갈 때 나는 소리는 낮고 강하게, 그리고 일정한 음으로 울리도록 하는 것이 관건이다. 마치 소라나발 소리처럼 엄숙한 행사의 분위기를 끌어 올릴 수 있는 소리를 만들어 내야 하기 때문에 마을마다 서로 경쟁하며 오랜 경험을 가진 장인의 솜씨를 보는 것도 또 하나의 묘미가 된다.

이렇게 심혈을 기울여 만든 수레에 실을 흰 돌을 줍기 위해 마을마다 각기 정해진 날, 봉헌자들은 미야강으로 간다. 이때 줍는 돌은 광택과 투명감이 있고 아이 주먹만 한 크기여야 한다. 실제로 필자가 가와비키 행사에 참여했을 때 손에 쥐었던 흰 돌은 반지르르 윤기가 흐르고 예뻤던 것으로 기억한다. 이렇게 모은 흰 돌은 오시라이시모치 행사가 시작되기 전까지 일정 기간 봉헌단이 소속된 마을의 청정한 신사에 각기 보관된다.

보관되어 있던 흰 돌은 추첨을 통해 각 봉헌단별로 정해진 봉헌날에 옮겨진다. 강을 통해서 운반하는 가와비키川曳き와 수레에 실어서 육지를 통해 끌고 가는 오카비키陸曳き 등 두 가지 방법으로 흰 돌을 운반한다. 내궁으로는 두 가지 방법 모두를 사용하는 반면, 외궁으로는 지형적인 조건 때문에 오카비키로만 운반된다. 이유는 내궁은 입구가 강과 연결되어 있어 가능하지만 외궁은 강이 없어 육지를 통해서만 운반할 수 있기 때문이다.

가와비키를 하기에 앞서 강가의 광장에서 일정한 의식을 치른다. 각 마을의 썰매를 강에 띄우기 전, 핫피法被를 입은 봉헌자들은 생고무 바닥으로 된 다비를 신고 둥글게 서서 춤을 추며 행사의 무사無事와 신에 대한 봉헌을 알린다. 필자 역시 이 행사에 참여하기 4개월 전부터 지인이 보내온 동영상을 보고 춤을 연습했다. 봉헌날 일본인들과 함께 춤을 추며 하나가 되어 이 행사가 무사히 잘 마무리되기를 바라면서 따라 했던 기억이 난다.

크레인으로 썰매를 들어 올려 강에 내려놓으면 봉헌자들은 소라나발 소리를 신호로 강물로 들어가 소속 봉헌단 썰매의 밧줄을 양쪽으로 줄지어 잡고 기야리木遣り의 구령 소리에 맞추어 끈다. 물 안팎에서는 청·장년과 아이들로 구성된 기야리가 노래를 부르며 봉헌단의 기운을 북돋운다. 기야리는 기야리 노래에 맞추어 자이ザイ 采, 먼지털이 모양를 위아래로 흔든다. 기야리는 봉헌자들을 한 호흡으로 만드는 역할을

아사마쵸 봉헌단과 기야리들

썰매를 끄는 봉헌단과 기야리들

하는 안내자라고 생각하면 될 것이다. 여성 기야리들은 한껏 멋 부린 차림새에 예쁘게 화장을 하고 머리에 새끼줄처럼 꼬인 것을 두른 모습이 아주 다부지다.

가와비키는 이스즈강에서 내궁 입구까지 약 1km 구간을 거슬러 올라간다. 기야리 노래에 맞추어서 봉헌자들은 밧줄을 당긴다. 기야리들의 엔야 엔야エンヤー、エンヤー, 영차 영차 선창에 맞추어 봉헌자들도 뒤이어 목청껏 소리치며 나아간다. 썰매에 묶인 굵은 밧줄 양쪽을 잡아 끌고 가다가 앞서 출발한 다른 마을의 봉헌단 썰매가 멈추어 있을 때는 기야리의 호령에 맞추어서 멈춘다. 멈추어 있는 동안에도 그냥 서 있는 것이 아니라 양쪽에서 밧줄을 위아래로 물보라가 나도록 내려치면서 다함께 물놀이를 한다. 줄을 잡은 채 양쪽 대열은 기야리의 신호에 맞추어서 가운데로 모이면서 그 안에 갇혀 버린 기야리를 들어 올리면서 정체가 풀리기를 기다린다.

30도가 넘는 한여름 땡볕 아래서 치러지지만 물 속이라 더위는 그다지 느끼지 못할 정도였다. 가다 멈추기를 반복하며 썰매는 어느덧 내궁 입구에 이르는데 이때 이스즈강의 심한 여울 두 곳을 만나게

된다. 우지바시 바로 아래의 내궁 입구는 수심이 깊기도 하지만 이끼와 돌이 많고 물살이 무척 세기 때문에 다칠 위험이 있어 주의해야 한다. 여기서부터는 노약자와 여성들은 빠지고 기야리의 호령에 맞추어 청장년들만이 엔야히키エンヤ曳き를 하며 정성껏 모은 흰 돌이 강물 속에 무더기로 빠져버리지 않도록 단번에 뭍으로 끌어 올린다. 이것으로 봉헌자의 임무 중 가장 큰 역할이었던 썰매 끌기는 끝이 나고 이후는 신사에서 준비한 인력 화물수레로 흰 돌을 신궁의 공터로 옮기는 작업을 한다.

흰 돌이 신궁의 공터에 도착하면 여태껏 떠들썩했던 분위기는 180도 바뀐다. 궁내에는 엄숙하고 경건한 분위기가 주변을 압도한다. 수많은 사람들이 흰 돌을 하얀 손수건에 한두 개씩 받아 액막이를 한다. 그리고 청정한 흰 돌을 소중히 감싸 쥐고 정전으로 향하는 봉헌자들의 행렬에서는 자갈 밟는 소리만이 들릴 뿐이었다. 정전에 도착하면 흰 돌을 정전 마당에 조심히 놓고 되돌아 나오는데 이 순간 일본인들의 모습은 사뭇 진지하다.

필자가 참석했던 아사마초는 오전 8시경 행사가 시작되어 오후 3시쯤이 되자 우리 마을 순서가 모두 끝이 났다. 우지다리를 건너면서 아직도 진행 중인 다른 마을의 썰매 끌기를 내려다보면서 오카게요코초로 발걸음을 옮겼다.

내궁 앞의 관광지 오카게요코초

내궁 앞에 있는 에도시대 말기에서 메이지초기 거리의 모습을 재현한 관광지인 오카게요코초로 발걸음을 옮겨 보자. 목조건물이 줄지어

오카게요코초 거리

햐쿠고 은행

이스즈가와 우체국

늘어선 거리의 첫 느낌은 시대극을 촬영하는 영화 세트장에 와 있는 느낌이었다. '와! 정말 일본스럽구나!' 가장 인상적이었던 것이 우체국과 지역은행이다. 우리가 생각하는 관공서의 건물과는 동떨어진 모습에 간판이 없었다면 전혀 몰랐을 아기자기한 건물이 정겹다.

여행의 또 다른 즐거움은 지역에서만 맛볼 수 있는 먹거리를 경험해 보는 것이다. 오카게요코초거리에는 아카후쿠모치 赤福餅 라는 이세 명물이 있는데 우리나라 찹쌀떡과는 반대로 팥소가 떡을 감싸고 있다. 아카후쿠모치는 굉장히 달아서 녹차와 함께 먹어야 했다. 그리고 또 하나의 이세명물로 이세우동 伊勢うどん 이 있다. 오직 면에 조미된 간장만으로 비벼 먹는 아주 단순한 비빔우동이다. 장식이라면 송송 썬 대파나 가쓰오부시를 얹는 정도에서 그치는 우동은 오로지 면의 맛에 집중되는 음식이다. 이세우동을 먹고 난 후 마시는 이세사이다는 다소 짠맛이 밴 입 안을 상큼하게 해주는 데 안성맞춤이다. 그리고 더운 여름의 더위를 식혀 주는 빙수에 아카후쿠고오리 赤福氷 가 있다. 겉모습

아카후쿠모치

이세우동

이세사이다

은 녹차물이 뿌려진 심플한 모습이지만 먹다 보면 아카후쿠모치가 숨겨져 있다. 빙수 위에 갖은 토핑을 하는 한국의 빙수와는 다른 모습이다. 오카게요코초는 먹거리뿐 아니라 볼거리도 많으니 독자 여러분들도 꼭 둘러보기 바란다.

돌에 담긴 마음, 그리고 글을 마치며

일본에는 돌탑 쌓기와 관련된 사이노 가와라賽の河原라는 말이 있는데 부모에 앞서 죽은 아이가 저승에서 부모 공양을 위해 돌탑을 쌓는다는 삼도천 강변의 자갈밭이다. 삼도천三途川은 한 번 건너면 두 번 다시는 돌아올 수 없는 강으로 부모보다 먼저 죽은 아이가 불효의 죄에 따라 돌탑을 쌓아 올리는데 돌탑이 완성될 때쯤이면 귀신이 와서 무너뜨리고 쌓아 놓으면 또 무너뜨린다. 이때 지장보살이 나타나 아이를 구해준다는 민간신앙으로 내려오는 이야기다. 이런 연유인지 일본

의 사찰에 가면 아기 턱받이를 하고 있는 지장보살을 볼 수 있다. 한국의 지장보살은 명부전冥府殿의 주불主佛로서 죽은 사람의 영혼을 위로하는 보살인데, 일본의 지장보살은 낙태나 사산으로 허공을 떠도는 어린 영혼을 보호하는 보살이다.

니가타현 나가오카시의 도치오에서는 매년 8월 7일, 죽은 아이들을 대신하여 강가에 돌을 쌓아 성불하도록 해주는 오봉お盆 행사를 한다. 한국에서도 강·산·들의 길목에 돌탑을 쌓아 놓은 풍경을 흔히 볼 수 있지만 일본의 경우처럼 행사로까지 자리매김한 것은 없는 것 같다.

한국인들이 소원성취의 의미를 담아 쌓아 올리는 돌탑과 불효의 죄로 부모공양을 하는 일본인들의 돌탑 쌓기는 그 염원하는 바가 같다고 하겠다. 한국인들이 염원의 뜻을 담아 돌탑을 쌓듯 식년천궁식의 오시라이시모치 또한 이세 시민 한 사람 한 사람이 정성과 염원을 담아 신에게 봉납할 돌을 줍지 않았을까 하고 생각해 보면, 돌탑을 쌓는 한국인이나 정전에 흰 돌을 봉납하는 일본인이나 염원하는 바는 별반 다르지 않은 것 같다.

새로 지어진 신궁에서 품어져 나오는 은은한 나무 향과 신선한 공기를 깊게 들이마시며 여름 하늘을 올려다보았던 그때를 회상하니 새삼 어제 일처럼 생생하다. 기회가 된다면 2033년 제63회 오시라이시모치 행사에 참석해서 그때의 느낌을 다시 한 번 더 느낄 수 있게 되기를 기대해 본다.

가루이자와 여행길에서 만난 아리시마 다케오

이혜영(전 서울시립대학교 강사)

가루이자와

2017년 여름, 가루이자와軽井沢로 여름휴가를 떠나기로 했다. 해발 1,000m의 고원지대에 위치한 나가노현의 가루이자와는 여름에도 기온이 25도를 넘지 않아 일본 최고의 피서지로 꼽히는 곳이다. 특히 도쿄에서 멀지 않고 골프, 스키 등의 스포츠를 즐길 수 있어서 외국인에게도 인기가 높은 피서지다. 그뿐만 아니라 자연 친화적인 입지의 대규모 아웃렛 쇼핑센터가 있고, 맛집 투어 등 다양한 즐길 거리가 있는 곳이라니 여러 가지로 구미가 당기는 여행이 될 것이라고 확신했다. 그리고 또 하나 가루이자와 하면 그 인물이 늘 기억에 떠오른다.

가루이자와는 1885년경 영국인 성공회 선교사인 알렉산더 크로프트 쇼가 요양차 가루이자와를 방문하여 정착하고 교회를 세우면서 외국인들 사이에서 유명해지기 시작했다. 그 후 쇼와천황의 별장을 시작으로 일본의 귀족, 유명인사들의 재충전 장소로 인기를 얻게 되었다. 특히 당대의 문인들이 이곳을 방문하여 창작활동을 하며 독특한 문학 풍토를 키워 왔다. 특히 가루이자와와 연고가 깊은 문인들은 아리시마 다케오有島武郎, 마사무네 하쿠쵸正宗白鳥, 무로 사이세이室生犀星, 아쿠다가와 류노스케芥川竜之介, 가와바타 야스나리川端康成, 호리 다쓰오 堀辰雄, 이노우에 야스시 井上靖, 나카무라 신이치로 中村真一郎, 엔도 슈사쿠 遠藤周作 등을 들 수 있다. 그 이름만으로도 일본 문학의 기라성 같은 대표주자라 할 수 있는 이들은 별장을 지어 이곳에서 지내며 작품 활동을 했다. 그 외 일일이 다 열거할 수 없을 정도로 많은 문인들이 가루이자와를 방문하여 풍요롭고 감성 풍만한 작품을 남겼다. 가루이자와가 갖는 청량한 공기와 살롱 salon 적인 분위기, 국제적인 피서지로서 색다른 공간이 작가들의 창작을 더욱 자극했기 때문이리라. 그런 연유에서일까 가루이자와는 많은 문학작품의 무대가 되기도 했다.

가루이자와 동네 한 바퀴

신칸센을 타고 도쿄에서 1시간, 가루이자와역에 도착했다. 비가 제법 많이 내렸다. 여행길의 비는 특히 무거운 트렁크를 든 여행자에게는 불편하기 짝이 없는 불청객이었다. 다행히 역사 안 구석에 자유로이 쓸 수 있는 하얀 비닐우산이 놓여 있었다. 프린스 호텔과 아웃렛에서 무료로 제공하는 것이었다. 불편한 마음은 어디론가 사라지고 작은 배려에 감사하며 우산을 사용했다. 가루이자와는 유서 깊은 호텔, 펜션, 별장 등이 즐비한 곳이다. 무엇보다 가루이자와역에 도착해서 역사를 빠져나오자마자 바로 보이는 프린스 호텔은 아웃렛 쇼핑센터와 더불어 가루이자와의 상징과도 같은 곳이다. 하지만 내가 묵을 숙소는 역에서 도보로 25분 정도 소요되는 쁘띠호텔이었다. 작고 아담하고 정갈한 느낌마저 드는 깜찍한 호텔이었다. 작은 호텔 안의 정원은 마음을 편안하게 해주고 마냥 멍하게 앉아 상념에 빠지기에 충분한 곳이었다. 3박을 하며 먹었던 조식은 특급호텔 못지않은 수준의 맛과 서비스였다. 부부가 운영하는 이곳은 예전에 호텔근무 경력이 있는 분들이라 했다. 가루이자와가 가끔 그리운 이유 중의 하나다.

● 쇼핑 천국에서 맛본 고기

가루이자와 역 앞에 위치한 세이부西武그룹에서 운영하고 있는 아웃렛 '가루이자와 프린스 쇼핑 플라자'는 잔디광장이 있고 호수를 따라 약 240여 개의 매장이 줄지어 서 있어 그 규모가 무척 컸다. 이러한 외관은 1995년에 원래 골프장이 있던 곳으로 아웃렛이 들어선 이래 2014년까지 증축과 증설을 거듭하여 오늘의 자연 친화적 모습을 갖추게 되었다. 무엇보다 놀란 것은 반려동물 출입이 가능한 점포가 있고 반려견 유모차, 반려견을 안고 다닐 수 있는 띠 등을 판매하고 있어서였다. 지금은 한국에서도 쉽게 볼 수 있지만 그 당시에는 보기 드문 모습이라 당황스러웠던 기억이 난다.

내가 프린스 쇼핑 플라자를 방문했을 때는 마침 '고기 페스티벌'이 열렸다. 2014년부터 개최한 일본 최대의 음식 이벤트인 고기 페스티벌은 전국 인기 고기 요리점 15점포가 출점하여 다양한 부위의 고기

프린스 쇼핑 플라자

가루이자와 고기 페스티벌 모습

요리를 맛볼 수 있는 행사였다. 유명 맛집의 고기 요리를 저렴한 가격에 먹을 수 있어서 신나게 먹었다. 독특한 페스티벌에 참여하게 되어 재미있고 즐거웠다. '고기 페스티벌'은 코로나19 팬데믹으로 중단되었다가 2022년 일본 곳곳에서 개최되었다. 그러나 가루이자와는 개최되지 않았는데 계속 고기 페스티벌이 어어지길 바란다.

● 구舊 가루이자와, 나카中 가루이자와

구 가루이자와 길, 긴자거리에 들어서면 예쁜 상점과 카페, 음식점, 료칸 등이 줄지어 있어서 무엇을 먼저 먹어 보고 구경해야 할지 마음이 설레기 시작한다. 길을 따라 두리번거리며 천천히 걷다 보면 어느새 숲속을 거닐고 있다. 성공회 교회, 기독교 교회, 가톨릭 성당 등등 일본의 종교에 대해 관심이 있다면 이 작은 숲속에 교회가 이렇게 많은 것에 놀라지 않을 수 없겠지만, 이곳이 외국인들의 인기 피서지였다고 하니 당연한 일이기도 하겠다. 가톨릭 성당을 방문했을 때 한

아리시마 다케오의 별장 정월암의 외부와 내부 모습

국 신부님을 만나게 되어 반가웠다. 가톨릭 신자인 나로서는 타국에서 신부님을 만나서 감격스럽기까지 했다.

어느새 발길은 나카 가루이자와 정월암淨月庵에 닿았다. 아리시마 다케오의 별장이다. 별장의 최초의 장소는 이곳 가루이자와 고원문고가 아니라 구 가루이자와의 구 미카사 호텔 근처에 있었으나 보존을 위해 현재의 장소로 옮겼다고 한다. 현재는 1층은 카페, 2층은 아리시마 다케오 기념관으로 되어 있다. 가루이자와에 별장을 가지고 있던 그는 1916년부터 매년 이곳 정월암에서 여름을 보내곤 했다. 가루이자와를 가장 사랑한 문인 중 한 명이었다. 그러나 그는 1923년 6월, 하타노 아키코와 정사情死, 생을 마감했다. 별장의 응접실 대들보에 목을 매어 사망했는데 한 달 후에야 시신이 발견되어 유서로 그들임을 확인할 수 있었다고 한다. 아리시마 다케오는 어떤 사람일까?

아리시마 다케오의 사랑

그는 1878년 도쿄에서 대장성재정경제부 관료이며 사업가인 아리시마 다케시의 장남으로 태어났다. 10세에 당시 귀족 명문자제들만 다니는 가쿠슈인에 입학한다. 가쿠슈인 시절 그는 당시 왕세자 다이쇼 천황의 놀이 친구이기도 했다. 삿포로 농학교에 입학한 그는 기독교인이 되지만 미국에서 공부하며 사회주의 사상에 심취하기 시작했고 휘트먼과 입센 등의 서양 문학, 베그르송과 니체 등의 서양 철학의 영향을 받으면서 결국 기독교를 떠나게 된다. 1910년 동인지 《시라카바白樺》 창간에 참여하며 문학 활동을 시작하게 되었다. 그 후 시라카바의 중심인물로 활약한다. 다이쇼시대의 문인인 아쿠다가와 류노스케와 함께 2대 거탑으로 알려진 그는 아쿠다가와를 능가하는 인기가 있었고 특히 여성들로부터 지지가 높았던 작가였다. 대표작으로는 《카인의 후예》1917, 《태어나는 번민》1918, 《어떤 여자》1919, 《아낌없이 사랑은 빼앗는다》1920 등이 있다. 그는 가족 간의 갈등, 계급적 갈등, 남녀의 지위 문제 등을 소설과 평론으로 발표했으며 자신이 소유한 농장을 소작인들에게 무상증여하기도 한다. 신인섭2000의 논문에서는 아리시마가 소설에서 국가와 사회의 틀 속에서 '일본인'의 존재 방식과 그 갈등 양상을 그렸다고 표현했다. 또 지식인으로서 스스로의 부르주아로서 태생을 한계적으로 탈피할 수 없는 절망감을 표현했다고 서술했다. 1923년 그는 〈부인공론婦人公論〉의 기자 하타노 아키코를 만나 사랑에 빠진다. 하타노 아키코는 유부녀였다. 남편 하타노 하루부사는 아리시마에게 그들의 사랑을 허락한다는 이유로 만 엔현재 1000만 엔 정도의 돈을 요구했다. 그러자 아리시마는 그 정도의 돈을 지불할 능력이 있음에도 불구하고 "내가 목숨을 걸고 사랑하는 여자를 돈으로 환산하는 굴욕을 참을 수 없다."라고 하며 결국은 정사를 선택한다. 그해 그는 46세, 하타노는 35세였다. 한국어로 정사情死라는 이 단어는 일본에서는 한문투의 표현이고 주로 신쥬心中라고 표현한다. 신쥬는 사랑하는 사람과 동반 자살하는 것을 말한다. 일본의 죠루리浄瑠璃, 가부키歌舞伎 등에는 신쥬를 다룬 작품이 많다. 이처럼 신쥬는 연인의 사랑이 죽음에까지 이르는 처참함이 느껴지지만 두 남녀의 애달픈 사랑이 몽환적이며 절절하게 느껴지기도 한다. 어쩌면 이루지 못한 사랑을 하는 연인들에게는 신쥬가 동경의 대상이기도 했으리라.

그의 자살은 간통이라는 부도덕성을 사회에 공표하는 행동이었고 수많은 사람에게 비난을 받는다. 그러나 이 같은 행동은 사랑의 절정에서 죽음을 맞이한다는 평소 자신의 지론을 실천한 것이라 볼 수 있다. 그의 작품《아낌없이 사랑은 빼앗는다》에서 그의 사랑과 정사에 대한 생각을 엿볼 수 있다.

> 만약 내가 사랑하는 것을 모두 탈취하고, 사랑하는 이가 내 모든 것을 가져가 버리면 그때 두 사람은 한 사람이다. 그곳에는 이제 빼앗아야 할 그 무엇도 없고 빼앗겨야 할 것도 없다. 그렇기 때문에 그 경우 그가 죽는 것은 내가 죽는 것이다. 순사殉死나 정사情死는 이와 같이 해서 자연적일 수 있는 것이다.

아리시마 다케오에게 영향을 받은 한국 문인

아리시마의 정사는 일본을 뒤흔든 큰 사건이었다. 성서학자이며 사상가였던 우치무라 간조內村鑑三는 아리시마와 생전에 좋은 관계를 유지하던 지인이었지만 "만약 내 지인들 중에 아리시마의 자살을 칭송하거나 옹호하는 자가 있다면 그와 교류를 끊겠다."라고 했을 정도였다.

한국의 윤심덕한국 최초의 소프라노과 김우진근대 연극의 선구자이 아리시마의 정사에 영향을 받았을까? 그들은 3년 뒤 오사카에서 〈사의 찬미〉를 녹음하고 돌아오는 뱃길에서 현해탄에 몸을 던지고 만다. 그들의 사랑도 당시에는 이루어질 수 없는 사랑이었고 결국은 정사로 생을 마감한 것이다. 아리시마와 하타노의 동반 자살은 이처럼 두 나라를 뒤흔든 큰 사건이었다. 아리시마가 한국에 영향을 끼친 것은 단지 이 자살 사건뿐만은 아니었다. 김희정2013은 한국 근대문학과 아리시마의 깊은 관계는 한국에서 발표된 많은 논문에서 알 수 있으며 한국에서의 아리시마의 수용 시기는 1919년 1월부터 1994년 《토지》의 완결에 이르기까지 약 75년간에 걸쳐 수용양상이 나타나고 있음을 확인할 수 있다고 한다. 아리시마의 사상과 문학을 향유하고 공감했던 문인으로 특히 김동인, 염상섭, 전영택, 박종화, 박계주 등을 들 수 있다. 특히 김동인과 염상섭이 일본에서 유학했던 1910년에서 1920년대는 아리시마가 가장 활발히 창작활동을 했던 시기였다. 염상섭의 초기작 《암야》1922에는 아리시마의 《태어나는 번민》의 흔적이 보인다. 염상섭은 아리시마와 직접적인 교류는 없었지만 아리시마의 문학을 통해서 시라카바파白樺派와 문예교류를 하며 조선사회를 문예로 개조하고자 했다. 김동인의 《김연실전》1939은 아리시마의 《어떤 여자》1919보다 20년 후에 발표된 작품이지만 같은 주제를 다루고 있다는 점에서 아리시마의 영향을 받아 쓴 소설이라는 것을 알 수 있다. 석정희2018는 이 두 작품이 개화기를 맞이하는 여성 캐릭터가 고난과 역경을 겪으며 새로운 삶의 형태에 부딪혀 결국 파멸과 도덕적 타락상을 보여 주고 있다고 한다. 따라서 이들 작품을 통해 두 여성의 자유연애, 모던걸의 여성상의 흡사함을 엿볼 수 있으며 이들은 사회적 시선에도 불구하고 개성 있고 선구적인 모습으로 그려진다.

가루이자와를 뒤로 하며

가루이자와는 현대와 근대가 공존하는 도시다. 그리고 이곳은 피서지, 관광지, 스포츠를 즐길 수 있는 멋진 장소, 그리고 자연 속에서 쇼핑도 즐길 수 있는 곳으로 계속 발전해 가고 있다. 구모바 연못 근처에서 추억에 남을 인생 사진을 한 장 찍고, 향기로운 커피 한 잔과 치즈케이크에 빠져보기도 하고, 상쾌한 숲속에서 제주의 사려니 숲을 연상하며 깊은 숨을 들여쉬고 내쉬어 본다. 마지막으로 돈보 온천에서 힐링을 하고 나니 가루이자와가 더 내 마음속 깊이 들어온다. 그리고 이번 여행에서 가장 인상적인 신쥬의 주인공, 정월암의 아리시마와 하타노 두 사람을 생각해 본다. 나는 이 글을 쓰면서 그저 가루이자와에서 동반 자살한 소설가라고만 단순히 알고 있던 그에 대해 많은 것을 알게 되었다. 열정 사랑꾼 아리시마, 이승에서 못다 한 사랑을 저승에서는 잘하고 있나요? 행복한가요? 사요나라.

네 개의 매력을 품은 홋카이도

고선경(홋카이도대학 박사과정)

홋카이도는 크게 네 개의 지역으로 나뉜다. 하코다테, 마쓰마에로 대표되는 도남道南, 삿포로, 오타루로 대표되는 도중道中, 아사히카와, 왓카나이로 대표되는 도북道北, 쿠시로, 시레토코로 대표되는 도동道東이다. 여기서는 각 지역의 대표 도시를 중심으로 일본의 최북단 홋카이도를 돌아보려고 한다.

역사의 현장 도남: 마쓰마에, 하코다테

홋카이도의 최서남단의 마쓰마에에는 19세기에 축조된 마쓰마에성이 있다. 마쓰마에성은 후쿠야마성이라고도 부르는데 홋카이도의 유일한 성이다. 외부의 침입을 막기 위해 축조된 성인 만큼 해안가 높은 곳에 자리하고 있으나 성의 규모는 그다지 크지 않다. 비교적 오래되지 않은 역사 속에서 전쟁의 상흔도 간직하고 있는데, 막부 말 홋카이도에조치에 독립정권을 세우려고 했던 구 막부 군과 격렬한 전투가 벌어졌던 곳이다. 이후 또 한 번의 화재로 대부분의 건물이 원형을 잃었지만, 1959~1961년 복원 공사를 통해 현재의 모습을 갖추게 되었다.

마쓰마에성의 모습

이 성은 세 개 층의 천수각으로 이루어져 있다. 1층과 2층은 전시관으로 사용되고, 3층은 전망대 성격이 짙다. 1층과 2층에서는 마쓰마에성의 역사와 복원 관련 정보를 볼 수 있다. 규모가 그리 크지 않기 때문에 돌아보는 데 그다지 시간이 걸리지는 않지만 계단을 걸어 올라가는 수고는 들여야 한다. 3층에 올라서면 멀지 않은 거리에서 넘실대는 바다와 성을 둘러싼 마을의 정경을 한눈에 내려다볼 수 있다. 그 당시와는 많은 것이 변했지만 동해안과 맞닿아 있는 푸른 바다는 여전히 영롱한 빛을 발하며 세월을 잇고 있다. 성 밖에는 나무와 꽃이 정갈하게 자라 있다. 홋카이도는 5월경 벚꽃이 만발하는데 이즈음 이곳에 방문하면 고즈넉한 마쓰마에성의 향취를 더욱 진하게 느낄 수 있다.

마쓰마에성에서 동쪽으로 바닷길을 따라 약 1시간쯤 이동하다 보면 호쿠토시의 한적한 곳에 트라피스트 수도원이 있다. 19세기 말 프랑스 선교사에 의해 지어졌는데 일본에서는 최초의 남자 수도원이기도 하다. 내부 견학이 허락되지 않아 아쉽기는 하지만 수도원 입구에 곧게 뻗은 포플러길, 수도원을 둘러 싸고 있는 대자연, 성스럽게 보존되고 있는 수도원 건물을 바라보는 것만으로도 큰 위안을 받을 수 있는 곳이다. 건물 한쪽에는 이곳 수도원의 역사와 수도사들의 일상을 담은 일러스트가 전시되어 있다. 수도사들은 보통 새벽 3~4시쯤 하루 일과를 시작하는데, 낮에는 버터와 쿠키를 만드는 일을 한다. 이곳에서 생산해서 판매하는 버터, 쿠키, 아이스크림, 버터 사탕 등은 매우 유명한데 투박하지만 그 맛이 기가 막히다. 가끔 조용히 앉아 책을 읽을 때 문득 생각나는 묘한 맛이다.

다시 해안 도로를 따라 동쪽으로 약 1시간가량 달려가면 항만 도시로 유명한 하코다테에 도착한다. 하코다테는 19세기 막부 말, 요코하마, 나가사키, 고베와 함께 개항한 도시다. 외국과 활발한 교류로 인해 다양한 외국 문화가 유입되었고, 그 결과 지금도 서양 건축양식이 거리에 촘촘히 박혀 있다. 러시아 정교회 성당이나 가톨릭 교회 등 주로 19세기에 만들어진 건축 양식이 잘 보존되어 있으며, 덴켄 지구에는 메이지·다이쇼·쇼와 초기에 지어진 일본식 서양 건축물이 당시 모습을 재현하고 있다. 그 때문에 하코다테는 오래되었지만 낡지 않은 고풍스러움을 풍긴다.

하코다테의 명물로는 빨간 벽돌로 만들어진 창고인 아카렌가도 있는데, 현재는 잡화나 기념품 가게, 음식점 등으로 활용되며 어스름이 내려앉은 저녁 이후 풍경이 참으로 아름답다. 그 밖에도 거리 곳곳에는 역사적 흔적들이 고스란히 남아 있다. 일본에서 가장 오래된 전신주가 인도에 무심히 서 있고, 수동 조작 엘리베이터도 '하코다테시 지역 교류 마을 조성 센터'에서 여전히 그 위세를 뽐내고 있다. 거리를 달리는 오래된 전차는 그 나이를 가늠할 수 없는 십자로에서 하코다테의 오늘을 싣고 달리고 있다.

볼거리 즐길거리 가득한 도중: 삿포로, 오타루

홋카이도의 중심 도시 삿포로는 마치 프랑스 파리처럼 네모난 바둑판 모양으로 기획된 도시다. 길 찾기가 수월해 초행자도 길 잃을 염려를 덜 수 있다. 삿포로 시내에서 가장 대표적인 공간은 삿포로역인데, 이곳은 쇼핑몰, 백화점은 물론 식당가 등이 연결되어 있어 여행의 시작점으로 적당하다. 삿포로역에서 도보로 15분 거리에는 삿포로의 명물 오도리 공원이 있고, 다시 남쪽 방향으로 10분 정도 걸어가면 쇼핑과 먹거리의 메카 다누키코지 골목과 스스키노 거리가 나타난다. 보통 삿포로를 짧게 방문하는 경우 하루 정도 일정으로 이 주변을 둘러보는 경우가 많은데, 사실 삿포로 시내 외곽에 가야 이 도시의 매력을 알 수 있다.

삿포로 시내에서 지하철로 30분 정도 떨어진 신삿포로 인근에는 홋카이도의 개척 당시를 재현한 '홋카이도 개척 마을'이 있다. 이곳에는 메이지시대부터 쇼와시대에 걸쳐 건축된 개척 당시의 건축물이 옮겨져 복원되어 있다. 마을은 상당히 넓은 부지에 조성되어 있는데, 마을 내부는 시가지, 농촌, 산촌, 어촌 등 4개 구역으로 나누어져 있다. 여름에는 마차를 타고 내부를 견학할 수 있고 겨울에는 말이 끄는 썰매를 타 볼 수 있으니 100년 전의 홋카이도를 만끽하기에 이보다 좋은 곳은 없다.

조용히 사색을 하거나 홋카이도의 대자연을 잠시라도 느끼고 싶을 때는 '삿포로 예술의 숲'에 가보면 좋다. 지하철 마코마나이역에서 다시 버스를 타야 하는 번거로움은 있지만, 너른 토지에 펼쳐진 현대적 건축물과 자연의 조화로움 속에서 잠시 휴식을 취하기에 더할 나위 없이 좋은 장소이다. '삿포로 예술의 숲 미술관'에서는 유화, 수채화, 소묘, 일본화, 판화, 사진, 조각 등 다양한 미술작품을 감상할 수 있고, 자연을 중심으로 한 예술 작품은 '야외 미술관'에서 관람할 수 있다. 여유가 있다면 책 한 권 들고 가서 해 질 녘까지 읽다 오는 것도 이곳의 매력을 십분 활용할 수 있는 방법이다.

삿포로와 더불어 도중에서 가장 유명한 곳은 오타루다. 오타루는 작은 항만도시인데, 운하를 중심으로 펼쳐지는 잔잔한 야경은 가히 명물이다. 크게 요동치지 않는 바닷길 건너에는 조명에 그을린 빨간 벽돌이 은은한 갈색으로 반짝인다. 어둠이 내려앉고 노란 오렌지 빛을 발하는 수은등이 더해지면 이곳은 참으로 그림이 된다. 소소하고 따뜻한 풍경과 어딘가에서 들려오는 오르골 소리, 때마다 요동치는 증기시계. 그래서인지 이곳은 영화의 배경지로 각광받았고, 최근에도 한국 영화의 촬영지가 되기도 했다.

오타루의 풍경

오타루의 풍경을 더욱 이국적으로 만드는 데는 운하에서 조금 떨어진 상점가가 한 몫 한다. 이곳에서는 유리공예, 오르골 등 다양한 수작업 작품들이 전시, 판매되고 있다. 날로 디지털화되어 가는 현대 사회에서 아날로그 감성이 깊이 살아 숨쉰다. 이곳에 방문할 때는 지갑과의 사투를 각오해야 한다.

문학과 쉼이 있는 도북: 아사히카와, 왓카나이

아사히카와는 홋카이도의 제2의 도시다. 우리에게도 익히 잘 알려진 홋카이도의 대표 작가, 미우라 아야코의 고향이기도 하다. 홋카이도를 배경으로 한 미우라 작가의 《빙점》은 한국에서도 큰 반향을 일으킨 바 있다. 1990년과 2004년 두 번에 걸쳐 드라마로도 제작되었을 만큼 문제작이었는데, 지금의 40대 이상이라면 제목 정도는 들어봤을 터이다. 이 작가를 기념하는 문학관이 아사히카와에 있다.

미우라 아야코 기념 문학관은 미혼린 입구에 있다. 미혼린은 홋카이도에서 가장 오래된 인공림이다. 19세기에 일본 정부가 홋카이도에서 외국종이 잘 자랄 수 있는지 관찰하기 위해 조성했다. 미혼린의 산림욕은 그야말로 구원이다. 짧은 시간 자연의 품에서 몸과 마음을 개운하게 할 수 있다. 산림욕을 하다 보면 근처에서 흐르는 강 소리를 들을 수 있다. 이 강은 빙점의 배경지 중 하나인 '비에이강'이다. 문학관이 미혼린 입구에 있는 이유가 설명된다. 문학관 근처에서도 제법 가까운 거리에서 이 비에이강의 울음 소리가 들린다. 빙점을 사랑하는 독자라면 이 비운의 비에이강을 기억할 텐데 이곳에서 루리코가 유괴되고 살해당했다. 그런 까닭인지 비에이강이 흐르는 소리는 처연한 울음 같다.

문학관은 시민운동으로 탄생했으며 아담하다. 시민의 자발적 의지로 만들어져서 소소하고 정감 있다. 내부에는 주로 미우라의 작품 세계와 관련한 자료가 전시되어 있고 시간은 조용히 흐른다. 문학관을 100% 즐기기 위해서는 반드시 빙점을 읽고 방문하는 것이 좋다.

아사히카와에서 북쪽으로 약 50km 떨어진 겐부치초剣淵町에는 미술관과 그림책 도서관이 나란히 붙어 있는 '그림책 관'이 있다. 이곳은 상당히 많은 양의 그림책을 소장하고 있으며, 그림책과 관련한 전시도 끊임없이 진행하고 있다. 신발을 벗고 입장하는 곳이니 앉거나 눕거나 방문자의 자유다. '그림책의 방'에는 키 낮은 책꽂이 가득 알록달록한 그림책이 저마다의 이유로 꽂혀 있다. 아이들을 위한 놀이도구도 준비되어 있으며 타원형의 방 안에는 나무 구슬이 가득 든 나무 모래밭도 있다. 일상의 피곤함이나 지루함을 슬며시 내려놓을 수 있는 좋은 공간이다.

아사히카와에서 북서쪽으로 올라가면 일본의 최북단 왓카나이에 도착한다. 왓카나이는 먹거리로 유명한데 그중에서 성게알을 합리적인 가격으로 먹을 수 있어 좋다. 특히 성게알 라면은 인기가 많아서 시즌이 되면 일부러 이곳을 찾는 이도 적지 않다. 사실 왓카나이는 일본의 최북단이라는 것 말고는 이렇다 할 매력이 없다. 다만 그 주변에 있는 두 개의 섬, 이시리섬과 레이분섬은 자연 경관이 압도적이기 때문에 한번쯤 방문해 볼 만하다.

이시리섬에는 우뚝 선 산이 하나 있는데 후지산을 닮았다고 하여 '이시리후지산'이라고 불린다. 홋카이도의 명물 과자 '시로이 고이비토'의 포장지에 그려져 있기도 하다. 이 섬은 조금 규모가 있지만 체력이 허락한다면 전동 자전거나 바이크를 이용해 섬 주변을 돌아보는 것도 좋다. 아무 생각없이 페달을 밟다 보면 어느덧 때묻지 않은 자연이 조용히 말을 걸어온다. 그땐 잠시 멈춰 그 소리에 귀를 기울인다. 그러길 몇 번 하다 보면 금세 목적지에 닿아 있을 것이다. 살면서 쉽게 허락되지 않은 귀한 경험이 가능한 곳이다. 특히 이시리후지산이 데칼코마니가 되는 '오다토마리 늪'은 최고의 힐링 포인트다.

레이분섬은 이시리섬에 비해 크기가 다소 작지만 그렇다고 해서 이시리섬에 비해 매력이 덜한 것은 아니다. 이곳에는 영화 촬영지였던 '카나리아 파크'가 있다. 초등학교 건물을 개조한 곳인데 일본의 옛 정취를 느낄 수 있을 뿐만 아니라 섬 주변과 조화롭게 어우러진 풍경이 매우 인상적이다. 코발트블루 빛을 띤 바다를 볼 수 있는 장소도 있다. 쓰카이곶에서는 발 아래에 펼쳐진 이국적 바다 빛깔을 만끽할 수 있다. 이 섬에서도 전동 자전거나 바이크를 이용할 수 있다.

자연의 보고 도동: 시레토코, 쿠시로

홋카이도에는 세계자연유산이 많다. 그중 하나가 시레토코다. 시레토코는 계절을 고스란히 담는다. 여름은 늦게 찾아와 일찍 떠나지만 짧게 초록을 발하고, 10월엔 가을이 다채로움을 밝힌다. 그리고 제법 긴 겨울이 되면 오랫동안 백색의 화려함을 입는다. 그래서 사람마다 좋아하는 시레토코의 풍경이 제각각이다.

봄과 여름, 가을의 시레토코에서는 원시림 속에 존재하는 다섯 개의 신비로운 호수를 볼 수 있어 좋다. 두 가지의 경로로 접근할 수 있는데, 비교적 쉽게 접근하는 방식은 나무다리를 따라 이동하는 것이다. 이동이 제한적이고 모든 호수를 둘러볼 수 없다는 단점은 있지만 걷기 편하고 야생 동물로부터 스스로를 보호할 수 있어 이용하는 사람이 많다. 또 하나의 방식은 산책로를 이용하는 것인데 방문 시기에 따라 이용 조건이 바뀌는 까다로움이 있다. 하지만 원시림을 가까이에서 느낄 수 있고 다섯 개의 호수를 모두 돌아볼 수 있다는 장점 때문에 '찐' 시레토코를 만나고자 하는 사람들은 이 루트를 선호한다. 겨울에도 물론 호수를 보러 갈 수는 있지만 제약이 많다. 겨울 풍경과 어우러진 호수도 나름의 멋은 있다. 하지만 다채로운 색감과 어우러지는 다른 계절에 방문하는 것이 시레토코의 멋스러움을 더욱 진하게 느낄 수 있는 방법이다. 겨울은 호수보다 유빙이나 설경을 중심으로 둘러보면 좋다.

우선 러시아에서 흘러내려 오는 유빙은 시레토코와 그 주변에서 볼 수 있는 장관 중 하나다. 이 시기에는 관광유람선을 타고 유빙 가까이에 접근해 볼 수 있는 체험이 가능하다. 또 해변까지 밀려 내려온 유빙 위를 걷는 경험도 할 수 있다. 특수 제작된 수트를 입고 유빙 사이 바닷

유빙 체험을 하는 모습

물 속을 유영하면 짜릿한 카타르시스를 느낄 수 있다.

겨울이 물러갈 무렵에는 잔설로 만든 설벽 사이를 걸을 수도 있다. 시레토코 언덕을 사이에 두고 우토로에서 출발하는 '우토로 코스'와 나구에서 출발하는 '나구 코스'가 있는데 걷는 동안 오호츠크해와 구나시섬의 경치를 즐길 수 있다는 매력이 있다.

시레토코에서 남동쪽에 위치한 쿠시로에는 아름다운 아칸 호수와 일본 최대의 습원이 있다. 상당히 큰 공원으로 조성되어 있기 때문에 걸어서 둘러보기는 어렵다. 그래서 자동차를 이용하는 사람들도 있지만 옛 정취가 물씬 풍기는 노롯코 열차를 이용하는 사람도 적지 않다. 그렇다고 아예 걷지 못하는 것은 아니다. 습원 곳곳에 설치되어 있는 나무다리를 이용하면 자연을 만끽하며 습원 위를 걷는 것도 가능하다. 물론 전체를 돌아볼 수는 없지만 가까운 곳에서 자연이 호흡하는 생생함을 느낄 수 있다. 가벼운 산책이라면 말을 타고 거니는 것도 좋고, 카누를 타고 쿠시로강을 누벼보는 것도 좋다. 하지만 가장 큰 로망은 역시 증기기관차를 타고 습원을 질주하는 것일 테다. 증기기관차는 겨울에만 한시적으로 운영되는데 고즈넉한 습원 주변을 낡은 기적을 울리며 씩씩 달려가는 기차는 쿠시로를 역동적으로 기억하게 만들 것이다.

당신의 몸과 마음에 휴식을 주는 마츠모토

김정옥(전직 일본고등학교 교사)

"여행을 가는 이유가 무엇입니까?" 이런 질문을 받으면 자연, 문화, 역사, 등산, 축제, 테마파크 등을 떠올릴 것이다. 이번에 소개하는 일본의 여행지는 도쿄의 디즈니랜드, 오사카의 유니버셜 스튜디오 재팬 같은 테마파크는 없어도 대자연이 풍부한 곳이다. 높은 산과 숲, 계곡이 있어 지친 몸과 마음을 정화시켜 주는 힐링지이다.

요즘의 여행 성향을 보면 하루에 전부 보고 인증샷을 찍는 여행보다는 여유 있고 자연을 접하는 여행을 계획하는 사람들이 많이 늘어나고 있고 젊은이들도 점차 이런 성향을 보이는 것 같다. 그래서 이번의 여행지는 남녀노소 마음껏 자연 속에서 천천히 흘러가는 시간을 보내기를 바라며 추천해 본다.

그곳은 바로 나가노현 마츠모토다. 1998년 '나가노 동계올림픽 기간'에 나가노현 마츠모토에 도착한 것이 계기가 되어 여기서 계속 살게 되었다. 처음에 마츠모토시 버스터미널에 도착해서 폭신폭신한 하얀 눈 위에 발을 내린 순간부터 올림픽 경기장인 하쿠바에서 무릎 위까지 오는 눈 속을 걸었다. 그 순간, 마치 어느 영화 속에서 보아 왔던 풍경의 한 장면 속에 있는 것 같았다. 눈이 많이 오지 않는 부산 출신인 나에게는 별세계였다고 할 수 있었다. 그로부터 2000년에 유학을 와서 제2의 고향으로 느끼며 20년 넘게 살고 있는 마츠모토를 소개하게 되어 기쁘다. 특히 이번에 소개하는 내용은 일반적인 관광지 위주가 아니고, 산행을 그다지 좋아하지 않는 사람이라도 쉽게 높은 산에 가서 자연 속에서 휴식할 수 있는 곳을 안내하려고 한다. 최근에 일본인뿐만 아니라 외국인에게도 매우 인기 있는 지역으로 알려져 있는 마츠모토를 자랑할 때 "여기 산은 보통 2,000m가 넘어요."라며 가보라고 은근히 권한다. 한 번도 못 가본 사람은 있어도 한 번만 간 사람은 드문 도시다.

아름다운 천연 도시의 과일과 야채의 도시

마츠모토는 신주쿠에서 2시간 30분, 나고야역에서 2시간 정도 걸린다. 서울보다 넓고 인구는 엄청 적다. 인구가 적으니 건물도 얼마 없고 자연환경이 훼손되지 않아 공기가 맑고 산과 계곡이 차지하는 면적이 넓다. 마츠모토는 일본 내륙에 위치해 있고 산으로 둘러쌓인 분지다. 하루에 최고의 온도와 최저의 온도차가 10도 이상이며, 전국 각지와 비교해 일교차가 큰 것이 특징이다. 이런 특유의 기온 덕분에 마츠모토는 사과, 포도, 수박 등의 과일과 야채가 맛있어서 전국적으로도 인기가 많다. 마츠모토는 본토의 중앙부를 남북으로 산맥이 이어져 있다. 단층소가 포사마그나라고 하는 거대한 균열이 일어나 갈라져 생긴 눈의 부분이라고 할 수 있다. 그 때문에 높은 산이 마츠모토를 둘러싸고 있어, 아침에 일어나 창밖을 보면 매일 매일 새로운 자연과 만날 수 있다. 그런데 자연이 주는 좋은 점도 있지만 조심해야 하는 점도 있다. 예를 들면, 기차역에 곰이 나타나기도 하고 원숭이가 베란다의 곶감을 가져가 버리는 일도 자주 있으며 밤에는 운전자를 위험에 빠뜨리는 사슴들도 빈번히 나타나기 때문이다. 그렇기에 낮은 산에 올라가더라도 언제 출몰할지 모르는 동물들을 조심해야 한다.

산악도시 마츠모토

마츠모토에는 슬로건이 3개 있다. 악도岳都, 악도楽都, 학도学都인데 일본어로 모두 '각도'라고 읽는다. 이번에는 그중 하나인 산악도시山岳都를 중심으로 이야기해 본다.

서쪽으로는 3,000m급의 연봉이 이어진 북알프스산이 있고, 동쪽으로는 2,000m가 넘는 전망을 자랑하는 우츠쿠시가하라 고원이 있다. 남쪽으로는 고원이 펼쳐져 있어 시가지 어디에서라도 아름다운 산들을 볼 수 있는 마츠모토다. 그리고 영국 선교사 월터 웨스턴이 일본 알

북알프스의 모습

프스를 세계에 소개하면서부터 아름다운 일본 알프스로 널리 알려져 있는 도시다.

가미코치上高地

시내에서 1시간 정도 달리면 서쪽의 중부산악국립공원의 대표적인 가미코치라는 곳이 나온다. 높이는 1,500m의 분지이며, 1년 내내 눈이 남아 있다. 이 눈이 녹아 계곡으로 흘러내려와서 이 지방의 풍부한 물을 제공한다. 176만 년 전 화산이 분화했고 그 이후에도 몇 번의 분화로 분화구가 만들어져 생긴 지대이기에 다양한 종류의 동식물이 자연 속에서 조화를 이루며 만든 경관과 환경은 특별명소, 특별천연기념물로 지정되었을 정도다. 청정한 물이 흘러가고 푸른 신록의 숲 그리고 3,000m가 넘는 산들이 주위에 둘러 쌓여 있는 모습은 장관이다. 약 2시간 코스로 몸과 마음을 힐링하며, 현실을 잊고 환상의 세계로 인도하는 감동의 대자연을 맛볼 수 있는 곳이다.

여기서 주의할 점이 하나 있다. 산의 주인은 원숭이므로 자연스럽게 원숭이가 사람 옆을 지나 다닌다. 직접 해치지는 않지만 큰소리를 내거나 만지려고 하면 안 되고 그냥 자연스럽게 대하면 된다.

특히 가미코치는 1915년 활화산인 야케다케焼岳의 대분화로 인해 만들어진 다이쇼이케大正池가 유명한데 자연이 만들어 낸 신비에 가까운 작은 호수다. 이곳은 가미코치 산책의 출발지이며 종점이 되는 곳이다. 다이쇼이케에서 걸어 갓파다리河童橋까지가 일반인들의 트레킹 코스로 비탈길이 없어 고령자도 걸을 수 있는 거리다. 중간중간 다양한 꽃과 식물, 새들을 관찰하며 흐르는 강물에 발을 담그면 온몸의

가미코치

원숭이의 모습

다이쇼이케

피로가 확 풀린다. 활화산이라 분화구에서 나오는 수증기를 볼 수도 있다.

현재 가미코치를 가기 위해서는 환경보호를 위해 자가용 사용이 제한되어 있다. 산 입구 주차장에 차를 두고 저공해버스나 택시로 갈아타고 가야 한다. 겨울에는 10월 말부터 눈이 내리기 시작하기 때문에 11월 15일부터 그 다음해 4월 중순까지 입산 금지와 교통 제한도 있으므로 관광하려면 계절을 잘 선택하는 것이 좋다. 숙박시설이 많은 편이지만 전국에서 가보고 싶은 관광지로 뽑힌 만큼 1년 전부터 미리 예약해야 한다.

마츠모토에서 만난 음악과 미술가를 만나다

마츠모토는 예술의 도시라고도 한다. 먼저 음악을 사랑하는 마츠모토는 한국에서 클래식 음악을 하는 사람들에게 잘 알려져 있는 스즈키 메소드スズキメソード의 발생지다. 어떤 어린이들이라도 키우는 방법은 한 가지라고 하는 모어교육법을 이념으로 바이올린·피아노·첼로·플루트를 연주할 수 있는 유아부터 음악교육을 하고 있다. 단지 음악교육만을 위한 것이 아니고 음악세계를 넘어선 인간교육을 지향하는 스즈키 메소드의 창설자 스즈키 신이치鈴木鎮一의 정신은 현재 46개국에 펼쳐져 있다.

또 '사이토 기념 페스티벌 마츠모토'는 1948년 어린이들을 위한 음악교실을 창설한 것이 시작으로, 음악학교로 유명한 도호학원의 사이토 히데오 교수의 10주기에 맞추어 시작되었다. 1987년부터 '사이토 기념 페스티벌 마츠모토'로 이름이 지어져 현재까지 이어지다가 2015년에는 오자와 세이지 총감독이 80살이 된 것을 기념하여 명칭을 '세이지·오자와 마츠모토 페스티벌'로 변경했다. 페스티벌은 8월 초부터 약 한 달간 개최되며 마츠모토 어디서나 음악 소리가 들린다. 어린이부터 어른까

구사마 야요이의 작품과 물방울 모양으로 디자인된 자판기

시 음악을 사랑하는 사람이라면 직접 참가 해서 연주할 수 있고, 클래식 연주만이 아니라 오페라, 작은 음악회 등으로 기간 중에는 음악을 사랑하는 사람이 아니더라도 세계 각국에서 방문한 외국인들과 자연스럽게 교류할 수 있다. 음악 이외의 예술이라고 하면 세계적으로 유명한 화가 구사마 야요이를 들 수 있다. 구사마 야요이는 마츠모토 출신이며 세계적인 화가이자 전위예술가다. 10살 때부터 물방울 모양과 선과 선을 잇는 망 모양을 모티브로 환상적인 그림을 그려 세계적으로 알려져 있다. 작품은 마츠모토 시립미술관 상설전시장에 있어 언제라도 볼 수 있고 시내버스, 자동판매기, 미술관 정원 등에서도 물방울 모양의 작품을 만날 수 있다. 2022년에는 판화와 후지산 연작 그림들도 전시했는데, 지금까지 만나기 힘든 작품들이 많이 공개되었다.

또 한 가지, 일본의 풍속화 우키요에浮世絵를 전시하는 전용박물관이 있다. 초기 우키요에부터 현재의 창작판화까지 약 10만 점이 전시되어 있다. 이처럼 인구는 작은 도시이지만 미술관, 박물관이 많기로 유명하다.

국보 마츠모토성

일본 하면 성을 떠올리는 사람들이 많으므로 이 고장의 국보 성을 소개하려고 한다. 일본 국내에는 천수각이 있는 성, 성터, 성주가 있었던 곳이라고 불려지는 성은 2만 개 이상이라고 하는데, 사단법인 일본성곽협회가 지정한 '일본 100개의 명성'을 기준으로 해도 일본 국내에는 많은 성이 남아 있음을 알 수 있다. 그중 국보로 정해져 있는 것은 마츠모토성松本城, 히메지성姫路城, 히코네彦根城, 이누야마성犬山城, 마츠에성松江城이다. 국보 5개 성 중 하나인 마츠모토성은 지역 주민들의 '자랑'이라고 할 수 있다.

마츠모토성은 문록文禄, 1594년 기간에 축조되어 5중 6층의 대천수를 중심으로 연결복합식이라고 부르는 독특한 구성을 한 5개의 야구라櫓가 연결된 성이다. 그것은 현재의 기술을 복합하지 않고 약 420년 전 전국시대의 건축기술을 그대로 유지하고 있는데, 전국시대에 건축되었지만 전쟁이 한 번도 일어나지 않았기 때문이라고 한다. 처음에는 전국시대 오가사하라 씨가 지어 후카시성深志城이라고 불렀다. 반주藩主를 6차례 바꾸며 성주 23명까지 이어온 성이다. 특징은 검정색의 천수각인데 그것은 도요토미 히데요시의 무장이 된 이시가와 가카즈마사石川数政가 성주로 있으며 히데요시의 오사카성의 시다미이타하리下見板張り 형식과 같은 구조를 지어 천수각에 검정 옻칠을 했기 때문이다. 높이는 29.4m이며 밖에서 보면 5층이나 내부에 들어가 보면 6층으로 되어 있어 숨은 층을 찾아보는 재미도 있다. 몇 년간 마츠모토성에서 외국인 상대로 무료 안내 자원봉사를 하며 느낀 것은 약 420년 전의 건축 구조를 그대로 가지고 있기에 계단을 오르내리는 것이 제일 힘들다는 점이었다. 계단이 좁고 가파르니 서양 사람의 체형으로는 옆으로 올라가야 하는 불편함이 있다. 그러나 이런 옛모습 그대로를 보기 위해 많은 사람들이 방문하고 있다. 성 안에는 생활을 위해 꼭 있어야 하는 세 가지 부엌, 화장실, 목욕탕이 없다는 점이 특징이다.

6층 제일 위에는 이 성을 지키는 이십육야신二十六夜神을 모시는 작은 신사가 있다. 이 신사가 있었기에 에도시대에 화재가 있었지만 천수각은 타지 않고 남아 있다고 사람들은 믿고 있다.

내가 좋아하는 풍경은 성 안에 있는 가토우마 창문花頭窓을 통해 보이는 장면인데, 창틀과 풍경이 조화되어 한 폭의 그림 같다. 계절에 따라 창문 밖의 풍경이 변하기에 갈 때마다 새로운 병풍을 만나게 된다. 또 다른 풍경은 성 주변의 호리에서 성 전체와 빨간 우즈미다리埋橋와 북알프스의 설경을 넣어 찍은 사진으로 가히 일품이라고 할 수 있다.

일년에 정기적으로 시민들이 자원봉사로 성 내부를 호두기름으로 청소한다. 나도 학생들과 매년 참가해 지역의식을 높이고 있다. 그

마츠모토성의 모습

가토우마 창문의 풍경

래서 이 성은 현재 시민들이 세계유산으로 등록하기 위해 노력하고 있다.

일본에서 경험한 재미있는 문화 충격

다양한 자연환경과 원천성분이 있는 국내 굴지의 온천지를 소개하겠다. 도시근교형의 온천지부터 고원에 자연스럽게 나오는 온천, 한 주택에서 나오는 신비의 온천까지 그 수는 16개 정도 된다. 특히 아사마 온천은 시가지에서 얼마 안 되는 거리에 있으며 그 마을 전체가 온천지대이다 보니 일반 가정에서는 각자의 온천탕이 있어 아침 저녁 언제든지 사용할 수 있다고 자랑한다. 그리고 일본에 있는 센토銭湯는 한국에서 흔히 말하는 목욕탕인데 아사마 온천은 센토도 온천물이다.

센토의 반다이番台에서 처음 느낀 문화 충격이 있어서 소개해 보려고 한다. 반다이는 남탕과 여탕을 중간에서 주인이 볼 수 있게 되어 있는 카운터이다. 유학시절 처음 들어갔을 때 반다이에 할아버지가 계셔서 옷을 벗지도 못하고 우물쭈물 하고 있었다. 그러자 어느 할머니가 도와줘서 어떻게 목욕을 마치고 탈의장에 나왔다. 반다이에는 할아버지가 식사하러 가시고 할머니가 교대해 있었다. 나중에 일본인 지인에게 이 이야기를 하며 부끄러워서 혼났다고 하자 일본인 지인은 남자든 여자든 70세가 넘으면 더 이상 남녀를 구분하지 않고 다같은 인간이 되기 때문에 더 이상 신경 쓰지 않아도 된다며 웃었다. 그 말을 듣고 그다음부터는 센토 반다이를 편하게 즐기게 되었다.

지금도 사랑받는 작가 나쓰메 소세키, 그리고 《도련님》

황성자(고려대학교 중일어문학과 박사과정)

일본인이라면 작가 나쓰메 소세키를 모르는 사람은 아마 없을 것이다. 2000년 〈아사히 신문〉이 실시한 인기투표에서 가장 뛰어난 일본 문학자 1위에 선정되었을 정도로, 일본에서 사랑받는 근대 문학자일 뿐만 아니라 해외에도 널리 알려져 있다. 소세키의 대표적인 작품으로는 국내에서도 여러 차례 번역된 《나는 고양이로소이다吾輩は猫である》1905, 《도련님坊っちゃん》1906을 비롯해, 《우미인초虞美人草》1907, 《산시로三四郎》1908, 《그 후それから》1909, 《문門》1910, 《행인行人》1912, 《마음心》1914, 《명암明暗》1916 등의 소설이 있다. 소설뿐만 아니라 수필, 편지, 기행, 평론, 강연 등 다양한 분야의 작품을 남겼다. 이처럼 소세키는 소설가인 동시에 영문학자이자 평론가일 뿐만 아니라 한시漢詩, 하이쿠俳句 등에도 조예가 깊었다. 특히 격동하는 메이지 시대를 살아낸 지식인 소세키는 일본의 근대문학과 시대정신에 큰 영향을 끼친 인물이라고 할 수 있다.

소세키의 여러 작품 가운데 일반인들에게 인기가 높은 작품이라면 단연 《도련님》을 빼놓을 수 없다. 《도련님》은 오늘날 중학교 교과서에도 그 본문의 일부가 실려 있을 뿐만 아니라, 만화나 애니메이션을 비롯해 영화, 드라마로도 여러 차례 제작될 정도로 잘 알려져 있다. 그러나 이렇게 대중적으로 인기가 있는 작품이지만 다른 작품들에 비해 학문적으로 활발하게 연구되어 있지 않다. 특히 소세키와 관련된 국내 학술 연구물들을 조사한 이한섭2000과 권혁건2004에 따르면, 후기 작품인 《마음》에 관한 연구가 가장 많이 이루어졌고, 다음으로 《산시로》와 《그 후》 등 전기 삼부작이 뒤를 잇고 있으며, 초기 작품인 《나는 고양이로소이다》에 관한 연구도 적지 않다. 이에 비해 《도련님》에 관한 연구는 상대적으로 적은 편이다. 《도련님》이 소세키의 다른 작품들에 비해 학계에서는 그다지 주목을 받지 못했지만, 그렇다고 해서 《도련님》이 문학적 가치가 떨어진다거나 연구할 필요성이 없는 것은 아니다. 오히려 대중적 인기에 가려져 제대로 평가받지 못한 《도련님》의 독특한 특징과 구조에 주목하면서, 작품의 이면에 담긴 작가의 사상과 도덕관을 깊이 분석해 보면 그 진가를 알 수 있다.

《도련님》은 어떤 소설일까?

《도련님》의 배경이 되는 장소는 일본 시코쿠의 에히메현에 있는 마쓰야마다. 실제로 소세키는 1895년에 잠시 도쿄를 벗어나 마쓰야마 중학교에서 1년 정도 영어 교사로 근무한 적이 있다. 따라서 이 작품에는 당시 소세키의 실제 경험이 반영되어 있다고 볼 수 있지만, 어디까지나 소설이기 때문에 완전히 자전적인 작품이라고 할 수는 없다. 특히 이 작품에 등장하는 마쓰야마 지역의 도고 온천은 일본의 가장 오래된 시집 《만요슈万葉集》에도 나와 있을 정도로 오래되고 유명한 온천으로 미야자키 하야오 감독의 애니메이션 〈센과 치히로의 행방불명〉의 배경이 되기도 했다. 현재 마쓰야마에 가보면 《도련님》에 등장

도고 온천

봇짱열차

하는 인물들이나 사물, 먹거리, 장소 등을 소재로 사용한 다양한 볼거리를 만날 수 있다. 봇짱열차, 봇짱시계, 봇짱당고 등과 같은 다양한 관광상품이 대표적이다.

그렇다면 《도련님》은 어떤 내용일까? 주인공인 도련님 곧 봇짱坊っちゃん이 지금의 도쿄에 해당하는 에도에서 시골 학교로 갓 부임하게 되면서 동료 선생들이나 학생들 사이에서 겪는 좌충우돌의 경험담을 유쾌하게 묘사하고 있다. 젊은 청년 봇짱의 거칠지만 솔직한 매력과 어렵지 않은 전개 덕분에 일반 독자들이 이해할 수 있는 소설이다. 그렇지만 《도련님》이 과연 유쾌하고 통쾌함만을 주는 단순한 대중소설인가라는 질문을 던진다면, 고개를 갸웃거리게 된다. 그 이유는 이 작품을 진지하게 읽어갈수록 시종일관 느껴지는 분위기가 표면적으로 나타나는 유쾌함과 긍정적인 것과는 사뭇 차이가 있기 때문이다. 특히 마지막 부분에서 봇짱이 가장 아끼던 하녀 기요清가 죽어버리는 장면은 밝은 분위기와는 거리가 먼 결말이다. 무엇보다 이 작품이 쓰인 시

대적 배경이 급격한 서구화와 근대화를 겪는 메이지시대라는 점을 감안하면, 작가가 경험한 시대적 모순과 갈등, 그에 따른 고뇌나 절망감이 작품의 이면에 반영되어 있음을 짐작할 수 있다. 따라서 이 작품을 보다 깊이 있게 이해하기 위해서는 당시의 시대적 배경을 비롯하여, 작품의 구조와 의미 분석을 통해 근대 지식인으로서 작가 소세키가 가졌던 도덕적 가치관이나 윤리의식을 구체적으로 살펴볼 필요가 있다.

시대 배경은 격동의 메이지 시대

《도련님》은 소세키의 초기 작품에 해당한다. 소세키의 첫 번째 작품 《나는 고양이로소이다》가 1905년 1월에 하이쿠 잡지 《호토토기스ホトトギス》에 연재되어 호평을 받자 연이어 다음해인 1906년 4월에 같은 잡지에 발표되었다. 이 작품이 쓰인 시기는 결코 평온하거나 잔잔하고 굴곡 없는 시대가 아니었다. 러일전쟁1904~1905이 끝난 직후였기에 전쟁의 승리에 한껏 도취된 일본 정부가 서구 열강들과 어깨를 나란히 하고 싶은 열망에 근대화 작업에 박차를 가하던 시기였다. 그러나 서구를 모방한 급격한 근대화는 일본의 실정에 맞지 않았다. 이에 따라 부작용이 나타났다. 급격한 변화의 속도를 따라가지 못하는 개인이 소외되고 도덕적 가치관에서 혼란을 겪는 등 많은 사회 문제가 나타난 것이다. 소세키는 일찍부터 산업혁명을 거쳐 근대화가 이루어진 대도시 런던에서 유학을 했다. 소세키는 런던 유학생활을 통해 서구식 근대화의 이면에 드리워진 문제들을 파악하고 있었을 것이다. 그렇기 때문에 소세키는 서양의 문명이나 사상들을 절대적으로 추구해야 할 가치로 여기지 않았다. 훗날 소세키는 '나의 개인주의私の個人主

義'라는 강연에서 일본은 서양의 것이라면 무조건 따라 하는 '타인 본위'의 시각에서 벗어나 주체적으로 '자기 본위'에 기초한 근대화를 이루어야 한다고 강하게 주장했다. 여기서 소세키가 말한 '자기 본위'란 일본이 서구식 근대화를 무턱대고 모방하기보다는 일본 스스로 주체적으로 사고하고 변화를 추구해야 한다는 것을 의미한다.

《도련님》의 문학적 매력은 무엇일까?

《도련님》에서 두드러진 구조는 대립 구조다. 주요 등장인물들 사이의 대립 구조라고 생각하면 된다. 특히 야마아라시와 교감 아카샤쓰 사이의 대립 구도가 흥미로운 긴장감을 준다. 야마아라시는 봇짱처럼 수학 과목을 담당하는 주임 교사 훗타의 별명이다. '야마아라시山嵐'라는 이름부터가 '산에서 부는 거센 바람'이라는 뜻으로, 언뜻 그는 거칠고 무례해 보이지만 옳다고 믿는 일이라면 아무리 손해를 봐도 타협하지 않는다. 한마디로 잘못된 일이라고 생각하면 권력자 앞이라도 과감하게 비판하는 거칠지만 순수하고 정의로운 인물이다. 야마아라시는 봇짱과 오해와 갈등을 빚는 상황에서도 학생들의 지나친 장난으로 교권을 위협받는 신임교사 봇짱의 편을 든다. 교권을 위협한 학생들을 강력하게 처벌해야 한다고 주장한 것이다. 그러나 이 문제를 대충 넘어가려고 하는 아카샤쓰 교감에 맞서 야마아라시는 자신의 의견을 굽히지 않는다. 그뿐만 아니라 숙직을 서는 날에 자리를 비우고 온천을 다녀온 봇짱에게도 잘못을 지적하는 등 야마아라시는 자신의 신념에 따라 공정하고 분별력 있는 태도를 보여 준다.

한편, '빨간 셔츠'라는 뜻의 '아카샤쓰赤シャツ'는 일 년 내내 빨간 색상의 셔츠를 입고 여자처럼 목소리가 나긋나긋한 교감의 별명이다. 아카샤쓰는 학교에서 유일하게 문학사 학위를 가진 동경제국대학 출신이지만 옷차림과 외양은 번듯한 학력과는 묘하게 어울리지 않는다. 현재 동경대학의 전신인 동경제국대학 출신이라는 학벌은 당시 사회적으로 매우 높은 지위를 가진 권력층에 해당한다고 볼 수 있다. 사실, 아카샤쓰는 겉으로는 상냥하고 친절해 보이지만 모순적인 기묘한 모습처럼 겉과 속이 다른 이중적이고 권모술수에 능한 인물이다. 특히 야카샤쓰는 평교사 우라나리うらなり의 약혼녀 마돈나マドンナ를 가로채기 위해 우라나리를 먼 곳으로 전근을 가도록 계략을 짠다. 더욱이 아카쌰쓰는 자신의 행동을 비난하는 야마아라시를 모함해 결국 학교를 떠나가게 만든다.

이처럼 야마아라시는 겉보기에는 거칠고 무례한 것 같아도 내면은 공정하고 정의로운 성품을 지닌 반면에, 아카샤쓰는 외면적으로는 세련되고 젠틀한 지식층처럼 보이지만 자신의 이익을 위해 남을 모함하고 곤란한 상황에 빠뜨리는 위선적인 인물이다. 야마아라시는 권력을 가진 교감 앞에서도 자신의 신념을 굽히지 않고 정의롭게 맞서지만, 결국 아카샤쓰의 음모에 휘말려 학교를 그만두게 된다. 이 과정에서 처음에 아카샤쓰의 교묘한 모함에 속아 야마아라시를 오해했던 봇짱은 점차 무엇이 진실인지를 분별하게 된다. 야마아라시의 진면목을 깨달은 봇짱은 자신도 사표를 내고 에도로 돌아간다. 에도로 떠나기 직전, 봇짱과 야마아라시는 겉으로는 점잖은 척하며 위선을 떨면서 남몰래 유곽에 드나들던 아카샤쓰와 그의 심복과 같은 노다이코のだいこ를 흠씬 두들겨 패준다. 정의롭고 의리 있는 야마아라시와 봇짱이 의기투합하여 교활하고 부패한 아카샤쓰 일당을 혼쭐내는 장면은 웃음을 자아내며 통쾌한 카타르시스를 안겨 준다. 아마도 많은 독자들은 이 장면을 작품의 결말이자 가장 인상적인 장면으로 기억하고 있을지도 모른다. 그러나 이 작품의 진정한 결말은 다른 곳에 있다. 에도로 돌아간 봇짱이 하녀 기요와 함께 살게 되지만, 얼마 지나지 않아 기요가 죽고 고비나타의 요겐지小日向の養源寺에 묻히는 것이야말로 진짜 결말인 것이다.

《도련님》의 숨은 의미

그렇다면 이러한 대립 구도를 통해 소세키가 말하고자 한 것은 무엇일까? 앞서 살펴보았듯이 야마아라시가 정의와 공평, 진실, 의리와 같은 도덕적 가치관을 대변한다면, 권력을 가진 교감 아카샤쓰는 거짓과 위선, 음모, 계략과 같이 개인의 이익만을 추구하는 부패한 사회 지배층의 뒤틀린 이미지를 대변한다. 특히 아카샤쓰의 음모와 술수는 자신의 안위를 위해 타인의 자유와 권리를 짓밟는 행위다. 소세키가 자신의 자유와 권리가 소중한 만큼 타인도 존중해야 한다고 주장한 '자기본위'의 원칙에 위배되는 행위라고 할 수 있다. 한편, 야마아라시와 봇짱이 추구하는 도덕적 가치는 과거에 전통적으로 중시되어 왔던 개념이었으나 새로운 근대 사회에서는 점차 무시받고 있었다. 그 대신 권력과 돈, 출세와 같은 가치만을 추구하는 이기적인 사회로 변질되고 있었다. 따라서 야마아라시와 아카샤쓰의 대립은 과거의 전통적 도덕적 가치관과, 새로운 근대 사회에서 중시되는 개인주의, 이기주의, 그리고 돈과 권력을 지향하는 가치관의 대립을 상징한다.

그렇다면 과연 이 작품은 비극적인가 아니면 희극적인가? 물론 이 작품에는 비극적 요소와 희극적 요소가 공존하지만, 작품의 결말이 야마아라시와 봇짱의 사직과 하녀 기요의 죽음이라는 비극으로 끝난다는 사실을 부인할 수 없다. 이것은 무엇을 의미할까? 늙은 하녀 기요는 봇짱이 어릴 때부터 부모보다도 따뜻한 인정과 사랑을 베풀고 에도에 돌아올 때까지 한결같이 기다려 주는 인물이다. 시종일관 변함없는 기요의 태도는 평교사인 우라나리와 정혼했던 젊고 아름다운 마돈나가 권력자인 교감 아카샤쓰와 어울리게 되는 모습과 대조가 된다. 그러나 야마아라시가 교감의 계략에서 벗어나지 못하고 교사를 그만두는 것처럼, 봇짱을 정신적으로 항상 지지해 준 기요 역시 죽음을 맞게 된다. 이것은 야마아라시와 기요로 대변되는 과거의 도덕적 가치들이 급변하는 사회에서 새로운 가치들과 충돌하는 과정에서 전통적 가치관이 새로운 가치에 자리를 넘겨줄 수밖에 없는 암울한 현실을 상징하는 것이 아닐까?

실제로 작품 곳곳에서 드러나는 어두운 분위기는 소세키의 사회적 인식을 반영한 것이다. 급변하는 근대화의 과정에서 소세키가 중시하던 전통적인 개념이 무시되는 현실, 그리고 이로 인해 지식인으로서 느끼는 무기력함이 작품 속 분위기에 투영된 셈이다. 결과적으로 소세키가 이 작품을 봇짱의 새로운 출발이 아닌 하녀 기요의 죽음으로 마무리하는 이유는 서구식 근대화를 낙관적이고 긍정적으로 기대하는 것이 아니라 전통적 가치들이 사라져버릴 수밖에 없는 암울한 현실을 안타깝게 바라보기 때문일 것이다. 따라서 소세키의 비평가로 잘 알려진 가라타니 고진2021이 주장한 것처럼 봇짱은 돈키호테적 영웅에 불과할지도 모른다. 그럼에도 소세키가 이 작품에서 봇짱을 통해 추구하는 진정한 도덕적 가치는 어느 시대나 장소를 불문하고 인류가 추구해야 할 보편적인 가치라고 할 수 있으며, 바로 이것이 《도련님》이 지닌 진정한 의미가 아닐까 생각해 본다.

《도련님》을 보는 새로운 시선

《도련님》은 격동하던 시기에 메이지 정부가 급격히 추진하던 근대화를 시대적 배경으로 한 소설이다. 당시 일본 사회는 서구를 따라잡느라 급급했다. 이러한 과정에서 일본 사회는 전통적인 도덕적 가치들이 무시되고 돈과 권력만이 중시되는 이기주의적인 사회로 변해 가고 있었다. 이러한 전통적인 개념들과 새로운 가치관의 충돌은 이 작품의 대립되는 구조를 통해 분명하게 드러난다. 야마아라시가 개인의 이익에 치우치지 않고 정의와 공평, 진실, 의리와 같은 전통적인 도덕적 가치들을 대변한다면, 반대로 교감 아카샤쓰는 거짓과 위선으로 가득 차고 권모술수에 능한 권력층의 뒤틀어진 이미지를 대변한다. 이러한 부패한 권력층이 지배하며 새로운 가치들로 대체되는 사회에서 전통적 가치들을 대변하는 야마아라시와 기요는 비극적인 결말을 맞을 수밖에 없는 운명일지도 모른다. 그러나 이러한 어두운 현실 속에서도 소세키가 '자기 본위'에 기초한 근대화를 주장할 수 있었던 것은 단순히 사라지는 과거의 도덕적 개념이 아니라 시대와 공간을 초월해 모든 인류가 지속적으로 추구해야 할 보편적인 가치들을 기본으로 하고 있어서다. 따라서 이 작품에서 봇짱이 추구하는 도덕적 개념은 비록 현실적으로는 한계가 있을지라도, 과거로의 회귀가 아닌 미래를 향해 열려 있는 가능성을 지닌 젊은 도련님의 수준 높은 윤리의식의 차원에서 이해할 필요가 있다.

6

일본 속에 공존하는 한국

1930년대 일본 문화 속 최승희, 모던 한류는 여기에 있었다
일본 속에 남아 있는 우리의 흔적 / 일류(日流)와 한류(韓流), 그리고 언어교육
임진왜란 피로인 여대남 / 일본 엔카에 담긴 한국인의 숨결과 예술혼
닮은 것 같지만 다른 일본의 이모저모 / 히메지성과 한국

1930년대 일본 문화 속 최승희, 모던 한류는 여기에 있었다

이현준(무사시노대학 교수)

일본 문화 속의 최승희

우리가 알고 있는 최승희는 누구일까? 일제강점기 때 조선과 일본 그리고 세계를 오가며 춤으로 명성이 자자했던 무용가 최승희를 먼저 떠올릴 것이다. 지금까지 우리는 최승희의 업적을 기록하고 연구하거나 그 삶을 기리면서도 때로는 각 시대의 시류에 영향을 받으며 끊임없이 재평가해 왔다. 최승희 연구는 한국을 비롯해 북한은 물론 일본, 중국, 미국 등 세계 각지에서 이어져 왔고, 현재도 한국학지역학, 무용학, 역사학, 비교문학 등 다양한 학문 분야에서 최승희의 활약상을 연구하고 있다. 그러나 최승희가 가장 활발하게 활동했던 일제강점기 당시 일본에서는 과연 최승희가 어떻게 평가되고 있었을까? 당시 일본 문화 속에서 최승희가 보여 준 조선 무용이 어떻게 받아들여졌는지 우리는 아직까지 잘 모르고 있다. 그래서 이 글에서는 한국 역사의 시선으로 바라보는 최승희가 아닌, 1930년대 일본 문화 속에서 최승희와 그가 대표했던 조선 무용에 대해서 살펴보기로 하겠다.

일본의 사진 열풍과 필름이 남긴 모던 댄서의 역사

1930년대 일본은 중일 전쟁이 발발하기 전까지 근대문화가 절정에 이르던 시기였다. 특히 해외에서 유입된 유성영화 개봉에 연일 극장이 붐볐고, 발레나 모던댄스 그리고 각종 클래식 콘서트나 연극 등 공연문화가 자연스럽게 일본인들의 삶 속에 들어와 있었다. 또한 이러한 공연문화의 융성과 함께 간편하고 휴대하기 쉬운 필름과 사진기의 보급으로 아마추어 사진가가 일본 전국 각지에서 두각을 나타내기 시작했다. 그들은 각종 잡지와 신문 등을 통해 자신들이 찍은 스타들의 사진들을 공모하거나, 때로는 그런 미디어에 경쟁하듯 투고하면서 활발하게 자신의 작품을 세상에 알렸다. 그중에서도 특히 영상에 조예가 깊었던 매니아들은 16mm필름으로 동영상을 찍기도 했는데, 그 대상으로 많이 등장했던 것이 바로 멋지고 아름다운 피사체로 인기가 높았던 무용가들이었다. 그 당시 예술무용가들은 공연 수익만으로 생계를 꾸리기 어려웠기 때문에 무용발표회와 이러한 유료 사진촬영회를 함께 개최하기도 했다. 이때 모델로서 최승희가 사진에 많이 찍히게 되었고, 현재까지 그 자료들이 남아 우리들에게 그 시대의 활약상을 보여 주곤 한다. 이처럼 도쿄나 오사카 등 큰 대도시를 중심으로 근대 도시문화의 왕성한 체험 그리고 그런 열광적인 유행이 2차 세계대전 직전의 일본인들의 모습이었다고 해도 과언이 아닐 것이다.

'조선의 꽃' 최승희의 활약과 조선 무용 레퍼토리

최승희가 일본에서 폭발적인 인기를 얻게 된 것은 1934년경이다.

만15세의 최승희가 숙명여학교를 졸업하고 곧바로 이시이 바쿠石井漠, 1886~1962를 따라 일본으로 건너갔던 첫 번째 도일 시기1926년3월가 아니라, 두 번째로 도일했던 1933년 이후였다. 1929년 8월 최승희는 3년간의 무용수행을 끝내고 경성으로 다시 돌아오게 된다. 그 이후 경성에서 최승희 무용연구소를 개소하고 무용가로서 무용창작과 후진 양성에 힘쓰며 조선 각지의 공연활동도 정진한다. 그 사이 와세다대학에 재학 중이던 안막과 결혼하고, 장녀 안성희도 태어난다. 이때가 최승희의 인생에서 많은 변화와 시련이 있었던 시기였고, 안타깝게도 조선에서 활동은 곧 한계와 어려움에 봉착하게 된다. 이때 최승희의 손을 다시 잡아준 것이 바로 스승 이시이 바쿠였다. 그는 애제자 최승희의 두 번째 도일을 적극적으로 도왔다. 이 두 번째 도일 이후부터 최승희는 본격적으로 일본에서 알려지기 시작했다. 이때 주목할 점은 최승희가 조선의 전통무용을 모던 댄스로 재해석하기 시작했다는 점이다.

최승희는 일본에서 처음으로 조선의 춤과 가락을 모던 댄스로 재창작해서 소개했는데, 그 대표적인 레퍼토리가 〈에헤야 노아라〉이다. 〈에헤야 노아라〉는 최승희의 작품 중에서 가장 사랑을 받았던 작품이다. 이 작품의 창작 배경에 대해서는 최승희의 《나의 자서전》1937에서 소상히 밝히고 있는데, 자신의 아버지가 술에 취해 어깨와 팔 다리를 흥겹게 들썩이던 것에 힌트를 얻었다고 한다. 그 춤사위를 굿거리 장단에 맞추어 비딱하게 쓴 갓에 흰 도포 자락을 살랑살랑 흔들며 멋스럽게 춘 것이 바로 〈에헤야 노아라〉였다. 이 후 이 작품은 최승희가 모던댄서로서 자신의 확고한 '조선 무용' 장르를 구축하는 데 지대한 영향을 미쳤다. 실제로 최승희의 레퍼토리 중에서 조선 무용은 다른 장르의 레퍼토리에 비해 뚜렷하게 일본의 일반 대중에게 사랑과 지지를 받았으며, 심지어 늘 날이 선 비평을 쏟아내던 비평가들조차 매료시켰다.

일본 문화계의 최승희 후원과 작가 마해송의 지지

1933년 3월 두 번째 도일 이후 최승희는 다시 약 2년간 스승인 '이시이 바쿠 무용단'에서 활약했다. 조선 출신인 최승희는 무용단에서 가장 인기 있는 무용수가 되었고, 그래서 일본의 신문이나 매스컴이 연일 최승희에 관한 기사를 쏟아냈다. 급기야 최승희는 일본에서 청출어람이라 일컬어지며 스승보다 높은 인기와 출연료를 받게 되었는데, 공교롭게도 그즈음 무용단을 떠나 1935년 봄에 도쿄 도심 한가운데 '최승희 무용연구소'를 열게 되었다. 최승희가 독립하게 된 배경에는 무용가로서 인기와 더불어 영화 출연이 한몫했다. 최승희가 이시이 바쿠 무용단에 몸담았던 시절 스승의 비호를 받으며 일본청년관日本青年館에서 단독으로 제1회 최승희무용발표회1934년 9월20일를 개최한 적이 있었다. 이 첫 무용 리사이틀에 도쿄의 수많은 예술가들이 모여 들었다. 그중에는 이미 잘 알려진 바와 같이, 최승희의 단독무대를 미리부터 고대하고 있었던 사람이 있었는데, 그가 바로 가와바타 야스나리川端康成, 1899~1972였다. 가와바타는 그전에 이미 최승희의 무대를 한 번 본 적이 있었다. 첫 무대 관람 후 곧바로 그는 최승희 무용에 대해서 여러 곳에 찬사의 글을 남겼는데, 그 글 덕분에 최승희의 조선 무용에 깃든 최승희의 창작 무용의 위대함이 더욱더 빛을 발하게 되었다. 매우 흥미로운 사실은 가와바타에게 최승희를 소개한 사람이 같은 조선인 마해송이었다. 마해송은 일본 문단과 최승희를 잇는 가교 역할을

했으며, 그는 당시 조선인이라는 핸디캡을 극복하고 일본 문단의 중진들에게 신뢰를 얻어 도쿄에서 잡지사 사장으로 활약하고 있었다. 마해송이 일본에서 간행했던 잡지 《모던일본モダン日本》에는 조선 특집이 실리기도 했다. 1933년 가와바타는 《이즈의 무희伊豆の踊子》가 영화될 정도로 일본 문단뿐만 아니라, 대중 문화계에서도 이미 인기 있는 작가였다. 그 밖에도 마해송은 일본 문단에서 빼놓을 수 없는 소설가 기쿠치 칸菊池寛이나, 잡지 《가이조改造》의 사장인 야마모토 사네히코山本実彦 등 문단의 중진들에게 조선 문화와 최승희를 열심히 소개했다. 최승희가 이 시기의 쇼와 문단을 대표하던 문학계 계열과 좌익 문단의 지지와 호응을 얻고 있었던 점은 주목할 만하다. 최승희의 창작 무용에는 조선인의 마음과 문화 그리고 역사와 철학을 담고 있다는 점에 일본의 예술가들은 뜨겁게 환호했던 것이다. 이 점에 대해서는 가와바타가 남긴 최승희 취재기에서도 엿볼 수 있다.

> 「剣の踊り」「エヘヤ·ノアラ」「僧の舞」などの朝鮮舞踊になると、彼女は別人のやうに易達で、自由で、器用で、楽々と私達をとへる。(中略)崔承喜の朝鮮舞踊は、日本の洋舞踊家への民族の伝統に根ざす強さを教へてゐると見えることができる。(〈朝鮮の舞姫崔承喜(조선의 무희 최승희)〉, 《문예文芸》 1934年11月)

> 〈검무〉, 〈에헤야 노아라〉, 〈승무〉 등 조선 무용이라면 최승희는 마치 다른 사람이 된 것처럼 춤이 매끄럽고 자유롭고 재주가 뛰어나서 너무나도 쉽게 우리의 마음을 사로잡아 버린다. (중략) 최승희의 조선 무용은 일본에서 활약중인 서양 무용가들에게 최승희의 춤이야말로 전통에 뿌리를 둔 강인함을 보여 주고 있다고 할 수 있다.

최승희는 단순히 무용가로만 활약한 것이 아니었다. 1935년 독립한 이후로 최승희는 비단 일본 문단뿐만 아니라 일본의 사진계, 영화계, 미술계 등 다양한 분야에서 지명도를 높이며 무용가로서 비약적으로 성장해 나갔다.

영화 〈반도의 무희半島の舞姫〉의 흥행

독립을 전후하여 최승희는 야마모토 사네히코의 소개로 영화사 신코키네마新興キネマ에 들어가 일본에서 배우로도 활동하게 되었다. 최승희가 처음으로 출연한 영화는 〈백만인의 합창百万人の合唱)〉1935년 1월 13일 일본 개봉이었는데 여기에서 그녀는 유치원 교사로 등장했다. 그 후에 최승희의 첫 주연 작품인 〈반도의 무희半島の舞姫〉1936년 4월 1일 일본, 4월 8일 조선 개봉가 조선과 일본 각지에서 개봉된다. 이 영화는 '반도의'라는 수식어와 함께 이후 일본에서 최승희를 대표하는 대명사가 되었다. 이 영화는 곤 히데미今日出海가 감독했고, 스토리는 최승희의 자전적인 이야기를 담고 있다. 그러나 영화 자체의 작품성에 대해서는 그 당시에도 평가가 높지 않았던 모양이다. 그럼에도 불구하고 때마침 유행한 유성영화의 붐을 타고 〈반도의 무희〉는 일본과 조선에서 4년간에 걸쳐 상영될 만큼 흥행에서는 대성공을 거두었다. 또한 〈대금강산보大金剛山の譜〉1937년 촬영됐으나 미개봉도 최승희의 주연 작품이었는데, 이 작품은 조선에서 올로케이션으로 촬영되었고 당시 신문에서도 이 영화에 대해서 취재한 기사를 실을 만큼 상당한 기대작이었다. 〈백만 인의 합창〉, 〈반도의 무희〉, 〈대금강산보〉 이 세 작품이 지금까지 알려진 최승희의 일본 영화 출연작이다. 다만 이들 작품 모두 필름이

소실되어 현재까지 발견되고 있지 않다는 점이 아쉬울 따름이다.

이처럼 두 번째 도일 이후, 최승희는 도쿄에서 무용연구소를 열고 후진을 양성하며 무용가로 무용창작가로 또 영화배우로 최전성기를 보내고 있었다. 예술무용을 추구하는 모던 댄서로서 자신의 인생에서 매우 성공적인 무용가 인생을 보내고 있었던 것이다. 이러한 활약은 조선뿐만 아니라 일본 내에서도 매우 인기가 높았고, 그 인기를 반영하듯 상업광고에도 많이 기용되기 시작했다. 광고와 관련해 재미있는 에피소드가 있다. 최승희가 다른 브랜드의 화장품을 동시에 선전하거나, 또는 서로 다른 회사의 탈모제와 육모제를 동시에 광고하는 등 웃지 못할 해프닝이 벌어진 것이다. 소비자 입장에서는 어떤 제품을 골라야 할지 매우 고민스럽지 않았을까? 그만큼 최승희의 이미지는 일본인들에게 인기와 함께 어느새 동경의 대상이 되었다. 그 밖에도 근육이완제, 전축, 학용품, 백화점 등, 최승희의 광고 속 얼굴은 일본의 근대 그 자체를 상징하고 있었다. 그야말로 최초의 한류스타였다고 해도 과언이 아닐 것이다.

식민지 스타 최승희와 무용예술

1930년대 일본의 시선에서 바라보는 최승희는 식민지를 대표하는 무용가이자 진정한 예술가였다. 그러나 일제강점기 이후 한국의 시선에서 바라보는 최승희는 일부 일본 식민지배를 정당화하는 상징적 인물로 비춰질 수밖에 없었다. 그럼에도 불구하고 최승희를 통해서 알려진 조선 예술의 깊이는 많은 사람들을 감동시켰다. 최승희의 예술은 나라를 잃은 조선인들에게는 민족의 뿌리와 긍지를, 지배자였던 일본

'최승희 신작 무용 공연' 팸플릿
(도쿄 다카라즈카 극장, 1941년
11월 28~30일)

최승희의 '학춤'

출처: 야스코치 지이치로(安河內 治一郎), 〈춤추는 최승희〉, 《아사히카메라》, 1935년 1월 게재.

인들에게는 예술에 대한 감동과 오래된 문화의 힘을 되새기게 했다. 무엇보다 무용으로 단련된 아름다운 신체에서 뿜어져 나오는 열정적인 공연은 인기 있는 모던 댄서로서 어딜 가든 극장은 초만원을 이루었다. 당시 많은 이들의 동경의 대상이었던 최승희에 대해서는 상업광고 속에서 소비된 이미지에서 짐작할 수 있을 것이다. 실제로 상업 광고에서 최승희는 '조선의 미'를 대표하고 있기보다 단발머리에 양장을 하고 하이힐을 신은 '근대 여성의 미'를 주로 보여 준다. 일본의 지배를 받았으나 오랜 역사와 전통을 지닌 나라 조선, 아름다운 신체와 얼굴을 지닌 최승희에게 풍겨나는 근대적 향취를 일본의 일부로 여기고 싶은 이율배반적인 우월감, 그 속에 최승희가 서 있었던 것이다.

일본 속에 남아 있는 우리의 흔적

최갑수(금융투자협회)

우리는 흔히 일본과의 관계를 '가깝고도 먼 나라'라고 한다. 여기서 '가깝다'라는 말은 지리적으로 가깝다는 의미이고, '먼 나라'라는 표현은 역사를 둘러싸고 심리적으로 멀게 느껴진다는 뜻일 것이다. 그 역사를 언급하자면 도요토미 히데요시는 일본 전국시대 패권을 차지한 이후 다이묘에게 배분할 영토가 필요해지자 조선을 염두에 두었고, 명나라 침략을 위한 교두보로 임진왜란과 정유재란을 일으킨다. 그리고 구한말, 요시다 쇼인의 《유수록》에 나오는 정한론과 동북아 공영론의 사상을 이어받은 쇼카손주쿠松下村塾 제자들이 주축이 되어 조선 땅을 강제 침탈한다. 1945년 해방 이후 78년이 흘렀으나 위안부나 강제징용 문제는 양국간에 아직도 미해결 상태로 남아 있다. 이러한 역사 문제를 둘러싼 갈등은 우리와 일본이 스포츠 경기를 할 때면 "한일전은 가위바위보도 지면 안 된다."라는 기사로도 알 수 있다. 한일 관계에 대하여 "일본인들은 고대사 콤플렉스 때문에 역사를 왜곡하고, 한국인들은 근대사 콤플렉스 때문에 일본 문화를 무시한다."라는 사학자의 일침도 있다. 한국과 일본은 언제나 견원지간이었을까? 실제로는 그렇지 않다. 고대사 여행을 통하여 양국이 예전에는 문화 교류와 군사적인 협력 관계도 활발했음을 알아보고자 한다.

최고最古의 불교 사원, 아스카데라

예전에 나라현으로 여행 갔을 때의 에피소드다. 작가의 시야에 들어온 첫인상은 마치 중학교 시절 경주로 수학여행을 다시 간 듯하다는 것이었다. 어린 시절 시골에서 자주 봤던 기와집 모양의 지붕 양식을 보면서 왠지 모르는 친숙감이 들었다. 동행한 아내에게 정경에 대한 느낌을 물어보니, 사람의 마음은 똑같은지 아내 또한 비슷한 생각이 들었다고 했다.

일본에서 최고로 오래된 불교 사원 아스카데라飛鳥寺는 호코지法興寺 또는 간고지元興寺라고도 부른다. 스이준텐노崇峻天皇 시기인 596년경에 소가노 우마코에 의해 나라현 다카이치군 아스카촌에 완공되었다. 소가노 우마코는 백제계로 불교를 숭상한 인물로 알려져 있다. 이 사원은 가마쿠라시대에 벼락을 맞아 화재로 소실되어 방치되고 있다가 에도시대인 1826년경에 재건되었다. 와세다대학 오하시 가쓰야키 불교 미술사 교수는 "아스카데라는 부여에 있는 왕흥사와 밀접한 연관성이 있다."라고 했다. 아스카데라를 짓는 데 들어간 기와가

아스카데라 전경

아스카데라 대불전 표식

아스카 대불
(동으로 만든 석가여래좌상)

20여 만 장 정도라 하는데, 현재 부여 궁남지 서편에 위치한 군수리 절터에서 발견된 기와문양과 유사하다는 것이 근거로 유추된다.

《일본서기》에 따르면 아스카데라는 백제에서 건축 설계와 사공寺工 및 와공瓦工을 초청하여 공사를 진행했다. 당시 대형 건물로 건축된 본격적인 사원은 아스카데라가 최초였다. 백제에서는 전문 기술자를 박사博士라고 불렀다. 박사라는 이름이 처음 등장한 것은 4세기 후반 근초고왕 시기로 추정된다. '사공寺工'이란 대목장大木匠으로 금당, 회랑, 목탑을 만드는 장인이며, '노반박사鑪盤博士'는 불탑의 상층부를 제작하는 기술자, '와박사瓦博士'는 기와를 만드는 기술자, '화공畫工'은 불화, 벽화를 그리는 전문가로 생각하면 이해가 쉽다.

그렇다면 백제가 사원 건축 기술을 일본에 전해 준 이유는 무엇일까? 당시 소가 가문은 야마토 내에서 영향력이 대단했으며, 백제의 최고 권력층과 긴밀한 관계가 있었음을 말해 준다. 통상적으로 국제 관계에서 한 나라가 타국에 일방적으로 시혜를 베풀었다고 주장하는 것은 적절하지 않다. 예를 들어 4세기 중엽 백제 근초고왕 시기로 추정되는 때 칠지도七支刀가 일본에 전해진 것도 국가간에 서로 돕고자 하는 뜻이 담겨 있을 것이다. 칠지도는 현재 나라현 덴리시의 이소노카미 신궁에 소장되어 있으며, 1953년에 일본 국보로 지정되었다. 칠지도의 제작 연대와 칼에 새겨진 명문 해석을 놓고 오늘날 한일 역사학자들 사이에 의견이 분분하다.

사이메이 천황, 멸망한 백제를 구원하러 백강 전투에 파병

660년 7월, 백제군 명장 계백이 이끄는 5,000명의 결사대는 지금의 논산 지역인 황산벌에서 신라의 김유신이 이끄는 5만여 명의 대군과 결사항쟁을 벌이다 중과부적으로 전멸당했다. 나당연합군은 여세를 몰아 사비부여성을 함락시키고, 웅진공주으로 도망쳤던 의자왕마저 사로잡는다. 이로써 백제는 건국 678년 만에 멸망하게 되었다. 백제는 3년간 치열한 부흥운동을 전개하면서 왜의 야마토 조정에 구원병을 요청했고, 사이메이 텐노는 파병을 수락한다. 사이메이 텐노는 35대 고교쿠 텐노皇極天皇이며, 37대에 사이메이 텐노로 불린 동일한 인물이다. 백제 파병 동기에 대해 《일본서기》에는 '복신의 뜻에 따라'라고 적혀 있다. 또한 구당서에는 '부여풍지중, 즉 당시 일본군은 부여풍의 무리다'라고 적혀 있는 것으로 보아 멸망한 백제를 지원하기 위해 파병했다는 것을 알 수 있다.

사이메이 천황은 661년 2월, 현재 나라현의 야마토노쿠니에서 육군과 수군을 이끌고 에히메현의 이요노쿠니 니키타진에서 잠시 머물다가 같은 해 5월, 후쿠오카현의 쓰쿠시노쿠니의 임시 행궁에 진을 펼친다. 이때 나카노오에 황자와 문무백관들도 동행했다. 그러나 그해 8월 사이메이 천황이 갑자기 사망했다. 나카노오에 황자는 천황 즉위를 미루면서까지 백제계로 추정되는 귀족들의 후원을 받아가며 백제 지원에 전력을 다했다.

왜는 661년 백제 왕자 부여풍에게 5,000명의 군사와 함께 귀국을 허락했고, 663년 두 차례에 걸쳐 병력 2만 7,000여 명의 병력을 추가로 파병했다. 1,000여 척의 배에 탑승한 왜의 병사들은 백강변으로 상륙을 시도했다. 왜의 수군은 셋으로 나누어 당군에게 공격을 시도했으나 기상 조건 악화와 조수 간만의 차 등으로 수적으로 우세했음에도 불구하고 네 번의 전투 모두 당군에게 패했다. 전투는 왜 함선 400여 척이 불탔고, 1만여 명이 참담하게 전사했다. 사서에는 이렇게 묘사되어 있다.

> 연기와 불꽃이 하늘을 붉게 물들이고, 바닷물마저 핏빛으로 물들다.

《일본서기》에는 백강 전투 패배 이후 백제계 관료들이 '이제 더 이상 조상 묘에 참배할 수 없게 되었다.'라고 한탄했다는 기록도 있다. 패전 이후 왜는 신라와 당의 침공에 대비하여 북큐슈와 세토나이카이해 연안에 백제식 성을 쌓는다. 당시 야마토 정부는 백제와 긴밀한 사이였기에 백제가 망하고 나면 나당연합군이 왜로 쳐들어올 것으로 예상했기 때문이다. 백강 전투는 당시에 가장 많은 군사가 참전해 수많은 희생을 치른 동아시아 역사상 최초이자 최대의 국제 해전으로 볼 수 있다. 전투에 참여한 군사만 해도 백제 부흥군이 5,000여 명, 왜군이 4만 2,000여 명, 신라군이 5만여 명, 당군이 13만여 명 등 총 22만 7,000여 명에 달하는 대규모였다.

백강 전투 추정도

《일본서기》에는 백강 전투를 하쿠손코 전투白村江の戦い라고 부른다. 백촌강의 위치에 대해서는 우리나라 사학계에서 아직까지 의견이 분분하다. 현재 금강 하류인 부여와 서천군 주민들이 금강을 백마강이라고 부르는 데

서 백촌강을 금강이라고 주장하는 사학자도 있다. 어느 사학자는 1,000여 척의 배가 왜에서 들어왔고, 당에서는 170척의 배가 왔다는 기록으로 보았을 때 지리적으로 금강에는 1,000여 척의 배가 들어갈 수 없는 지형이라고 주장하면서 당진시 석문면 장고항리 일대에서 백토가 출토되었기에 당진시 일대로 해석하는 이도 있다.

일본 곳곳에 남아 있는 고대의 우리 지명

우리 선조가 일본에 정착하여 살았던 흔적을 엿볼 수 있는 지명이 일본 곳곳에 아직도 많이 남아 있다. 시마네현 이즈모시에는 매년 음력 10월이면 일본인들이 많이 방문한다. 여기에는 일본 전역 팔백만의 신들이 모인다고 하는 거대한 금줄しめ縄로 유명한 이즈모타이샤出雲大社가 있다. 《삼국유사》에 신라인이 동해 바다를 넘어 일본으로 가서 임금이 되었다는 신화적 요소가 짙은 전설이 나온다. 그 유명한 연오랑과 세오녀의 이야기가 등장하는 곳이 바로 이즈모 지역이다. 특히 이즈모에는 가라 신사, 신라 신사, 텐신가키 신사, 시라기 신사, 가라구니니타시 신사 등 우리나라 신을 모신 곳이 많다.

이즈모타이샤 제사 전경

가라쿠니다케韓国岳는 큐슈지역 기리시마산의 최고봉이다. 한국악韓国岳은 큐슈의 남부 지역인 미야자키현 에비노와 고바야시, 가고시마현 기리시마를 연결시켜 준다. 옛날에는 한국이란 국호가 없었는데 어떻게 한국이란 용어를 사용했을까? 중국 고서 《삼국지三國志》에 구사한국狗邪韓國이란 이름이 나온다. 진한에 망한 이후 우리나라 남해안 일대에 살던 사람들이 왜로 유랑길에 올라 정착한 곳이 지금의 기리시마다. 여기에서 '구사' 글자는 떼어내고, '한국'만을 따다가 산에 한국악이라고 붙였다 하니 참으로 신기하다.

일본에는 아직도 백제촌이란 이름이 남아 있는 곳이 있다. 오사카 시내에는 1874년에 개교한 남백제소학교가 있다. "옛날에는 백제대교 아래로 백제강이라는 이름의 강물이 흘렀던 곳이다. 훗날 히라노강으로 이름이 바뀌었다."라고 남백제소학교 니시무라 치에코 교장이 언론에 인터뷰한 적도 있다. 닌토쿠 천황릉이 있는 오사카 사카이시 주변에는 구다라군, 동쪽으로는 구다라가와가 있다. 당시에 오사카 난바 지역은 백제 사람들이 배를 타고 일본으로 건너가 새로운 정착지로 이동하는 통로로 사용되었다고 추정된다.

미야자키현 시골 마을에 있는 난고손은 백제 멸망 이후 왕족들이 망명한 지역이다. 난고손에는 아버지 정가왕과 아들 복지왕의 애절한 사연이 남아 있다. 이들 부자는 미야자키현으로 가는 도중에 폭풍우를 만나 해안에 표류하면서 생이별을 하게 되었다. 매년 음력 12월에 복지왕의 영혼이 출발하면서 시작되는 시와쓰 마쓰리師走祭り는 히키 신사에 있는 복지왕의 영혼이 미카도 신사에 있는 정가왕의 영혼을 만나러 가고 다시 헤어지는 과정을 보여 주는 종교적 제사 의식이자 거대한 마을 축제다. 이 마쓰리는 1991년에 일본 문화재청이 무형문화재로 지정했다. 현재 미야자키현은 우리나라 부여군과 자매 결연을 맺어 활발한 문화교류를 하고 있다.

미야자키현 기리시마산의 한국악

미야자키현 백제마을 난고손

이토시마 반도의 가야산 이정표

우리나라 사람이 많이 여행하는 후쿠오카현 중심 지역인 하카다역에서 승용차로 20분 거리에 신라시대 때 국가의 중요한 일을 의논하던 회의제도인 화백과 글자가 같은 '와지로'라는 지명이 있다. 또한 이토시마 반도 아름다운 해안에는 365m 높이의 가야산이 있고, 산 아래에는 가야 마을이란 이름도 있다.

헤이안시대부터 발달한 도시로 가나가와현 후지산 동쪽 기슭에 있는 온천 휴양지로 유명한 하코네의 지명은 고구려 말로 '신이 계시는 신선神仙한 곳'이라는 뜻이다. 혹자는 이 지명을 '상자 모양의 산봉우리'라는 뜻에서 유래되었다고 해석하기도 한다. 그리고 하코네에서 승용차로 30분 거리인 해안가에 오이소라는 마을이 있다. 우리나라 출신 유랑민들이 이곳에 와보니 먼저 와 있던 경상도 출신 백성들이 '어서 오이소' 하는 말에서 지명 '오이소'가 생겼다고 한다. 그 근처에는 고려산, 신라 신사도 있다. 오이소에서 살던 사람들이 716년에 무사시라는 곳으로 이동하여 개척한 곳이 오늘날 관동 지역에 있는 고마무라이다. 그 인근에는 고마에키, 고마가와에키, 고마가와도 있다. 무사시란 고구려 말로 '우리 고장'이라는 뜻이다. 고려라고 써 놓고 왜 '고마'라고 읽었을까. 그것은 중국 수나라 때 고구려를 고마라고 부른 것에서 유래되어, 일본에서 중국식으로 읽어 고마라고 불렀다고 추정된다.

야마구치현 시모노세키에서 인접한 모지코에도 고마마치, 시라기마치, 구다라마치라는 명칭이 있었으나 현재는 이름이 바뀌었다. 옛날에 시모노세키는 삼국시대 마한馬韓의 발음을 따서 바칸馬關이라고 했다. 또한 모지코 인근에 있는 고쿠라의 옛 지명도 고구려에서 온 것이다. 주말이면 관광객들을 위한 특별 이벤트로 생선회와 초밥을 저렴하게 파는 수산시장이 있는 가라토唐戶도 옛날에는 가라토韓人라고 불렀다.

먼 옛날 우리 선조들은 북방 민족의 침략을 피해서 혹은 먹고 살길을 찾아 이웃 국가와 물물교환을 위하여 거친 파도를 넘어 현해탄을 건너 일본 땅으로 건너갔다. 선조들은 일본의 고대 국가체인 야마토조정 형성에 깊이 관여한다. 특히 백제문화는 일본 아스카문화의 원조를 이룬다. 주로 5~6세기 중기에 한반도에서 일본 열도로 건너가 도래인渡來人이라 부른다. 아스카지역의 문화는 고대 도래인이 모여든 곳이다. 지금도 일본에서 발굴되는 수많은 유적을 보면 한반도에서 발굴되는 유물과 비슷한 성격이 많다. 이와 같이 《일본서기》, 《고사기》 등에 우리 조상의 생활과 관련된 흔적이 아직도 많이 남아 있다.

일류日流와 한류韓流, 그리고 언어교육

사이토 아케미(한림대학교 일본학과 명예교수)

한국과 일본은 '가깝고도 먼 나라'라고 말하는 경우가 많다. 하지만 한국에서 일본어를 배우는 학습자, 일본에서 한국어를 배우는 학습자는 결코 적지 않다. 실제로 국제교류기금 조사에 따르면 2021년 기준으로 한국에서 일본어를 배우는 학습자 수는 47만 334명으로, 중국 105만 7,318명, 인도네시아 71만 1,732명에 이어 세계 3위이다. 게다가 인구비율을 고려하면 한국의 일본어 학습자가 세계에서 가장 많다. 그리고 박진희2017에 따르면, 일본 대학에서 한국어 수업을 채택하고 있는 대학은 1970년대 8개교였으나 1988년에는 68개교로 늘어났고 1995년에는 143개교, 그리고 2000년에는 263개교로 증가했다. 이와 같은 현상은 2000년 이후에도 계속되어 2013년에는 일본 국내 64.2%의 대학에서 한국어 수업을 개설한 것으로 나타났다. 일본에서 한국어 학습자가 점차 증가하고 있다는 것을 잘 보여 주는 사례라고 할 수 있다.

필자는 1992년부터 2022년까지 한국의 대학에서 일본어 교육을 했으며 근래 몇 년 동안은 근무처인 학교 프로그램 '한림 아카데미' 강사로 참여하고 있다. 이러한 프로그램의 일환으로 한국의 중학교에서 일본어, 일본 문화에 관한 특별강의를 했으며 경기도 어느 고등학교에서

방과 후 야간자율학습을 대신하여 미리 대학 수업을 체험하게 한다는 취지로 일본어와 일본 문화 수업을 하기도 했다. 그 외에도 한림대학교에서 실시하는 시민강좌에서 일반인들에게 일본어를 교육하는 기회도 있었다. 이러한 경험을 통하여 일본어 학습자와 한 사람씩 만나면서 '왜 일본어를 공부할까? 어떤 계기로 일본어 학습을 시작한 것일까? 학습 동기는 무엇일까?'와 같은 궁금증이 생겼다.

궁금증에 대한 답을 찾기 위하여 한국의 대학생을 대상으로 설문 조사를 실시한 적도 있다. 그 결과 한국의 대학생 대부분은 일본의 애니메이션, 드라마, 영화, 노래 등 대중문화에 흥미를 느껴서 일본어 학습을 시작했다는 것을 알았다. 그리고 일본의 대학에서 집중 강의 프로그램으로 '한국 문화사정'이라는 과목을 담당하면서 살펴본 결과 학생들이 한국어 수업을 선택한 주요 동기는 '일본의 한류 붐'과 깊은 관계가 있다는 것을 알게 되었다. '한국 문화사정'을 선택한 일본인 대학생 대다수는 한국의 K-POP, 드라마, 영화 같은 대중문화에 관심이 있으며 한국 문화를 더욱 알고 싶어서였다.

'일류, 한류와 언어교육'이라는 주제로 한국의 일본어 교육과 일류 일본 대중문화 붐, 일본에서의 한국어 교육과 한류 한국 대중문화 붐에 대하여 언급해 보고자 한다.

일류와 한국의 일본어 교육

우선, 한국에서 이루어진 일본어 교육의 역사에 대하여 조금 살펴보자. 한국에서 일본어 교육은 조선시대 때부터 시작했다. 《첩해신어 捷解新語》라는 책의 제목은 '새로운 언어를 신속하게 습득하기 위한 책'

이라는 의미다. 그리고 이 책은 1670~1770년경에 강우성이 편찬하여 사역원이라 불리는 외교 사무에 필요한 통역관양성기관에서 사용되었다. 이에 따라 한국에서 사용된 일본어 교과서가 꽤 오래전에 만들어졌다는 것을 알 수 있다.

그렇다면 현대 일본어 교육의 역사는 언제부터 시작되었을까? 일반적으로는 1965년 한일 국교 정상화를 계기로 시작된 것으로 알려져 있다. 대학에서는 1961년 한국외국어대학교에 일본어과가 개설되고, 1962년 국제대학교 현재 서경대학교 에 일본어과가 개설되었다. 그리고 고등학교에서는 1973년에 일본어가 제2외국어 과목으로 도입되었다. 또한 중학교에서는 2001년에 제2외국어 중 하나로 마련되었다. 단 초등학교 교육과정에서는 외국어는 영어만 정규과목으로 일본어를 포함한 타 외국어는 정규과목이 아니나 교장 선생님의 재량으로 일본어 과목을 설치하거나 방과 후 동아리 활동에서 일본어를 가르치는 것은 가능하다.

다음으로 한국 대학생을 대상으로 실시한 설문 조사에 대하여 언급해 보고자 한다. 2003~2004년에 걸쳐 오고시 나오키 당시 도쿄대학 교수, 임영철 당시 중앙대학교 교수, 시노하라 노부유키 당시 국립대만대학교 교수 등과 공동연구로 설문 조사를 실시했다. 이는 한국과 대만의 일본어 학습과 일본의 한국어 학습에 관한 내용으로, 학습자의 학습 동기와 목표 언어 학습하는 언어 의 국가, 사람, 언어에 대한 이미지 고찰을 위한 조사였다. 2017년에는 한국, 대만, 중국의 일본어 학습과 일본, 대만, 중국의 한국어 학습을 알아보는 조사를 실시했고 사이토 료코 당시 고쿠시칸대학 전임강사 도 참여했다.

지금 생각해 보면 2003~2004년은 일본에서 한류 붐이 일기 시작한 시기이며 2017년은 일본의 한류가 어느 정도 자리 잡은 시기였다. 2003~2004년과 2017년에 실시한 설문 조사 중에 일본어 학습 동기에 대한 항목이 있었다. 그 결과를 보면 사이토 료코, 사이토 아케미의 조사2020에서 알 수 있듯이 2003~2004년 조사와 2017년 조사에서 모두 일본어 학습 동기 1위는 '일본·일본인·일본 문화에 대한 관심'이었다. 일본어를 배우는 이유를 나타내는 상위 순위에 '일본에 대해 알고 싶다', '일본의 만화, 애니메이션에 흥미가 있다', '일본의 영화, 텔레비전 프로그램에 흥미가 있다'라는 항목이 있던 것도 두 차례 조사에서 공통적으로 나타난 현상이었다. 한국 대학생들이 일본 문화에 전반적으로 관심이 있고 만화, 애니메이션, 영화, TV 프로그램과 같은 일본 대중문화에 관심이 있어서 일본어를 배우기 시작했음을 알 수 있다.

또한 2018년 국제교류기금의 설문 조사 결과를 보면 한국에서 일본어를 배우는 이유로 한국인 학습자가 가장 많이 선택한 항목은 '애니메이션, 만화, J-POP, 패션 등에 대한 흥미'로 58.4%의 학습자가 이 항목을 선택했다. 2위는 '일본 관광 여행' 38.9%, 3위는 '역사, 문학, 예술 등에 대한 관심' 33.2%라는 것을 보면 58.4%는 상당히 큰 숫자임을 알 수 있다. 이렇게 공동연구로 직접 참여하여 실시한 설문 조사는 학습 동기에 관한 것이고 국제교류기금의 조사는 일본어 학습의 목적에 관한 조사로 조사항목도 다르다. 하지만 어느 조사 결과에서도 이른바 '일류日流'가 학습 동기나 학습 목적이라는 사실은 매우 흥미롭다.

이는 2019년 외무성의 보고서에도 나타난 사실이다. 외무성의 보고서에는 "해외에서 이루어지는 일본어 교육은 일본과의 교류 담당자를 길러내 해외에서 일본에 대한 깊은 이해와 인식을 높여 여러 나라와의 우호 관계의 기초를 마련할 수 있어 중요하다. (중략) 일본어 학습의 목적으로는 취업, 유학과 같은 실질적인 이유뿐만이 아니라 애니메이션, 만화를 포함한 대중문화, 기타 다른 일본 문화에 대한 관심도 있다."라고 명시되어 있다. 실제로 일본어를 배우는 한국 학생들에게 학습 동기를 물어보면 "일본 애니메이션을 자막 없이 보고 싶어서" "일본 게임을 즐기기 위해서"라는 답변이 많았다.

한류와 한국어 교육

이어서 '한류'와 일본의 한국어 교육에 대하여 언급하고자 한다. 일본의 한국어 교과서는 에도시대에서 메이지시기에 걸쳐 편찬되었다. 그중 아메노모리 호슈가 편찬한 것으로 알려진 《교린수지交隣須知》는 에도시대부터 메이지시대까지 여러 차례 개정을 거쳐 사용된 한국어 교과서다. '교린수지'란 '이웃 나라와 교류할 때 당연히 알아두어야 할 것'이라는 의미다. 이 책은 한국어 용례집으로 자세히 살펴보면 언어뿐만 아니라 문화에 대해서도 언급하고 있어서 언어와 문화를 동시에 학습할 수 있다.

그런데 특히 흥미 깊은 부분은 일본어 교육과 마찬가지로 현대의 '한류'와 한국어 교육 관계에 관한 것이다. 일본에서 '한류'라는 말이 나오기 시작한 것은 그리 오래된 일이 아니다. 〈겨울연가冬のソナタ〉라는 한국 드라마가 2003년 NHK BS위성방송를 통해 방영되면서 인기를 얻었고 이듬해 2004년 NHK 종합 TV에서도 다시 방영되었다. 이를 계기로 일본의 '한류' 열풍이 불었다고 해도 과언이 아니다. 〈겨울연가〉의 히트로 한국에서 일본 문화가 개방되었고 동시에 한국 정부가 추진한 문화육성 산업이 강화되어 한국의 콘텐츠 산업이 발전하게

되었다. 이것이 일본에서 한류 붐으로 연결된 것이다. 〈겨울연가〉의 주인공인 욘사마배용준는 드라마의 캐릭터라는 것을 알고는 있으나 한국 남성의 친절과 성실함에 매력을 느낀 중장년층 일본 여성들이 많았다. 또한 일본에서 〈겨울연가〉 이야기에 감동한 사람들도 많았고 〈겨울연가〉의 한국어 대사는 알아듣기 쉽고 비교적 기본적인 표현이 많아 한국어 공부에 유익할 것이라고 생각한 사람들도 많았던 것으로 기억한다. 물론 〈겨울연가〉 이전에 한국 드라마 방송이 없었던 것은 아니다. 조용필·계은숙·김연자 같은 일본에서 활약하는 한국 출신 가수들도 적지 않았다. 하지만 〈겨울연가〉를 계기로 '한류 붐'이 일어 5,000명이나 되는 팬이 일본 공항에서 배용준을 맞이하는 광경은 이례적인 일이었다. 또한 많은 일본인들이 한국을 방문하여 직접 촬영현장을 견학하고 한국인들의 생활과 문화에 관심을 가지고 나아가 한국어 학습을 시작하는 등 〈겨울연가〉의 파급효과는 단순히 한국 드라마의 인기에 그치지 않고 경제적으로나 정치적으로나 큰 효과가 있었다.

그러면 일본의 한국어 학습을 살펴보자. 2004년 4월 6일 개강된 NHK 교육 TV 〈한글강좌〉 교재11만 부 발행가 전국 서점에서 매진되어 급히 20만 부를 새로 인쇄한 것을 감안하더라도 〈겨울연가〉 팬들의 한국어 학습 의욕이 대단했다는 것을 알 수 있다. 〈한글강좌〉 안에는 '겨울연가 대사로 배우는 한국어 코너'가 있었다. 실제로 내 주위에도 한국어를 배워 자막 없이 〈겨울연가〉를 보고 싶다는 사람들이 있었다. 이처럼 한 드라마가 한국어 학습의 강한 학습 동기가 되기도 한다. 현재 일본 대학의 한국어 학습자들 중에는 〈겨울연가〉를 보고 한류 드라마 팬이 된 어머니의 영향을 받았다는 사람도 있으며 방탄소년단BTS, 트와이스를 비롯한 K-POP을 좋아해서 한국어 공부를 시작한 사람도 많다. 또한 최근 일본에서 인기 있는 〈사랑의 불시착〉이나 〈이태원 클래스〉와 같은 한국 드라마, 〈기생충〉과 같은 한국 영화를 좋아해서 한국어를 배우기 시작하는 사람도 있을 것이다.

일본에서 한국어 학습자의 동기는 무엇일까? 오고시 나오키에 따르면 2003년 설문 조사에서는 일본인 대학생들이 한국어를 배우는 가장 큰 이유는 한국사람과 문화과 한국어에 대한 관심이었으나 2018년 조사에서는 한국사람과 문화에 대한 관심뿐만 아니라 서브컬처에 대한 관심도 주된 학습 동기가 되고 있는 것으로 나타났다. 한류 붐 이후 일본 대학생들의 한국어 학습 동기로 '서브컬쳐에 대한 관심'이 추가되었음을 알 수 있다. 이처럼 '한류'가 한국어 학습 동기에 큰 영향을 미치고 있다.

언어와 문화로 가까워질 수 있는 한국과 일본

한국에서 일본 문화의 개방은 1998년 1차 개방, 1999년 2차 개방, 2000년 3차 개방, 2004년 4차 개방과 같이 단계적으로 이루어졌다. 이와 함께 한국은 한국의 문화 콘텐츠 발전에 힘써 왔다. 그 결과 이제 '한류'는 일본은 물론 세계에서도 인기가 있으며 일본에서도 '한류'와 함께 한국어 학습자가 증가하고 있다. 앞에서도 살펴보았듯이 일본의 서브컬처를 중심으로 한 대중문화는 한국의 일본어 학습자의 학습 동기가 될 수 있으며 한국의 서브컬처를 중심으로 한 대중문화는 일본의 한국어 학습자의 학습 동기가 될 수 있는 것이다.

앞서 소개한 2003~2004년과 2017년 설문 조사에서는 일본어나 한국어 학습 동기 이외에 언어학습과 목표 언어의 나라, 사람, 언어에 대한 이미지 조사도 진행했다. 조사 결과를 보면 언어학습을 하는 사람들은 언어학습을 하지 않는 사람에 비해 상대방 국가나 사람, 언어 자체에 대하여 좋은 이미지를 갖고 있는 것으로 나타났다. 즉, 한국에서 일본어를 배우고 있는 사람은 일본어를 배우지 않은 사람에 비하여 일본이나 일본인에 대하여 좋은 이미지를 가진 경우가 많으며, 일본에서 한국어를 배우고 있는 사람은 배우지 않은 사람에 비하여 한국이나 한국인에 대하여 좋은 이미지를 가진 경우가 많다는 의미다. 일본어를 학습할 때는 언어뿐만 아니라 일본인의 일상생활과 전통 문화, 대중문화, 언어행동 등에 대해서도 학습할 것이 많다. 이는 한국어를 학습할 때도 마찬가지다. 이처럼 서로를 알고 이해함으로써 '가깝고도 먼 나라'에서 '가깝고도 가까운 나라'가 되는 것을 기대할 수 있다고 생각한다.

임진왜란 피로인 여대남

정희순(경상국립대학교 일어교육과 강사)

피로인 여대남의 삶과 죽음

1701년 에도시대의 가노파 화가 소노이 모리토모가 그린 일요상인(日遙上人) 여대남의 초상화

출처: 일본 혼묘지(本妙寺) 소장

여대남余大男은 13살이 되던 1593년 계사년 7월 13일, 하동군 양보면 박달리 쌍계사 보현암에서 승려 등수의 수하로 글공부를 하던 중에 가토 기요마사에게 붙잡혀 일본으로 끌려간 임진왜란 피로인 가운데 한 사람이다. 임진왜란 당시 일본에 끌려간 피로인 중에는 학자, 문인, 도공뿐만 아니라 노인과 여자, 어린아이에 이르기까지 재능이 있는 다양한 조선인들이 있었다. 이러한 피로인들은 왜군들에게 목숨을 잃거나 살아남아 노예로 전락하기도 했다.

여대남은 임진왜란이 끝난 뒤 고국 조선으로 돌아가기를 원했지만 돌아가지 못하고 일본에서 생애를 마친 피로인이었다. 그리고 임진왜란이 빚어낸 비극의 상처를 안은 채 일본 불교계에 발자취를 남긴 존경받는 스님이었다.

여대남余大男, 1580~1659은 선조 14년 경상도 하동현 서량곡현재의 경상남도 하동군 양보면 박달리에서 아버지 여천갑과 평강 채씨 사이에 외아들로 태어났다. 여대남의 고향인 경남 하동에는 의령 여씨 종가가 집성촌을 이루고 살고 있다. 여대남은 아명兒名으로 의령 여씨 족보에 기록된 본명은 학연學淵이다. 그리고 호인好仁이라는 호號와 일요日遙라는 법명法明을 가지고 있다는 것을 알 수 있다.

아래 가계도를 통해 여대남의 가족 구성을 알 수 있다. 여씨 문중 후손들의 구술과 《의령 여씨 세보》, 선산의 상석과 비석의 내용을 토대로 재구성한 것이다.

여대남의 할아버지 여득린은 의령 여씨 19세손으로 본부인 광양 구씨와 둘째 부인 창원 황씨를 두었다. 여득린과 광양 구씨 사이에 1577년 여대남의 아버지 여수희가 태어난다. 그리고 조부 여득린은 1593년 8월 의병 활동 중 왜군과의 전투에서 부상을 입어 1594년 3월 부상 후유증으로 사망했다.

아버지 여수희는 의령 여씨 20세손으로 천갑天甲은 아명이다.

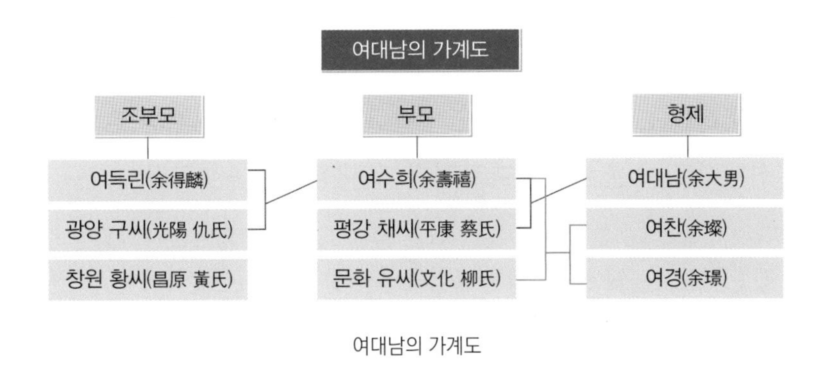

여대남의 가계도

1598년 여수희는 아버지 여득린과 함께 의병 활동 중 왜군에게 체포되어 일본 히로시마로 압송된 후 1601년 조선으로 귀환했다. 당시 여대남은 교토의 육조강원六條講院에서 수학 중이었다. 1606년 2월 아버지 여수희는 피로인으로 소환되어 귀국 후 조정으로부터 예진사 판관의 벼슬을 받고 봉직했다. 조선 땅에서 왜군에게 아들을 잃은 아버지 여수희는 아들과 헤어질 때 나이가 40살이었다.

여대남은 아버지 여수희와 어머니 평강 채씨 사이에 외아들로 태어났다. 형제 관계를 살펴보면 아버지 여수희와 둘째 부인 문화 유씨 사이에 여찬과 여경의 두 동생이 있음을 알 수 있다. 현재 의령 여씨 선산 아버지의 무덤 아래에 동생 여경의 무덤이 함께 자리하고 있다.

총명한 여대남

임진왜란은 도요토미 히데요시가 1592년덴쇼 20년 3월부터 자신이 사망하는 해인 1598년케이초 3년 12월까지 7년 동안 중국 명나라 정복을 목표로 한반도에 출병한 일련의 전쟁이다. 여대남은 임진왜란 피로인 가운데 한 사람이다.

여대남은 당시 13세였던 1593년 7월 가토 기요마사의 부장 다카하시에 의해 납치되어 일본으로 끌려갔다. 왜장 가토 기요마사 앞에 끌려가 혹독한 고문을 당하면서도 당당하게 중국 당조의 시인 두목杜牧의 산행시山行詩를 써 바쳤다고 한다. 그 내용은 다음과 같다.

獨上寒山石逕斜　　비탈진 돌길로 높은 한산 나 홀로 올라가니
白雲生處有人家　　흰 구름 피어나는 곳에 외딴집 하나 있네.

定車坐愛楓林晩　　가던 길 멈추고 잠시 늦가을 단풍을 감상하니
霜葉紅於二月花　　서릿발 단풍잎이 매화보다 붉구나.

여대남이 13세 어린 나이로 당시唐詩를 외워 써 보이면서 부모님께 보내 달라고 애원했지만, 오히려 적장 가토는 "이 아이는 범상한 아이가 아니다."라고 하며 그의 재능을 인정하고 자기 곁에 두고 보살폈다.

여대남의 총명함에 놀란 것은 가토를 따라 종군한 일련종日蓮宗의 고승 일진日眞도 마찬가지였다. 사명대사 유정과 깊은 인연이 있던 일진은 가토를 설득해 여대남이 출가할 수 있도록 했다. 그리고 여대남에게 일요日遙라는 법명을 주고 일본 최고의 불교 학교인 교토 육조강원六條講院에 유학시켰다.

혼묘지 3대 주지가 되다

혼묘지本妙寺는 구마모토 지역의 영주인 가토 기요마사가 세운 절이다. 그리고 법화종의 규슈 총본사이며 그의 사후 관리를 하는 보리사普提寺이기도 하다. 이 절은 원래 1585년에 가토 기요마사가 자신의 아버지를 위하여 오사카에 세웠지만, 구마모토 지역 패권을 장악하기 위해 구마모토성으로 가져와 기요마사가 죽은 후에는 현재의 장소로 옮기게 된다.

여대남의 스승 일진은 여대남을 교토로 유학을 보내 혼묘지에 부설된 일련종의 일본 제일가는 불교 학당인 육조강원에서 수학하는 데 도움을 주었다. 육조강원에서 수학한 후 구마모토로 돌아온 여대남은 구원사, 법륜사 등을 거쳐 1609년 29세의 젊은 나이에 혼묘지의 3대 주

지가 된다. 그리고 일요상인日遙上人이라는 법명으로 고승의 반열에 올랐다. 여대남은 불가에 출가한 승려였으나 혼묘지가 가토 가문의 개인 사찰이었던 까닭에 사적으로는 가토 기요마사, 가토 다다히로, 호소가와 다다토시 등과 주군 관계를 가졌다.

하동 출신 사행원이 귀국하여 그의 아버지에게 여대남의 소식을 전해 주었지만, 소재지를 몰라 서한을 낼 수 없었던 아버지 여수희는 여대남의 친구 하종남으로부터 소재지를 알게 된다. 하종남은 정유재란 때 휴가日向 지방으로 잡혀갔다가 오사카로 일단 도망쳐 대마도를 거쳐 1617년광해군 9년 초에 귀환한 사람이다. 이에 대한 기록은 다음 비변사등록을 통해서 알 수 있다.

> 今則平調興, 別備一船, 梁禹成·裵廷顯·河終男·權鷹二十餘人, 得見故國山河, 死無遺憾
>
> 이제 다이라노 시게오키平調興가 특별히 배 한 척을 준비하여 양우성梁禹成·배정현裵廷顯·하종남河終男·권응權應의 20여 인을 태워 보내 고국 산하를 볼 수 있게 되니 죽어도 유감이 없습니다.
>
> - 비변사 등록(備邊司 謄錄), 광해 9년 음력 정월

이처럼 귀환 피로인 하종남에게 여대남이 구마모토 혼묘지의 승려가 되었다는 구체적인 사실을 알게 되어 아버지 여수희가 편지를 쓰게 된다. 1620년 아버지의 편지를 받아본 여대남은 한때 신변을 정리하고 귀국하려는 강한 의지를 다졌다. 그러면서도 여대남은 아버지에게 쓴 편지에서 같은 내적 혼란도 있었음을 알 수 있다. 즉, 피로인이 되어

세월을 보내면서도 매일 조선의 부모님을 그리워하며 귀국하기를 간절히 원했으나 자신을 고승의 반열에 오를 수 있도록 지원을 아끼지 않은 가토 기요마사의 은공을 저버리지 못했던 것이다.

여대남은 일진을 통해 가토 기요마사의 아들 가토 다다히로에게 귀국을 간청해 보았지만 거절당하고 편지 왕래조차 통제되었다. 여대남이 아버지로부터 편지를 받았던 1620년은 가토 다다히로의 나이가 19세에 불과했기 때문에 식견이 부족했음을 알 수 있다. 그리고 1620년은 나이 어린 다다히로의 의지라기보다 도도 다카토라가 후견인 역할을 한 시기로 중신들의 대립으로 인한 분쟁으로 번藩의 정치가 혼란스러웠다. 따라서 여대남의 귀국을 불허한 것도 그를 둘러싸고 있는 측근들의 의견이 반영된 것으로 보인다.

여대남은 아버지의 편지를 받고 조선의 매가 귀중한 선물이 된다는 사실과 대마도주가 포로 쇄환에 지대한 영향을 끼친다는 것을 알고 쇼군과 영주에게 조선의 매라도 바쳐서 고국에 돌아가고 싶다는 의지를 보였으나 귀국은 쉽지 않았다. 1632년 여대남의 귀국을 허용하지 않았던 가토 다다히로에 이어 호소가와 다다토시가 구마모토 번의 번주藩主가 되어 권력을 잡게 되었다. 여대남은 다시 호소가와에게 귀국을 요청했지만 냉정히 거절당했다.

1651년 여대남은 히젠肥前 시마바라島原에 호국사護國寺를 창건했다. 그로부터 4년 후 여대남은 가슴에 맺힌 한을 불심으로 위로하며 아픈 시간을 보내다가 1659년 12월 16일 79세의 일기로 생을 마감하게 된다. 혼묘지 과거첩過去帖에는 그의 이름과 함께 '지덕원법신 일요부智德院法信 日遙父', '상덕원묘신 일요모常德院妙信 日遙母'라는 글이 보인다. 여대남이 부모의 위패를 모셔 놓고 매일 극락왕생을 기원했던

일요상인 글씨(日遙筆一行書)
'一心三千 一念三觀'

일요상인 법화경(日遙筆法華經)

것을 알 수 있다.

현재 혼묘지에는 여대남이 고국에 있는 아버지와 주고받는 편지의 원본과 부치지 못한 한 통의 편지, 일념삼천一念三千, 일심삼관一心三觀의 붓글씨, 1612년 일요상인日遙上人 여대남이 8권까지 필사한 법화경이 소장되어 있다.

돈사회로 이어지다

임진왜란 후 400여 년이 지난 2003년 2월 15일 KBS1 TV에서 역사스페셜 〈임진왜란 포로의 추적〉이라는 특집 다큐멘터리를 방영했다.

이 프로그램에서 400년 만에 임진왜란 당시 13세 나이로 일본으로 끌려간 피로인 여대남과 후손과의 해후가 이루어진 것은 일본에서 발견된 아버지와 비밀리에 주고받은 편지가 남아 있었기 때문이다.

그리고 일본의 아이쓰와카마쓰미나미合津若松南 로터리클럽에서는 임진왜란 발발 400년이 되는 1998년 10월 23일 하동로터리클럽과 협의하여 여대남의 고향인 하동군 양보면 박달리 관내 양보중학교 앞 도로변에 '휘 대남 현창비諱 大男 顯彰碑'를 건립하여 제막하고 기념했다.

여대남은 29세인 1609년에 혼묘지의 제3대 주지가 되었다. '일요상인' 여대남은 1651년 호국사를 창건하고 1659년 12월 79세로 입적入寂하기까지 일본 불교의 중흥을 이루고 일본인을 교화했다. 일본인들은 그가 조선 출신이라는 사실을 알고 고려상인高麗上人, 고려요사高麗謠師로 받들며 존경했다고 한다.

가토 기요마사가 죽었던 1611년 12월 24일에 행한 법회에서 일요상인 여대남의 법문은 자신이 어릴 때 조선에서 끌려와 주지되기까지 생애에 관한 이야기인데, 구마모토에서 너무나도 유명했고 법문의 내용을 듣고 울지 않는 사람은 한 사람도 없었다고 한다. 여대남은 죽은 기요마사를 위해 《법화경》을 독송하는 모임도 개최했다고 한다. 이를 통해 자신의 운명을 뒤바꾼 가토 기요마사에 대한 원망과 은공恩恭을 불심으로 다스렸던 것으로 보인다.

여대남은 가토 기요마사의 사망 1주기에 해당하는 1612년에 그를 추선공양追善供養할 목적으로 법화경을 사경写経했다. 그 후 3년째 되던 해에는 여러 스님과 함께 필사했는데 하룻밤 사이에 신속하게 법화경 8권 69,384자를 모두 사경한 법회라고 해서 이를 돈사회頓写会라고 불리게 되었고 이것이 지금의 돈사회의 유래다. 이렇게 완성된 사경은

돈사회의 모습

출처: https://www.nihon-kankou.or.jp/kumamoto/431001/detail/43201ba2212061898

기요마사의 목상 안에 넣어 놓고 사후 왕생을 빌었는데 마치 살아 있는 기요마사를 대하듯 주군에 대한 충성심을 다했다고 한다.

여대남은 전쟁의 피로인이라는 가혹한 신분을 극복하고 일본 불교의 중흥을 이루고 일본인을 교화하여 유서 깊은 대찰大刹의 주지가 되었다. 일본인들이 고려요사, 조선요사, 일요상인 등으로 불리며 칭송하고 존경하는 인물이었다는 점은 돈사회를 통해서도 확인할 수 있다. 해마다 7월 23일 오후 7시경부터 시작되어 사경을 봉납하거나 법회를 치른 후 엄숙하게 독경이 이루어지는데 이때 수많은 참배자로 밤새도록 붐비고 다음 날 아침이 되어야 끝이 난다. 이처럼 여대남을 통해 만들어진 돈사회가 오늘날까지 이어지고 있다는 점을 통해서도 여대남이 일본 불교도들에게 존경받는 위상을 지닌 인물이었다는 것을 확인할 수 있다.

임진왜란 7년의 전쟁이 끝나고 조선통신사를 통해 여대남 부자가 주고받은 편지를 통해 하루빨리 귀국하여 가족이 함께 살 수 있도록 간절히 간청했으나 부자夫子 간에 상봉은 끝내 이루지 못했다. 일요상인 여대남은 1659년 12월 16일 79세를 일기로 일본에서 입적入寂할 때까지 고국의 부모 위패를 모시고 매일 극락왕생을 기원하면서도 끝내 고국 땅을 밟지 못하고 파란만장한 삶을 마감했다.

여대남은 일본에서는 국보급으로 칭송을 받는 고승이며 일본 불교 발전에 지대한 영향을 준 조선인 피로인 중 한 사람이다. 아버지와 여대남이 주고받은 편지는 혼묘지에 남아, 시공을 초월하여 400년 만에 고국의 후손과 해후할 수 있었던 단서가 되었다.

일본 엔카에 담긴 한국인의 숨결과 예술혼

이정만(근현대 한일관계사 연구가)

한류 붐

전 세계를 떠들썩하게 했던 BTS는 그 이름도 화끈한 방탄소년단이다. 대표곡 〈다이너마이트Dynamite〉를 통해 빌보드 차트에서 1위를 차지하기도 했다. 아시아에서는 일본 가수인 사카모토 큐坂本 九가 〈위를 보고 걷자上を向いて歩こう〉라는 곡으로 1963년 3주 연속으로 빌보드 차트에서 1위를 차지한 적이 있다. 그 이후 2012년 싸이의 〈강남스타일〉이 7주 동안 빌보드 차트 2위에 오른 기록은 한국의 대중가요를 세계 무대에 올려놓은 엄청난 사건이다. 그야말로 49년 만에 이룬 아시아의 쾌거라고 할 수 있다. 그리고 2020년 BTS가 〈다이너마이트〉를 기점으로 최근에 빌보드 메인 싱글차트 '핫 100' 정상에 가장 많은 곡을 올린 아티스트로 선정되었다. 이것이 한국의 힘이고 매력이다. 전 세계 사람들이 한국의 대중문화에 열광하는 시대에 살고 있다. 일본과 인연이 있는 입장에서 갑자기 궁금증이 생겼다. 혹시 일본 엔카에도 한국인의 혼이 숨겨져 있는 것은 아닐까?

‘엔카’ 속에 담긴 한국의 숨결?

한일관계는 항상 어려움을 겪었으나 김대중 대통령이 1998년 일본 대중문화 개방 정책을 펼치면서 한일관계는 비약적으로 발전했다. 물론 당시에도 한일관계는 그리 좋지 않았기에 일본 대중문화 개방을 두고 반대의 목소리도 만만치 않았다. 그러나 김대중 대통령의 일본 문화 개방 정책으로 한국 대중문화는 일본 대중문화의 좋은 점을 정식으로 받아들여 새롭게 진화해 훗날 아시아 전역으로 전파되는 토대를 쌓았다. 이것이 기초가 되어 한국의 K-POP과 드라마 등이 지금처럼 세계에 알려졌다고 할 수 있다. 그럼 반대로 일본 대중문화인 엔카 속에도 한국의 숨결이 있는 것은 아닐까?

요즘 한국에서 활화산처럼 뜨거운 인기를 끌고 있는 음악 장르 중 하나가 바로 트로트다. 트로트는 그동안 중장년층에서 주로 사랑받아온 노래였지만 최근에는 젊은층에서도 많은 사랑을 받고 있는 음악 장르의 하나로 자리 잡았다.

모 방송사에서 〈미스 트롯〉이 방영되면서 송가인, 정미애, 홍자 등 여러 트로트 인기 스타들이 배출되었다. 그야말로 트로트 전성시대를 맞이하고 있다. 한국민족문화대백과 사전에서는 ‘트로트’가 ‘일제 강점기 시절 일본 엔카演歌의 영향을 받아 형성된 대중 가요’라고 정의된다.

그럼 트로트는 일본 음악인가 아니면 한국 음악인가? 이러한 논란의 중심에서 여러 의문점과 궁금점이 생기지 않을 수 없다. 여러 자료를 수집해 살펴보면서 한국의 트로트와 일본의 엔카 사이에는 떼려야 뗄 수 없는 아주 밀접한 관계가 있음을 발견할 수 있었다. 그 밀접한 관계가 무엇인지 궁금증의 실마리를 찾아 엔카의 세계 속으로 들어가 본다.

구수한 된장국 같은 트로트를 듣고 있으면 왠지 편안하게 느껴진 적이 한번쯤은 있었을 것이다. 이렇게 트로트는 오랜 시간 우리와 함께 해 온 음악이다. 그럼에도 우리의 트로트를 잘 알지 못하고, 일부에서는 '뽕짝'이니 '뽕필'이니 하는 비하 용어를 사용하는 경우가 많이 있다. 이렇게 부적절한 용어의 사용에 대해서는 한번 제고해 봐야 하지 않을까 생각한다.

뽕짝의 '뽕'이라는 단어는 일본말에서 변형된 용어다. 원래 일본 국가명을 일본말로 '니혼'이라고 발음한다. 그러나 우리가 한일전 축구 또는 야구 등 경기에서 일본인들이 응원할 때 '니뽄, 니뽄' 하는 발음을 들어본 적이 있을 것이다. 그 '뽄'자가 '뽕'으로 연결되어 '뽕짝'이라는 일본어 같은 표현이 탄생한 것이다.

뽕짝은 마치 일본 엔카의 잔재물처럼 우리에게 정신적으로 각인시키는 음성학적인 그 무언가가 들어 있는 것은 아닐까라는 생각에 아쉬움이 많이 밀려온다. 그럼 정말 우리의 트로트가 일본 엔카의 영향을 받아 만들어진 대중음악일까? 의외로 그렇지 않다.

여러 다양한 매체를 통해 알 수 있듯이 일본의 '엔카'는 일본 대중음악에서 으뜸의 인기 음악 장르 중 하나다. 최근 한국에서 갑자기 트로트가 인기 전성시대를 맞이한 것과는 달리 일본의 엔카는 지난 수십 년 동안 쉼 없이 오랫동안 일본 국민들에게 사랑받아 온 음악이다. 특히 일본 경제 고도성장기의 시작점인 1960년대부터 일본 엔카가 대중들로부터 인기를 얻기 시작했고, 일본 경제 부흥기인 1980년 중후반까지 근 30여 년간 일본 국민들로부터 사랑받아 왔다. 일본인 특유의 감각과 정서를 담고 있는 엔카는 음계 대부분이 일본 전통 민요의 5음계로 이루어져 있다. 엔카의 특이한 음계법은 일본 엔카의 창시자이자 엔카의 아버지라 불리는 고가 마사오古賀政男를 통해 정착된 이후로 엔카만의 독특한 음계로 자리 잡았다고 할 수 있다. 가수들이 고가 마사오가 창작한 특유의 멜로디를 기본으로 다양한 색깔의 노래를 부르기 시작하면서 엔카가 대중들에게 큰 인기를 얻는 음악 장르로 발전할 수 있었다. 엔카는 주로 바다, 술, 눈물, 여자, 비, 북쪽 지방, 눈, 이별 등의 소재를 중심으로 남녀 간의 슬픈 사랑을 그리며 노래하고 있다. 이렇게 일본에서 대중적 인기를 크게 누리고 있는 엔카에 한국인들의 숨결과 혼이 담겨 있지 않을까 하는 궁금증이 생긴다. 일본 엔카는 고가 마사오, 미소라 히바리, 미야코 하루미로 대표된다. 이들이 바로 한국의 숨결과 깊은 관계에 있지 않을까. 한국의 숨결과 예술혼을 담고 있는지에 대해 엔카 3인방의 삶을 통해 궁금증을 풀어 보도록 하자.

일본 엔카의 창시자 고가 마사오

고가 마사오는 엔카의 아버지라고 불릴 만큼 일본 엔카에 지대한 영향을 끼친 인물이다. 엔카의 시작에 대한 흥미로움과 연결해 보면 '고가 마사오→엔카→트로트'로 연결해 볼 수 있다. 그렇다면 고가 마사오는 인물은 과연 어떤 인물일까? 고가 마사오가 기타 종류의 하나인 '만돌린'이란 악기를 처음 접한 것은 당시 일제 강점기 조선의 선린상업학교현재 선린인터넷고등학교 3학년쯤이었다고 전해진다. 일곱 살이란 어린 나이에 대한제국으로 건너온 고가 마사오가 음악을 처음 접하기 시작한 곳도, 만돌린이란 악기를 처음 접해 본 곳도 조선이었다. 성장기를 대부분 일제강점기 조선에서 보낸 그가 음악적 재능과 소질을 키워간 곳이 한반도였고 그 과정에서 조선의 전통 민요와 음악에 영향을 받았다는 사실을 미루어 짐작할 수 있다.

실제로 훗날 고가 마사오는 자신의 음악 세계는 조선에서 시작되었다고 고백한 적이 있다고 전해진다. 고등학교를 졸업 후 다시 일본으로 건너가 메이지대학 졸업 후 작곡 활동을 시작해 수많은 명곡을 작곡했다. 그가 남긴 곡은 5,000여 곡에 달할 정도였다고 전해지며, 이러한 이유로 일본 엔카의 아버지라 불리는 것이다. 고가 마사오는 음악 분야에서 큰 업적을 높이 평가받아 일본 정부로부터 일본 최고의 상이라 할 수 있는 국민영예상을 받았다. 근래에 고가 마사오가 한국의 피를 이어받았다는 이야기가 있었다. 일본 엔카가요협회 회장 다카키 이치로는 지난 2020년 1월경 케이블 TV 신년 특집 다큐멘터리 2부작 〈한국인의 소울〉에 출연하여 "고가 마사오가 한국인의 피를 이어받았다."라고 증언한 바 있다. 확실한 것은 그의 친인척들이 대한제국 시절부터 인천에 거주하고 있었고, 고가 마사오도 오랜 기간 일제강점

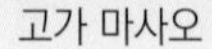

고가 마사오

미소라 히바리

미야코 하루미

기 시절 조선에서 성장했다는 것은 확인된 사항이다. 다카키 이치로 회장의 증언은 설득력 있는 이야기다. 유년기부터 청년기까지 오랫동안 조선의 땅에서 보냈던 고가 마사오는 조선의 민요와 음악에서 많은 영향을 받아 엔카의 멜로디를 탄생시켰다고 직접 언급한 적이 있기 때문이다. 고가 마사오란 인물이 한국계냐 아니냐를 놓고 갑론을박을 벌이기보다는 고가 마사오의 음악 세계에 깃든 한반도의 영향에 주목하는 것이 중요하다고 생각한다.

일본 엔카의 불사조 미소라 히바리

일본인들에게 일본 엔카의 여왕이 누구인지 물어본다면 아마도 단연코 미소라 히바리美空ひばり라는 답이 나오지 않을까? 한국에도 미소라 히바리의 팬들이 꽤 많이 있는 것으로 알고 있다. 그런데 미소라 히바리를 소개하기 전에 가슴이 두근거리는 이유가 있다. 아마도 미소라 히바리가 한국의 숨결과 예술혼과 맺은 깊은 인연에 친근감이 들어서일지도 모르겠다. 미소라 히바리는 일본에서도 100년에 한 번 나올까 말까 한 가수로 평가받을 정도로 일본의 엔카 발전에 큰 획을 그었다. 심지어 엔카의 불사조라는 별칭을 갖고 있을 정도다.

미소리 히바리는 1937년 요코하마시에서 생선 장수의 딸로 태어났다. 아버지가 조선인 출신이라는 이야기가 여기저기서 나오기도 했다. 하지만 정작 미소라 히바리는 생전에 본인이 재일교포 2세라고 직접 언급한 적은 없다. 미소라 히바리의 한국 공연을 추진했던 스즈키 마사부미에에 따르면 '미소라는 아버지의 고향 한국에서 노래하는 것이 소원이었으며, 그 꿈을 이루지 못하고 생을 마감한 것에 대해 몹

시 애통해했다.'라는 이야기도 있다. 히바리가 생전에 한국에 대한 애정과 관심이 많았다는 사실은 다양한 자료 등을 통해서 확인할 수 있다. 어린 시절 미소라 히바리는 엔카의 아버지라 불리는 고가 마사오 앞에서 한국 민요인 〈아리랑〉을 노래한 적이 있다고 전해지며, 1964년경에 한국의 대표 민요인 〈도라지〉를 부른 기록도 남아 있다. 히바리가 노래한 한국의 민요 〈도라지〉는 대부분 일본어로 불렀지만 '에헤이요 에헤요'라는 언어와 〈도라지〉라는 언어는 분명 한국 특유의 구수한 소리와 애틋한 음정이어서 한국의 소리를 담아낸 것임을 바로 느낄 수 있다. 〈도라지〉를 비롯해 미소라 히바리의 여러 히트곡을 가만히 듣고 있으면 어딘가 모르게 한국의 전통 민요 가락 소리가 강하게 배어 있는 것 같다. 미소라 히바리와 한국의 인연은 생각보다 깊다. 조용필이 불러 많은 사랑을 받아왔던 〈돌아와요 부산항에〉를 미소라 히바리가 불러 일본 대중들에게 큰 사랑을 받기도 했다. 수많은 명곡 중에 일본인들의 가슴을 울렸던 〈흐르는 강물처럼 川の流れのように〉, 〈인생 외길 人生一路〉, 〈항구의 13번지 港町13番地〉 등은 지금도 사랑받고 있다. 가수 김연자가 일본에서 활동하면서 특히 '미소라 히바리'의 곡을 자주 불러서 일본인들에게 큰 인기를 얻었다.

그러나 미소라 히바리의 엔카 여정은 그렇게 오래 이어지지 않았다. 아쉽게도 52세라는 젊은 나이에 생을 마감했기 때문이다. 미소라 히바리는 〈흐르는 강물처럼〉의 가사처럼 진짜로 저 멀리 흘러가 버렸다. 그렇지만 미소라 히바리가 남긴 많은 엔카 명곡들은 지금도 여전히 사랑받고 있으며, 앞으로도 일본인들의 마음속에 오래도록 기억될 것이다. 엔카에서 큰 발자취를 남긴 미소라 히바리도 일본 정부로부터 여성 최초로 일본 최고의 상이라 할 수 있는 '국민영예상'을 받았다.

일본 엔카의 여왕 미야코 하루미

일본 엔카의 또 다른 주인공이 있다. 바로 미야코 하루미都はるみ이다. 미야코 하루미는 어떤 인물인지 알아보자.

일본에서 당분간 미야코 하루미와 같은 엔카의 여왕이 탄생하기란 그리 쉽지 않을 것으로 보인다. 미야코 하루미는 등장부터 일본 사람들에게 강렬한 인상을 남긴 엔카 가수다. 미야코 하루미는 1964년 16살 어린 나이에 콜롬비아 레코드사가 주최한 제14회 가요콩쿠르대회에서 〈곤란한 거예요困るのことヨ〉라는 노래로 우승하면서 화려하게 데뷔했다. 같은 해 발표한 〈동백 아가씨는 사랑의 꽃アンコ椿は恋の花〉이 일본 대중들에게 폭발적인 사랑을 받으면서 '엔카 여왕'으로 화려하게 탄생했다. 이어서 발표한 노래 〈눈물의 연락선涙の連絡船〉이 발표 당시 155만 장이라는 엄청난 앨범 판매량 기록을 올리면서 전성시대를 맞이했다. 가만히 눈을 감고 미야코 하루미의 노래를 듣고 있으면 온몸에서 전율이 느껴질 정도로 강렬하다는 느낌을 받을 때가 많다. 미야코 하루미는 1948년 교토에서 태어났다. 본명은 기타무라 하루미北村春美, 한국식 이름은 이춘미李春美이다. '春美춘미'라는 한국 이름을 일본어로 발음하면 '하루미'가 된다.

미야코 하루미의 어머니 마쓰시로는 1969년 어느 한 잡지와의 인터뷰에서 "제가 조선인과 결혼했기 때문에 우리 딸 하루미가 어린 시절 극심한 차별과 멸시를 받은 것입니다."라고 주장하면서 "이러한 세상을 보면서 딸을 인기 가수로 키워 내고 싶었습니다."라고 인터뷰한 적이 있다. 미야코 하루미가 부른 수많은 엔카 중에서 〈오사카의 가을비大阪しぐれ〉를 비롯해 〈눈물의 연락선〉, 〈동백 아가씨는 사랑의 꽃〉이

3대 명곡으로 꼽힌다. 미야코 하루미는 태어날 때부터 음악에 탁월한 재능을 보였다고 알려져 있다. 특히 독특한 음악 창법인 꺾기 창법을 예술적인 경지로 승화시켰으며 한국의 여러 트로트 가수들도 한번쯤은 하루미의 꺾기 창법을 흉내 내어 부르기도 했을 정도다. 미소라 히바리가 한국의 전통 민요 〈도라지〉를 노래했던 것처럼 미야코 하루미도 우리의 전통 민요 〈아리랑〉을 자신만의 독특한 꺾기 창법으로 노래하여 우리 민족의 숨결과 예술혼을 발휘했다. 미야코 하루미가 부른 한국 전통 민요 〈아리랑〉을 가만히 듣고 있으면 여지없이 한국과의 깊은 인연이 느껴진다.

뿌리는 긴밀하지만 서로 다른 한국의 트로트와 일본 엔카

지금까지 일본 엔카와 한국 트로트가 긴밀하게 연결되어 있다는 것을 엔카의 창시자 '고가 마사오'와 엔카의 불사조 '미소라 히바리' 그리고 엔카의 여왕 '미야코 하루미' 를 통해 조명해 보았다. 그런데 이렇게 긴밀하게 연결되어 있는 엔카와 트로트지만 일본과 한국이 각각 엔카와 트로트를 즐기는 모습은 문화적으로 다르다. 한국의 트로트는 정情에 대한 노래들이 많다. 트로트 가수 문희옥의 〈정 때문에〉와 현철의 〈내 마음 별과 같이〉 등의 노래들이 정에 대한 이야기를 담아낸 것이다. 이러한 것은 한국인들이 자신의 감정을 잘 숨기지 않고 솔직하게 표현하는 문화적 요인들이 많은 영향을 미치지 않았을까 생각해 본다.

반면에 일본의 엔카는 '꿈'에 대한 내용이 많다. 자신의 인생을 꿈으로 표현하고 싶어한다. 한 예로 엔카 가수 '이쓰키 히로시'의 〈지쿠마가와 千曲川〉와 미소라 히바리의 〈인생 외길〉의 노래도 꿈과 미래에 대한 노래들이다. 일본인들은 자신의 감정이나 내면을 잘 드러내지 않으려는 문화가 있다. 일본의 엔카 속에서 조금 더 섬세하고 부드러우며 우아한 표현이 많이 발견되는 이유다.

엔카와 트로트를 즐기는 표현적 형태도 많이 다름을 여러 영상 자료 또는 경험을 통해 알 수 있다. 일본인들은 제스처를 잘 취하지 않고, 그저 조용히 손뼉을 치며 듣는 것을 좋아하는 모습을 많이 발견할 수 있다. 우리 대한민국의 모습은 흔히 전통시장 노래자랑이나 기타 노래자랑 대회에서 트로트 가수들이 노래를 부르면 함께 따라 부르고, 춤추며 역동적으로 흥에 취한 모습을 볼 수 있다. 일본에서는 여간해서는 발견하기 어려운 장면이다. 즉, 일본의 엔카는 섬세하고 한국의 트로트는 역동적이라고 할 수 있다. 이처럼 트로트와 엔카의 뿌리는 서로 긴밀하게 연결되어 있어도 한국과 일본의 문화 차이에 따라 즐기는 모습이 많이 다르다.

대한민국의 트로트와 K-POP의 전성시대

한일교류는 한국과 일본 중 누가 우수하냐를 이야기하는 것이 아니라 수평적인 교류, 상호영향을 지향하면 좋겠다. 현재 대한민국에서 트로트는 〈미스 트롯〉, 〈미스터 트롯〉 등 인기 방송 등의 영향으로 트로트 인기 전성시대를 맞이하고 있다. 반면 현재 일본의 엔카는 예전만큼 큰 인기를 누리지는 못하고 있는 것이 현실이다. 실제로 지금의 일본 엔카 모습은 기존의 기라성 같은 엔카 선배들이 불렀던 명곡들을 다시금 새로운 목소리로 부르는 모습으로 몇몇 가수들이 옛 향수의 명

맥을 유지하고 있다. 일본의 엔카가 예전처럼 전성기는 아니지만, 여전히 일본인들이 가장 사랑하는 음악이라는 것은 그 누구도 부인할 수 없을 것이다. 이러한 것은 일본의 엔카가 1960~1980년 일본 경제 번영의 황금기 시대와 함께해 온 엔카의 향수를 일본인들이 오랫동안 간직하고 싶은 심리적 요인에서 비롯된 것은 아닌지 곰곰이 생각해 본다. 이렇게 한국인들의 숨결과 예술혼들이 일본 엔카에 큰 영향을 미친 위대한 발자취를 살펴보면서 한국의 트로트도 한국 사람들에게 더욱 사랑받는 음악으로 발전했으면 좋겠다. 최근 한국의 대중음악이 한국과 일본에서 큰 인기를 얻고 있다. 요즘 일본 젊은이들이 한국의 K-POP을 좋아하고 따라 한다. 이렇게 노래는 서로 상호공존하는 문화적 소통 창구로서 서로 가까운 이웃이 될 수 있는 소중한 보물이라고 생각한다.

닮은 것 같지만 다른 일본의 이모저모

홍유선(번역 작가)

일본의 관동과 관서는 우리나라의 영남과 호남

일본에서 관동의 반대말로 관서라는 말을 사용한다. 그럼 일본에서 관동과 관서는 어디를 기준으로 할까, 그리고 관동과 관서는 무엇이 다를까?

우리나라는 1개 특별시, 6개 광역시, 8개 도, 1개 특별자치도로 구성되어 있다. 도가 붙는 지역을 나눠 보면 경기도, 강원도, 충청남북도, 경상남북도, 전라남북도 그리고 제주도가 있어서 큰 지역으로 나누면 단출한 편이다. 이에 비해 일본은 1도 1도 2부 43현으로 구성되어 있어 지리적으로 큰 나라에 속한다. 우리나라는 남북으로 긴 나라이지만 일본은 동서로 긴 나라로, 홋카이도와 오키나와를 우리나라의 제주도와 비슷한 개념으로 이해하면 된다. 우리나라는 동서를 나누어 부를 때 경상남북도를 합쳐서 영남, 전라남북도를 합쳐서 호남으로 부른다. 일본은 47도도부현이 있어서 도쿄를 중심으로 한 지역을 '관동', 교토와 오사카를 중심으로 서쪽 지역을 '관서'라고 한다. 그럼 관동과 관서를 나누는 기준점은 어느 지역이 될까? 엄밀히 말해 정확히 어디부터 관동, 어디부터 관서라는 기준 지역은 없다. 하지만 여기는 관동이고 여기는 관서라고 생각하는 감각이 있다. 그곳이 바로 1600년도 도요토미 히데요시가 죽고 난 후 세력 다툼이 일어난 세키가하라 전투가 벌어진 기후현의 서쪽 끝에 위치한 세키가하라 지역 주변이다. 아마도 세키가하라 전투에서 이긴 도쿠가와 이에야스가 수도를 도쿄로 옮기면서 에도시대를 열었기 때문이 아닐까 싶다. 그러면서 자연스럽게 도쿄 중심의 관동, 기존의 수도였던 교토와 오사카 중심의 관서로 나뉘어 부르면서 지금에 이르렀다. 라면을 좋아하는 어떤 사람이 전국을 돌아다니면서 어느 지역에서 라면 맛이 달라지는가를 확인했더니 바로 기후현의 세키가하라 지역을 기준으로 라면 국물 맛이 달라진다는 글을 썼다고도 한다. 그렇다면 관동과 관서는 무엇이 다를까? 가장 큰 차이점은 음식 맛이다. 그다음은 교통과 일상생활일 것이다. 이러한 차이점만 알아도 일본을 관광차 방문했을 때 도움이 될 수 있다.

관동과 관서의 다양한 차이점들

● 우동과 소바모밀의 차이

'관동은 소바모밀, 관서는 우동'이라는 말처럼 관동은 소바를 많이 먹고 관서는 우동을 즐겨 먹는다. 그래서 관동 지역을 가면 특산물로 소바를 많이 팔고 소바집이 많지만 관서 지역에 가면 우동이 발달해 있고 유명한 우동집 본점이 모여 있다. 관동은 국물 맛을 낼 때 가쓰오부시가다랑어에 진한 간장으로 맛을 낸다. 관서는 곤부다시마에 간장으로 맛을 내어 간이 그다지 세지 않다. 원래 관동에서는 모리소바소쿠리에 올린 메밀면을 냉국에 찍어 먹는 방식의 소바가 주류였기 때문에 진한 맛이 정착했고 관서는 장국에 소바나 우동이 담겨 나오는 가케소바나 가케우동이 주류여서 엷은 맛이 정착했다고도 한다. 인스턴트 식품인 야키소바 컵라면도 관동에서는 페양그 브랜드를 선호하는 사람들이, 관서에는 UFO 브랜드를 선호하는 사람들이 많다. 닛세이식품이 출시한 돈베이 컵라면도 관동과 관서에 따라 맛이 다르다.

● 유부초밥

일본에서 유부초밥은 '이나리즈시稲荷寿司'라고 한다. 관동의 유부는 직사각형의 주머니 모양이다. 관동에서 '이나리'라는 이름은 쌀 포대의 이미지를 지니고 있다. 이에 반해 관서는 '이나리' 하면 여우의 귀와 이나리산의 이미지라고 한다. 관동은 간장과 설탕으로 맛을 낸 초밥을 넣지만 관서는 버섯, 당근 등의 야채를 넣은 초밥이 일반적이다. 개인적으로 호불호가 갈리는 초밥이다.

● 니기리즈시와 오시즈시

관동은 밥을 손으로 쥐어서 뭉친 밥 위에 생선을 올려 놓은 니기리즈시握り寿司가, 관서는 길다란 직사각형의 틀 속에 밥을 넣고 그 위에 생선을 올려서 눌러 모양을 만든 다음에 썰어서 먹는 오시즈시押し寿司가 일반적이다. 역시 우리에게 익숙한 니기리즈시가 '스시'의 이미지와 비슷하다.

● 니쿠만고기만두과 부타만돼지고기만두

찜통에서 쪄서 파는 우리의 고기만두처럼 고기를 기본으로 한 속을 넣어서 간식으로 먹는 커다란 만두다. 관동에서는 니쿠만肉まん이라 하고, 관서에서는 부타만豚まん이라고 부른다. 관동에서 니쿠만은 그냥 먹지만 관서에서는 겨자나 초간장에 찍어서 먹는 법이 일반적이다. 우리가 아는 찐빵은 일본에서 '앙만あんまん'이라고 부른다.

● 오야코동과 타닌동

돈부리란 사발이란 뜻을 지녔는데 보통 덮밥 종류를 말한다. 관동에서는 오야부모인 닭과 코자식인 계란을 주재료로 한 음식으로 오야코동이라 부른다. 관서에서는 돼지고기나 소고기에 계란을 주재료로 하고 타닌동이라고 한다. 타닌他人은 남이란 뜻으로 소와 돼지는 닭이 낳은 계란과는 남남이기에 타닌동이라 부르는 모양이다. 남녀노소 누구나 좋아하고 맛의 편차가 적은 음식이 오야코동이 아닐까 싶다.

● 오토시와 쓰키다시

이자가야에서 처음에 나오는 요리를 관동에서는 '오토시お通し', 관서에서는 '쓰키다시突き出し'라고 부른다. 오토시와 쓰키다시는 손님이 테이블에 앉으면 손님 수대로 주문하지 않아도 주문 요리가 나올 때까지 먹으라고 식당에서 정해진 음식들을 나오는 게 일반적인데, 서비스가 아니라 유료로 일종의 '자리값'이라고 할 수 있다. 우리나라 일식당에서 나오는 쓰키다시를 떠올리면 당혹스러울 수 있다.

● 기쓰네와 다누키

관동에서는 튀김이 들어간 우동을 기쓰네우동이나 '기쓰네소바'라고 한다. 일본어로 여우를 '기쓰네きつね'라고 하는데 여우가 튀김을 좋아해 기츠네우동이라고 붙였다고 하는 설도 있다. 튀김 부스러기가 들어가 있으면 '다누키우동'이나 '다누키소바'라고 하다. 여기서 말하는 다누키たぬき는 너구리인데 너구리는 튀김 튀기고 난 부스러기를 좋아해 붙였다는 이야기도 있다. 한편 관서에서는 기쓰네우동과 다누키소바는 관동과 동일하지만 기쓰네소바와 다누키우동은 존재하지 않는다. 다누키소바가 훨씬 더 심플한 맛이라고 할 수 있다.

● 에스컬레이터 타는 법의 차이

관동에서는 왼쪽으로 타고 오른쪽을 비워 두는 것이 일반적이고 관서에서는 왼쪽을 비워 두고 오른쪽으로 탄다. 한국에서 에스컬레이터를 타는 방향은 관서에서 에스컬레이터를 타는 방향과 같다.

● 전차의 여성 전용 차량

관동에서는 전차 맨 앞쪽이나 맨 뒤 칸이 여성 전용 차량인 데 비해 관서에서는 중앙 부근 차량인 경우가 많다. 또한 관동은 출퇴근 시간 등 혼잡할 때만 여성 전용 차량을 운행하지만 관서는 여성 전용 차량을 하루 종일 운행하는 경우가 많다. 우리나라에서 이런 것들이 실현된다면 어떤 반응과 변화가 있을까 생각해 본다.

● 전차 안의 매너

관동에서는 기본적으로 전차 안에서 조용히 있는 편이고 전화 등은 암묵적으로 금지되어 있을 정도이나, 관서에서는 전화까지는 몰라도 평소와 같이 대화를 나누는 게 일반적으로 관동에 비하면 좀 허용되는 편이다. 어쩌면 관서가 우리와 정서가 비슷할지도 모르겠다. 그래도 비가 오는 날에는 우산은 다리와 다리 사이에 가지런히 놓아 두는 것은 관동과 관서도 같은 것 같다.

● 택시 색깔의 차이

관동 택시 색깔은 검정, 노랑, 오렌지색 등 다채로운 편인데, 관서 택시는 대부분 검정색이다. 편견일 수도 있겠으나 관서에는 고급차처럼 보인다는 이유에서 검정 택시가 압도적으로 많다는 말도 있다.

아직도 건재한 '장인 정신'이 남아 있는 커피숍

● 커피와 사랑에 빠진 사람들은 어디로 갈까?

아침에 일어나서 가장 먼저 하는 일은? 아침 출근길에 한쪽 손에 들고 있는 것은? 식후에 빠질 수 없는 디저트는? 약속 장소를 정한다면 어디서? 초록색을 보면 떠오르는 브랜드는? 한국의 젊은이들이 도쿄로 놀러 와서 들러 가는 파란 병의 심벌은? 이런 질문에 누구나 떠올리는 대답은 '커피'일 것이다. 30여 년 전 일본에 처음 왔을 때 카페를 갔더니 비닐 봉지로 싼 따뜻한 물수건을 가져다주던 서비스가 신선해 지금까지도 기억에 남아 있다. 지금도 일본 카페에서는 겨울에는 따뜻한, 여름에는 차가운 물수건을 가져다준다. 물수건을 제공하는 카페 중에는 오랜 세월 똑같은 원두를 사용한 커피 맛으로 사랑받는 곳이 많다. 지금 일본인들이 푹 빠진 카페는 쇼와시대부터 존재해 왔거나 아날로그 감성으로 시간의 흐름이 느릿한 레트로 카페다. 레트로 카페의 간판은 한자로 '끽다喫茶'라고 쓰고 깃사텐이라고 읽으며 한자로는 '가배珈琲'라고 쓰고 커피라고 읽는다. 전철 역 근처에 자리한 깃사텐은 오랜 시간 동네의 터줏대감으로 커피와 함께 사랑방 역할도 겸하고 있다. 대부분의 주인들은 30~40년 동안 한결같이 한 카페에서 매일 아침 같은 시간에 문을 열고 커피 콩을 갈면서 하루를 시작하다. 현재 이들 주인의 나이는 60대를 넘었다. 그리고 영업을 하는지 안 하는지 모를 정도로 한적한 곳에 위치한 카페도 있다.

깃사텐에서 커피를 주문하고 여유롭게 내부를 둘러보면 코끝으로 스쳐 지나가는 커피향으로 어깨의 짐이 가벼워진듯 마음이 편해진다. 레트로 카페는 시간 속에 새겨진 일본 특유의 세계가 펼쳐지고 저마다 유일무이한 매력을 풍긴다.

깃사텐의 모닝 커피는 토스트와 삶은 계란으로 간단한 아침을 겸할 수 있어 좋다. 그런데 가격은 커피 1잔 값으로 토스트와 삶은 달걀이 무료로 제공된다. 깃사텐의 점심 메뉴로는 케첩 소스를 기반으로 한 나폴리탄 스파게티, 로스카쓰가 들어간 샌드위치, 닭고기가 들어간 카레, 얇게 부쳐진 노란 계란을 살짝 덮은 오므라이스와 한 주먹 분량의 샐러드, 그리고 후식으로 커피가 제공된다. 오후 햇살이 떨어지기 전에 마시는 애프터눈 커피에 달콤한 케이크 한 조각을 곁들이면 에너지가 충전되어 남은 하루를 건강하게 보낼 수 있다.

● 일본 각지에서 모여드는 작은 카페 코랄

도쿄에서 젊은이들이 가장 살고 싶어하는 지역으로 유명한 '고엔지 高円寺'가 있다. 물가가 저렴하기로 유명한데 예전이나 지금이나 큰 변화가 없는 동네다. 역에서 내려 상점가를 지나가면서 안쪽의 주택가로 들어가다 보면 상점가 한 귀퉁이에 1987년에 개업한 '카페 코랄'이 있다. 카운터석 5개와 테이블 2개로 이루어진 아주 작은 공간이지만 일본 전국에서 젊은이들이 오는 카페다. 카페 코랄은 옛날에 이 근처에 살던 지금은 유명 싱어송라이터인 나카지마 다쿠이가 이곳에 와서 코랄 오리지널의 바나나 주스를 마셨던 경험을 〈고엔지〉라는 노래 가사에 넣어 부르면서 유명해졌다. 고엔지에 놀러갔다가 작은 건물의 카페라 궁금해서 들어간 적이 있다. 입구에서 사진을 찍고 들어가 자리에 앉아 커피를 주문하자 카운터석에 앉아 있던 젊은 남자 손님이 밖에서 사진을 찍던 내 모습을 보고 "여기에 처음 왔나요?"라고 웃으며 말을 건넸고 나는 "그렇다."라고 대답했다. 이런 저런 질문 끝에 내가 한국인이라는 것을 알게 된 60대 주인 아주머니가 파란색에 하얀 드립퍼에 물을 붓는 주전자 주둥이가 그려진 명함을 한 장 내밀며 한국에 있는 카페인데 아느냐고 물었다. 명함을 보니 경리단길에 있는 '카페 사루'라는 곳이었다. 카페 사루의 오너가 카페를 오픈하기 전에 이곳에 와서 여러 가지 물어본 적이 있는데 한국에서 카페 사루를 오픈했다며 지난 이야기를 들려주었다. 그날 카페의 손님들은 모두 초면이었는데 이런 저런 이야기를 나누는 사랑방 같은 카페였다. 방송과 나카지마의 노래를 듣고 지바와 홋카이도에서 온 손님도 있었다. 나카지마의 노래를 듣고 찾아온 손님들은 카페 코랄에서 커피가 아닌 바나나 주스를 시킨다고 했다. 손님들 모두 오늘이 처음 아닌 늘 다니던 단골 같은 분위기를 맛볼 수 있는 카페 코랄은 여전히 다정다감한 곳이다. 오랜 세월 동안 그 자리를 스쳐간 많은 사람들이 앞으로도 계속 새로 앉게 될 손님에게 또 다른 따뜻한 공간을 제공할 것이다.

일본에서는 카페의 코스터컵 받침를 모으는 재미도 쏠쏠했다. 일본 카페는 창업 당시부터 사용해 온 코스터를 그대로 사용하는 곳이 대부분이다. 가나가와현에 있는 순기사텐 모델의 코스터는 1974년 창업 당시 초대 여자 주인 사장님의 옆얼굴이, 나고야에서 시작해 전국적으로 유명한 고메다 커피점의 코스터는 창업 당시 단골이던 미대생이 그린 고메다 아저씨, 애처가였던 창업자가 부인을 그린 그림의 코스터로 유명한 마루후쿠 커피점, 등산을 좋아했던 창업자가 감명을 받은 몽블랑 산의 디자인한 코스터와 몽블랑 케익의 발상지인 몽블랑 카페 등 코스터 디자인에는 저마다 배경 이야기가 숨어 있다. 레트로 깃사텐의 또 다른 재미는 건축에 있다. 한국에서도 경리단길이나 가로수길, 연남 센트럴파크가 인기를 얻은 이유는 낮은 오래된 집들과 구불구불한 골목길에 새겨진 시간의 모습에 매료되어서가 아닐까? 이처럼 레트로 카페가 들어 있는 건물은 시간이 멈춘 듯한 오래된 빌딩이나 작은 주택과 명건축으로 불리는 카페가 많다. 레트로 카페에 가면서 느낀 즐거움 중 하나는 맛있는 커피, 그리고 보너스로 세계적으로 유명한 고가의 희귀한 커피잔을 그때그때마다 즐길 수 있다는 것이다. 카페마다 늘 제각기 다른 귀한 커피잔에 담아 나오는 검정에 가까운 색부터 붉은 기를 띠는 바닥이 보이듯 투명한 세피아 색의 커피 맛은 늘 환상 그 자체다. 레트로 카페의 으뜸 경쟁력은 그곳만의 커피 맛과 분위기로 언제 누구와 가든 혼자 가든 한결같은 편안함이 아닐까?

한국보다 커피의 역사가 긴 일본에서 50년 전의 카페를 지금도 즐길 수 있듯이 한국에도 늘 익숙한 거리의 풍경으로 자리 잡은 오래된 카페가 많아지기를 기대해 본다. 한국의 대형 카페와 소규모 카페도 숫자로 따지면 일본 못지않게 상당히 많다. 거대한 기업과도 같은 카페가 많은 것은 좋은 일이기도 하지만 대형 카페보다도 오래 계속되는 특색 있는 매력적인 작은 카페가 많아졌으면 한다.

한국과 일본의 생활 문화 차이

아그리파 석고상을 중앙에 놓고 둘러앉아 스케치하는 미술 학생들은 각기 다른 아그리파를 완성한다. 이렇듯 세상의 모든 것은 보는 사람의 관점과 각도에 따라 달라진다. 일본은 우리에게 감정적으로 애증의 나라다. 동시에 지정학적으로나 문화적으로 너무 가까운 나라다. 멀리 하기엔 너무 가까운 당신이란 표현이 대중적일 만큼 가깝고도 멀다. 두 나라의 역사를 보면 결코 이해할 수 없고 용서할 수 없는 각자의 입장이 있다. 그렇다고 등을 돌리고 안 보고 살기엔 현실적으로 불가능하다. 세계는 하나, 지구촌이란 단어는 이제 너무나도 당연해 굳이 언급되지 않은지도 오래되었고, 인터넷을 통한 실시간의 정보는 우리 모두의 생활 속에서 국가의 경계를 허물었다. 이런 상황에서 정확히는 아니더라도 사소한 생활 문화의 차이만 알아도 가까운 이웃 나라인 서로를 이해할 수 있다.

● 내 것은 내가, 네 것은 네가

이처럼 일생 생활에서는 별 차이가 없어 보이는데 한일 간의 오해를 불러일으킬 만한 생활 문화의 차이는 여기저기에 존재한다. 한일간에는 겉으로는 드러나지 않아도 속으로 들어가면 들어갈수록 다른 게 너무 많다. 한국인이 남의 집을 방문했을 때 지나치기 쉬운 생활 문화도 다르다. 일본에 와서 큰 아이가 보육원 다닐 때 보육원 친구들을 집으로 초대했다. 보육원이 끝나고 아이를 데리러 가서 공원에서 매일 같이 놀거나 주말에는 공원에서 모이거나 과학관에 같이 견학도 가서 상당히 친한 사이라 큰 부담이 없었다. 그런데 그들은 각자 자기들이 먹을 간식과 음료를 준비해 왔다. 우리도 처음 남의 집에 갈 때는 빈손으로 가지 않지만 분위기가 우리와는 사뭇 달랐다.

초등학교 때 아이들 친구들이 우리집에 놀러 올 때면 일본 엄마들은 아이들 편에 꼭 과자 한 봉지라도 간식을 챙겨 보낸다. 그러다 보니 빈손으로 오는 아이들은 거의 없다. 개중에는 개인 물통까지 가져와 목이 마르면 가져온 물을 먹는 아이도 있다. 물값이 얼마나 한다고, 아이들이 마시면 얼마나 마신다고 느끼는 것은 우리 한국인들의 생각이고, 남의 집에 가면 시끄럽게 하고 폐를 끼친다고 해서 꼭 주의 사항을 일러 주며 최소한의 간식을 싸서 보내는 게 보통의 일본 엄마들이다. 물론 아이들과 엄마들도 친해지면 허물없이 지낸다. 보통의 경우, 잘 모르는 집에 아이를 보낼 때는 절대 빈손으로 보내지 않는 건 우리와 다르지 않나 싶다.

● 일본인은 거북이처럼

일본인들의 말 속에 자주 등장하는 "継続は力なり계속하는 것이 힘이다"라는 속담이 있다. 이 격언을 처음 들은 때가 지금으로부터 18년 전 문화센터에서 한국어를 가르칠 때였다. 그 당시 50대 중반이었던 중년의 여성이 이 말을 자주 사용했다. 자기는 배우는 게 더디지만 오랫동안 계속 한국어를 공부할 예정이고 언젠가는 잘하게 되기를 바란다면서 잘 늘지 않는 한국어에 애정을 드러냈던 우회적인 표현이었다. 그 말을 들은 이후에 나도 그 말을 종종 자신에게 되새김질한다. 계속 진행될 때 모든 것은 의미가 있다는 것을 그때 알았다.

그때 한국어 교실에서 한국어를 강의하다 만난 혼다 씨를 비롯해 이토 씨 등도 아직까지 한국어를 배우고 있다고 한다. 그들은 벌써 20여

년 가까이 한국어를 배우고 있다. 거북이처럼 느리지만 일상에서 자기가 좋아하는 배움을 실천하고 있다.

그래서 그런지 일본인들의 취미 생활은 매우 다양하며 천천히 오랜 기간 지속된다. 다른 한국어 강좌의 학생들 중에서도 한 달에 1번씩 가는 도예, 이케바나, 음식, 수예 등을 10년, 20년을 계속 같은 선생님에게 배우러 간다. 게다가 1년이나 2년마다 한 번씩 취미 교실 참가자들은 그들 작품을 전시회나 발표회를 통해서 가족이나 친구들에게 선보이기도 한다. 일본인들의 취미 생활을 보면 우리의 상상을 초월하는 방식이 많이 존재한다. 취미 생활이든 뭐든 레슨이라면 우리나라에서는 최저 일주일에 1~2번은 가야 하지만, 일본에서 취미나 레슨은 아무리 자주 해도 일주일에 한 번이고 2주에 한 번 가는 레슨이 보편적이다.

한 달에 1번 가는 레슨이 많지는 않지만 그들은 가서 배우고 스스로 하는 행위 자체를 즐기기 위한 취미 생활이 주를 이룬다. 일본인들에게 취미 생활은 우리와 달리 기술의 향상이 아니라 참여에 의미가 있어 보인다.

● 통 큰 한국인 쩨쩨한 일본인: 선물로 본 한국과 일본의 차이

일상에서 남과 주고받는 선물을 보면 일본만의 독특함이 묻어난다. 일본 아이들은 친구들과 자주 선물을 주고받는다. 선물이라고 해서 거창한 게 아니라 디즈니랜드에 놀러 갔다 왔다며 손바닥만 한 과자 한 봉지, 지방에 사는 할머니 집이나 온천에 갔다 오면서 산 열쇠고리나 아주 작은 곰 인형 등 자잘한 것이다. 생각해 보니 우리 아이들도 일본 학교를 다닐 때 꽤 자주 받아왔던 기억이 난다.

크게 보면 일본에서 선물은 두 가지로 나눌 수 있다. 하나는 여행이

나 놀러 갔다 오면서 사오는 선물이다. 다른 하나는 생일이나 결혼 기념일 등 어떤 특정한 날을 기념하는 선물이다. 이 두 가지 선물을 언어적인 의미로 나누어 구별해 볼 수 있다. 첫 번째 선물은 일본어로 '오미야게'이고, 두 번째 선물은 영어의 '프레젠트'에 가깝다. 일본어로 선물을 오미야게お土産라고 하는데, 한자 그대로 그 지역에서 나는 특산물이란 뜻이다. 그래서 일반적으로 그곳에 가야만 살 수 있는 그 지역의 특산품을 선물로 사온다.

그런데 한국을 좋아하는 일본 아줌마들이 한국에 갔다 와서 나눠주는 선물을 보면 더 재미있다. 예를 들면 봉투 하나에 커피믹스 5개, 1회용 옥수수차 5개, 립밤 1개, 초코파이 2개 정도를 넣어 예쁘게 포장해서 친구들에게 한국에서 사온 선물이라며 하나씩 돌린다. 일본에 없는 것으로 이것저것 조금씩 넣은 한국 문화 혹은 한국 물건의 맛보기용 선물이다. 통 큰 한국인이 보면 쩨쩨하기 그지없는 내용의 선물 구성이다. 예전에는 한국에 갔기 때문에 사올 수 있는 선물이다. 지금은 예전 선물의 대장인 커피믹스에서 K-뷰티의 붐을 타고 화장품이 선물의 대표주자로 바뀌었다.

그래서 한국인 거리로 유명한 신주쿠의 신오쿠보 한인 거리 슈퍼에서는 이렇게 여러 가지를 한두 개씩 넣어 파는 선물용 포장 상품도 등장했다. 일본인들에게 선물의 의미는 한국인들과 확연히 다르다. 예를 들어 서울에 사는 사람이 인천의 중국인 거리에 갔다 왔다고 친구들에게 선물을 사다 준다는 얘기는 별로 들어본 적이 없다. 일본에서는 같은 신주쿠구에 살아도 한류의 거리인 신오쿠보를 갔다 왔다며 커피믹스 몇 개라도 선물을 나눠 주곤 한다. 그 커피믹스 속에는 '이거 신오쿠보 한국 동네에 갔다 왔는데, 한국의 오리지널 커피인데 한번 맛

좀 봐' 하는 정도의 의미가 담겨 있다. 그래서 일본에서 빈번하게 주고받는 오미야게에 속하는 선물은 생활 속에서 자기의 여행 경험을 나누는 자잘한 즐거움 중 하나다.

그에 비해 프레젠트에 해당하는 기념일 선물은 특정인을 위한, 또는 오늘을 위한 특별한 선물이다. 그래서 몇 년 전부터는 남에게 받는 선물이 아닌 고생한 자신을 위한 고가의 선물이 유행하기도 했다. 고생한 마음과 몸의 피로를 풀기 위해 힐링한다는 고급 호텔의 온천 여행, 열심히 일한 자신에게 보상하고자 고가의 액세서리 등이 자기를 위한 프레젠트다.

큰 돈을 들이지 않고서도 마음을 표현하는 것이 발달한 일본에서 나올 수 있는 것이 오미야게가 아닐까 한다. 선물이 마음의 표현이라고 생각하다 보니, 통 큰 우리나라 사람들에게는 이런 것이 선물이야 하고 생각하는 선물도 일본인들에게 받을 수 있다. 일본의 오미야게는 마음을 표현하는 문화다.

일본인들에게 인기 있는 한국 선물을 꼽아보면 도시락용 김, 유자차, 오징어채, 라면, 화장품 등 누구나 먹기 쉬운 음식이 대표적이고 최근에는 K-뷰티의 유행으로 화장품도 좋아한다. 우리 아이들도 한국에 갔다올 때 일본 친구들에게 준다며 인사동이나 이마트에서 책갈피, 일본에서 인기 있는 과자, 스이카 카드 일본의 교통 카드 뒷면에 붙이는 스티커, 지우개, 샤프 펜슬 등을 사온다.

내가 가장 많이 받은 선물은 쌀로 만든 교토의 센베와 찹쌀떡이다. 교토를 자주 가는 한국어 학생이 아들 집에 갔다 올 적마다 사다 준다. 그 밖에도 여행 갔다 왔다며 우리나라의 김치라고 할 수 있는 그 지역의 쓰케모노도 인기 많은 오미야게다. 일본 생활 속에서 받은 오미야게 중에는 홋카이도로 놀러간 일본 분이 택배로 보내준 대게도 있다. 쓰케모노 김치나 절임 식품 도 일본의 대표적인 오미야게의 인기 품목 중 하나다. 이처럼 일본인의 작은 선물 속에는 여행이나 놀러 가서 누군가를 생각하고 자기의 경험을 조금이나마 나누어 공유하고 싶은 마음을 담고 있다. 그 속에는 그 사람을 사랑하고 아낀다는 뜻도 내포되어 있어 일본인들은 작은 선물에도 자기를 생각해 주는 마음을 크게 받아들여서 진심으로 좋아하고 고마워한다.

작은 선물이라도 감사해하며 주고받는 일본인들의 오미야게 스타일은 긍정적인 선물 문화다. 선물은 마음으로 주고 받아야지 값으로 환산하는 것이 아니기 때문이다. 일본인이 선물을 나눠 주는 대상은 한국인이 생각하는 선물을 주어야 할 대상보다 넓고, 부담스럽지 않은 가격으로 개인의 호불호가 갈리지 않는 식품 종류가 많다.

● 행사장 쓰레기를 집에 가져 가는 일본인

일본에서 운동회에 참가했을 때나 공연장에 공연을 보러 가는 등 외부 행사에 참가하고 돌아갈 때 일본인들의 가방 속에는 각자의 쓰레기 봉지가 들어 있다. 한국에서는 경험하지 못한 쓰레기 봉지다. 한국에서는 큰 행사가 끝난 후에는 행사장에서 발생한 쓰레기는 행사장에 있는 쓰레기통이나 임시로 설치된 쓰레기 봉지에 넣고 빈손으로 돌아간다.

그런데 일본에 와서 행사에 참가하거나 어디 놀러갔을 때 먹고 남은 음식 쓰레기 봉지나 아이의 기저귀 등을 각자가 집에 들고 가야 하는 상황에서 놀랐던 기억이 있다. 왜 쓰레기 봉투를 설치하지 않는지 그 당시 이해가 되지 않아서 일본 친구에게 물었더니 대답이 더욱 놀라웠다. 쓰레기를 한 데 모으면 처리하기 곤란할 만큼 양이 많지만, 각자가 자기 쓰레기를 가져가면 처리할 쓰레기가 없으니 효율적이지 않냐며 당연한 사실을 질문한 필자를 이상한 듯이 쳐다보았다.

같은 사안에도 생각이 이렇게 다르다. 왜 지저분하고 더러운 쓰레기를 집까지 가져가야 하는지 이해하지 못하고 쓰레기는 한번에 모아 처리하면 된다고 생각하는 한국과, 각자가 조금씩 나누면 쓰레기는 물론 행사장 뒤처리가 한결 쉽고 빨리 끝난다고 생각하는 일본은 이처럼 서로 다르다. 이런 쓰레기 처리에 대한 패턴의 차이에는 개인과 공동 생활에 대한 한일 간의 의식이 다르기 때문이다. 행사에 참가한 개인 생활에 속하는 물건이나 내용물은 개인이 챙겨야 한다는 일본인의 의식, 이에 비해 하나의 주제로 여럿이 모여 공동으로 진행하는 행사에서 발생한 것들은 공동으로 처리해야 한다는 의식의 차이다.

겉으로는 비슷해 보이는데 안으로 들어갈수록 달라지는 한일 간 생활 문화의 차이로 감정이 상하는 경우가 많듯이, 사소한 생활 문화의 차이로 외국인이 일본인에게 오해받는 경우가 많다. 별 것 아닌 일이 큰 일로 번지는 경우가 빈번하다. 로마에 가면 로마법을 따르라는 말은 로마에 와서 사는 다른 나라 사람들이 로마인들과 마찰 없이 잘 지내기 위한 조언이었다고 생각한다. 일본에 살면서 일본인과 사이좋게 지내기 위해서, 일본을 더 잘 즐기기 위해서라면 이웃 나라의 문화를 안다는 것은 서로를 이해하기 위한 지름길이다.

히메지성과 한국

정혜원(고베학원대학 겸임교수)

일본의 아름다운 성을 여행해 본 사람들이라면 한 번쯤 들어본 곳이 '히메지성'일 것이다. 실제로 히메지성을 알면 알수록 더욱 성의 매력에 빠져들 것이다. 세계유산이며 일본 국보로 지정되었을 뿐만 아니라 한국과도 문화적으로 인연이 있는 히메지성과 그 문화유산이 탄생한 히메지시의 역사를 이야기해 보려고 한다.

히메지성에 대하여

농산물이 풍부한 히메지는 인구 규모는 약 52만 명, 면적은 534km^{2}을 자랑하는 중간 규모의 중심도시다. 한국과 비교하면 대전 정도의 면적이지만 주변은 농지와 산림이 많으며 인구는 대전시의 1/3 정도다. 히메지시는 오사카에서 서쪽으로 약 90km 떨어져 있어 자동차로는 90분, 신칸센으로는 40분 거리다. 히메지라는 이름은 어디에서 왔을까? 일본인들도 지명의 유래를 아는 사람들이 적기는 하지만, 715년경에 쓰여진 《하리마노쿠니후도키 播磨国風土記》라는 일본 역사서에 나오는 신화에서 누에蚕子かいこ가 떨어진 장소이기 때문에 히메지라는 이름이 지어졌다고 한다.

히메지성

고대 일본에서는 누에蚕子를 '히메코'라 불렀기 때문에 히메코가 히메지가 되었을 가능성이 크다. 이 지방에는 누에 이외에도 벼, 투구, 거문고, 머리빗 등이 떨어졌다고 기록되어 있으며 기재된 문자로 보아서 히메지 지방에는 고대부터 견직물과 쌀, 병력, 음악 등 사치성이 있는 물품이 고루 모여 있어서 풍요로운 지역이었음을 알 수 있다.

고대 한국과 히메지의 교류

히메지성에서 북동쪽으로 조금 떨어진 곳에 시라쿠니라는 마을이 있다. 이 마을은 '신라국新羅国'이라는 의미로 신라에서 건너온 사람들이 살았다고 전해지며 고대 신라국이 지금의 시라쿠니가 되었다는 것이다. 이곳에는 시라쿠니 신사가 있어 지금도 신라에서 들여온 신을 모시고 있다. 702년에 실시한 호적조사에서는 이 지역 93%의 주민이 한반도에서 건너온 사람들이라고 기록되어 있을 정도다. 성의 북서쪽으로는 야스무로安室라는 마을이 있는데 8세기에 쓰여진 역사 기록에는 '韓室'라고 기록되어 있다. 한자 '韓'을 통해 야스무로도 한반도에서 건너온 사람들이 살았다는 것을 엿볼 수 있다. 히메지시의 남쪽은 세토나이카이해와 인접하여 옛날부터 많은 배가 정박하는 항구가 있는데 8세기경부터 이 항구가 한반도와 관계를 맺어 오고 있어 칸도마리韓泊로 불렸으며 현재는 히메지시 마토가타코姫路市的形港라는 지명으로 불린다.

시대를 거슬러 올라 6세기경에는 고구려에서 혜변스님이 일본에 불교를 전했는데, 일본에 도착하여 오랜 세력들에게 박해를 당하면서 피해 온 곳이 한반도에서 건너온 많은 사람들이 모여서 살았던 히메지 지역이었다. 그 후 혜변스님은 나라奈良에서 모시게 되어 불교를 널리 전파한 내력으로 역사적인 이름으로 남아 있다. 오래된 신화로는 한반도에서 건너온 아메노히보코天日槍라는 신神, 신라의 왕자과 일본의 신神이 영역을 가리기 위해 싸움이 벌어졌다는 이야기도 남아 있다.

8세기에는 아름다운 히메지성이 아직 지어지지 않았을 시기인데 히메지의 북동쪽과 북서쪽에는 이미 한반도에서 건너온 사람들로 성하고 있었으며 남쪽 항구에는 한반도와의 교역으로 이국적인 물품이 흔하게 어디에나 있었다고 한다. 이처럼 히메지라는 고장은 한국과 긴밀한 관계를 맺고 있다. 이러한 역사를 알면 히메지가 더욱 친근하게 느껴지지 않을까 한다.

히메지성의 역사

15세기까지 일본에서는 성城에 대한 개념은 없었기에 이때까지 성이란 미국의 서부극에서 나오는 요새지와 같은 건축물이었다고 할 수 있다. 현재 일본에 남아 있는 성 가운데서 지금과 같은 형태의 성이 만들어진 것은 16세기가 되어서였다.

지금의 장소에 히메지성이 쌓아 올려진 것은 1561년경으로 추정되며 그 성을 지은 것은 구로다 간베에黒田官兵衛의 일가족이다. 구로다 다음으로 성주가 된 사람은 젊은 도요토미 히데요시로 당시 오다 노부나가의 부하로 하시바 히데요시羽柴秀吉라는 이름을 사용했다.

히데요시는 노부나가의 명령으로 1580년부터 히메지성에 체류하면서 그곳을 거점으로 히메지성에서 서쪽 지방의 다이묘들과 전쟁을 일으켜 승리한다. 1583년에 오다 노부나가가 암살당하면서 히데요시가 혼란을 진압시킨 경의로 무사의 수위가 진급되어 히메지를 떠나면서 오사카에 성을 쌓아 올렸다. 이 성이 바로 그 유명한 오사카성이다.

그런데 히데요시가 3년간 히메지성에 재임 중에 벌인 일은 한반도와 관계가 있다. 히데요시가 히메지 북쪽에 자리한 이쿠노긴잔生野銀山을 손에 넣으면서 이 산에서 대량으로 생산한 금과 은 덕분에 구체적으로 히데요시가 경제적으로 풍요로워졌다. 경제가 풍요로워지자 한반도로 눈을 돌리게 된 조건 중 하나가 마련된 것이다. 만약 노부나가가 히데요시를 히메지에 파견하지 않았다면 히데요시에 의한 조선 침략의 역사는 바뀌었을지도 모르겠다.

에도시대 첫 번째의 성주로는 무용武勇으로 이름난 이케다 데루마사다. 이케다는 도쿠가와 이에야스로부터 지명을 받아 성주가 되었으며 히메지의 서쪽에 위치한 다이묘를 무력으로 감시하는 임무를 떠맡으면서 히데요시가 쌓은 성을 부수고 새롭게 시로싯쿠이白漆喰로 칠한 5층의 성을 쌓아 현재의 아름다운 히메지성으로 부각시켰다. 이케다는 히메지에 오기 전 미카와요시다성三河吉田城, 현재 아이치현의 도요하시의 성주로서 작고 아름다운 성을 지었다. 도쿠가와 이에야스는 불만을 가진 다이묘들에게 웅장하고 아름다운 성을 과시하기 위해서라도 미적 감각을 지닌 이케다에게 기대했는지도 모르겠다.

통상적으로 많은 성들은 특별한 일이 없는 한 성주는 일족一族의 혈통으로 이어져 내려 왔지만 히메지성은 달랐다. 에도시대에 히메지 서쪽 지방에서는 도쿠가와 이에야스 막부를 반대하는 세력이 많이 존재하여 도쿠가와에게는 반대 세력의 공격을 막기 위한 중요한 요충지이기도 했다. 그렇기 때문에 도쿠가와 정권은 특정 일족에게 히메지를 맡기지 않으려 했다. 현대 사회와 비유해 설명한다면 대기업의 샐러리맨 지점장이 임기가 되면 교체되는 것과 비슷하다. 이처럼 도쿠가와는 충실한 신하를 성주로 지명했다.

그러나 성주가 단기적으로 자주 교체되면서 무사와 마을 주민들의 교류가 만들어질 틈이 없었다. 히메지에 아름다운 성과 어울리는 문화가 제대로 발전하지 못한 이유다. 히메지성을 거쳐간 많은 성주들 중에는 우수한 성주도 있었지만 능력 없는 성주도 있었다.

에도시대 한국과의 교류

여기서 다시 히메지성과 한국의 관계를 살펴보면 에도시대에 조선통신사가 12번 일본을 방문하면서 통신사 일행은 부산에서 배로 규슈를 거처 세토나이카이해를 지나면서 히메지 서쪽에 있는 무로쓰室津라는 항구에 상륙하여 다시 히메지에서 육로로 에도에 도착한다.

히메지는 통신사를 위해 접대하는 중요한 장소로서 상당한 비용이 필요했다고 한다. 마쓰다이라가 세 번째 성주의 자리에 있을 때 히메지 번藩에는 번주藩主의 심한 낭비로 인한 재정난과 기후 불순이 겹치면서 재정적으로 큰 위기가 찾아왔다. 그러다가 1748년에 조선통신사의 접대를 위한 막대한 비용이 필요해지면서 성주 마쓰다이라는 농민들에게 세금을 엄하게 거두어 들여 통신사의 접대 비용을 충당하려 했고, 그 일에 반발한 농민들의 반란으로 번 내는 혼란스러웠다고 한다. 그 사건이 도쿠가와 정권에 전해지면서 성주 교체가 이루어지는데 마쓰다이라의 시기뿐만 아니라 히메지 번은 조선통신사의 접대로 고초를 겪는다.

통신사 일행이 머물고 간 마을마다 많은 자료가 소중히 보존되어 있는 것으로 보아 통신사 일행은 아름다운 성이 있는 이국 땅에서 특별한 대우를 받았으며, 무사들과 마을 사람들을 통해서 경험한 교류는 돌아가서도 잊지 못할 귀한 추억으로 간직했을 것으로 본다.

히메지성의 위기

1868년 10월, 일본은 에도시대에서 메이지시대로 들어섰다. 1860년대 일본은 격동적인 시대로 히메지에서도 도쿠가와파와 유신파로 분리되어 히메지 안에서는 내전이 일어날 위험에 처하게 된다. 그러나 마지막 성주를 지낸 사카이 다다구니의 결단에 의해 히메지 번은 메이지 유신 정부를 따르면서 성이 파괴되는 전쟁은 피할 수 있었다.

일본의 많은 성은 이 시기 전쟁으로 파손되는 경우가 많았다. 중앙 집권체제가 확립된 메이지시대에 접어들면서 일본 국내에서 일어날 내전을 예상해 지은 성도 이용 가치가 없는 건축물이 되어버렸다. 히메지성도 예외는 아니었으며 메이지 유신 6년 후 1874년에는 성을 팔기 위해 발매했다는 기록이 남아 있는데 그 당시 현재 가격으로 약 10만 엔약 100만 원의 가치가 붙었다. 수리비와 유지 보수비용, 세금 등의 부담이 컸는지 매매에는 이르지 못했다고 한다.

그 후 1910년부터 메이지 대수리가 시행되었고 1934년부터는 쇼와 대수리를 거행하여 전쟁을 사이에 두고 1964년에 완성했다. 목조 건축에 시로싯쿠이白漆喰를 칠한 넓은 성은 비와 습기에 약해 끊임없는 보수공사가 필요하여 이전의 수리에서 45년이 경과한 2009년이 되어 다시 성의 입장을 중지하면서 가장 큰 대규모의 헤이세이 대수리를 실시했다. 6년이 지난 2015년이 되어서야 다시 아름다운 성을 견학할 수 있게 되었다.

히메지성의 건축을 감상하는 견학

서양의 성에서는 석조로 만들어진 성벽을 흔히 볼 수 있다. 일본 근세의 성들의 벽은 흙을 말려서 만들었으며 흙의 외부는 옻과 먹으로 칠한 검은 판자로 덮어 시타미이타바리下見板張り, 그을음을 털어낸 검댕과 감물의 앙금을 사용하여 먹을 발라서 판자를 맞춘 검은 벽로 대어져 있는데 외관이 검어서 강한 인상을 준다. 그러나 히메지성의 외벽은 시로싯쿠이로 마감하는 방식으로 만들어져 외관이 하얗기 때문에 우아함과 아름다움을 강조한다.

사쿠라몬바시

오테몬

히메지성은 평지가 아닌 히메야마姫山라는 해발 45.6m의 작은 산 위에 지어졌다. 천수각의 토대가 되는 석축은 높이가 14.9m이며 천수각은 높이가 31.5m로 지상으로부터는 92m 높이다. 17세기에 높이 92m가 되는 백아白亜의 건물은 그 당시에도 사람들이 쉽게 경험해 보지 못한 건물로 대단히 놀라움을 주었을 것이다. 또한 도쿠가와 정권을 호의적으로 생각하지 않았던 다이묘들에게도 하얗게 칠한 호화롭고 아름다운 큰 규모의 성은 보는 것만으로도 압도되어 도쿠가와 정권의 힘에 위압감을 느꼈을 것이다.

히메지성 안에 들어가기 위해서는 사쿠라몬바시를 건너 오테몬大手門이라는 커다란 문을 지나야 한다. 그러면 좌측 정면으로 면적이 넓은 잔디밭 광장이 펼쳐지며 이곳에서 입성자들은 우뚝 솟은 웅장한 대천수각의 모습에 압도될 것이다.

잔디밭 광장의 좌측서쪽 천수각을 향해 가다 보면 성 출입문이 있으며 이곳부터 입장료를 지불해야 한다. 출입문을 통과해 좌측으로 향하

히시노몬

성주 부인 센 히메의 방

면 시로싯쿠이가 특징적인 창이 돋보이는 아름다운 건물과 커다란 문이 합쳐진 듯한 히시노몬菱の門이 눈에 띈다. 이 문은 두꺼운 목재로 되어 있는데 정면은 두께 6mm의 철판으로 덮여 있다. 앞에서 말한 사쿠라몬바시와 오테몬은 1938년에 재건해서 옛 모습이 아니지만 히시노몬에서 안쪽으로는 옛날 모습 그대로 남아 있다.

히시노몬에서 좌측으로 가보자. 니시노마루西の丸라는 장소를 둘러싼 성벽 위에 만들어진 핫켄로카百間廊下로 들어가본다. 이곳은 긴 복도를 따라 판자를 대어 꾸밈이 없는 작은 방들이 나열되어 있다.

이곳은 궁녀들이 생활하던 곳이며 복도의 맨 끝 쪽은 도쿠가와 이에야스의 손녀 센 히메가 성주에게 시집 왔을 때 지어진 방이 있다. 방은 호화롭다고 알려져 있으나 오늘날 기준에서는 소박하다. 이는 히메지성뿐만이 아니라 일본의 많은 성들의 특징이기도 하다. 특별한 성을 제외하면 일본의 성은 전투가 목적으로 지어졌으며 성주 부인의 방도 호화로운 장식 없이 검소하게 지어졌다. 방을 나와서 쇼군자카将軍坂

쇼군자카

오사카베진자

라는 좁은 고개의 오르막길에 다다른다. 이곳은 시대 드라마와 영화 촬영지의 장소로 유명하며 이 고개를 에워싼 성벽은 ○와 △과 □의 작은 창들로 구멍이 열려 있다. 열린 구멍은 적을 총포와 활로 공격하기 위한 창이다. 여기서부터 천수각에 접근하기 위해서는 3개의 문을 통과해야 한다.

문마다 시로싯쿠이白漆喰의 건물 안에 짜 넣은 듯이 두꺼운 나무로 만들어져 바깥쪽은 6mm의 철판으로 막아 놓았다. 공격해 오는 적들을 혼란스럽게 하기 위해서다. 그다음은 다시 미로와 같은 통로를 지나 천수각 1층에 들어간다. 천수각의 1층과 2층은 거의 같은 구조인데 다다미방이 없고 널마루가 기본으로 되어 있다. 남쪽에는 큰 방이 있고, 북쪽에는 무기를 두는 창고가 있다. 3층과 4층에는 여러 속임수의 장치가 있어서 쳐들어 온 적과 끝까지 싸울 의지를 보이는 듯한 방으

니시노마루의 계단

천수각에서 바라본 풍경

로 되어 있다. 5층은 어두컴컴한 작은 방으로 적이 이곳까지 공격해 왔을 경우에는 영주를 지키던 사무라이들이 막바지에 다다랐을 경우에는 할복하는 장소로 만들어진 것 같다. 최상층 6층에는 오사카베진자 長壁神社라는 성을 지키는 신을 모시고 있다. 그리고 한 가지 중요한 것이 있다. 천수각에는 넓은 지하실이 있어 식량과 무기의 보관 창고로 되어 있다는 사실이다. 이렇게 성을 다 견학하면 약 90분 정도 걸린다. 성을 견학하는 동안에는 여러 체험을 할 수 있어 특별한 추억이 된다.

우선 오테몬에서 입성할 때는 웅장하고 화려한 천수각에 감동하고 히시노몬을 빠져 나가면서 성내에 들어섰다는 것을 실감하게 된다. 그리고 니시노마루의 핫켄로카에 들어설 때는 신발을 벗어야 하는 안내에 당황할 수 있다. 관람객마다 비닐봉지에 넣은 신발을 들고 한참 복도를 걷는데, 특히 한여름과 한겨울에 방문하면 냉온방 설치가 되어 있지 않다는 것을 알게 된다. 그래서 특별히 추운 날에는 실내화나 슬리퍼를 따로 준비하는 것이 좋다. 6층까지 빙빙 돌아 31.5m의 계단을 올라가는데 한여름에 6층까지 올라서면 옷이 땀으로 흠뻑 젖어 옷이 몸에 달라 붙을 정도다. 따라서 가능하면 한겨울과 한여름에 천수각을 견학하는 것은 피하는 것이 좋을지도 모르겠다. 히메지시는 국보와 세계유산으로 지정된 히메지성을 가능한 17세기에 세워진 형태 그대로 보존하기 위해서 에어콘과 엘리베이터를 설치하지 않았다. 그러나 지상에서 90m 되는 최상층에 올라서면 더위와 추위를 잊을 정도로 상쾌한 경치가 펼쳐진다. 히메지성은 프랑스 샹티이성과 자매 성협정을 맺고 있으며 샹티이성도 히메지성과 같이 넓은 대지에 지어진 아름다운 성이다. 그런데 히메지성과 샹티이성의 아름다움은 느낌이 다르다. 샹티이성의 내부는 베르사이유 궁전을 작게 만든 듯한 방들로 화려하게 장식되어 있는 반면에, 히메지성의 내부는 아름다운 외관과는 달리 전쟁시에는 싸우기 위한 요새지로서 교묘한 장치가 이곳저곳 설치되어 있으며 공격해 오는 적을 격퇴시키기 위해 설계되었다.

히메지성 속의 한국

히메지성 건축 가운데에서도 한국을 발견할 수 있다. 히메지성에는 입구로 시작되는 오테몬을 포함하여 22곳의 문이 있는데 특수한 형체의 모양새 7곳 메구라몬櫓門을 제외한 15문 안에는 고라이몬高麗門이라 불리는 문이 7곳 있다. 오테몬, 이노몬いの門, 로노몬ろの門 등의 중요한 장소의 훌륭한 문을 가리켜 고라이몬이라 부른다. 이러한 형식의 문은 다른 성이나 사원 건축에도 사용되고 있는데 이와 같은 문을 마

데키스이가와라

찬가지로 고라이몬이라 부른다. 고라이몬은 16세기경부터 만들어진 형식으로 이 시대 일본인들은 훌륭한 것이 있으면 '고라이高麗'라고 표현할 때가 많았다. 히메지성 지붕의 기와 선단에는 특별한 장식이 몇 군데 사용되었는데 그 장식 기와는 데키스이가와라滴水瓦라 하여 조선시대의 형식이 들어온 것이다. 도요토미 히데요시의 한반도 침략 시에 일본인들은 장식 기와를 보고 그대로 일본에서도 모방하여 만들었다고 한다. 히메지성에 올 때는 7곳의 고라이몬과 성벽, 그리고 건물의 처마끝에 장식되어 있는 데키스이가와라를 찾아보면 특별한 재미를 느낄 수 있다.

현재의 히메지성

신칸센으로 히메지에 올 때는 북쪽 출입구로 나가면 된다. 거기서 일직선 폭으로 약 50m의 도로가 히메지성까지 뻗어 있고 양편으로는

히메지역 북쪽 출구

역 앞의 히메지성

관광안내서

빌딩들이 늘어서 있는데 도로 정면에 웅대하게 우뚝 솟은 히메지성이 한 눈에 들어온다. 히메지성까지는 약 850m이며 걷기에 자신이 없다면 택시나 순회 관광버스를 이용하면 된다. 성을 정면으로 보면서 큰길 보도로 천천히 걸을 수 있지만 큰길의 동쪽으로는 성 근처까지 연결되는 아케이드가 이어져 있어 비 오는 날에도 우산 없이 걸을 수 있다. 히메지 시민의 생활을 느끼면서 상점가를 산책하는 것도 즐거울 것이며 약 20분 정도 걸으면 성문의 오테몬에 도착한다. 히메지역과 히메지성을 연결하는 넓은 도로는 오테마에도오리라고 하며 1949년에 계획하여 1955년에 완성되었다. 전쟁에서 허허벌판으로 변한 곳에 도로 건설이 시작되었던 초창기에는 공항이 세워지는 것이 아닐까 생각한 시민도 있었다고 한다. 메이지시대부터 1955년까지 오테마에도오리는 현재 도로의 동쪽으로 약 50m 장소에 있는 길이었으나 지금은 앞서 말한 아케이드 상점가가 들어선 것이다. 에도시대에는 히메지역에서 오테마에도오리 사이에 2개의 성벽과 그 성벽을 따라 굴이 있었다. 현재 성벽의 일부는 복원되어 볼 수 있으며 불과 얼마 남지 않은 성벽이지만 성의 요새 역할을 하고 있었다는 것을 조금이나마 느낄 수 있다.

2차 세계대전이 끝날 무렵인 1945년 7월 히메지시는 미군의 공중폭격을 받아 성 주위 건물들이 거의 타서 없어졌다. 그러나 어떤 연유에서인지 미군은 히메지성에는 폭탄을 떨어뜨리지 않았다. 미군은 역사적 건축물은 남길 의도가 있었는지 현재도 분명하게 알 수는 없으나 피해를 입지 않은 것은 히메지성의 기적이라고 전해지고 있다.

히메지성은 영화나 시대 드라마의 촬영지로 헐리우드 영화 〈007 시리즈〉, 〈라스트 사무라이〉 등의 무대가 되었으며 일본 안에서도 유명한 시대극에 등장한다. 실제로 연간 70~150여 개의 작품이 히메지성에서 촬영하고 있다고 할 정도다.

히메지역의 개찰구를 나와 관광안내소에 가면 한국어판 관광안내서도 있고 성 안의 입장권 판매소에서는 유료 한국어 음성안내 기기를 빌릴 수도 있다. 신칸센에서 히메지를 통과할 때는 수십 초 동안 아주 짧지만 북쪽의 창가에서 히메지성을 볼 수 있다. 신칸센의 좌석에서 후지산이 보이는 좌석과 마찬가지로 D석이나 E석이 베스트니 꼭 기억하기를 바란다.

관광지로 추천하는 히메지성의 매력

히메지성은 겉모습은 아름답지만 내부는 적을 공격하기 위한 장치가 여기저기에 비치되어 있다. 17~18세기 서양의 성은 궁전처럼 아름답게 장식된 방으로 꾸며져 있어 당시 왕후와 귀족의 우아하고 화려한 생활이 상상이 될 정도다. 하지만 일본 대부분의 성은 내부에 화려한 장식은 볼 수 없으며 성주 부인 센 히메의 방도 일본식 미적 감각으로 장식되어 있지만 서양처럼 호화로운 장식은 없다. 그 사고의 차이는 현대 기업문화에도 전승되고 있다. 궁전과 같은 서양의 기업체 대표의 저택과 일본 대표의 집을 비교해 보았을 때 장식의 다름에는 서양과 일본의 문화에 대한 사고방식이 나타난다.

고대 히메지 지방에는 한반도에서 건너온 도래인이 많이 살고 있었으니 이 지역에 살고 있는 사람들에게서 한국인과 공통적인 유전자를 발견할지도 모르겠다. 히메지성의 아름다운 문은 한반도에서 전해진 건축양식이 아니어도 이름은 고라이몬으로 불리우고 있다는 것과 성의 처마는 한반도에서 들어온 기와를 모본으로 만든 데키스이가와라로 장식되어 있다.

19세기에 서양문화가 일본에 들어오기 전까지 일본에게 한국은 동경하는 이웃 나라였다. 현재는 히메지시와 창원시가 자매도시를 맺고 있으며 양 도시가 여러 교류를 이루고 있다. 기회가 된다면 히메지성은 꼭 한 번 둘러볼 만한 곳이다.

참고 자료

• 한국어 자료

가라타니 고진(柄谷行人), 윤인로 역, 『나쓰메 소세키론 집성』, 도서출판b, 2021.

강상규, 『동아시아 역사학 선언』, 에피스테메, 2021.

고정민, 「2025년이 두려운 일본, 재택의료에서 길을 찾다.」, 청년의사, 2022.06.29.

권혁건, 『나쓰메 소세키 - 생애와 작품』, 고려대학교출판부, 2007.

권혁건, 『나쓰메 소세키(夏目漱石)와 한국』, J&C, 2004.

김민아, 「아리시마 다케오의 성(性)과 죽음」, 『일본어문학』 제60집, 한국일본어문학회, 2013.

김선자, 「고베市의 종합복지타운 '행복촌'」, 서울특별시 세계도시동향 제162호, 2007.

김수자, 「구다라 강(百濟川)에서」. 독서신문, 2009. 2. 6.

김숙자(외), 『日本事情, 사진으로 보고 가장 쉽게 읽는 일본문화』, 시사일본어사, 2022.

김한종·이성호·문여경 등, 『한국사 사전2:역사 사건·문화와 사상』, 책과함께어린이, 2015.

김희정, 「염상섭에 있어서의 아리시마 다케오 수용」, 『일본어문학』 제65집, 한국일본어문학회, 2014.

김희정, 「한국에 있어서의 아리시마 다케오의 수용양상」, 『일본어문학』 제70집, 한국일본어문학회, 2015.

나쓰메 소세키, 김정훈 역, 『나의 개인주의(私の個人主義) 외』, 책세상, 2004.

나쓰메 소세키, 송태욱 역, 『도련님』, 현암사, 2013.

노나카 이쿠지로(외 5인), 박철현 역, 『왜 일본제국은 실패하였는가?』, 주영사,

2009.
노성환,『끌려간 사람들의 이야기』, 박문사, 2015.
노성환,「일본구마모토의 임란포로 여대남에 관한 연구」,『일본어문학회』제46집, 일본어문학회, 2009.
다키우라 마사토·오하시 리에, 이경수·사공환 역,『일본어와 커뮤니케이션』, 지식의날개, 2020.
도베 료이치, 윤현명·이승혁 역,『역설의 군대』, 소명출판, 2019.
레나 모제·스테판 르멜, 이주영 역,『인간증발 - 사라진 일본인들을 찾아서』, 책세상, 2017.
류재광,「고령자 1000만명 시대에 대비하자」,『은퇴리포트』제82호, 삼성생명은퇴연구소, 2016.
류재광,「의료비 팽창에 고민하는 일본 사례와 시사점」,『은퇴리포트』제122호, 삼성생명은퇴연구소, 2017.
류재광,「초고령사회 일본의 새로운 트렌드, 종활」,『은퇴리포트』제88호, 삼성생명은퇴연구소, 2016.
무라카미 하루키, 김진욱 역,『하루키의 여행법』, 문학사상사, 1999.
민덕기,「임진왜란에 납치된 조선인의 귀환과 잔류로의 길」,『한일관계사연구』Vol. 20, 한일관계사학회, 2004, p.149
박성수,「연오랑과 세오녀가 일본의 시조다」. 브레인미디어, 2014. 12. 25.
배진영,「역사 속 일본 천황 이야기」,『월간조선』, 2019. 5, 조선뉴스프레스, 2019.
비변사등록,『비변사등록(備邊司 謄錄)』,「왜의 정보에 대해 진술한 刷還人 愼應昌의 書啓」, 1617.
백범흠,「왜까지 참전한 백제 부흥운동」, 강원일보, 2021. 6. 25.
석정희,「'개인'의 발견과 자유연애 -아리시마 다케오의 어떤 여자와 김동인의 김연실전을 중심으로-」,『비교일본학』제42집, 한양대학교 일본학 국제비교연구소, 2018.
『선조실록』(1601년), 138권 선조 34년 6월 11일
소은선,『아리시마 다케오의『어떤 여자』에 나타난 페미니즘 고찰』, 군산대 교육대학원, 2005.
신성호,『일본역사 속 백제 왕손, 임성왕자 후손 이야기』, 고래실, 2008.

신인섭, 「일본 근대 지식인의 근대상」, 『일본어문학』 제12집, 한국일본어문학회, 2002.
신인섭·최은영, 「아리시마 다케오 연구」, 『일본어문학』 제21집, 한국일본어문학회, 2004.
신종근, 「열도 뒤덮은 한국지명」, 코리아 히스토리 타임스, 2021. 11. 8.
심훈, 『신 일본견문록 일본을 보면 한국이 보인다』, 한울, 2012.
아리시마 다케오, 류리수 역, 『아리시마 다케오 단편집』, 지식을 만드는 지식, 2022.
아리시마 다케오, 유은경 역, 『어떤 여자』. 향연, 2006.
아리시마 다케오, 정욱성 역, 『아낌없이 사랑은 빼앗는다』, 어문학사, 2005.
안도 다다오, 송태욱 역, 『안도 다다오가 말하는 집의 의미와 설계』, 미메시스, 2011.
안도 다다오, 우동선 역, 『연전연패』, 까치, 2004.
안도 다다오, 이규원 역, 『나, 건축가 안도 다다오』, 안그라픽스, 2009.
안도 다다오, 이진민 역, 『안도 다다오 일을 만들다』, 재능교육, 2014.
안도 다다오, 황준 역, 『안도 다다오 그의 건축 이야기』, 미건사, 1993.
야마쿠세 요지, 이경수 역, 『일본인이 오해받는 100가지 말과 행동 - 국제교류와 비즈니스에서 일본을 이해하는 힌트』, 한울, 2013.
오경순, 『번역투의 유혹』, 이학사, 2010.
유시문, 「일 최초의 사찰 아스카」, 한국역사신문, 2020. 12. 18.
유정래, 『이것이 진짜 일본이다』, 세나북스, 2015.
유홍준, 『나의 문화유산답사기 일본편 5: 교토의 정원과 다도』, 창비, 2020.
윤장섭, 『일본의 건축』, 서울대출판부, 2000.
의령여씨대종회(宜寧余氏大宗會), 『宜寧余氏世譜』 上券, 中卷, 下卷.
이경수·강상규·동아시아사랑방포럼, 『알면 다르게 보이는 일본 문화 1, 2』, 지식의 날개, 2021, 2022.
이경수·박민영·미네자키 토모코·오쓰카 가오루, 『고급 일본어 활용II - 일본인의 언어와 생활문화의 이해』, 한국방송통신대학교출판부, 2004.
이경수·홍민표·오쓰카 가오루, 『일본의 언어와 문화(생활)』, 한국방송통신대학교 출판문화원, 2010, 2015.
이병호, 「왕흥사 만든 백제 기술」, 조선일보, 2021. 12. 16.
이한섭 편저, 『韓國 日本文學關係硏究文獻 一覽: 1945~1999』, 고려대학교출판

부, 2000.
이한정, 『일본문학의 수용과 번역』, 소명출판, 2016.
정현숙, 『인구위기국가 일본』, 에피스테메, 2021.
조성관, 『도쿄가 사랑한 천재들 - 하루키에서 하야오까지』, 열대림, 2019.
지지통신사(時事通信社), 이경수(외) 역, 『인구감소와 지방 소멸』, 지식과 감성, 2018.
진주박물관, 『임진왜란 조선인 포로의 기억』, 진주박물관, 2010.
최수진, 『책과 여행으로 만난 일본 문화 이야기』, 세나북스, 2020.
최유리, 『루스 베네딕트의 국화와 칼 - 인터뷰와 일러스트로 고전 쉽게 읽기』, 브레인스토어, 2020.
하야시 사부로, 최종호 역, 『태평양전쟁의 지상전』, 논형, 2021.
한도 가즈토시, 박현미 역, 『쇼와사 1』, 루비박스, 2010.
호사카 마사야스, 정선태 역, 『쇼와 육군』, 글항아리, 2016.
홍광표, 『교토 속의 정원, 정원 속의 교토』, 한숲, 2020.
후지와라 아키라, 서영식 역, 『일본군사사 상』, 제이앤씨, 2012.
후지이 히사시, 최종호 역, 『일본군의 패인』, 논형, 2016.

• 일본어 자료

NHKテキスト, 『趣味どきっ! 茶の湯を楽しむ』, NHK出版, 2020.
相原博之, 『キャラ化するニッポン』, 講談社, 2007.
朝日新聞社会部, 『東京地名考 上』, 朝日新聞社, 1986.
有光隆司, 「『坊っちゃん』の構造 ー悲劇の方法についてー」,『日本文學研究資料叢書夏目漱石Ⅲ』, 有精堂, 1985.
安藤忠雄, 『Tadao Ando 安藤忠雄の 建築3』, TOTO出版, 2012.
安藤忠雄, 『安藤忠雄展 挑戰』, 安藤忠雄建築展實行委員會, 2017.
石毛直道, 『日本の食文化史ー旧石器時代から現代まで』, 岩波書店, 2015.
大石学 監修, 『江戸時代がこんなに面白くなるのか』, 株式会社洋泉社. 2014.
大石学, 『地名で読む江戸の町』, 株式会社 PHP研究所, 2013.
生越直樹, 「韓国に対するイメージ形成と韓国語学習」,『言語·情報·テクスト』

13号, 東京大学大学院総合文化研究科言語情報科学専攻, 2006.
生越直樹,「韓国語学習と韓国に対するイメージ形成の関係 - 日本の大学生学習者へのアンケート調査を通して見た現状と変化 - 」,『言語·情報·テクスト』Vol.26, 東京大学大学院総合文化研究科言語情報科学専攻, 2019.
香川雅信,『化物からポケモンへ ーキャラクターとしての妖怪 - 』, 口承文藝研究, 2006.
加藤周,『日本文化における時間と空間』, 岩波書店, 2007.
熊本日日新聞社編集局編,『地域学シリーズ(6) 新. 熊本学』, 熊本日日新聞社, 1990.
公益財団明るい選挙推進協会.『第49回衆議院議員総選挙全国意識調査』, 公益財団明るい選挙推進協会, 2022.
国際交流基金,「2018年度海外日本語教育機関調査」, 2018.
小松和彦,『世界に誇る日本の妖怪文化』, 季刊ジャネット, 2015.
五味文彦,『伝統文化(日本の伝統文化)』, 山川出版社, 2019.
小森陽一,『漱石を読み直す』, 筑摩書房, 1995.
齊藤勇,『日本語力で切り開く未来』, 集英社, 2020.
齊藤良子·齊藤明美,「日本語学習の学習動機とイメージ研究 - 韓国の大学生を対象としたアンケート調査の結果を中心に - 」,『日本語教育研究』第50輯, 韓国日語教育学会, 2020.
司馬遼太郎·Donald Keene,『日本人と日本文化』, 中公文庫, 1984.
鈴木理生,『江戸東京の地理と地名』, 日本実業出版社, 2012.
鈴木理生,『東京の地理がわかる事典』, 日本実業出版社, 2000.
立野井一恵,『日本の最も美しい図書館』, エクスナレッジ, 2021.
田中克彦,『ノモンハン戦争』, 岩波書店, 2009.
田中雄一,『ノモンハン 責任なき戦い』, 講談社, 2019.
谷川 監修,『東京『地理地名地図』の謎』, 実業之日本社, 2013.
淡交社編集局 編,『利休百首ハンドブック』, 淡交社編集局, 2013.
東京都教育委員会,『江戸から東京へ』, (有)川口プロセス, 2013.
東京都公立保育園研究会 編,『私たちの保育史 - 東京市立託児場から都立, 区立保育園まで』上, 1980.

統計局,『統計からみたわが国の高齢者』, 統計局, 2022.
独立行政法人 国際交流基金,『2021年度海外日本語教育機関調査結果概要』, 独立行政法人 国際交流基金, 2022.
図書館さんぽ研究会,『本のある空間で世界を広げる図書館さんぽ』, 駒草出版, 2018.
内閣府,『高齢社会白書』, 内閣府, 2022.
内藤雋輔,『文禄·慶長の役における疲擄人研究』, 東京大学出版会, 1976.
夏目漱石,『坊っちゃん』,『夏目漱石集Ⅱ』, 角川書店, 1969.
夏目漱石,『私の個人主義』, 講談社, 1978.
朴珍希,「日本の大学における教養外国語科目としての韓国語教育-学習者への調査結果をもとに-」,『岡山大学教師教育開発センター紀要』第７号, 2017.
秦郁彦,『明と暗のノモンハン戦史』, PHP研究所, 2014.
半藤一利,『ノモンハンの夏』, 文藝春秋, 1998.
平岡敏夫,「『坊っちゃん』試論 ー 小日向の養源寺」,『漱石序説』, 塙新書, 1976.
藤田孝則,『下流老人』, 朝日新聞出版, 2015.
藤田正勝,『日本文化をよむ５つのキーワード』, 岩波書店, 2017.
藤原彰,『餓死した英靈たち』, 青木書店, 2001.
三宅和子,『日本語の対人関係把握と配慮言語行動』, ひつじ書房, 2011.
森谷尅久,『身につけよう!日本人のおもてなしの心』, KKロングセラーズ, 2013.
渡辺大門,『人身賣買·奴隷·拉致の日本史』, 柏書房株式會, 2014.

• 영어 자료

Ouchi Y, Rakugi H, Arai H, Akishita M, Ito H, Toba K, Kai I. Redefining the elderly as aged 75 years and older: Proposal from the Joint Committee of Japan Gerontological Society and the Japan Geriatrics Society. Geriatr Gerontol 2017; 1 - 3.
Ruth Benedict,『The Chrysanthemum and the Sword』, Mariner Books, 2005.
Taggart Murphy,『Japan and the Shackles of the Past』, Oxford University Press, 2016.

• 홈페이지

https://blog.naver.com/1000bh/222120323817 (천병학의 차박 여행, '당진 백강해전 진혼제 - 수륙 위령제 -')

http://gotouchi - chara.jp/ (日本ご当地キャラクター協会)

http://info.asahi.com/guide/soseki/contest.html (この1000年「日本の文学者」読者人気投票)

http://kogenbunko.jp/ (軽井沢高原文庫)

http://www.beopbo.com (법보신문)

http://www.honmyouji.jp/tonsyae.html (日蓮宗六条門流 肥後本妙寺)

http://www.joongdo.co.kr/ (중도일보, '그때 그 현장 왜장의 포로가 일본 불교계의 큰 별로')

http://yamatoji.nara - kankou.or.jp/01shaji/02tera/03east_area/asukadera/ (아스카데라)

https://coffee.ajca.or.jp/ (全日本コーヒー協会)

https://greenart.co.kr/ (그린채널, 캐릭터와 브랜드의 시너지 효과! 캐릭터 브랜딩 성공사례)

https://ja.wikipedia.org/wiki/梅田駅 (위키피디아 우메다역)

https://ja.wikipedia.org/wiki/渋谷駅 (위키피디아 시부야역)

https://j - town.net/2014/02/28105211.html?p=all (Jタウンネット)

https://karuizawa - kankokyokai.jp/knowledge/289/ (軽井沢高原の文学)

https://kawasakirobotics.com/jp/industrial - robots/ (Kawasaki Robotics)

https://ko.matsuyama - sightseeing.com/appeal/culture/ (봇짱 열차)

https://ko.matsuyama - sightseeing.com/topics/2 - 2/ (도고온천)

https://ko.wikipedia.org/wiki/가토_기요마사 (위키피디아 가토 기요마사)

https://ko.wikipedia.org/wiki/기대수명순_나라_목록 (위키피디아 기대수명순 나라 목록, 유엔 2015 - 2020)

https://ko.wikipedia.org/wiki/미야코_하루미 (위키피디아 미야코 하루미)

https://ko.wikipedia.org/wiki/여대남 (위키피디아 여대남.)

https://ko.wikipedia.org/wiki/코가_마사오 (위키피디아 코가 마사오)

https://ko.wikipedia.org/wiki/호소카와_다다토시 (위키피디아 호소카와 다다토시)
https://koya-culture.com/ (우리문화신문, '임진왜란 때 끌려가 일본 불교계의 큰별이 된 여대남')
https://kumamoto-guide.jp/ko/ (구마모토시 관광가이드)
https://mediahub.seoul.go.kr/archives/1285073 (서울의 상징 '해치', 왜 유튜브서 '시바 해치'를 외칠까?)
https://naki-blog.com/study/ (子どもが一番好きなキャラクターは？1位は『鬼滅の刃』！)
https://namu.wiki (나무위키)
https://namu.wiki/w/아리시마%20타케오 (나무위키 아리시마)
https://program.kbs.co.kr/1tv/culture/historyspecial/ (KBS1 역사스페셜 2003.12.15.)
https://search.yahoo.co.jp/image/search?p=「出征大名いえやすくん」 (야후저팬 「出征大名いえやすくん」 이미지 검색 결과)
https://tezukaosamu.net/jp/manga/291.html (Tezuka Osamu Official)
https://toyokeizai.net/articles/-/431837 (toyokeizai, '3カ月待ち「パンのサブスク」人々が熱狂する理由')
https://www.asahi.com/articles/ASL284H1BL28PTIL01C.html (아사히 신문, '의리의 초콜릿 그만두자')
https://www.bostondynamics.com/atlas (Boston Dynamics)
https://www.fanuc.co.jp/ (FANUC)
https://www.furusato-tax.jp/about (ふるさと納税)
https://www.gotokyo.org/kr/destinations/beyond-tokyo/karuizawa.html (도쿄관광 공식사이트>가루이자와)
https://www.guic.gunma-u.ac.jp/wp/wp-content/uploads/2017/03/武陽さん.pdf (日本のゆるキャラに関する一考察, アンケート調査による分析)
https://www.hds.co.jp/development/hd_skill/c_w_musser/ (Harmonic Drive Systems)
https://www.hkd.mlit.go.jp (국토교통성)
https://www.honda.co.jp/ASIMO/about/ (HONDA ASIMO)

https://www.jla.or.jp/ (日本図書館協会ホームページ)
https://www.jorudan.co.jp/time/eki_渋谷.html (渋谷駅の時刻表)
https://www.jpn-geriat-soc.or.jp (一般社團法人 日本老年医学会)
https://www.netflix.com/kr/title/80190519 (넷플릭스 영국드라마 기리/하지)
https://www.ob.co.kr/post/220 (오비맥주, 설 맞이 'OB라거 랄라베어' 패키지 출시)
https://www.sapporobeer.jp (サッポロビール)
https://www.sejong.go.kr/kor/sub01_0305.do (세종특별자치시 캐틱터, 젊은세종 충녕)
https://www.sokunousokudoku.net/media/?p=1696 (図書館は全国3,000か所以上！いろんな図書館に行ってみよう)
https://www.ssf.or.jp/thinktank/sports_life/data/jogging_running.html (笹川スポーツ財団ホームページ)
https://www.tokyo-park.or.jp (東京都公園協会)
https://www.tourism.jp/tourism-database/survey/2020/05/covid19-tourism/ (JTB 종합연구소, '코로나19 감염 확대에 따른 생활이나 마음의 변화 및 여행 재개에 대한 의식 조사' 2020)
https://www.townnews.co.jp/0205/2022/05/06/623958.html (タウンニュース, カブレラ、念願の挙式)
https://www.ucc.co.jp (UCC上島珈琲株式会社)
https://www.yaskawa.co.jp/product/servomotor (YASKAWA)
https://www.yomiuri.co.jp/economy/20210623-OYT1T50191/ (요미우리신문전자판, 弁当やおにぎり、AIが値引き額算出…食品ロス削減へローソンが実証実験)
https://www.yurugp.jp/jp/ (ゆるキャラグランプリ)
https://youtu.be/SvF26buPpwI(【映画レビュー】高齢者も若者も、全世代への警鐘!『PLAN 75』)

찾아보기

ㄱ

ㄹ

ㅁ

ㅂ

ㅇ

ㅎ

기타